ORIENTATIONS

ORIENTATIONS

Richard Aplin

Head of Modern Languages, Henry Box School, Witney.

Ann Miller

Senior Lecturer, Westminster College, Oxford.

Hugh Starkey

Senior Lecturer, Westminster College, Oxford.

HODDER AND STOUGHTON
LONDON SYDNEY AUCKLAND TORONTO

ACKNOWLEDGMENTS

For permission to quote copyright material the authors and publishers wish to thank the following:

MODES: Les Mouvements de Modes Expliqués aux Parents de Obalk, Pasche, Soral, © Éditions Robert Laffont 1984; *Elle* (No. 1868) 'Tout commence par un dessin' and *Elle* (No. 1963) 'Tout part des épaules' by Francine Vormese; 'Les hommes aussi ont leur «Miss» . . . ter', © *Libération* (31 October 1983), *Le Voyage à Paimpol* by Dorothée Letessier (1981) © Éditions du Seuil.

INFORMATIQUE: 'La Ceinture d'Astéroïdes' *Micro* (7 July 1983); 'The Story' by G. Kolebka, © *Ouest-France*; *La Micro Informatique* by André Barbe (1983) © André Barbe; B.D. by Lacaf © Bayard Press (1984); *La Main en Négatif* by Claude Lapointe (originally appeared in *Le Monde* 5 April 1981, and kindly redrawn by Claude Lapointe, 1985).

NATURE: 'L'éléphant' and 'Le code secret des vaches et des taureaux' © *Ouest-France* (17 March 1982); 'Le journal de Wild Cattou' © *30 Millions d'Amis* (August 1983); 'La traversée du désert' by Louise Trussel from *Greenpeace* (No. 15, Summer 1983); 'Voici un bricolage ignoble . . .' by Reiser (1976) © Centre Georges Pompidou; 'Le chat sauvage' from *Okapi*.

VILLE: 'Radios locales', 'On les appelait les vieux' and 'Le Crij: pour ne plus dire «Si j'avais su . . .», © *Vivre à Lyon* (September 1983); 'Hold-up à la poste de Francheville', 'Double Installation au Tribunal' and 'Bloc-notes des Associations' © *Journal Quotidien Rhône-Alpes* (6 October 1983); 'Le logement en ville' © *L'Étudiant* (October 1981 hors-série Guide Pratique 1981–82).

SPORT: Vivre by P. Imberdis and L. Viry (1983); 'Le problème de Cécile' from *Okapi* © Bayard Press; *L'Humanité* (11 August 1984); *Fripounet* (No. 8); *Moto Revue*; 'Comprendre le football' from *Ouest-France*.

ALIMENTATION: Drawings from *La Faim dans le Monde pour Débutants* by Susan George and Nigel Paige © Éditions La Découverte/Maspéro (1983); 'Le Tiers Monde: Pourquoi?' Supplement to *L'Univers d'Okapi* No. 298 (15–20 April 1984); *La Malbouffe* by Stella and Joël Rosnay © Éditions du Seuil (1981).

RAIL: SNCF; *La Vie du Rail*, No. 1841 (29 April 1982); British Rail.

FRANCOPHONES: Il Était Une Fois . . . Yannick Noah, by Claude Gendrot and André Chéret © Hachette (1984); 'Contrôles d'identité: comment réagir?' from *Sans Frontières* (Special/Summer 1983); 'La vie aux Antilles' from *Autrement Black* (April 1983); 'Ces immigrés qui donnent le ton' from *Staff* No. 1 (October 1984).

VACANCES: Fédération Unie des Auberges de Jeunesse; 'Une station météo' from *Phosphore* No. 21 (October 1982); 'Pouvoir se déplacer' © Association des Paralysées de France; 'L'autostop organisé' from *Le Progrès de Lyon*; 'Voyages et séjours' from Comité d'Accueil de l'Enseignement Public, Tour Palatino.

FEMMES: Vizir ®: Procter and Gamble France; Skip ®: Lever; *Des Femmes dans la Maison* by Doan, Penot, Pujebert and Rebbar © Fernand Nathan (1981); 'Carte d'Identité de vos stars' from *Girls* (7–13 June 1984); 'Une femme jamaïquaine cherche à se libérer' and 'Les femmes du Tchad' from *Des Femmes en Mouvements*; 'Le coup de foudre' from *Girls* (16–23 June 1982); 'Es-tu «In» ou «Out»?' from *Girls* (7–13 June 1984).

COMMERCE: 3 Suisses; 'Le jeu des Grandes Surfaces' from *Que Choisir? Education* No. 2 (May 1983); Joubert; Intermarché.

ORIENTATIONS: 'La mode des années 50 et des années 60, connaissez-vous?' by Philippe Barbot from *Télérama Hors-Série Rock* (April 1982); 'Trucastuces' from *Astrapi* (June 1984); 'Test: Êtes-vous vraiment intelligent?' from *Le Monde Dimanche*; 'Jeux' from *Ouest-France*; 'Êtes-vous cool?' 'Test: Qui des deux connait mieux l'autre' and 'L'avenir: c'est quoi pour vous' from *Okapi*; 'Silhouette, je te trouverai' from *Ouest-France*.

Every effort has been made to trace copyright holders of material reproduced in this book. Any rights not acknowledged here will be acknowledged in subsequent printings if notice is given to the publisher.

The authors and publishers also wish to thank the following for giving permission to use their photographs:

Bob Mallows (p. 10), Topham Picture Library (pp. 12, 13, 132, 159, 160, 162–4, 198), Guy Laroche (p. 14), IBM (p. 26), Robert Harding Picture Library (pp. 35, 131), Greenpeace (pp. 48, 49), *Vivre à Lyon* (pp. 62, 63), Centre Régional d'Information Jeunesse (pp. 64, 65), Keith Gibson (pp. 56, 72, 73, 145, 149–51, 166, 176, 177), *Journal Quotidien Rhône-Alpes* (p. 61), Nick Brawn (pp. 78, 79), Brian Johnson (p. 82), Rob Simmonds (p. 83),

Steve Saunders (p. 83), Weight Watchers France (p. 101), Food from Britain (p. 103), Jamaican Tourist Board (p. 105), Annie Bourgeois (p. 111), SNCF Publicité (pp. 111, 119), *La Vie du Rail* (pp. 114, 115), Pierre Hidalgo (p. 118), British Rail (p. 119), *Modern Railways* (p. 120), Senna Abdelhak (p. 128), Elisabeth Bolshaw (pp. 28, 130), Documentation Française (Photothèque Afrique) (p. 134), Lindsay Sweeting (pp. 140, 141), R. Oosterlink (European Space Agency) (p. 143), Photothèque Association des Paralysées de France (p. 146), French Government Tourist Office (p. 148), Annette P. Carty (p. 158), Alain de la Mata (p. 187).

The authors and publishers also wish to thank the following for their contribution to the roman-photo:

Fiona Pragoff (photographer) and Chris Wisthrow (photographic assistant); *Locations:* Computing Centre, Westminster College, Parc Laine, North Parade, Oxford, Home of Chris and Béatrice Davies, Maison Blanc, Woodstock Road, Oxford, Oxford University Sports Centre, British Rail, Oxford Station, Keating Travel, Botley, Bollom's of Botley. *Cast* (in order of appearance): Monsieur Lecoq: Mike Newby, Marie-Claude Bertillon: Béatrice Davies, Madame Bertillon: Nicole Gore, Cliente: Liz Roselman, Jean-Paul Marsaux: Mark Salter, Hacène Brahimi: Kalu Singh, Monsieur Bertillon: Barry Ford, Admiratrice: Suzy Pratt, Madame Lafayette: Pat O'Shea, Philippe Bertillon: Meirion Catherall, Alain Bertillon: Tom Davies, le controleur: Les Clark, L'employé (gare): Chris Davies, L'employée (agence de voyage): Vee Harris, Monsieur Bertillon (jeune): Tim Gregson-Williams, Madame Bertillon (jeune): Dominique Moreau, Le professeur de Madame Bertillon: Steve Phillipson, L'employée (teinturerie): Carey Bennet. With special thanks to Béatrice Davies for help in writing the dialogues for the roman-photo.

Designed by Wendi Watson

ISBN 0 340 24375 9

First published 1985

Printed in Great Britain for
Hodder and Stoughton Educational,
a division of Hodder and Stoughton Ltd,
Mill Road, Dunton Green, Sevenoaks, Kent TN13 2YD,
by Clark Constable (1982) Ltd, Edinburgh.

Photoset by Rowland Phototypesetting Ltd,
Bury St Edmunds, Suffolk.

TABLE DES MATIÈRES

MODES

6

La mode vue d'un point de vue historique
L'industrie du prêt-à-porter

Les grandes surfaces
Un incident dans une grande surface, raconté par une vendeuse
Les parfums
Je n'ai absolument rien à mettre
Monsieur et Madame Martin font du lèche-vitrine
Benzo et Jacques Rivette
Les sources d'inspiration des couturiers
Un mannequin parle de sa vie
Béatrice décide de changer de tête
Roman-photo

L'INFORMATIQUE

22

Le micro-ordinateur
Le programme
La pré-histoire de l'ordinateur
Pour ces enfants de l'école primaire, qu'est-ce qu'un ordinateur?
La Ceinture d'Asteroïdes
Telem Nantes
Le mystère de la main en négatif

Histoire sans paroles
Un récit singulier
Roman-photo

LA NATURE

40

L'éléphant

Le code secret des vaches et des taureaux
Le journal de Wild Cattou
Le chat sauvage

La traversée du desert
Les records des animaux
Des espèces en voie de disparition
Roman-photo

LA VILLE

56

L'avenir à 20 ans
Si vous sortez à Nantes

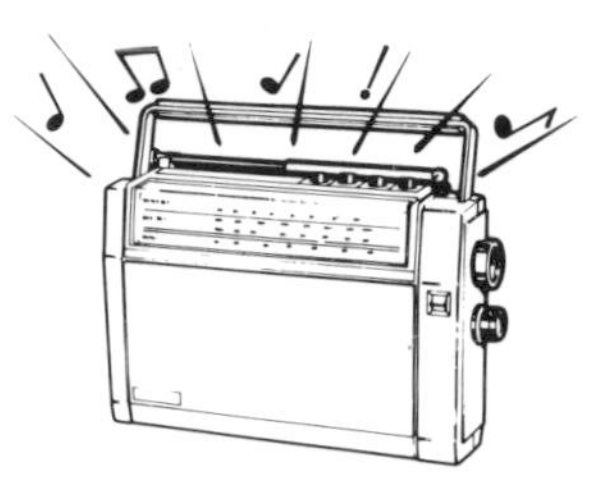

Radios locales
Faits divers dans le journal
On les appelait «les vieux»
Les vacances: quel problème
Le Crij: pour ne plus dire «si j'avais su . . .»
Le logement en ville

SPORT

72

Pourquoi pratiquer un sport?

Le sport dans une grande ville
Le footballeur américain
Le problème de Cécile
Le parcours sportif
Médaille d'or pour Daley Thompson
Le sport moto – des chevaux de fer
Le patinage sur roulette
Antoine Juillard, journaliste sportif
Comprendre le football
Les footballeuses de Saint-Clair
Roman-photo

L'ALIMENTATION

90

La colonisation: un peu d'histoire

Pourquoi ont-ils faim?
Comment les pauvres nourrissent les riches
Le fast-food
Mangez sain
Les cures miracles
La nourriture du monde entier
Interview
Hervé et Béatrice vont au restaurant jamaïquain
Roman-photo

LE RAIL

108

On travaille . . . mais où?
Pour faciliter votre orientation

Accès aux quais
En train et en gare
La voie ferrée française – un peu d'histoire
Qu'est-ce que le TGV?
InterCity 125 – économie de temps
TGV – un confort sur mesure
Deux voyageurs prennent le train en l'an 2000
Voyagez mieux en période bleue!
Roman-photo

FRANCOPHONES

124

Yannick Noah
Comment réagir?
L'histoire de Jacqueline
Des enfants parlent de la vie aux Antilles
La vie aux Antilles
Lamine et Fatou
Ces immigrés qui donnent le ton
L'Afrique francophone

VACANCES

138

Randonnée pédestre
Dans les Auberges de Jeunesse
Une station météo
Handicapés – partir en vacances
L'autostop organisé
Diriger un centre de vacances – un choix de vie
Une visite à Paris
Ils se sont connus en vacances . . . et ils s'aiment
Roman-photo

LES FEMMES

154

Deux heures dans la vie d'une mère de famille
Les femmes vues à travers la publicité
Une star
Une femme jamaïquaine cherche à se libérer
Les femmes du Tchad
La journée des femmes
L'Algérie vue par une étrangère: ses expériences
Une jeune fille et son père
Les relations avec les garçons
Test
Roman-photo

LE COMMERCE

170

Acheter aux 3 Suisses, c'est vraiment facile!
Le bon de commande
Le jeu des grandes surfaces

Attention: apprentissage à la consommation
Huit raisons d'acheter une voiture d'occasion . . .
Comparez nos prix
Roman-photo

ORIENTATIONS

186

La mode des années 50 et des années 60, connaissez-vous?
Trucastuces
Jeux
Êtes-vous vraiment intelligent?
Êtes-vous cool?
Qui des deux connaît mieux l'autre?
L'avenir c'est quoi pour vous?
Silhouette, je te trouverai
Solutions

RÉSUMÉ GRAMMATICAL

198

VOCABULAIRE

230

MODES

Couple hippie

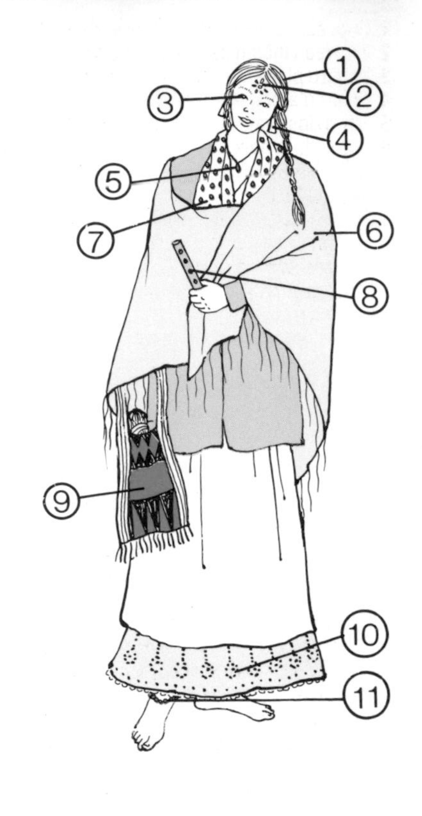

Le New-Wave cheap

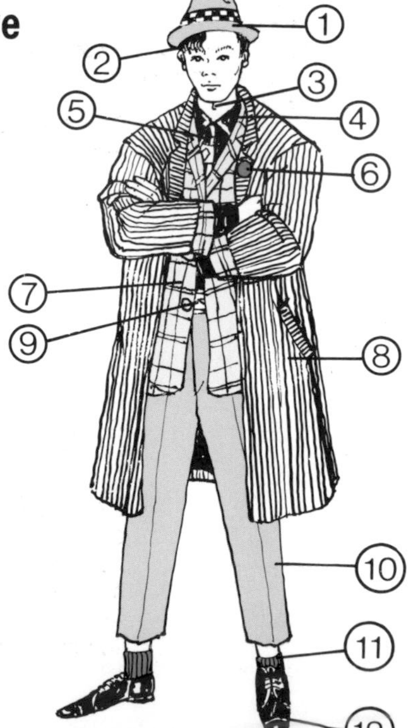

La Punkette

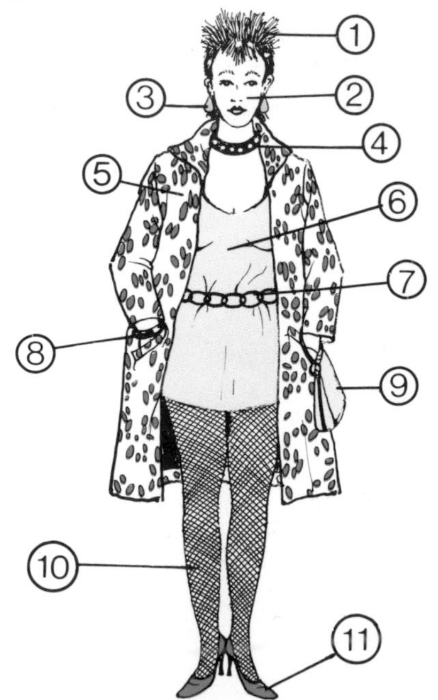

Couple hippie

Lui:

1 Cheveux longs et barbe fleurie style Jésus-Christ.
2 Bandeau indien tissé dans une réserve.
3 Regard planant adouci au khôl indien.
4 Chant d'amour et de paix.
5 Sac à dos et sac de couchage du «routard».
6 Signe de la paix.
7 Chemise tunisienne.
8 Guitare folk.
9 Jean à pattes d'éléphant, délavé, effrangé et agrémenté de diverses pièces et inscriptions (noms de groupes pops ou slogans non violents).
10 Sandales marocaines (artisanat pour touristes).

Elle:

1 Cheveux longs, nattes fleuries.
2 Maquillage psychédélique: fleurs peintes, arabesques, signes ésotériques.
3 Regard doux et planant, ombre à paupière mauve.
4 Boucles d'oreilles (artisanat berbère).
5 Croix de Taizé.
6 Poncho péruvien.
7 Fichu de paysanne.
8 Pipeau.
9 Sac artisanal grec contenant:
- un paquet de Camel sans filtre;
- de la marijuana dans une enveloppe;
- un briquet;
- une petite bouteille de patchouli;
- un ouvrage d'initiation à la méditation transcendantale;
- une paire d'aiguilles à tricoter en bois et une pelote de laine.

10 Ensemble «paysanne roumaine», jupon de dentelle apparent.
11 Bracelet de coquillages à la cheville.

Le New-Wave cheap:

1 Petit chapeau 60: **pour faire un peu «ska»**.
2 Cheveux courts, nuque rase, coupe 50. Mèche décolorée laissée plus longue sur le devant: **pour faire un peu punk**.
3 Pomme d'Adam saillante, cou malingre et long sur une colonne vertébrale un peu voûtée.
4 Chemise 60 à carreaux avec petit col; trop grande.
5 Cravate 60 en nylon avec motif triste; très étroite (3–4 cm).
6 Badge de groupe new-wave: **pour faire un peu branché**.
7 Veste d'un costume 60 dépareillé, en nylon et trop large.
8 Manteau 60 noir et blanc en laine mouchetée, auquel il manque un bouton.
9 Ceinture 60, fine, en plastique marron imitation cuir. Peut aussi porter, en plus de la ceinture, des bretelles 60 fines: **pour faire encore plus 60, donc encore plus new-wave**.
10 Pantalon d'un autre costume 60, également dépareillé, en nylon et trop court.
11 Chaussettes 60 en nylon, à motif triste et trop courtes.
12 Chaussures 60, très pointues, bon marché, et à semelles fines en élastomère. Peut aussi porter des *creepers* Go West: **pour faire un peu «teddy»**.

La Punkette:

1 Cheveux blonds avec mèches noires, ou vice versa. Pour les Punkettes extrémistes, le noir et blanc fait place à la couleur: rose, vert. Traitement *spike-hair* sur le dessus.
2 Visage un peu ingrat, un peu révolté, un peu triste.
3 Grosses boucles d'oreilles 60 en plastique de couleur vive ou dorées fantaisie. Provenance: vieilles choses de maman ou Puces.
4 Collier de chien clouté (modèle de luxe).
5 Manteau ou imperméable en tissu imprimé clair à motifs léopard. Vieilles choses de maman ou Puces.
6 Robe unie 60, noire, rose, rouge ou verte. Vieilles choses de maman ou Puces.
7 Ceinture 60 en métal doré fantaisie. Vieilles choses de maman ou Puces.
8 Bracelet assorti au collier.
9 Petit sac à main 60 en cuir verni noir, rouge ou blanc. Vieilles choses de maman ou Puces.
10 Bas à résilles.
11 Chaussures à talons aiguilles 60 en cuir verni noir, rouge ou blanc. Vieilles choses de maman ou Puces.

tissé *woven*
planant *high*
à pattes d'éléphant *flared*
délavé *faded*
nattes *plaits*
maquillage *make-up*
fichu *scarf*
briquet *lighter*
jupon *petticoat*
dentelle *lace*
mèches *streaks*
fait place à *gives way to*
ingrat *disagreeable*
dorées *gilded*
clouté *studded*
imprimé *printed*
unie *plain (coloured)*
assorti *matching*
cuir *leather*
à talons aiguilles *stiletto-heeled*
nuque rase *very short on the neck*
saillante *prominent*
à carreaux *check*
branché *fashionable*
dépareillé *non-matching*
mouchetée *flecked*
bretelles *braces*
semelles *soles*

La Mode vue d'un point de vue historique

Les Hippies

Lisez le texte et trouvez aussi rapidement que possible les détails suivants:
- D'où il revenait.
- Où elle allait.
- Où ils se sont rencontrés.
- Les instruments de musique dont ils jouent.
- Où ils voudraient aller.
- L'attitude de leurs parents.
- Ce qui les aide à supporter la vie.

Il revenait des Indes. Elle rejoignait une communauté dans les Causses. Mais le hasard a voulu à l'occasion d'un festival pop qu'ils se rencontrent sur le chemin. Un soir, autour du feu, ils ont accompagné les chants de leurs compagnons de rencontre, lui à la guitare, elle au pipeau . . . Depuis, ils font la route ensemble et partagent le même sac de couchage. Objectif lointain: «Frisco» (San Francisco). Leurs parents, des braves gens, sont rassurés de les savoir ensemble car voyager seul n'est pas prudent.

Bien sûr, les conditions matérielles sont un peu *hard*, mais ils sont dans le même *trip* et c'est ça qui est *cool*. Et quand parfois la vie *straight* les *speede* un peu trop, la «fumette» et l'«acide» ramènent au sein du couple l'harmonie cosmique des «grands initiés».

Travail sur les dessins

Lui

1 Regardez d'abord le dessin et lisez les légendes en face.

2 Ensuite vous allez travailler avec un(e) partenaire.

Le/la partenaire A regardera seulement le dessin.

Le/la partenaire B regardera le dessin et les légendes. Il/elle lira une des légendes à son/sa partenaire, qui devra lui dire le numéro correspondant.

Elle

1 Lisez d'abord la liste qui décrit le contenu de son sac.

2 Avec un(e) partenaire, et sans regarder la liste, essayez de vous rappeler toutes ses affaires. Nommez chacun(e) une chose à tour de rôle.

3 Regardez le dessin entier, et essayez d'apprendre les légendes par cœur.

4 Avec un(e) partenaire, et sans regarder les légendes, essayez d'en faire une liste. Vous proposerez chacun(e) une des légendes à tour de role.

Le New-Wave Cheap

Lisez le texte et trouvez, aussi rapidement que possible, les détails suivants:
- Les trois endroits d'où proviennent ses vêtements.
- Si ces vêtements lui vont bien.
- La signification des années soixante.
- Quatre éléments-clé du New-Wave.
- Ce que ses parents lui ont offert à Noël.
- Ce qu'il en a pensé.
- Ce qu'il préfère mettre.

Pascal est un gentil lycéen qui voudrait être dans le coup. Touché tardivement par la fièvre New-Wave, il ne s'habille qu'avec des vêtements dépareillés trouvés aux Puces, à l'Armée du Salut ou dans la penderie des habits que son père ne porte plus. Rien ne lui va vraiment mais il ne s'en rend pas compte.

Pour lui, l'important, c'est que ça fasse 60, parce que le 60, ça fait New-Wave.

S'il se coiffe d'un chapeau «ska», porte des badges «rock», se décolore la mèche et met des *creepers* aux pieds, c'est que ce sont, d'après lui, autant de signes New-Waves patentés.

Ses parents sont d'ailleurs consternés qu'il préfère la vieille veste élimée, trouvée dans le placard de son père, au beau blouson moderne et confortable qu'ils lui ont offert à Noël et pour lequel il n'a eu qu'un mot: «ringard».

Travail sur le dessin

1 Regardez le dessin et lisez les légendes.

2 Ensuite, sans regarder le texte, essayez de trouver les vêtements décrits en face:

a Elle est fine, en plastique marron imitant cuir.

b Il vient d'un costume 60. Il est en nylon et trop court.

c Elle vient d'un costume 60.

La Punkette

Lisez le texte et trouvez aussi rapidement que possible les détails suivants:
- Son âge.
- Ce qu'elle fait dans la vie.
- Son aspect physique.
- Ses relations avec ses parents.
- Ses copains.
- Ses ambitions.
- Son groupe favori.
- Ses passe-temps.
- Pourquoi elle a des boutons.
- Sa vie romantique.

Travail sur le dessin

Test de mémoire: Regardez le dessin de la punkette et lisez très attentivement les légendes. Ensuite, sans regarder le texte, essayez de vous rappeler . . .
- La couleur de ses cheveux.
- D'autres détails sur ses cheveux.
- L'expression de son visage.
- Comment sont ses boucles d'oreilles et où elle les a trouvées.

La Punkette est très jeune, environ 16 ans. Elle suit péniblement une seconde au lycée, ou ne la suit pas du tout.

Elle est plutôt petite, un peu boulotte. Elle s'entend mal avec ses parents – des petits-bourgeois travailleurs et modestes – et délaisse quotidiennement la compagnie familiale pour rejoindre sa bande, des Punks comme elle. Ensemble ils projettent de monter un groupe. En attendant, elle est groupie de «Taxi-Girls» (elle les connaît personnellement). Le soir elle passe au «Bleu-Nuit» (bar), puis au «Rose-Bonbon» (boîte).

Comme elle se couche tard, elle prend un petit speed de temps en temps et ça lui donne parfois des boutons.

En fin de compte, elle flippe pas mal.

Son réconfort dans la vie, c'est son petit ami Johnny (c'est un surnom), un Punk comme elle. Ils se comprennent et forment, au-delà des apparences, un couple plutôt romantique et traditionnel. Ensemble ils voudraient «foutre le camp de cette société pourrie pour aller j'sais pas où».

Elle est en nylon et trop large.

d Elles sont tres pointues, et à semelles fines.

e Elles sont en nylon et trop courtes.

f Elle est à carreaux; elle est trop grande.

g Il fait un peu «ska».

h Elle est très étroite; elle est en nylon.

i Il lui manque un bouton; il est en laine mouchetée.

j Il fait un peu branché.

3 Travail avec un(e) partenaire: Le/la partenaire A, qui peut regarder le texte, dira un numéro. Le/la partenaire B, sans regarder les légendes, essayera de décrire le vêtement qui correspond au numéro.

4 *Loto*: Chaque élève doit choisir deux numéros pour chaque dessin. (*Par exemple*: Hippie – lui 2 et 4, elle 3 et 6. Punkette 7 et 10, New-Wave Cheap 3 et 9.)

Les élèves ne doivent pas regarder les légendes. Le/la prof (ou un(e) élève) lira une des légendes. Si elle correspond à un de vos numéros, vous pouvez le couvrir avec un morceau de papier. Le/la premier(e) élève à couvrir tous ses huit numéros sera le/la gagnant(e).

Hervé change de tête

Écoutez la bande et notez la fin des phrases suivantes:

a Qu'est-ce qui ____?

b Et puis c'est à la ____.

c C'est la raison ____.

d Ils ont tous des copines à ne plus savoir quoi ____.

e Maintenant ça va ____.

f Tu vas sortir dans la rue ____?

g Puis heureusement que ____.

h Si tu aimes ____.

i Il vaut mieux faire ça à vingt ans ____.

j Si tu veux une paire de baffes il faut ____.

k C'est pas du tout ce que ____.

l Je pense que tu as un certain ____.

m Mais moi je peux le faire et c'est tout à fait ____.

n Je commence à ____.

le hasard *chance*
pipeau *reed-pipe*
faire la route *travel*
la fumette *soft drugs*
sein *midst*
dans le coup *in*
tardivement *belatedly*
dépareillés *non-matching*
Puces *flea market*
Armée du Salut *Salvation Army*
la penderie *wardrobe*
patentés *official*
élimée *threadbare*
blouson *jacket*
ringard *out*
boulotte *plump*
délaisse *abandons*
quotidiennement *every day*
bande *group of friends*
boîte *night club/disco*
boutons *spots*
flippe *feels down*
réconfort *comfort*
surnom *nickname*
au-delà des apparences *despite appearances*
pourrie *rotten, decayed*
changer de tête *to adopt a new look*
il vaux mieux *it's better*
une paire de baffes *a slap*
stressé *under stress*

L'INDUSTRIE DU PRÊT-À-PORTER

Lisez cette interview avec Solange, qui vient d'ouvrir un magasin prêt-à-porter à Nantes.

Ann Vous dites que vous êtes là depuis très peu de temps . . .

Solange Ah oui, ça fait deux mois que je suis ouverte alors je ne me suis pas encore fait ma clientèle – ça vient petit à petit.

Ann Et qu'est-ce qui vous a donné l'idée de . . .

Solange De faire un magasin prêt-à-porter? Ben, parce que j'ai bien aimé le quartier, et puis le style rétro que je fais, j'ai trouvé que ça se marierait bien avec le style de la rue, les restaurants qui sont avoisinants, et le style de vêtements que je veux faire un petit peu bohème. Et par goût personnel aussi, j'ai voulu faire un magasin prêt-à-porter, quoi. Mais ce que je voulais éviter à tout prix c'est justement le style grande surface et je voulais faire quelque chose d'un peu personnalisé, pour faire ma clientèle.

Ann Et vous les trouvez où, vos vêtements?

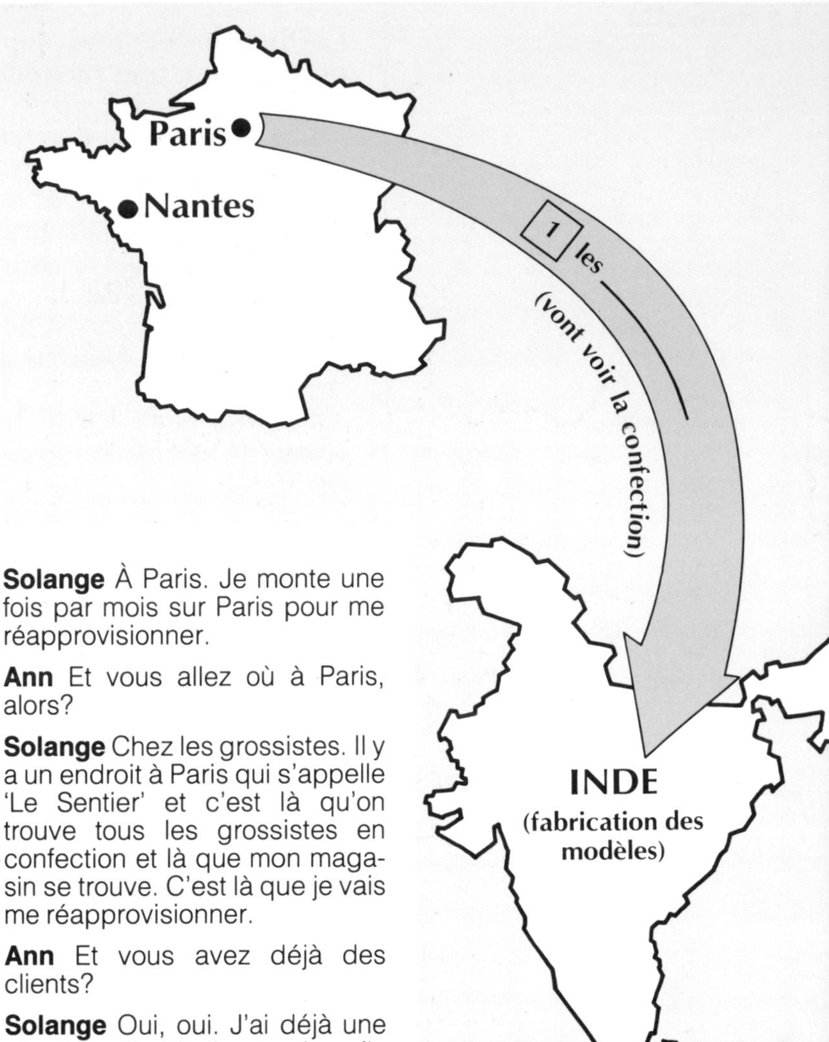

Solange À Paris. Je monte une fois par mois sur Paris pour me réapprovisionner.

Ann Et vous allez où à Paris, alors?

Solange Chez les grossistes. Il y a un endroit à Paris qui s'appelle 'Le Sentier' et c'est là qu'on trouve tous les grossistes en confection et là que mon magasin se trouve. C'est là que je vais me réapprovisionner.

Ann Et vous avez déjà des clients?

Solange Oui, oui. J'ai déjà une clientèle d'habitués et puis enfin il y a le bouche-à-oreille, enfin c'est ma meilleure publicité aussi: les gens qui viennent et qui ont donc leur modèle sur eux et qui m'envoient d'autres clients parce que ça a plu. C'est comme ça que je travaille.

Ann Est-ce que ce sont des jeunes?

Solange Jeunes et moins jeunes. Il y a un petit peu les deux. J'ai des mamans qui viennent avec leurs filles.

Ann Ah bon?

Solange Oui oui oui – qui achètent en premier lieu pour leurs filles et puis qui voyant mes modèles, parce que j'ai d'autres modèles, voyez-vous, qui sont un peu plus stylés, et qui viennent m'acheter également.

Ann Et ce sont des vêtements qui sont fabriqués en France?

Solange Non. Ils sont importés. Ils sont fabriqués en Inde, mais si vous voulez la styliste est sur Paris. La création est à Paris mais la fabrication est en Inde. Tout ça parce que ça coûte moins cher. C'est l'unique raison. Mais la styliste est sur Paris. Les modèles sont crées à Paris.

Ann Et vous avez l'occasion de voyager?

Solange Non, non. Disons que pour ma profession je vais uniquement sur Paris. Je dis pas

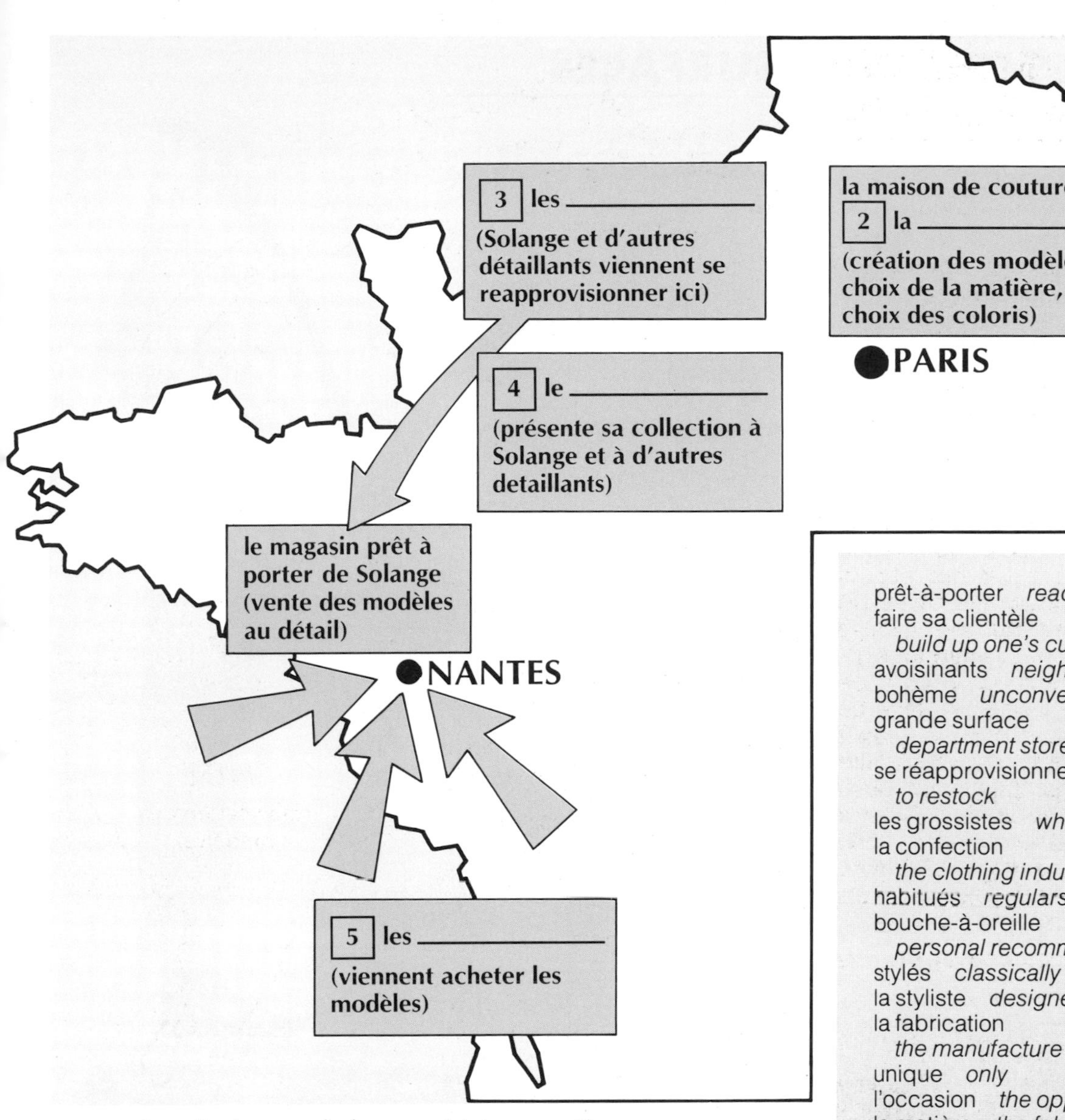

prêt-à-porter *ready-to-wear*
faire sa clientèle *build up one's custom*
avoisinants *neighbouring*
bohème *unconventional*
grande surface *department store*
se réapprovisionner *to restock*
les grossistes *wholesalers*
la confection *the clothing industry*
habitués *regulars*
bouche-à-oreille *personal recommendation*
stylés *classically designed*
la styliste *designer*
la fabrication *the manufacture*
unique *only*
l'occasion *the opportunity*
la matière *the fabric*
les coloris *the shades*
acheteuse *buyer*
reconvertie *changed jobs*
patronne *boss*
voie *path*
détaillants *retailers*
couture *fashion*
étapes *stages*

que par la suite je prendrai pas un petit peu d'expansion. Mais enfin vous savez, moi je ne suis pas . . . c'est pas moi qui choisis la matière. C'est pas moi qui choisis les coloris.

Ann Ah bon.

Solange Non, non, non. Moi je choisis simplement le modèle qui me plaît. Et c'est le représentant qui me présente sa collection. Et puis sur Paris il y a des filles qui s'appellent des acheteuses, qui sont attachées à une maison, et qui vont à l'étranger pour voir la confection par elles-mêmes.

Ann Et qu'est-ce que vous faisiez avant?

Solange Avant j'étais secrétaire. Oui, oui, je me suis complètement reconvertie par goût d'être ma propre patronne et puis parce que mes parents étaient dans le milieu du commerce et j'ai voulu suivre leur voie aussi. C'est un choix.

1

Regardez les schémas qui montrent les rapports qui existent entre toutes les personnes citées par Solange qui jouent un rôle dans l'industrie de la mode. Comment est-ce qu'on appelle ces personnes? Essayez de remplir les blancs.

2

Faites une redaction qui s'intitule *L'Industrie du Prêt-à-Porter*, ou vous raconterez les differentes étapes qui relient la commerçante et les clientes, en passant par la confection en Inde et toutes les personnes qui travaillent dans cette industrie.

LES GRANDES SURFACES

1

Écoutez la bande tout en suivant le texte écrit, et essayez de noter les différences.

Je travaillais debout toute la journée. Je devais m'occuper des rayons, ranger, étiqueter, servir les clients et encaisser l'argent. Je n'avais pas le droit d'être en jeans. Une vieille femme venait tous les jours au magasin. C'était sa sortie quotidienne, elle y avait chaud, voyait du monde, des objets, des couleurs. La musique d'ambiance et les paroles banales lui tenaient compagnie. Elle n'achetait pratiquement rien, sinon une bobine de fil, une boîte d'épingles, une savonnette. Elle m'aimait bien parce que j'étais moins bourrue que les vendeuses qui avaient plus d'ancienneté et de lassitude.

Un jour elle m'a apporté un livre de poche de Gaston Leroux et elle m'a dit: «Tenez, c'est pour vous, vous m'avez dit que vous aimez lire, moi aussi; je vous le donne, j'espère que cela vous plaira». Elle n'avait rien, moi non plus. Nous étions devenues amies. J'étais si emue par son geste que je ne sais pas si j'ai su la remercier.

2

Lisez le texte une fois de plus et puis mettez-vous avec un(e) partenaire. Un(e) partenaire va poser les questions suivantes à l'autre, qui doit essayer de répondre sans regarder le texte.

a Quelles sont les tâches différentes que la vendeuse doit accomplir au cours de sa journée de travail?
b Quelles sont les raisons proposées par la vendeuse pour expliquer pourquoi la vieille dame vient au magasin?
c Qu'est-ce que la vieille dame achetait?
d Pourquoi est-ce qu'elle aimait bien cette vendeuse?
e Qu'est-ce qu'elle lui a offert?
f Comment est-ce que la vendeuse a réagi?

3

Écrivez la même histoire du point de vue de la vieille femme.

MOINS CHER QUE DES SOLDES !
LES PRIX
Jigger

UN INCIDENT DANS UNE GRANDE SURFACE, RACONTÉ PAR UNE VENDEUSE

1

Réordonnez ces phrases de façon à recréer l'histoire (qui commence par la première phrase)

a Une fois, deux petites filles arabes admiraient les parfums et les produits de beauté dans leurs emballages dorés.
b Cela se passait peu avant mon heure de déjeuner.
c Elles ont ouvert un petit flacon d'eau de toilette et ont commencé à se frotter le visage avec pour se nettoyer.
d Mais quand la directice a eu tourné les talons, elles sont revenues.
e J'ai quitté le magasin complètement écœurée, désespérée de n'avoir rien pu empêcher et je n'y ai plus jamais remis les pieds, même comme cliente.
f La directrice les a interpellées: «Restez pas là, les mômes, vous n'avez pas d'argent, on ne veut pas de vous ici. Allez plutôt vous laver, sales gosses!»
g La vendeuse les a surprises, elle a prévenu la directrice et en deux temps trois mouvements les deux petites en larmes étaient embarquées dans un car de police.
h Les fillettes se sont eloignées, terrorisées.

2

Pouvez-vous trouver les mots ou les expressions argotiques qui veulent dire:

a très rapidement;
b enfants;
c jeunes filles.

3

Pouvez-vous trouver des mots ou des expressions synonymes de:

a je n'y suis jamais retournée;
b s'en sont allées;
c dégoûté;
d effrayées;
e en pleurs;
f informé.

4

Trouvez les mots et les expressions qui vous indiquent l'attitude de l'auteur envers cet incident et envers les personnages.

5

Imaginez que vous êtes la vendeuse qui a écrit le texte. Ecrivez une lettre à la directrice du magasin pour expliquer pourquoi vous avez donné votre démission.

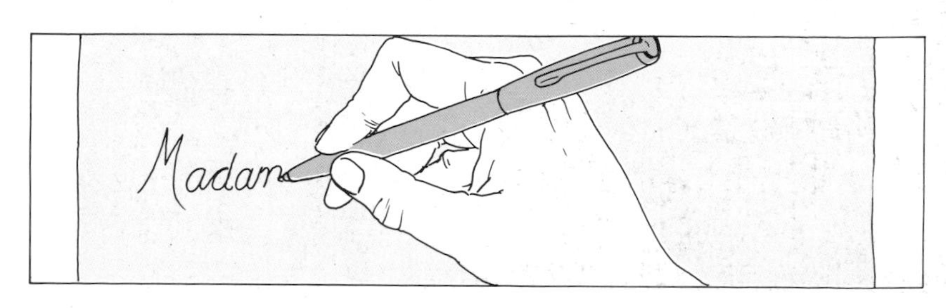

rayons *counters*
ranger *tidy up*
étiqueter *label*
encaisser l'argent *work the till*
sortie *trip out*
d'ambiance *background*
bobine de fil *cotton reel*
épingles *pins*
savonette *bar of soap*
bourrue *surly*
ancienneté *length of service*
lassitude *weariness*
livre de poche *paperback*
émue *moved*
emballages *wrappings*
dorés *golden*
flacon *bottle*
se frotter *rub*
directrice *the manageress*
tourne les talons *turned her heels*
écœurée *sickened*
empêcher *prevent*
remis les pieds *set foot*
interpellées *shouted at*
mômes *kids*
gosses *brats*
prévenu *warned*
en deux temps trois mouvements *in a flash*
embarquées *carted off*
se sont éloignées *went away*
donner votre démission *to resign*

FRENCH LINE
Revillon
FRENCH LINE
Pour l'homme des grandes traversées
Eau de toilette masculine, after-shave, mousse à raser, déodorant, bagages, accessoires...

Les Parfums

1 Voyage au bout de l'instant . . . *Choc* de Cardin.
2 Le parfum est la musique du corps . . . *Mystère* de Rochas.
3 Le parfum des paradis retrouvés . . . *Fidji* de Guy Laroche.
4 Je lui ai donné ce nom léger, immense et aérien parce qu'il est à lui seul tous les parfums de l'espace, de la nuit et du temps . . . *Envol* de Ted Lapidus.
5 À l'heure de la nuit, un nouveau parfum. Un parfum de fleurs, habillé de noir . . . *Nocturnes*. Par Caron.
6 Tendre et sauvage comme son parfum . . . *J'ai Osé* de Guy Laroche.
7 La musique d'une lumière, la couleur d'une rencontre, le rythme d'un parfum . . . *Courrèges in blue*.
8 Vos rêves ont un parfum . . . *Balahé* de Leonard.
9 Le parfum qui est une femme . . . *Ivoire* de Balmain.
10 Anna Pavlova: en hommage à cette femme hors du commun a été créé un parfum chaleureux et de très grand style . . . *Pavlova* de Payot.
11 L'inattendu tant attendu . . . *KL,* l'extraordinaire nouveau parfum de Karl Lagerfield.
12 Comme un jardin de paradis . . . *Eau de Fleurs* de Nina Ricci.

Mettez-vous par deux. Pour chaque parfum, choisissez un membre de votre classe auquel ou à laquelle il conviendrait, en justifiant votre choix. (*Par exemple*: Je pense que Pavlova conviendrait à Trevor parce qu'il suit des cours de ballet. Balahé conviendrait à Tracey parce elle dort souvent en classe. Choc conviendrait à Sharon parce qu'elle veut être électricienne.)

Ensuite inventez trois noms de parfums et écrivez des slogans publicitaires pour les vendre.

JE N'AI ABSOLUMENT RIEN À METTRE

1

Hervé ne sais pas quoi mettre pour aller chez les Durand. Béatrice lui fait les suggestions suivantes:
un costume;
un jean;
son pantalon à carreaux;
emprunter un pantalon à quelqu'un;
un pantalon vert avec une veste bleue et puis une chemise jaune.

Trouvez la raison pour laquelle il rejette chacune de ses suggestions.

Ensuite, notez les vêtements qu'il decide de mettre à la fin.

2

À la fin de la bande le même problème se pose pour Béatrice. Écoutez la façon dont ils en discutent, et essayez de remplir les blancs:

Tu seras bien habillée, au ____?
J'ai rien à me ____, moi non ____.
J'espère que tu vas t'habiller ____ puisque moi je suis en ____ maintenant.
Alors je ne veux pas ____ avec quelqu'un qui est mal ____
Je sais pas ____ je vais m'habiller.
Bon, ben ____-toi puisque nous n'avons ____ qu'un quart d'heure ____.
Et puis tu te ____, parce que ne ____ pas sur moi pour te donner des ____, allez.

3

Écoutez la bande encore une fois, et notez les formules employées par Béatrice pour faire une suggestion. (*Par exemple*, la première fois elle dit: «Si tu mettais tout simplement un costume?»)

4

Avec un(e) partenaire: vous êtes invité(e) pour la première fois chez les parents de votre copain/copine. Vous voulez créer une bonne impression, et vous demandez à votre partenaire ce que vous devez mettre. Il/elle vous fait des suggestions, mais vous les rejetez.

MONSIEUR ET MADAME MARTIN FONT DU LÈCHE-VITRINE

1

Écoutez la bande et trouvez l'ordre dans lequel on parle des vêtements et des accessoires suivants, et laquelle des deux personnes a envie d'acheter l'objet en question:

a une écharpe;
b un sac;
c un costume;
d des chaussures;
e une robe.

2

Écoutez la bande une deuxième fois, et puis pour chaque objet précisez:
– pourquoi l'un des deux a envie de l'acheter;
– ce qu'en pense l'autre.

3

Mettez-vous en groupes de trois. Une personne va jouer le rôle d'un mannequin, et ne va donc rien dire. Il/elle doit se tenir immobile. La deuxième personne va regarder le mannequin, ce qui lui donnera envie d'acheter tous les vêtements et les accessoires portés par ce dernier. La troisième personne va essayer de persuader la deuxième personne qu'il/elle n'a pas besoin de faire tous ces achats. Ensuite vous changerez de rôle.

au bout de *to the end of*
hors du commun *out of the ordinary*
chaleureux *warm*
l'inattendu *the unexpected*
un costume *a suit*
à carreaux *check*
emprunter *to borrow*
employées *used*
suivants *following*
écharpe *scarf*
mannequin *model*
immobile *still*

Tout commence par un dessin

Benzo, T-shirt blanc et blue-jean, dessine sa prochaine collection: «Je commence toujours par dessiner la tête, les yeux, les cheveux. La tête, c'est très important, cela m'inspire pour l'habiller. Pour le soir, je maquille les yeux et, si je fais un style masculin, je rajoute une cigarette».

Il y a les tissus favoris de Benzo qui reviennent chaque saison («des tissus sympas», selon son expression). Le velours, le tweed et la flanelle qu'il aime féminiser. Et le taffetas, qui donne une folle envie de danser. Et puis des retrouvailles: «Le cachemire, j'ai toujours aimé. A Tokyo, mes assistants ont trouvé, chez un antiquaire, des morceaux d'un cachemire très ancien aux dessins superbes. Je l'ai fait aussitôt reproduire». Les souvenirs de ses voyages inspirent Benzo: couleurs des boubous africains, sarongs des Balinaises; contraste d'un vêtement très vaste sur quelqu'un de très menu: «Sur une plage des Caraïbes, une toute petite fille avait enfilé le T-shirt de sa mère, une femme énorme. J'ai trouvé cela tellement bien que j'ai essayé d'approcher cette image».

Tout part des épaules

«Quand je commence un dessin, je trace la ligne du cou, et tout de suite les épaules, et puis la silhouette, après je fais les yeux, une bouche rouge et je finis par le chapeau» explique Jacques Rivette. Un regard très bleu et presque métallique. Une moustache et des cheveux très blonds. Et comme toujours un blouson en jean, un T-shirt et un blue jean. Dans sa mode, «tout part des épaules, j'aime leur démarche, leur côté film noir». Ce sont les films des années trente et quarante qui l'inspirent, comme 'Le Port de l'Angoisse' avec Lauren Bacall et son fameux tailleur pied-de-poule très épaulé. Et puis des veuves siciliennes, des légions romaines, des footballeuses américaines en crêpe de Chine, des ouvrières en bleu de travail, des amiraux souvent et, une fois, une mariée en rouge. Et cet hiver, une star hollywoodienne en satin doré.

LES SOURCES D'INSPIRATION DES COUTURIERS

1

Essayez de remplir les cases blanches: vous trouverez les détails dont vous avez besoin dans le texte.

l'endroit	le tissu	le vêtement	le personnage qui le porte
Tokyo	le cachemire		
		un boubou	
Bali			
		un T-shirt	
		un tailleur	
			une veuve
Rome antique			
	le crêpe de Chine		
			une ouvrière
Hollywood			

2

Trouvez autant de détails que possible sur chacun des deux hommes: leur aspect physique et leur façon de s'habiller.

3

Imaginez que vous êtes couturier(e). Expliquez:

a Comment vous faites un dessin (*par exemple:* je commence toujours par les pieds. Pour l'hiver je rajoute des bottes, etc.).

b Vos tissus favoris (*par exemple:* le taffetas et le satin, que j'aime masculiniser).

c Vos sources d'inspiration (*par exemple:* les pompiers italiens, les profs de français, etc.).

dessin *drawing*
maquille *make up*
tissus *fabrics*
velours *velvet*
folle *mad*
envie *desire*
retrouvailles *rediscoveries*
antiquaire *antique dealer*
aussitôt *immediately*
menu *slight*
Caraïbes *Caribbean*
enfilé *put on*
tellement *so*
blouson *jacket*
tout part de *it all begins with*
démarche *swagger*
côté *aspect*
film noir *thriller*
Le Port de l'Angoisse *To Have and Have Not*
tailleur *(woman's) suit*
pied-de-poule *hound's tooth*
épaulé *with padded shoulders*
veuves *widows*
ouvrières *factory workers*
bleu de travail *overalls*
amiraux *admirals*
mariée *bride*
doré *golden*

Un Mannequin Parle de Sa Vie

Écoutez la bande et essayez de remplir les blancs.

Q *Tu aimes te regarder? Tu te plais?*

R Je ne me ____ pas tellement jolie avant. Je m'____ bien mais parfois je me ____ laide. Depuis que je ____ ce métier, je ____ que je peux être jolie quand je veux. C'est rassurant en un sens. Mais c'est aussi très angoissant, parce que j'ai le sentiment que je ne ____ rien faire d'autre. C'est dur quand tu ____ à 25 ou à 30 ans. Tu ____ presque une star, tu étais une femme que tout le monde ____, et tout d'un coup c'est fini. Ça tombe et tu n'es plus rien. C'est dur, parce que c'est physique. C'est ton visage qu'on ne ____ plus. Tu ____ rester très belle, tu n'as plus le standard.

Q *Les filles que tu connais, elles parlent de ce qu'elles ____ plus tard?*

R Oui, ça les angoisse beaucoup. La plupart des filles, elles ____ à 17, 18 ans. Tu ne ____ pas ce que tu veux faire à cet âge-là. Alors de 17 à 30 ans, c'est toi, c'est ta vie. Et quand tu ____, à 30 ans, tu ____ tout, et tu ____. En plus c'est difficile après de trouver un travail. Ce metier a des côtés ennuyeux. On te ____ un peu comme une marchandise. Et il faut tout le temps ____ de sa beauté. Mais tu ____ de l'argent. Tu voyages, tu ____. Tu n'es jamais dans un bureau. Tu ____ des gens différents. Tu ne ____ pas. Alors, après, pour trouver quelque chose, quand tu n'as pas fait d'études, ce n'est pas facile.

Q *Et qu'est-ce qu'elles ____ en général?*

R Elles se ____. Cela dépend. Certaines ____ du travail dans la mode. Mais il y en a beaucoup qui se ____ avec un photographe et qui ____ des enfants. Et après, le photographe, il est constamment avec des jeunes filles, des nouvelles. Ça ____ être dur.

tellement *especially*
laide *ugly*
métier *job*
rassurant *reassuring*
angoissant *anxiety-provoking*
dur *hard*
tu n'as plus le standard *you're no longer up to the mark*
la plupart *the majority*
côtés *aspects*
marchandise *commodity*
tu n'as pas fait d'études *you've got no qualifications*
épouser *marry*
fard à paupières *eye shadow*
perruque *wig*
rousse *red (haired)*
maquillage *make-up*
croiser *pass*
gêner *embarrass*
encaisser *ring up on the till*
ça vous regarde pas *it's not your business*
concours *competition*
tenues *outfits*
élu *elected*
smoking *dinner jacket*
tenue fantaisie *fancy dress*
slip *underpants/swimming trunks*
concurrents *competitors*
mensurations *measurements*
dauphins *heirs*

1

Voici une liste des avantages et des désavantages du métier de mannequin, selon cette femme. Discutez-en avec votre partenaire et réordonnez-les selon leur importance.

Les avantages
- On sait qu'on est considérée comme jolie.
- On gagne de l'argent.
- On voyage.
- On ne s'ennuie pas parce qu'on voit tout le temps des gens différents.

Les désavantages
- On vous traite comme une marchandise.
- On est obligée de s'occuper tout le temps de sa beauté.
- On a de fortes chances d'épouser un photographe, qui sera constamment avec des jeunes filles.

2

Il existe aussi des hommes qui font le métier de mannequin. Pour chacun des avantages et des désavantages cités ci-dessus, décidez s'il s'appliquerait également à un homme. Essayez de trouver d'autres avantages et désavantages que ce métier pourrait présenter à un homme.

3

Votre partenaire a envie d'être mannequin. Essayez de l'en dissuader.

BÉATRICE DÉCIDE DE CHANGER DE TÊTE

1

Écoutez la bande, et notez

a lesquels des produits suivants Béatrice décide d'acheter:
- du mascara
- un crayon rouge
- un crayon vert
- une crème de beauté
- un fard à paupières
- un shampooing
- un fard à joues
- une perruque rousse
- une perruque à cheveux gris

b le prix que le vendeur lui indique:
- 50F 86
- 500 F 86
- 586F 00.

2

Voici des remarques que vous entendrez sur la bande:

i Je peux vous aider?
ii J'achète ce crayon-là.
iii Peut-être que ça ira pas avec la couleur de vos cheveux.
iv Vous êtes sûre que ça va aller?
v Je vous ai dit que c'était des produits très spécialisés, c'est pour un maquillage de cinéma.
vi Qu'est-ce que vous voulez comme perruque?
vii Je pense que ce ne serait pas plus mal avec le nouveau style que vous voulez essayer.
viii Je pense que si je vous croise dans la rue, ça me gênera un peu quand même, vous voyez, non?
ix Vous encaissez tout ça.
x Vous plaisantez!

Essayez de trouver dans la liste ci-dessous la réponse qui correspond à chaque remarque:

a Monsieur, ça vous regarde pas trop.
b Mais c'est ce que je veux.
c D'accord. Bon, alors, ça vous fait cinq cent quatre-vingt-six francs.
d Oui, j'ai envie de changer de tête.
e Non, je vais choisir toute seule.
f Mais pas du tout.
g Mais ça vous regarde pas si j'ai envie d'acheter ça.
h Quoi?
i Mais c'est quand même assez particulier.
j Alors là . . . je voudrais une perruque rousse.

3

Trouvez dans le texte les phrases qui correspondent aux actes suivants:

a Il lui offre son aide.
b Elle refuse son aide.
c Il essaie une deuxième fois d'offrir son aide.
d Elle se décide pour un produit.
e Il essaye de la persuader qu'elle ne devrait pas l'acheter.
f Elle insiste.
g Il lui propose d'acheter quelque chose d'encore plus bizarre.
h Elle lui dit que cela n'a rien à voir avec lui.
i Elle choisit d'autres produits.
j Il lui propose encore une fois d'acheter quelque chose de très excentrique.
k Il lui explique la réaction qu'elle va produire quand elle sortira dans la rue.
l Elle lui dit de se dépêcher.
m Il lui indique le prix.
n Elle ne le croit pas.
o Il lui justifie le prix.

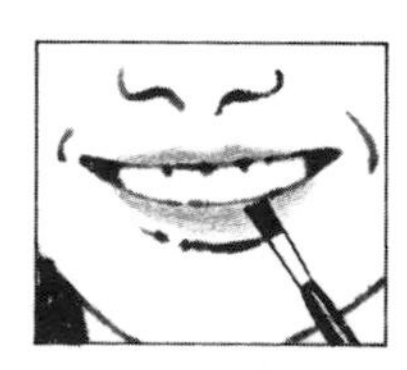

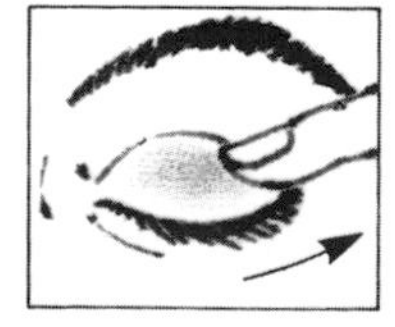

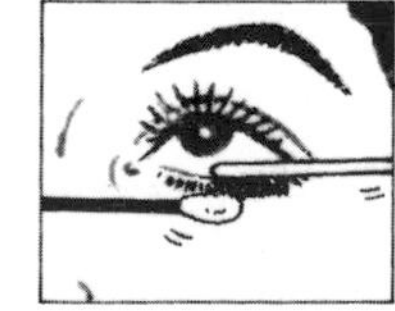

Monsieur France

Essayez de trouver les détails suivants sur le concours 'Monsieur France':

a Où cela s'est passé.
b Quand cela s'est passé.
c La composition du jury.
d Le nom du gagnant.
e le nom de celui qui est arrivé en deuxième place.
f Le nom de celui qui est arrivé en troisième place.
g La profession du gagnant.
h D'où il vient.
i Ses tenues.
j Ce qu'on ne sait pas sur lui.

Les hommes aussi ont leur «Miss» . . . ter

Le premier 'Monsieur France' a été élu samedi soir a Chaussin (Jura) après un vote *«par acclamations»*, exclusivement réservé aux femmes.

Jean-Claude Arrigon, jeune barman d'Annecy (Haute-Savoie), a emporté le titre après avoir fait trois apparitions en smoking, en tenue fantaisie, et en slip – tout comme les autres concurrents.

Les mensurations de 'Monsieur France' et de ses dauphins, MM. Gerard Stasouski, de la Grand-motte, et Jean-Marie Casting de Bordeaux, n'ont pas été communiquées.

Une Française d'Aujourd'hui

DEPUIS QUELQUES SEMAINES DÉJÀ, MARIE-CLAUDE S'INTERROGE SUR SON AVENIR . . . EN EFFET, ELLE SEMBLE PORTER CHAQUE JOUR UN INTÉRÊT DIMINUÉ À SES COURS DE HAUTE COUTURE.

Que je déteste cet homme . . .

ELLE SE SENT PRISE D'UN VIF ANTAGONISME ENVERS M. LECOQ, QUI EST EN TRAIN DE DISCOURIR SUR L'ÉVOLUTION DE LA CHAUSSURE FÉMININE . . .

Le talon haut allonge les jambes, ce qui rend la femme plus séduisante.

Mais Monsieur, ne pensez-vous pas que de telles chaussures déforment le pied?

Certes – mais vous n'avez rien compris, Mademoiselle. Nous savons tous que le plus important pour une femme, c'est d'être belle.

La mode n'a rien à voir avec le confort, Mademoiselle!

Finalement l'histoire de la chaussure féminine c'est l'histoire de la répression de la femme.

Je ne peux plus supporter les cours de cet imbécile.

Que je m'ennuie. Après tout, c'est pour faire plaisir à Maman que je suis ici.

Il n'est peut-être pas trop tard pour changer de voie: le moment est venu de prendre une décision. Il faut que je parle à Maman.

MARIE-CLAUDE, TOURMENTÉE PAR LE DOUTE, QUITTE L'ÉCOLE EN COURANT. MADAME BERTILLON L'ACCUEILLE À L'ENTRÉE DE SA PETITE BOUTIQUE, LA FEMME D'AUJOURD'HUI, *RAYONNANTE.*

Ma chérie, quelle surprise! Comment vas-tu?

Ma fille fait des études de haute couture! Pensez donc, les jeunes d'aujourd'hui ne connaissent pas leur chance . . .

Moi, déjà à son âge, je m'occupais du foyer, faisant le ménage, cuisinant et attendant mon mari, qui rentrait toujours tard et de mauvaise humeur de l'aéroport.

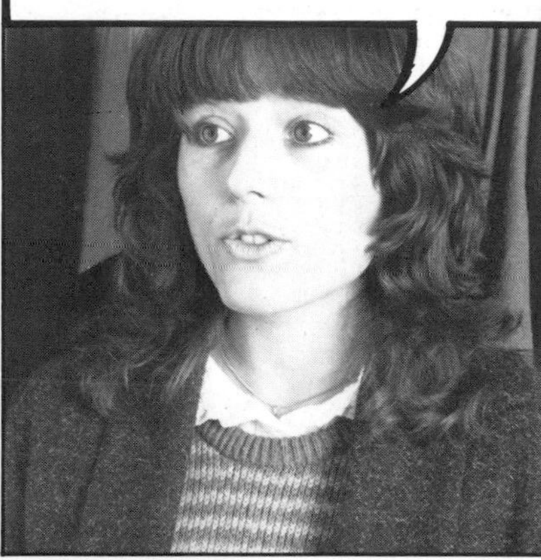

Il faut que je te parle, Maman. C'est très important. Je ne sais plus que faire. Il faut que je prenne une décision.

J'en ai marre de la haute couture. Je veux tout arrêter.

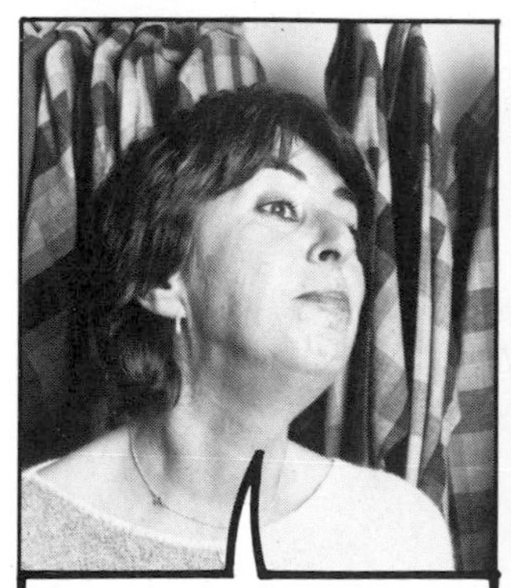

Ne dis pas de bêtises, ma chérie. Tu ne vas pas gâcher un avenir assuré.

Mais Maman, c'est mon avenir qui est en jeu. Ça me regarde. Je veux me libérer.

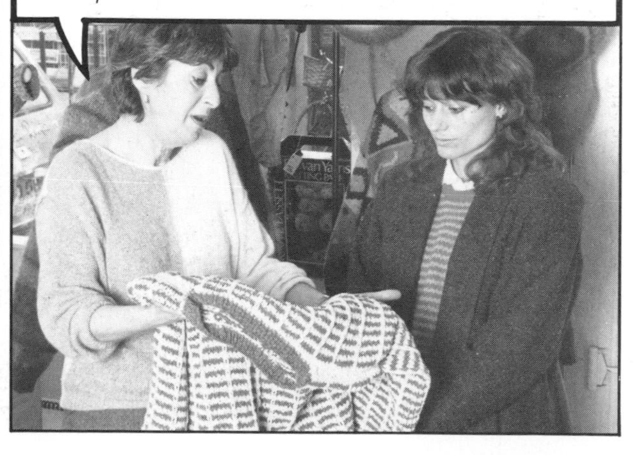

Mais regarde autour de toi – toutes ces robes qui sont si magnifiques. Touche toutes ces étoffes! La mode c'est un art, c'est une forme d'expression.

L'INFORMATIQUE

LE MICRO-ORDINATEUR

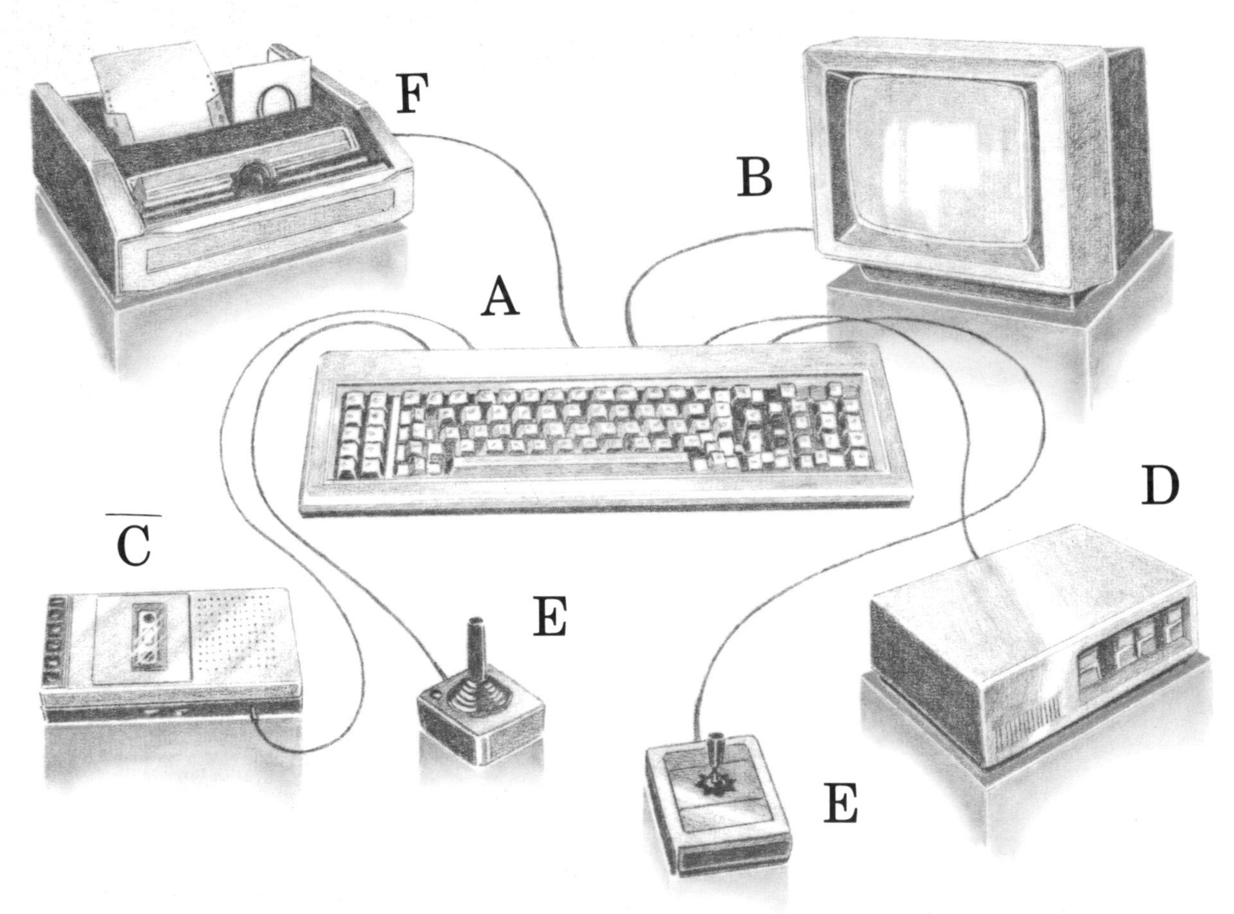

A
Unité centrale: comporte la ou les puces (micro-processeurs) qui mémorisent, dirigent tout ou partie des informations transmises par le clavier.

Elle renferme la mémoire centrale de votre ordinateur.

B
Téléviseur ou moniteur vidéo: périphérique sur lequel s'affichent vos instructions et qui vous permet de savoir à tout moment où vous en êtes.

C
Lecteur-enregistreur de cassettes: banal magnétophone à 400 F que vous possédez déjà ou appareil spécifique à votre machine.

C'est un support lent, mais économique qui sert à charger, lire et enregistrer vos programmes.

D
Lecteur de disquettes (dit floppy ou drive): autre support, plus cher, plus rapide que le magnétophone. Sert à lire, enregistrer des programmes conçus par vous ou par d'autres. Prenez garde aux disquettes.

E
Poignées de jeu: indispensables pour s'amuser à moins d'avoir des doigts agiles (les mêmes commandes existent sur la plupart des claviers). On distingue les manches à balai (joystick), des poignées à molettes (paddle).

F
Imprimante: périphérique qui sert, non pas à afficher, mais à imprimer vos informations. On distingue les machines à aiguilles, thermiques ou à jet d'encre (ces dernières toutes récentes) des traditionnelles machines à boule, marguerite ou tulipe.

Identifiez l'élément de l'appareil décrit dans les phrases suivantes (*par exemple*: Indispensable pour les jeux = les poignées de jeu).

a Sert à charger les programmes, mais assez lentement.
b Lit des programmes rapidement.
c Contient la mémoire centrale.
d Fait apparaître les informations sur papier.
e Fait apparaître les informations à l'écran.
f Affiche les informations.
g Contient les puces.
h On y met une disquette.
i Les appareils les plus récents sont à jet d'encre.
j On y met une cassette.
k Peut être le poste de télévision familial.
l Il y en a deux sortes – les manches à balai et les poignées à molettes.
m Ressemble à un clavier de machine à écrire.

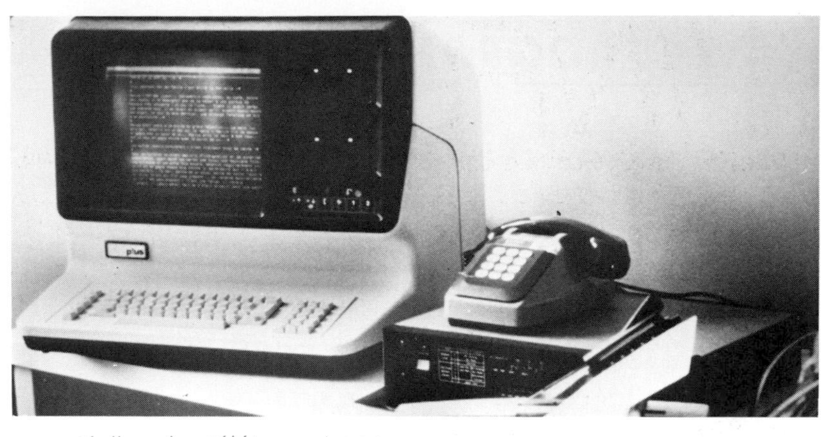

Le télétex – une révolution dans le bureau

Définition: Le télétex est un terminal qui associe le traitement d'un texte et sa transmission automatique généralement par le réseau téléphonique commuté, à un autre terminal.

Les trois éléments composant le télétex:

- Un clavier, couplé avec un écran qui permet de visualiser l'information écrite ou reçue, un logiciel de traitement de texte et une imprimante; cet ensemble assure *la préparation, la consultation* et *la duplication*.
- Une ligne téléphonique pour *transmettre* et *recevoir* et donc aussi *réémettre*.
- Une mémoire de stockage pour *archiver*.

Le télétex risque de créer une révolution dans les bureaux:
En effet le travail d'un bureau se compose de sept fonctions essentielles. Le télétex est capable d'assurer ces sept fonctions. Voici une liste de ces sept fonctions suivie d'une liste de tâches habituelles d'un bureau. Pour chaque tâche sélectionner la fonction correspondante.

Les sept fonctions d'un bureau:
- préparer (*par exemple*: écrire une lettre)
- dupliquer (copier un document)
- transmettre (envoyer un message)
- recevoir (un message arrive)
- réémettre (recevoir un message et l'envoyer à une ou plusieurs personnes)
- archiver (classer et stocker des documents)
- consulter (chercher un renseignement)

Les tâches habituelles d'un bureau:

On tape une lettre à la machine (la fonction = *préparer*).

a On répond au téléphone.
b On va à la poste avec le courrier.
c On cherche un renseignement dans un dossier.
d On donne un renseignement à un client qui téléphone.
e On photocopie une lettre.
f On ouvre le courrier.
g On distribue le courrier.
h On met une photocopie d'une lettre dans un dossier.
i On répond à une lettre.
j On dicte une lettre.
k On téléphone à un collègue.
l On regarde dans le dictionnaire.
m On rédige un rapport.
n On crée une brochure.
o On accueille un visiteur.
p On passe une demande d'information à la personne compétente.
q On ronéote une lettre.
r On fixe un rendez-vous.
s On lit un rapport.

les puces (f) *chips*
le clavier *keyboard*
renferme *contains*
s'affichent *are displayed*
banal *ordinary*
l'appareil (m) *equipment*
un support *medium*
charger *to load*
enregistrer *to record*
l'imprimante (f) *printer*
à aiguilles *dot*
thermiques *heat*
à jet d'encre *ink jet*
à boule *golf ball*
la marguerite *daisy wheel*
la tulipe *thimble*
le traitement *processing*
le réseau *network*
commuté *switched over*
un logiciel *software*
le traitement de texte *word processing*
archiver *to file*

LE PROGRAMME

Écrire un programme pour ordinateur c'est trouver un moyen de donner une liste d'instructions très simples. Il faut décomposer le travail. On écrit une suite d'instructions. S'il y a un choix à faire, on l'écrit comme une alternative: A ou B? La réponse est toujours **oui** ou **non**. Ce système s'appelle la logique binaire.

Prenons un exemple. Jean-Loup veut aller au cinéma. Il a dix francs, mais la place de cinéma coûte 20 francs. Il a le choix suivant: il emprunte de l'argent à quelqu'un ou il ne va pas au cinéma. On peut dire:

- Jean-Loup pense à ceux à qui il peut demander l'argent;
- il y a sa mère, son père et sa sœur;
- il demande l'argent à sa mère;
- si elle lui donne 10 francs ou plus il va au cinéma; sinon il demande à son père;
- s'il a maintenant assez d'argent il va au cinéma; sinon il demande à sa soeur;
- s'il a maintenant 20 francs il va au cinéma; sinon il reste chez lui.

Les programmeurs peuvent représenter toute cette histoire par un organigramme. C'est une suite d'instructions. Il y a quelques conventions dans la représentation graphique d'un organigramme. *Par exemple*:

- on inscrit le point de départ dans une bulle — départ/fin
- les instructions de traitement sont dans un rectangle — traitement
- les instructions concernant l'entrée de données ou la sortie de résultats sont dans des parallélogrammes — entrée des données/ sortie des résultats
- un choix est mis dans un losange
- S'il faut refaire plusieurs fois les mêmes étapes, cela s'appelle une boucle. — VRAI choix FAUX
- pour sortir d'une boucle on pose une question test. On le met dans un losange.

Voici l'histoire de Jean-Loup en organigramme:

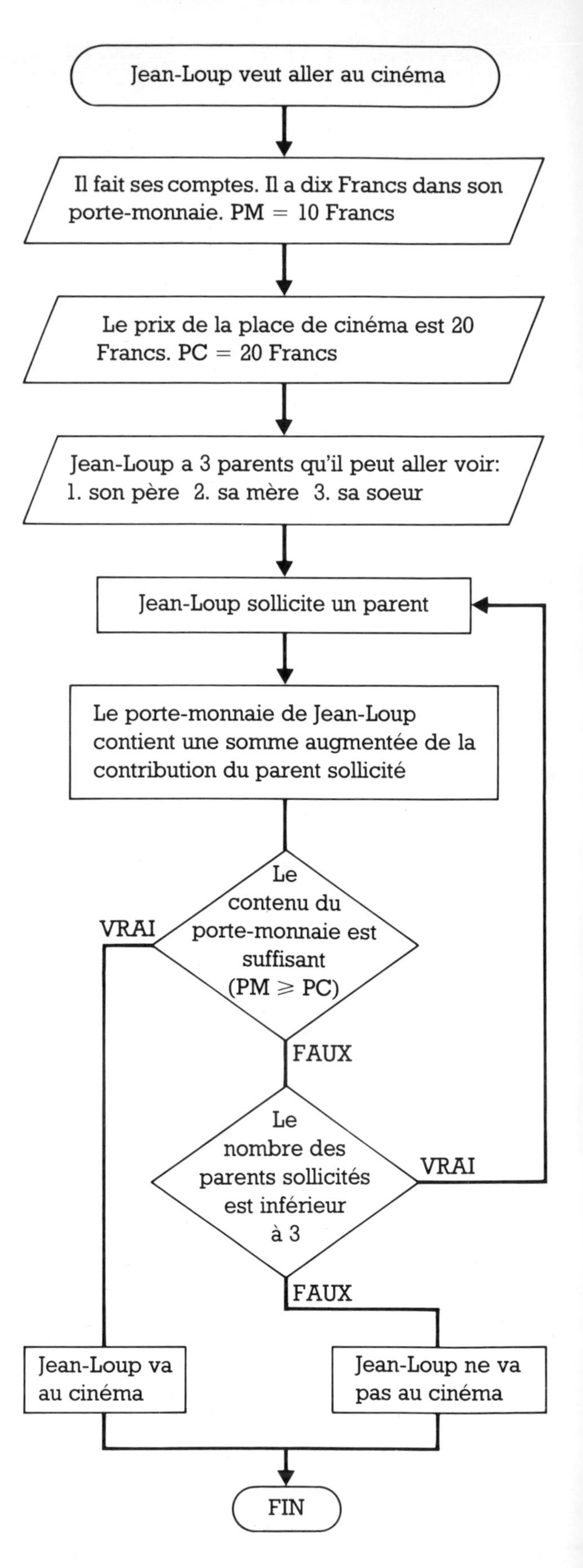

Voici l'histoire de Marie-Claire. Elle est en forme d'organigramme. Racontez l'histoire à votre façon en y mettant des précisions (*par exemple*, le jour, l'heure, les noms des amis de Marie-Claire, combien d'amis elle a dû demander, comment la soirée s'est terminée).

Marie-Claire veut aller à la discothèque avec quelqu'un

Elle a 4 amis qu'elle peut inviter

Elle demande à un ami de l'accompagner

L'ami donne sa réponse

L'ami accepte de l'accompagner

VRAI

FAUX

Il y a encore quelqu'un qu'elle peut inviter

VRAI

FAUX

Elle ne va pas à la discothèque

Elle va à la discothèque

FIN

Voici une autre histoire exprimée en organigramme. Seulement les éléments de l'histoire sont dans le désordre. Essayez de rétablir l'organigramme et alors de raconter l'histoire.

Elle demande à une amie

Elle
a tout ce
qu'il lui
faut

Elle ne peut pas participer au tournoi

Yvonne est allée au tournoi de tennis, mais on lui a volé son sac de sport avec toutes ses affaires. Elle doit emprunter des vêtements et une raquette pour participer

Elle
a demandé
à toutes ses
amies

Elle peut participer

FIN

L'amie lui donne ce qu'elle peut

Elle fait la liste des personnes à qui elle peut demander ces choses. a. Isabelle b. Hélène c. Solène

Il lui faut
a. des chaussures
b. des chaussettes
c. une robe
d. une raquette

décomposer *break down*
emprunte *borrows*
l'organigramme (m) *flow diagram*
une suite *a sequence*
traitement *processing*
les données (f) *data*
sollicite *asks*
augmentée *increased*
rétablir *put back together*

La Préhistoire de l'ordinateur

Sur cette page vous trouverez deux textes qui rappellent deux inventeurs de machines à calculer Pascal et Hollerith. Si vous travaillez à deux vous pouvez prendre chacun un texte et poser des questions à votre partenaire. Quand vous aurez trouvé les réponses, écrivez-les dans une grille comme celle-ci:

	Pascal	Hollerith
Invention		
Année		
Age de l'inventeur		
Nécessité		
Originalité		
Mécanisme/ fonctionnement de la machine		
Equivalent moderne		
Autres détails		

Blaise Pascal

Pascal

C'est un Français, Blaise Pascal qui en 1642 à l'âge de 19 ans inventa l'une des premières machines à calculer mécaniques pour aider son père dans son travail. Pascal introduisit l'automatisme dans les calculs. Les mêmes principes étaient ensuite utilisés pendant 300 ans.

La machine de Pascal contenait des roues à engrenage. C'était un peu le même système qu'on trouve dans une horloge.

Dans les calculatrices modernes les roues (la mécanique) ont été remplacées par des circuits électroniques.

Questions sur l'invention de Hollerith

1. Qu'est-ce que Hollerith a inventé?
2. En quelle année?
3. Quel âge avait-il?
4. Pourquoi la nouvelle machine était-elle nécessaire?
5. Que faisait sa machine?
6. Qu'est-ce que Hollerith a fait avec l'argent qu'il a gagné?
7. Comment s'appelle l'équivalent moderne de l'entreprise de Hollerith?

Hollerith

Au moment du recensement américain de 1890, quand il avait 30 ans, Hollerith remarqua que les résultats du recensement de 1880 n'étaient pas encore prêts. Il inventa une machine pour permettre d'obtenir des résultats plus rapidement. Il s'agissait d'une machine à cartes perforées. On mettait les informations contenues sur une fiche de recensement sur une carte. Les informations étaient représentées par des petits trous, des perforations. La machine de Hollerith perforait les cartes, les triait et les comptait.

La machine connut un grand succès et son inventeur créa une petite entreprise. Cette société fondée par Hollerith s'appelle maintenant IBM. C'est le constructeur de matériels informatiques le plus important du monde.

Questions sur l'invention de Pascal:

1. Qu'est-ce que Pascal a inventé?
2. En quelle année?
3. Quel âge avait-il?
4. Pourquoi la nouvelle machine était-elle nécessaire?
5. Quel élément nouveau est-ce que Pascal apporta aux calculs?
6. Quel était le mécanisme de sa machine?
7. Qu'est-ce qui a remplacé la mécanique dans les machines d'aujourd'hui?
8. Comment s'appelle l'équivalent moderne de la machine de Pascal?

Herman Hollerith

Les agriculteurs et la télématique

1

Écoutez la bande et remplissez les trous dans le texte ci-dessous. Voici la liste, dans le désordre, des mots qui manquent:

Les termes informatiques	*les termes agricoles*
la banque de données	la poire
le terminal minitel	le blé
l'informatique	un producteur
rediffusé	son verger
la télématique	les agriculteurs
de l'information	des tracteurs
la boîte aux lettres électronique	le conseiller agricole
un centre serveur	la pomme
en information	en agriculture
banques de données	ses fruits
traité	le cours des marchés
	l'agriculteur
	récolter
	la pêche
	le cours du marché

Christian Avar

«Autre utilisation de _____ _____ c'est celle de la consultation _____. _____, comme tout individu finalement, s'approvisionne _____ et _____ est une solution pour s'approvisionner _____. Alors des systèmes de _____ qui marchent actuellement bien _____, je pense que je pourrais bien en citer quelques-uns. Un des principaux est certainement l'utilisation de _____ pour avoir _____. Alors, prenons l'exemple de Cavaillon. Actuellement _____ de la région de Cavaillon peut savoir à 9 heures du matin quel est _____ de _____ de _____, de _____ et savoir si ça vaut le coup de _____ _____ dans _____. Donc une application. Autre application possible au niveau de la recherche d'information c'est _____ météo pour savoir quel temps il fera demain matin sur la petite région où je me trouve. Troisième application de _____ qui est la consultation de catalogues: quels sont les caractéristiques _____ existant actuellement sur le marché? Enfin dernière utilisation de _____ _____ c'est la messagerie. Donc le principe de _____. Un exemple tout simple: _____ qui veut informer ses adhérents d'une maladie sur _____ envoie son message sur _____. C'est _____ par _____ et _____ à tous _____ destinataires de ce message.»

à engrenage *cog*
une horloge *a clock*
l'entreprise (f) *the firm*
le recensement *census*
une fiche *a form*
triait *sorted*
s'approvisionne *stocks up on*
la banque de données *data bank*
le cours des marchés *market prices*
Cavaillon *town in South of France famous for fruit production*
récolter *to harvest*
son verger *his orchard*
au niveau de *in the area of*
météo *weather forecast*
la messagerie *sending messages*
le conseiller *the adviser/consultant*
ses adhérents *his clients*
le blé *wheat*
minitel *Prestel (see page 37)*
traité *processed*
un centre serveur *a mail server*
rediffusé *sent out*
les destinataires *who are to receive*

2

On peut résumer l'information dans cette émission dans un tableau. Voici la grille et les douze éléments dans un autre ordre. À vous de remplir la grille:

	Utilisation/application	*Exemple*	*Décision ou action de l'agriculteur*
1	Connaître le cours des marchés		
2			
3			
4			

Connaître le cours des marchés

On choisit un nouveau tracteur

Savoir les prévisions météo

On décide de récolter les fruits

On met un produit chimique sur le blé rapidement

Utiliser la boîte à lettres électronique

Le temps demain dans la région

Consulter des catalogues

Le cours de la pomme à Cavaillon

Comparer les tracteurs

On prépare la journée de demain

Le conseiller agricole avertit d'une maladie de blé

POUR CES ENFANTS DE L'ÉCOLE PRIMAIRE, QU'EST-CE QU'UN ORDINATEUR?

Martin – 10 ans:

«C'est une machine qui sert à faire des programmes pour faire des calculs. On lui met des disquettes et on enregistre des jeux, des phrases . . . Il aide les gens dans leur travail et puis il permet d'apprendre aussi. Moi, je n'aime pas les ordinateurs. Ils ne savent dire que oui ou non. Ce n'est pas drôle. C'est froid. Je préfère les gens.»

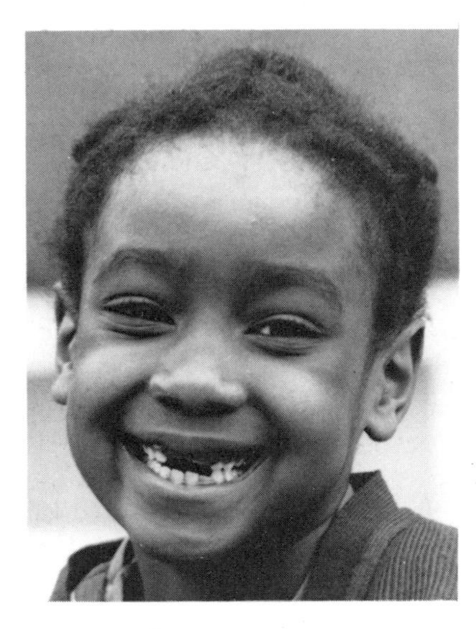

Flora – 11 ans 1/2:

«C'est un dictionnaire en plus humain parce qu'il est animé. C'est moderne, amusant et c'est une autre méthode pour travailler. Moi, je lui demanderai de me dire tout sur l'anatomie des pandas, tout sur la vie des danseurs.»

Olivier – 11 ans:

«C'est un cerveau électronique fabriqué par l'homme. Il sert à faire des calculs, des expériences scientifiques et aussi à fabriquer les fusées. C'est très utilisé dans l'aérospatiale. On peut aussi s'en servir à la maison pour calculer les impôts. Le problème avec les ordinateurs, c'est qu'ils ne peuvent pas vivre tout seuls. Et puis même s'ils sont très intelligents, ils ne peuvent même pas marcher si on ne les branche pas comme une lampe.»

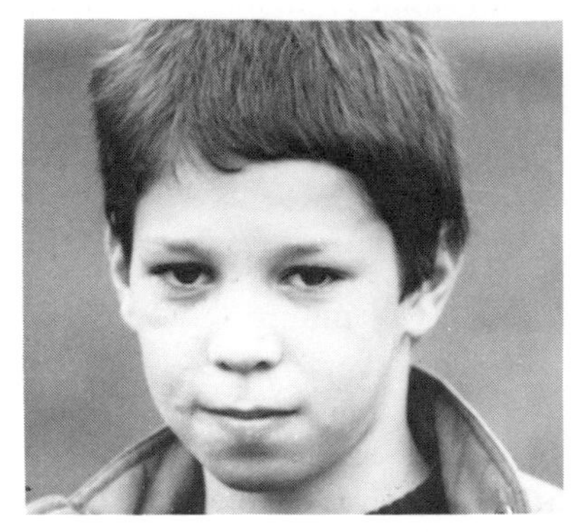

Arnaud – 11 ans:

«L'ordinateur, ça ressemble à une machine à écrire et à une télévision. Il fait des calculs très vite. Il répond à toutes les questions. Mais de toutes façons, il ne dit rien de plus que ce que l'homme sait déjà.»

Raphaël – 7 ans:

«Je ne sais pas très bien ce qu'est un ordinateur. C'est un peu comme une machine à écrire. Mais ça peut être aussi une machine à laver la vaisselle, un four . . . J'en ai un qui se branche sur la télévision. C'est fait pour apprendre aux enfants comment jouer au tennis.»

Laura – 8 ans:

«Un ordinateur, c'est fait pour passer des jeux dessus. Quelquefois les gens travaillent avec et puis l'ordinateur leur donne des nouvelles. C'est un peu comme une télévision mais pas tout à fait parce qu'on ne peut pas changer de chaîne.»

Aurélie – 6 ans:

«C'est quelque chose qui fait des choses et qui écrit. Quelquefois, on appelle ça une machine. Ce n'est pas tout à fait comme une machine à écrire parce qu'à l'intérieur il y a des mots et des chiffres que la machine sait. C'est pour les grands et quelque fois pour les petits quand on met des jeux dessus. Les jeux, ils font du bruit.»

Isabelle – 9 ans:

«Un ordinateur ça sert à faire des choses que l'on ne pourrait pas faire sans ordinateur. Les hommes savent les fabriquer, mais l'ordinateur sait plus de choses qu'eux parce qu'il peut connaître à lui tout seul tout ce qu'il y a dans le cerveau de plusieurs hommes. Il est plus intelligent qu'un seul homme mais moins intelligent que les hommes en général.»

Ces enfants ont beaucoup d'idées, mais certaines sont plus exactes que d'autres.

Préparez un tableau sur lequel vous marquerez tous les éléments de leurs définitions.

Par exemple: UN ORDINATEUR

C'est comme	*Ça sert à*	*C'est bon parce que*	*Mais*
1. une machine à écrire	faire des calculs	il répond à toutes les questions	ce n'est pas drôle
2.			
3. etc.			

Regardez votre tableau complété. Est-ce qu'il y a des éléments avec lesquels vous n'êtes pas d'accord? Lesquels?

Maintenant écrivez votre définition de l'ordinateur en utilisant les meilleures formules des enfants et vos propres idées.

Par exemple:
Un ordinateur c'est comme . . .
Ça sert à . . .
C'est bon parce que . . .
Mais . . .

Le terrain de camping informatisé

Écoutez la bande et trouvez la phrase qui correspond à chaque idée ci-dessous.

Par exemple: Le monsieur veut savoir s'il peut camper.
«Je voudrais savoir s'il y a un terrain de camping dans la région.»

a La femme répond que cela est très facile.
b Elle dit qu'elle consultera l'ordinateur pour avoir la liste des terrains.
c Elle indique le nom d'une ville dans la région où il y a un terrain de camping.
d L'homme est étonné de constater qu'il y a une méthode nouvelle pour chercher les renseignements.
e La femme explique qu'il y a des informations sur tous les terrains.
f Elle explique comment un terrain est relié à l'ordinateur.
g Elle confirme que les informations sont toujours exactes.
h Elle donne le nom du système.
i Elle donne un exemple d'une autre utilisation de ce système.
j L'homme dit ce qu'il a comme équipement et le nombre de personnes dans sa famille.
k La femme indique qu'une place lui est réservée à Cabourg.

Le minitel et l'annuaire électronique

1 Faites un schéma du système minitel. Il faut montrer le terminal, la ligne téléphonique et l'ordinateur. Sur le terminal marquez *l'écran* et *le clavier*. Sur le schéma indiquez l'endroit où est situé la banque de données.

2 Voici les étapes du mode d'emploi de l'annuaire électronique. Elles sont dans le désordre. Remettez-les dans le bon ordre.

- Alors on tape par exemple Dupont DUPONT;
- appuyer sur le bouton 'connection';
- s'il y a plusieurs Marseille en France il est nécessaire de taper le département;
- il faut comme pour tout appareil appuyer sur le bouton 'marche';
- L'ordinateur indique s'il n'y a qu'un seul Dupont Jacques à Marseille;
- après l'audition d'un signal sonore;
- puis la localité dans laquelle habite M. Dupont, par exemple Marseille;
- ensuite par une touche appelée 'ENVOI';
- puis composer le numéro de téléphone d'accès à l'ordinateur;
- on demande à l'ordinateur de nous lister les Dupont de Marseille;
- il donne le numéro de téléphone et l'adresse de Dupont Jacques;
- qui donne la première page du fichier de l'annuaire électronique;
- s'il y a plusieurs Dupont Jacques à Marseille l'ordinateur demande «Donnez-nous l'adresse de Dupont Jacques»;
- il faut connaître le nom de l'abonné que l'on cherche à obtenir.

3 Faites une liste des avantages de l'annuaire électronique et les inconvénients de l'annuaire papier.

4 En utilisant cette liste, imaginez une nouvelle publicité pour le minitel et l'annuaire électronique.

enregistre *keep*
se branche sur *plugs into*
fabriquer *make*
le cerveau *the brain*
constater *notice*
les renseignements (m) *information*
l'annuaire (m) *directory*
un schéma *plan*
la banque de données *data bank*
dans le désordre *in the wrong order*
l'audition (f) *hearing*
sonore *sound*
le fichier *file*

LA CEINTURE

Vous avez un micro-ordinateur chez vous ou à l'école? Alors voici un jeu que vous pouvez créer vous-même.

Vous devez traverser une ceinture d'astéroïdes. Pour éviter de vous y écraser, la seule solution est de les détruire par une puissance de feu calculée en fonction de la taille de l'objet céleste.

Les astéroïdes apparaissent sur l'écran de votre ordinateur comme un groupe d'étoiles, le nombre des étoiles correspondant à la masse. Tapez alors le nombre d'étoiles représentées pour déclencher le tir; mais faites vite, car les astéroïdes viennent vers vous en amas denses et rapides.

Le programme suivant est valable pour le Sinclair ZX81.

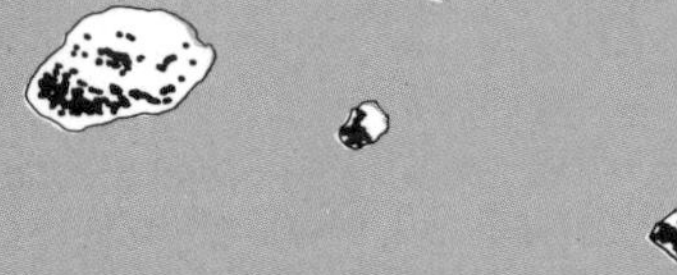

Programme

10 PRINT « CEINTURE D'ASTÉROIDES »	
20 LET S=0	Remet le score à zéro
30 FOR G=1 TO 10	Contrôle d'une boucle vous donnant dix tours.
40 CLS	
50 LET A=INT(RND* 18+1)	Tire un nombre pour le positionnement de l'astéroïde en largeur sur l'écran. L'affiche en A.
60 LET D=INT(RND* 12+1)	Tire un nombre (de 1 à 12) pour le positionnement de l'astéroïde en hauteur sur l'écran. L'affiche en D.
70 LET N=INT(RND* 9+1)	Tire le nombre d'étoiles qui représenteront l'astéroïde (1 à 9).
80 FOR I=1 TO D 90 PRINT 100 NEXT I	Déplace le curseur de D lignes vers le bas de l'écran
110 FOR I=1 TO N 120 IF I<>1 AND I<>4 AND I<>7 THEN GOTO 150 130 PRINT 140 PRINT TAB(A); 150 PRINT « * »; 160 NEXT 1	Boucle tournant N fois pour afficher à chaque passage une étoile en position appropriée.
170 PRINT	

D'ASTÉROÏDES

écraser *to crash*
détruire *destroy*
une puissance de feu *fire power*
la taille *size*
déclencher *set off*
en amas *in groups*
remet *puts back*
tire *picks out*
en largeur *horizontally*
l'affiche *displays it*
en hauteur *vertically*
le bas *the bottom*
une touche *a key*
dépassé *exceeded*
imparti *allowed*

Programme	Explication
180 FOR I=1 TO 10 190 LET Q=VAL(« 0 »+INKEY$) 200 IF Q<>0 THEN GOTO 240 210 NEXT I	Boucle permettant à l'ordinateur de savoir si vous appuyez sur une touche. Si oui, de stocker la valeur en Q, puis d'aller en 240.
220 PRINT « ÉCRASÉ SUR L'ASTÉROIDE » 230 GOTO 290	S'affiche si vous avez dépassé le temps imparti pour l'introduction d'une réponse.
240 IF Q<>N THEN GOTO 270	Teste si votre nombre est différent de N (nombre réel). Dans ce cas, va en 270.
250 PRINT « VOUS L'AVEZ DÉTRUIT »	Affiché si vous avez entré le bon nombre.
260 LET S=S+1	Augmente votre score de 1.
270 IF Q<N THEN PRINT « TIR TROP FAIBLE » 280 IF Q>N THEN PRINT « TIR TROP PUISSANT »	Compare votre valeur avec N et commente l'erreur.
290 FOR I=1 TO 50 300 NEXT I	Boucle d'attente pour la visualisation des messages.
310 NEXT G	Retour de la boucle pour un nouveau tour.
320 PRINT « DESTRUCTION DE «;S;» SUR 10 » 330 STOP	Affiche votre score après dix tours.

Trouvez le numéro de la ligne du programme (voir pages 30–31) qui correspond à chaque instruction à l'ordinateur (*par exemple*: Vous donne un point de plus = 260).

a Décide combien d'étoiles seront affichées à l'écran.
b Indique si vous tapez au clavier.
c Ces deux lignes décident où se trouve l'astéroïde sur l'écran.
d S'assure que vous n'avez pas encore de points.
e Vous indique que vous avez attendu trop longtemps.
f Vous donne le nombre de points à la fin du jeu.
g Assure que le nombre de tours par jeu est dix.
h Décide si vous avez tapé le bon numéro.

Quelle est la formule affichée à l'écran dans les circonstances suivantes (*par exemple*: Au début du jeu = Ceinture d'Asteroïdes)?

a Vous avez choisi un numéro trop grand.
b Vous avez choisi un numéro pas assez grand.
c Vous avez choisi le bon numéro.
d Vous avez passé trop de temps avant de choisir un numéro.
e Votre score est affiché.

TELEM NANTES

Chaque mois la mairie de Nantes, ville de plus de 500,000 habitants, reçoit 30,000 demandes d'information. Pour répondre à cet énorme besoin de communication la ville a lancé un système de télématique muncipale le Telem qui a été inauguré en 1982.

Qu'est-ce que la télématique? Tout simplement un ordinateur central qui contient les informations en mémoire, relié par un réseau de télécommunication (téléphone) à un écran de type télévision. On peut interroger l'ordinateur et les réponses apparaissent sur l'écran.

A Nantes les écrans du système Telem sont placés dans une trentaine d'endroits publics – le Hall d'Accueil de l'Hôtel de Ville, la Poste, le Centre Régional d'Information Jeunesse par exemple. Les Nantais peuvent aller interroger l'ordinateur pendant les heures d'ouverture de ces locaux.

Devised by
The Independent Schools' Microelectronics Centre
TELEM NANTES
BOOKLET
Hugh Starkey
PROGRAM
Graham Bartram
BBC Model B
HODDER AND STOUGHTON
SNCF

Moyen d'information moderne,
rapide et sûr,
TELEM est appelé à connaître
de plus larges développements

8.000 pages-écrans
à votre disposition

1 Élus et Services Municipaux
2 Enseignement
3 Sports
4 Loisirs et Culture
5 Construction - Logement
6 Transports
7 Services Sociaux - Santé - 3ème âge
8 Services Fiscaux
9 P.T.T. et Trésor Public
10 Économie - Emploi
11 Vacances
12 Consommateurs

Depuis le 1er octobre 1983,
TELEM est aussi accessible à partir
de votre domicile sur Minitel

Composez le (40) 35.75.00

Regardez la liste des sujets sur lesquels on trouve des renseignements aux pages de Telem Nantes. Cette liste est imprimée en face. Il y a 12 sujets: Élus et Services Municipaux, Enseignement, Sport, etc.

Regardez la liste. À votre avis, quel numéro faut-il taper pour connaître la réponse aux questions suivantes? (*Par exemple*: Est-ce qu'il y a un avion direct Nantes – Londres? Il faut taper le numéro 6, Transports.)

a Quel timbre faut-il mettre pour envoyer une lettre en Angleterre?
b Où peut-on s'entraîner à la plongée sous-marine?
c Qu'est-ce qu'on peut voir cette semaine à l'opéra?
d Où peut-on obtenir un permis de construire?
e Quelle est l'adresse de la clinique de désintoxication?
f Est-ce qu'il y a des places libres dans les colonies de vacances?
g Comment peut-on changer de métier?
h Où faut-il aller pour porter plainte contre un commerçant?
i Que faire si on est gêné par des rats ou des pigeons? (Service de dératisation et de dépigeonnisation)
j Que faire pour changer d'appartement HLM?
k Est-ce que grand'mère peut bénéficier de tarifs réduits?
l Quand est-ce qu'il y a un bus pour aller à Ste Luce?
m Quelles sont les adresses des lycées à Nantes?
n Qui est responsable du service de nettoyage municipal?
o Où y a-t-il une maison des jeunes?

LE MYSTÈRE DE LA MAIN EN NÉGATIF

Racontez cette histoire illustrée en bas en utilisant, si vous voulez, certaines de ces expressions:

Des artistes préhistoriques
en soufflant dans un os
pour répandre la poudre
la paroi d'une grotte
des milliers d'années plus tard
des archéologues
des études scientifiques/des ouvrages érudits
au cours des années
une bibliothèque entière
l'étude de ce phénomène
des livres spécialisés
l'index/l'annulaire de la main négative
des renseignements sur ordinateur
travailler aux terminaux
le bibliothécaire
un membre de l'équipe d'entretien.

HISTOIRE SANS PAROLES

Voici une série d'images. Ces images racontent une histoire. La moitié de l'histoire est sur cette page. L'autre moitié est imprimée à la page suivante. Travaillez avec un partenaire. L'un regarde les images numéros impairs (1,3,5,7,9), l'autre regarde les numéros pairs (2,4,6,8,10). Dites à votre partenaire ce qu'il y a dans chaque image. Essayez de trouver ensemble ce qui a changé dans chaque image. Notez dans votre cahier les choses que vous apprenez de votre partenaire. *Par exemple*: 2. Il y a un poste de télévision, etc. (Si vous avez un problème, vous trouverez sur cette page des phrases, dans le désordre, pour vous aider.)

Phrases pour images numéros impairs.

La télévision est attachée à un micro-ordinateur.
L'homme a la tête entre les mains.
L'homme essaye d'embrasser la femme à l'écran.
Dans une pièce sans tapis quelqu'un est assis dans un fauteuil.
Le petit poste de télévision et le magnétoscope ont disparu.
Sur un autre écran on voit le dos de la femme.
La fenêtre est ouverte.
L'homme tape sur le clavier.
Il y a un magnétoscope.
La femme à l'écran devant la fenêtre s'avance vers l'homme dans son fauteuil.
Il se penche en avant pour regarder la télévision.
Maintenant il y a un écran géant sur tous les murs.
Il y a une femme à l'écran qui fait des gestes.

Phrases pour numéros pairs

L'homme regarde une femme à l'écran d'un grand poste de télévision.
L'ordinateur a disparu.
Un homme est assis devant un poste de télévision qui est sur une table.
À l'écran il y a une femme assise.
L'homme est assis dans son fauteuil devant la fenêtre ouverte.
Il n'y a rien à l'écran.
Il y a maintenant un écran géant sur le mur à la place de la fenêtre.
La fenêtre est fermée.
Il regarde une vidéo.
La femme à l'écran court vers l'homme.
Elle semble s'ennuyer.
Il ne regarde plus la télévision.
L'ordinateur et la télévision sont mis à côté.
Le petit poste de télévision est à côté.

Vous avez fait la description de chaque image, mais on peut aussi faire un commentaire plus général, car la séquence d'images a un sens, et même une morale. Regardez encore une fois la série d'images et choisissez le commentaire qui convient le mieux à chaque dessin.

a Bientôt l'image envahit toute la pièce. C'est maintenant une image en trois dimensions.
b Avec le progrès technique on peut brancher un magnétoscope à la télévision pour enregistrer des émissions.
c On croit pouvoir courir embrasser l'image. Mais c'est, bien entendu, une illusion.
d Avant l'époque de la télévision on regardait par la fenêtre vers le monde extérieur.
e L'image est tellement vivante qu'elle prend une vie à elle, sans l'ordinateur.
f On était peut-être aussi bien en regardant par la fenêtre.
g La télévision a changé tout cela. On s'enferme pour regarder le petit écran.
h L'arrivée de l'écran géant donne encore plus de réalisme.
i On remplace le petit écran par un grand écran. On regarde des vidéos.
j On peut même brancher un micro-ordinateur. En tapant sur le clavier on peut programmer des mouvements et des gestes pour les personnages à l'écran.

Essayez de trouver un titre pour cette histoire.

Quelle est votre conclusion? Est-ce qu'il y a une morale à cette histoire? Essayez de l'exprimer.

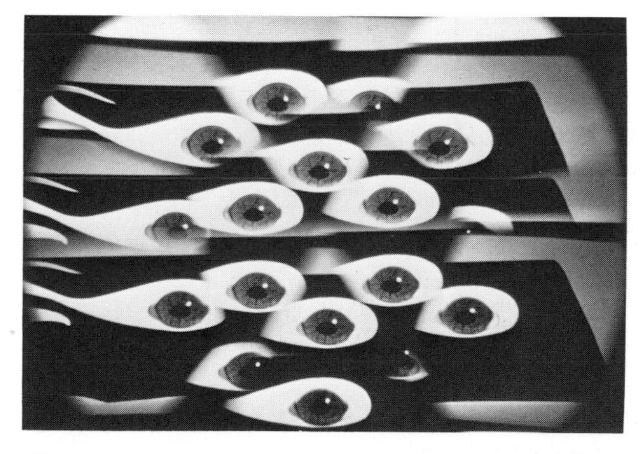

le tapis *carpet*
le magnétoscope *video recorder*
s'ennuyer *to be bored*
envahit *fills*
brancher *plug in*
enregistrer *record*
des émissions (f) *broadcasts*
bien entendu *of course*
vivante *alive*

UN RÉCIT SINGULIER

Si l'ordinateur est une invention merveilleuse, capable de changer la vie des gens, c'était aussi la même chose pour la célèbre invention de Jérôme Fabulo dont voici l'histoire.

Il y avait sur la Terre un grand nombre d'inventions, déjà. Il existait des inventions pour être bien portant, des inventions pour être content, des inventions pour aller vite, d'autres pour éplucher les radis, d'autres pour parler avec les plantes, d'autres pour voir le monde d'une manière différente de celle qu'on avait l'habitude de le voir. Il y avait des inventions carrées, des inventions rondes, d'autres molles, des inventions avec des petites rayures et d'autres enfermées dans des boîtes. Bref, il ne restait plus beaucoup d'inventions à inventer.

Aussi lorsque Jérôme Fabulo réfléchit à ce qu'il pourrait bien inventer, il fut quelque peu découragé.

Après avoir mal dormi durant de longues nuits et avoir souffert de maux de tête durant d'interminables journées, Jérôme Fabulo inventa enfin une invention. C'était une petite invention de rien et apparemment peu importante pour l'humanité. C'était plutôt un gadget, une astuce tout à fait indigne de figurer aux côtés de la brouette, de la guitare électrique, des cornets de glace à trois boules et autres merveilles. Pour tout dire, cette invention était une machine à mettre les mots au pluriel.

Cette crémaillère-pompe-culasse-tringle-hélice ressemblait, vue de l'extérieur, à beaucoup de machines. Elle était un peu longue, un peu courte, un peu épaisse, un peu fine et s'adaptait très exactement au bout d'un stylo ou d'un feutre. Comment fonctionnait-elle? D'une façon simple: lorsque l'on écrivait, il suffisait d'appuyer sur le petit curseur placé sur le côté et aussitôt la machine à pluriels collait, selon les exigences de la grammaire, un «s» aux mots qui passaient du singulier au pluriel. C'est dire l'ingéniosité de cet appareil qui n'avait pourtant l'air de pas grand-chose.

Tout de suite la machine à pluriels de Jérôme Fabulo eut du succès. Les écoliers furent les premiers à l'acheter. Puis ce furent les parents. Peu à peu, tout le monde ou presque posséda une machine à pluriels. Elle était devenue si indispensable que plus personne ne pouvait s'en passer lorsqu'il fallait écrire une lettre, une rédaction, un roman, des articles de journaux. Pratique, moderne, intelligente et, pour une somme modique, la machine à pluriels mettait automatiquement les «s» aux mots, mêmes à ceux dont le singulier était en «al», comme cheval. On imagine bien qu'un tel appareils, délivra les gens de plus d'un souci et leur facilita la vie. Tout compte faits, cettes invention fut d'une grande importances pour l'humanité; et Jérôme Fabulo reçut des médailles et des diplôme de toute les universitéss, et de tous les gouvernement de tousss les payssss.

Bien entendu, il arrivait à la machine à pluriels de se dérégler, ainsi que n'importe quelle machiness, et de commettre des erreurs. Mais nul ne s'en apercevait, car désormais plus personne ne savait mettre le pluriel aux motss sans l'aide de la machine. Au reste, il était stupide de penser que la machine pût se tromper. Non, la machine ne se trompait pas. La machine était intelligente, elle savait ce qu'elle faisait.

a Trouvez les 13 fautes d'orthographe dans l'histoire.

b Au premier paragraphe il y a une liste de 6 sortes d'inventions (des inventions pour être bien portant, etc.). Faites une liste de 6 autres sortes d'inventions de votre choix, en utilisant votre imagination, bien entendu. *Par exemple*: des inventions pour monter des montagnes, des inventions pour être toujours à la mode, etc.

c Au premier paragraphe il y a une liste de 5 formes que prenaient ces inventions (des inventions carrées, etc.). Faites une liste de 5 autres formes que pourraient prendre des inventions.

d Au troisième paragraphe il y a une liste de trois inventions que l'auteur considère être parmi les plus grandes inventions de tous les temps (la brouette, la guitare électrique, des cornets de glace à trois boules). Choisissez trois autres inventions que vous estimez être dignes de paraître sur cette liste.

e En utilisant vos listes, écrivez l'histoire d'une autre nouvelle invention. Vous pouvez mettre vous-même dans l'histoire comme le fameux inventeur. Vous pouvez aussi faire un dessin de votre appareil.

orthographe *spelling*
bien portant *healthy*
la brouette *wheelbarrow*
éplucher les radis *to peel radishes*
molles *soft*
les rayures (f) *stripes*
réfléchit *thinks*
découragé *disconsolate*
un feutre *a felt tip*
collait *stuck on*
les exigences (f) *the requirements*
une rédaction *a composition*
modique *small*
un souci *a worry*
se dérégler *go wrong*
pût se tromper *could make a mistake*

B.D.

ALORS, MAMIE ! CONTENTE DE TON NOUVEAU "MINITEL" ?
HEIN? MON QUOI?
VOTRE "MINITEL", MAMIE ! POUR AVOIR TOUTES LES INFORMATIONS QUE TU VEUX ...
AH OUI ! MAIS POURQUOI UNE NOUVELLE TÉLÉ NOIR ET BLANC ? J'AI DÉJÀ LA COULEUR !
PAS UNE TÉLÉ, MAMIE ! UN APPAREIL QUI MARCHE AVEC LE TÉLÉPHONE, ÇA REMPLACE LES BOTTINS !
DU POTIN ?! AH ÇA, NON ! LES VOISINS NE SE SONT JAMAIS PLAINTS !
LE BOTTIN ! MAMIE ! POUR AVOIR DES RENSEIGNEMENTS, POUR PASSER DES COMMANDES !!
TA MAMAN ? AH NON ! J'AI PAS DE NOUVELLES ! C'EST SON TÉLÉPHONE QUI MARCHE MAL !
MAIS JUSTEMENT, JE TE PARLE DE TÉLÉPHONE MAMIE !
HEIN ? JAPONAIS ? AH, ÇA NE M'ÉTONNE PAS ! AVEC TOUS CES BOUTONS ! TU VAS VOIR, UN DE CES JOURS ILS VONT NOUS FAIRE UN TÉLÉPHONE AVEC LA TÉLÉ !
MAIS, C'EST EXACTEMENT CE QUE J'ESSAYE DE T'EXPLIQUER !
OUI... OUI ! TU VERRAS MON GRAND, JE POURRAIS PAR EXEMPLE COMMANDER MES "THERMOPRACTILS DE BABAR" SANS BOUGER DE CHEZ MOI !
JE POURRAIS PEUT-ÊTRE AUSSI RECEVOIR DES PETITES ANNONCES COQUINES POUR ME TROUVER UN DEUXIÈME MARI ! HI ! HI ! JUSTE EN APPUYANT SUR UN BOUTON ! CLIC ! ET HOP !
!?
TU VOIS ! ESPÈCE DE FAINÉANT ! AU LIEU D'ALLER FAIRE L'ARTISTE À PARIS, TU AURAIS PU DEVENIR INVENTEUR AVEC LES IDÉES DE TA GRAND'MÈRE, MAIS PERSONNE NE M'ÉCOUTE ICI !!
LACAF.

A CE MOMENT-LÀ MARIE-CLAUDE APERÇOIT AU LOIN SON FIANCÉ JEAN-PAUL, BRILLANT JEUNE HOMME QUI, LE REGARD FOUGUEUX, SORT JUSTEMENT D'UNE RÉUNION POLITIQUE.

Tu te rends compte? Une centrale nucléaire produit chaque année suffisamment de plutonium pour fabriquer six bombes Hiroshima . . .

MAIS MARIE-CLAUDE A D'AUTRES PRÉOCCUPATIONS . . .

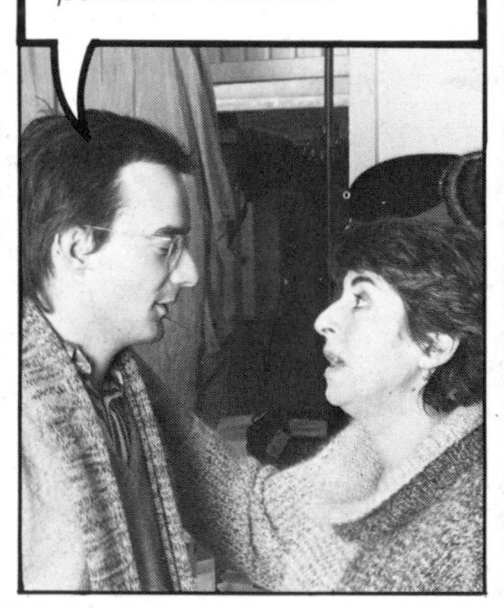

Ah oui? Écoute, Jean-Paul. J'ai décidé d'abandonner mes études de haute couture.

Bonjour Jean-Paul. Je vous en prie, Jean-Paul, parlez-lui. Vous avez une telle influence sur elle.

Bonjour Madame. Oui – je l'emmène avec moi au centre informatique. Nous parlerons en route.

Je vais vérifier les prévisions pour la consommation de l'électricité en l'an 2010.
Il ne vit que pour ses chiffres. Et moi je ne compte pas pour grand'chose.

PEU APRÈS, AU CENTRE INFORMATIQUE . . .

Excuse-moi. J'en ai pour deux minutes. Je vais chercher mon listage.

JEAN-PAUL PARTI, LE REGARD DE MARIE-CLAUDE SE POSE SUR UN BEAU JEUNE HOMME À L'AUTRE BOUT DE LA PIECE QUI LA REGARDE AVEC INSISTANCE . . .

Vous avez l'air perdu, Mademoiselle. Vous cherchez quelque chose? Je peux vous aider?

Je ne cherche rien, c'est à dire . . .
Laissez-moi vous montrer le matériel. Je suis sûr que cela vous intéressera.

SOUS LE REGARD BRÛLANT DE HACÈNE, MARIE-CLAUDE SE SENT SOUDAIN TROUBLÉE . . .

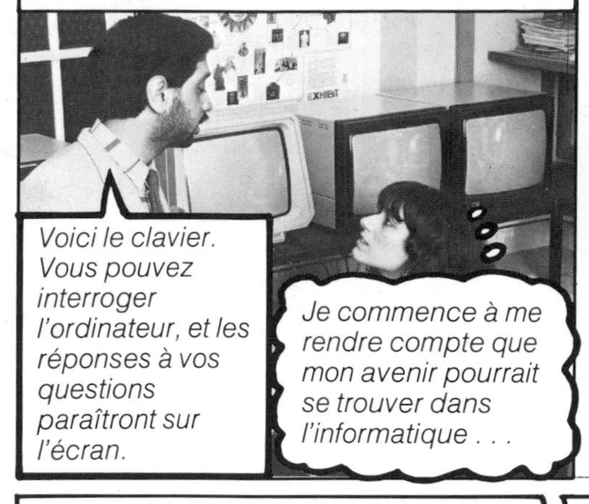

PRISE SOUS LE CHARME DU JEUNE HOMME ÉTRANGE, MARIE-CLAUDE SE LAISSE GUIDER, LE CŒUR BATTANT.
Voici le clavier. Vous pouvez interroger l'ordinateur, et les réponses à vos questions paraîtront sur l'écran.
Je commence à me rendre compte que mon avenir pourrait se trouver dans l'informatique . . .

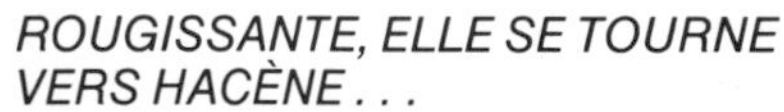

Je trouve tout cela passionnant. Quelle chance vous avez de travailler sur ces machines. Est-ce que cela demande beaucoup de diplômes?
Après un bac technique il suffit de quelques années de préparation . . .

BIENTÔT UNE GRANDE ENTENTE RÈGNE ENTRE LES DEUX JEUNES GENS. LÀ-DESSUS, JEAN-PAUL SURGIT . . .
Écoute, Jean-Paul. Tout devient de plus en plus clair. Je crois que j'ai trouvé la solution à mes problèmes. Je veux devenir informaticienne.

ROUGISSANTE, ELLE SE TOURNE VERS HACÈNE . . .

Permettez-moi de vous présenter Jean-Paul Marsaux. Excusez-moi, je ne connais même pas votre nom.

Je m'appelle Hacène Brahimi.

Je m'appelle Marie-Claude Bertillon.

LES REGARDS DE JEAN-PAUL ET DE HACÈNE SE CROISENT, RÉVÉLANT DÉJÀ UNE VIVE ANTIPATHIE. UN SILENCE PESANT S'INSTALLE, BRISÉ PAR JEAN-PAUL QUI DIT D'UN TON SEC:

Je suis ravi que vous vous entendiez aussi bien avec ma fiancée.

C'est un plaisir. Mademoiselle Bertillon est aussi belle qu'intelligente.

J'éprouve déjà pour elle un sentiment tellement profond. Pourtant je n'en ai pas le droit. Elle est fiancée. Comment la revoir?

Si l'informatique vous intéresse vraiment, Mademoiselle, je peux vous prêter ce manuel.
Merci infiniment. J'en prendrai grand soin et je vous le rendrai aussitôt que possible.

LE VISAGE DE JEAN-PAUL S'EST ASSOMBRI MAIS, PERDUE DANS MILLE RÊVES, MARIE-CLAUDE NE REMARQUE PAS SON DÉSARROI.
Jean-Paul, je suis si heureuse. Une nouvelle carrière s'ouvre devant moi.
Je dois te quitter maintenant. Je te retrouve chez tes parents pour dîner ce soir.

LA NATURE

L'ÉLÉPHANT

Un mâle adulte en Afrique peut peser cinq tonnes et mesurer 3,20 mètres de haut. L'éléphant d'Asie est moins haut et ses oreilles plus petites. Il marche à l'amble, en avançant les deux pattes du même côté, en même temps, ce qui lui donne une démarche chaloupée originale. Il mange 400 kilos de fourrage par jour et boit 80 litres d'eau (mais il lui faut en plus l'eau de sa douche). Il n'a pas d'ennemis: c'est une trop grosse proie même pour le lion. Seul l'homme tue l'éléphant pour l'ivoire de ses défenses. Des milliers d'éléphants ont été ainsi exterminés au cours d'un siècle.

LES DÉFENSES
Le nouveau-né n'a pas de défense. À deux ans, il pousse des défenses de lait qui tombent. Les vraies défenses apparaissent ensuite. Un mâle adulte a des défenses d'environ 50 kilos. Ce sont des armes redoutables.

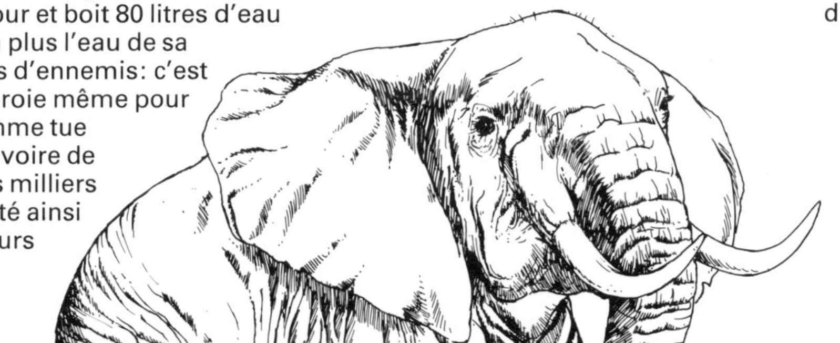

LA TROMPE
La trompe de l'éléphant est extrêmement perfectionnée, puissante et précise. Des milliers de muscles coordonnés par le cerveau la font marcher. À sa naissance, l'éléphanteau ne sait pas encore contrôler tous ses muscles et ne l'apprend que peu à peu. C'est pourquoi il commence à boire comme un petit chien. Ce n'est que plus tard qu'il apprend à aspirer comme une pompe. Avec sa trompe, l'éléphant peut arracher un tronc d'arbre, s'il est en colère, ou ramasser délicatement un fêtu de paille: elle est terminée par deux «doigts» très adroits. Pour se rafraîchir les oreilles, l'éléphant les asperge d'eau ou de poussière avec sa trompe. Quand il a très chaud et qu'il n'y a pas d'eau, il peut plonger sa trompe dans son estomac, aspirer l'eau qu'il a déjà bue et s'en asperger les oreilles!

LES OREILLES
Elles lui servent à entendre, bien sûr, et aussi à impressionner un éventuel adversaire en augmentant la surface du corps. Mais les oreilles de l'éléphant servent surtout de «radiateur de refroidissement» quand il a chaud. Il déploie ses oreilles et le sang qui circule sous la peau est refroidi par l'air. S'il les agite, le refroidissement est encore plus grand.

L'éléphant

Vocabulaire: trouvez dans le texte le mot ou la phrase pour signifier:

a impressionnant, à craindre;
b le contraire de chauffage; qui rend froid;
c herbe, foin etc.; pour nourrir les animaux;
d tués;
e parfaitement adaptée;
f marcher en avançant les deux pattes du même côté;
g arroser avec de l'eau;
h ouvre (comme un parapluie);
i victime d'un autre animal;
j bébé éléphant.

Cherchez bien dans le texte pour découvrir si ces phrases sont vraies ou fausses.

a L'éléphant agite ses oreilles quand il a trop chaud.
b Jusqu'à l'âge de trois ans l'éléphant n'a pas de défenses.
c Le lion est l'ennemi principal de l'éléphant.
d En quinze jours l'éléphant mange en fourrage plus que son poids.
e L'éléphant d'Asie atteint souvent 3,50 mètres de haut.
f Le bébé éléphant s'appelle l'éléphanteau.
g L'éléphant utilise la poussière pour se refroidir.
h À sa naissance l'éléphant ressemble à un chien.

i Quelquefois l'éléphant boit l'eau qui est déjà dans son estomac.
j L'éléphant marche comme un cheval.

une démarche chaloupée *swaying walk*
ses défenses *its tusks*
éventuel *possible*
adversaire *enemy*
augmentant *increasing*
refroidissement *cooling*
il déploie *he sticks out*
redoutables *fearsome*
la trompe *the trunk*
puissante *powerful*
le cerveau *the brain*
peu à peu *little by little*
aspirer *to breathe in*
un fêtu de paille *a piece of straw*
adroits *agile*
asperge *sprinkles*

Le bison

Voici un texte concernant le bison. Remplissez les blancs. Toutes les formules nécessaires se trouvent dans le texte sur l'éléphant.

Un bison d'Amérique peut _____ 1300 kg et _____ 1 m 90 de _____. Le bison d'Europe est moins _____ (1 m 80) et sa tête _____ petite. Le bison n'a pas d'_____. Autrefois des _____ vivaient dans les prairies d'Amerique du Nord. Des humains ont _____ tant de bisons au cours du 19e _____ que cet animal ne subsiste plus que dans les réserves.

Maintenant écrivez un paragraphe pour comparer le **bouquetin** et le **chamois** d'après les renseignements suivants:

Bouquetin des Alpes
hauteur 80 cm
poids 120 kg
cornes 1 m
en voie de disparition
vit dans des parcs nationaux

Chamois
hauteur 75 cm
poids 50 kg
cornes 20 cm
vit dans les Alpes
fréquente les bois

LE CODE SECRET DES VACHES ET DES TAUREAUX

Dans un troupeau, il y a un ordre hiérarchique toujours strict. Les animaux de rang inférieur obéissent aux animaux dominants, qui obéissent au chef. Ici nous voyons comment se passe une rencontre entre deux bœufs de rang différent.

1

Le bœuf inférieur se laisse faire par son supérieur qui le lèche.

Pour chaque image trouvez le texte correspondant.

1

2

3

4

5

3

Faites la description de cette image en essayant de reconstituer le texte ci-dessous en deux phrases:

mais il garde quand même
et tout rentre
Le bœuf inférieur
ses distances.
recommence à le lécher,
Le bœuf supérieur
dans l'ordre.
accepte sa situation

2

Le bœuf inférieur essaie de se révolter contre son chef: ils croisent leurs cornes en signe d'affrontement. Ils font semblant de se battre.

A Le taureau de droite refuse le combat ou décide de l'interrompre. Il est vaincu. Il pousse alors un autre cri: le cri de défaite. Ainsi, à chaque attitude physique correspond un beuglement différent.

B Quand le taureau est très excité, il laboure le sol de ses cornes. Il rugit et pousse un cri puissant.

C Au sommet de la hiérarchie règne le taureau. Il se prépare au combat, gratte le sol, tête baissée, en reniflant. Ce sont des signes de menace.

D Ce jeune veau simule un combat avec sa mère. Les vaches font également semblant de se battre, mais elles ne poussent pas les mêmes cris.

E Le combat s'engage entre deux taureaux. Ils sont front contre front, les cornes se croisent. Ils poussent alors un autre beuglement caractéristique. C'est le cri de guerre.

En résumé, faites correspondre les attitudes et les cris avec leur signification dans le schéma ci-dessous:

par exemple: signe de menace	gratter le sol
signe de supériorité	
signes de menace	
signe d'affrontement	
signes d'excitation	
cri de défaite	
signe de défaite	
cri de guerre	

croiser les cornes, gratter le sol, lécher un autre animal, baisser la tête, refuser le combat, renifler, rugir, interrompre le combat, pousser un cri puissant, faire semblant de se battre, pousser un beuglement, labourer le sol des cornes.

lèche *licks*
affrontement *confrontation*
rang *status*
en reniflant *sniffing*
un beuglement *a moo*
il rugit *he bellows*

Travail écrit: «Un beau jour d'été nous avons décidé de faire un pique-nique. J'ai trouvé l'endroit idéal au bord d'une petite rivière. Nous nous sommes assis et nous avons sorti les baguettes et le pâté. A ce moment-là j'ai remarqué qu'il y avait des vaches dans notre champ, ou c'était peut-être des bœufs ou même des taureaux . . .»

Continuez cette histoire de votre façon.

Le journal de Wild CATTOU

Wild Cattou est l'histoire vraie d'un beau chat, abandonné il y a deux ans dans un lotissement. Anne-Béatrice Delange, qui avait réussi à s'en faire un ami, nous a restitué son journal.

31 Juillet, 5 heures du matin

Il fait beau et dans la voiture qui nous emmène, ma mère, mes deux sœurs et moi, nos miaulements disent l'espoir de belles vacances ensoleillées. Mais . . . tout à coup, voilà que Papa freine brusquement dans un quartier désert à cette heure matinale. Une main nous saisit brutalement par la peau du cou, et nous voilà projetés par-dessus la grille d'un jardin inconnu. L'auto démarre dans un lugubre vrombissement, et c'est le silence et la nuit.

31 juillet. Imaginez ce qu'a dit «Papa» à sa femme et à sa fille quand il est rentré chez lui. Ecrivez ce dialogue.

5 Août

Nous sommes restés blottis deux jours sous un buisson après notre abandon. Mes deux sœurs guettaient le retour de nos maîtres; moi, j'avais déjà compris. Visiblement, le jardin où nous avons atterri est désert. Cette famille aussi est en vacances. Manque de chance. Comment allons-nous manger? Mes sœurs miaulent désespérément.

5 août. Devinez ce qui se passera maintenant. Discutez avec votre partenaire. Est-ce que la fin de l'histoire sera malheureuse ou heureuse?

10 Août

Une dame a emporté mes deux sœurs après leur avoir donné une assiette de lait et une bonne pâtée. J'ai déguerpi dans les buissons quand elle a voulu m'attraper. Je l'ai entendue dire qu'elle garderait mes deux sœurs. Elle les appelle Cathy et Emeraude, et les embrasse tendrement. Pour moi, c'est décidé: je retournerai à la vie sauvage, comme mes ancêtres.

10 août. Vous êtes la dame qui voit un chat et deux chattes dans le jardin. Racontez à une amie ce que vous avez fait.

15 Décembre

Mes pattes enfoncent dans une épaisse couche de neige glacée! Les souris se cachent dans leurs trous, les oiseaux s'envolent à mon approche. J'ai faim. J'ai froid. Jusqu'à présent aucun humain ne m'a vu depuis l'adoption de mes sœurs. Mais si le froid continue, il va falloir que je cherche à manger plus près des maisons. Que vais-je devenir?

15 décembre. Pensez à quelques idées pour aider Wild Cattou à survivre l'hiver. Quels conseils est-ce que vous lui donnez?

15 Janvier

J'ai repéré une jolie chatte grise qui revient tous les jours en se léchant les babines, d'un jardin là-bas, de l'autre côté de la rue. Mine de rien, je l'ai suivie. Ça sentait rudement bon, la viande et la bonne soupe. Mais La Grise m'a senti, elle a bondi sur moi et d'un coup de griffe vengeur m'a déchiré l'épaule.

15 janvier. Vous êtes La Grise. Racontez à une amie (une chatte) comment vous avez rencontré Wild Cattou, ce que vous en pensiez et ce que vous lui avez fait.

16 Janvier

Je suis revenu quand elle a été rentrée chez elle. Il restait des lambeaux de viande que j'ai léchés jusqu'au dernier: c'était bon. J'ai entendu des pas sur le gravier, je me suis sauvé très vite mais j'ai juste eu le temps d'entendre une voix de femme qui disait: «*Regarde, j'ai retrouvé le petit chat sauvage! Comme il est maigre, pauvre petit!*» Elle m'a appelé encore: elle criait «*Wild Cattou, viens, je vais te donner à manger!*»

Je me suis caché, le cœur battant. Pour la première fois, on m'avait donné un nom!

18 Janvier

Je suis retourné au jardin de Chatte Grise qui, je crois, se nomme Cymbeline, juste après l'heure de son repas. J'ai trouvé comme par miracle une assiette pleine de pâtée chaude et odorante. J'ai mangé en hâte. Comme c'était bon! Il y a bien longtemps que je ne m'étais autant régalé.

16, 18 janvier. Vous êtes la dame qui donne à manger à Wild Cattou. Racontez à une amie ce que vous avez fait et pourquoi, et comment Wild Cattou a réagi.

Mars

Joli Matou comme je le suis, avec mes taches noires et blanches et mes yeux d'un vert si pâle, j'ai séduit Cymbeline après une cour empressée. Quand j'arrive, elle m'embrasse le bout du nez. Cette chatte est étonnante. Elle adore le chien de notre Amie, une créature effrayante, toute grise comme elle, et qui aboie fort après moi, derrière la vitre, quand je mange.

mars. Vous êtes Wild Cattou. Expliquez pourquoi vous êtes tombé amoureux de Cymbeline. Pourquoi est-ce que vous la trouvez si séduisante?

Mai

Figurez-vous que maintenant, j'ai cessé de ramper sous les buissons, pupilles dilatées à la moindre approche; je marche à découvert, même dans la journée. Et dès que j'ai un petit creux, je m'assieds sur le poteau de l'entrée et j'attends. Avant un quart d'heure, une bonne gamelle m'est servie; alors, j'approche doucement, j'ai même appris à miauler pour dire merci . . .

mai. Vous êtes l'Amie de Wild Cattou. Racontez le changement que vous avez remarqué en Cattou depuis janvier.

Août

Il faut que je vous annonce une grande nouvelle: le mois dernier Cymbeline a donné le jour à mon fils, noir et blanc comme moi, et quelques fois nous déjeunons ensemble chez notre Amie, tous les trois. Alors, j'oublie pour un instant le drame de mon enfance. Et je me prends à espérer que mon fils ne connaîtra jamais semblable tragédie. Alors, dans un élan de confiance, je permets à Amie de poser le bout du doigt sur mon nez, très vite. J'ai peur d'être à nouveau trahi. Il faudra bien du temps, si jamais elle y parvient, pour qu'à force de patience et d'amour, Amie puisse me faire oublier le choc et la souffrance de ce terrible matin d'août.

WILD CATTOU

p.c.c. Anne-Béatrice Delange

août. Finissez cette histoire de votre façon.

restitué *pieced together*
emmène *is taking us away*
miaulements *mews*
lugubre *depressing*
un vrombissement *throb of the engine*
blottis *hidden*
un buisson *a bush*
guettaient *kept watch for*
atterri *landed*
une pâtée *home-made cat food*
J'ai déguerpi *I escaped*
j'ai repéré *I've spotted*
les babines *lips*
mine de rien *pretending I wasn't interested*
rudement *really*
un coup de griffe *a blow with the paw*
m'a déchiré *tore*
lambeaux *strips*
le gravier *the gravel*
je me suis sauvé *I ran off*
odorante *smelling delicious*
je ne m'étais autant régalé *I had had such a treat*
Matou *tom cat*
une cour empressée *a hurried courting*
effrayante *terrifying*
la vitre *the window pane*
ramper *to crawl*
à découvert *in the open*
dans la journée *in the daytime*
un petit creux *a bit of spare time*
le poteau *the gate post*
une gamelle *a bowl*
un élan de confiance *a rush of confidence*
trahi *betrayed*

LE JOURNAL DE WILD CATTOU

Voici 40 questions sur l'histoire de Wild Cattou. Il y a, bien entendu, des questions intéressantes mais aussi des questions bêtes. Choisissez d'abord la question qui vous semble la plus intéressante et celle qui est la plus stupide. Comparez avec votre partenaire. Est-ce que vous avez fait le même choix?

Avec votre partenaire éliminez les 30 questions qui vous semblent les moins intéressantes. Il vous reste 10 questions. Essayez de trouver une bonne réponse pour chacune.

1 Avez-vous aimé cette histoire?
2 Qu'est-ce que vous pensez de Wild Cattou?
3 Si vous aviez la possibilité d'adopter Wild Cattou, la feriez-vous?
4 Quelle voiture avait Papa?
5 Pourquoi Papa s'est-il levé à 5 heures du matin le 31 juillet?
6 Comment s'appelle la ville où cette histoire a eu lieu?
7 Croyez-vous que c'est une histoire vraie?
8 Quelle est votre impression d'Anne-Béatrice Delange qui a écrit cette histoire?
9 Pourquoi Cymbeline tombe-t-elle amoureuse de Wild Cattou?
10 Est-ce que vous aimez les chats en général?
11 Avez-vous un animal familier chez vous?
12 Pourquoi Wild Cattou s'assied-il sur un poteau?
13 Si on a trop de chats, quelle est la meilleure façon de les tuer?
14 Que pensez-vous des gens qui abandonnent des chats dans la rue?
15 Quelle est la meilleure nourriture pour les chats?
16 À votre avis quels sont les élèves de votre classe qui auront bien apprécié cette histoire?
17 Quel est le vrai nom de l'Amie?
18 Est-ce que Wild Cattou s'adapte bien à la vie sauvage?
19 Donnez un nom au fils de Wild Cattou et de Cymbeline.
20 Ne trouvez-vous pas le nom Wild Cattou un peu ridicule pour un chat français?
21 Quelle est la nourriture préférée de Cymbeline?
22 Pourquoi Wild Cattou ne sait-il pas ronronner?
23 Que pensez-vous des gens qui se consacrent entièrement aux chats?
24 À votre avis quels élèves de votre classe auront détesté cette histoire?
25 Décrivez la maison de l'Amie.
26 Est-ce que Anne-Béatrice Delange est mariée?
27 Comment s'appelle le chien de l'Amie.
28 Pourquoi Papa a-t-il choisi la fin du mois de juillet pour se débarrasser de ses chats?
29 Est-ce que Wild Cattou et Cymbeline ont eu d'autres enfants par la suite?
30 Est-ce que Wild Cattou restera chez l'Amie et avec Cymbeline?
31 Trouvez-vous que Wild Cattou est paresseux?
32 Pourquoi Wild Cattou est-il si méfiant des humains?
33 Qu'est-ce que le mari ou le père de l'Amie a dit quand il a vu Wild Cattou dans son jardin?
34 De quelle couleur sont les rideaux de la maison de l'Amie?
35 Est-ce que Wild Cattou est courageux ou peureux?
36 Est-ce que les femmes en général aiment les chats plus que les hommes?
37 Faut-il mettre en prison les gens qui abandonnent les chats?
38 Combien est-ce que l'Amie dépense par semaine pour nourrir ses chats et son chien?
39 Ne le trouvez-vous pas scandaleux que les chats en France sont bien nourris lorsqu'il y a des enfants au tiers monde qui meurent de faim?
40 Que pensez-vous d'un chat comme Wild Cattou qui préfère se faire apporter de la soupe plutôt que d'aller chasser une souris?

LE CHAT SAUVAGE

Complétez la fiche du chat sauvage en y ajoutant les précisions suivantes que vous trouverez dans le texte:

Apparence:
Habitat:
Façon de marquer son territoire:
Ce qu'il mange: **1**
2
3
4
Sa réponse au danger: **1**
2
Les petits: **1** La période de gestation:
2 Nombre de chatons:
3 Durée de la vie familiale:
4 Ennemis:
Pourquoi protégé:

LES ANIMAUX

LE CHAT SAUVAGE

Famille des félins.
Taille : 1 mètre (en comptant la queue).
Poids : 5 à 7 kilos.
Durée de vie : 15 ans.
Adresse : Europe (sauf Scandinavie). En France, surtout en Alsace et en Lorraine.

Une queue à rayures

Le chat sauvage n'est pas un chat domestique redevenu sauvage. C'est un cousin éloigné du chat domestique, mais il est plus grand, sa tête est plus grosse, et son épaisse queue est rayée et ronde au bout.

Un chat des forêts

Il habite les forêts de hêtres et de chênes, dans un terrier de blaireau ou un trou d'arbre. Il vit solitaire sur son territoire, qu'il marque en griffant l'écorce des arbres et en s'y frottant pour laisser son odeur.

La chasse à l'affût

Le chat sauvage chasse à l'aube et au crépuscule : couché sur le sol, il guette un campagnol de ses yeux jaunes et perçants. D'un bond, il est sur son dos et le mord à la gorge ! Puis il l'emporte dans sa cachette... Il mange au moins vingt petits rongeurs par jour. Il

tue aussi des oiseaux, des lapins, et il attrape les poissons d'un coup de patte. Les poils de ses sourcils et de ses moustaches sentent les moindres vibrations de l'air.

Attention, chat peureux !

L'été, le chat sauvage se risque à la lisière des bois et dans les champs voisins. Mais il est très méfiant. A la moindre alerte, il grimpe sur un arbre. S'il ne peut pas fuir, il essaye de faire peur : il gronde, il crache, oreilles couchées, poil hérissé ! C'est impressionnant, mais sans danger, car il n'attaque que s'il est blessé.

Des chatons débrouillards

En avril, la chatte a quatre ou cinq petits. Elle les a portés deux mois dans son ventre. A cinq mois, les chatons sont capables de se débrouiller tout seuls. Alors, leur mère les chasse de son territoire. Il n'y a pas assez de nourriture pour tout le monde.

Un ennemi disparu

Les chatons sont souvent dévorés par des aigles, des hiboux ou des belettes, mais les chats adultes vivent assez tranquillement ! Les lynx étaient leurs principaux ennemis, mais ils ont disparu de presque toutes les forêts d'Europe.

Le chat sauvage a longtemps été chassé par les hommes parce qu'on le croyait dangereux et que sa fourrure est belle en hiver ; actuellement, il est « protégé » dans beaucoup de régions. C'est vrai qu'avec tous les mulots qu'il mange, il est utile dans la forêt !

au crépuscule *at dusk*
il guette *it watches*
un campagnol *a field mouse*
sa cachette *its hide-out*
rongeurs *rodents*
ses sourcils *its eyebrows*
les moindres *the least*
à la lisière *on the edge of*
méfiant *distrustful*
à rayures *striped*
éloigné *distant*
hêtres *beech trees*
chênes *oaks*
un terrier de blaireau *a badger set*
l'écorce *the bark*
à l'affût *on the watch*
à l'aube *at dawn*
il gronde *it scolds*
poil hérissé *fur standing on end*
débrouillards *able to fend for themselves*
des belettes *stoats*
sa fourrure *its coat*
les mulots *rats*

Essais nucléaires

LA TRAVERSÉE DU DESERT

Pour l'arrêt des essais

Le 16 avril dernier, quatre membres de Greenpeace – Harold Zindler d'Allemagne fédérale, Ron Taylor du Royaume-Uni, Jon Hinck et Brian Fitzgerald des Etats-Unis – ont franchi les limites du site du Nevada, pour protester contre les essais américains et britanniques qui y ont lieu. Cette action se situe dans le cadre d'une campagne internationale visant les pays qui poursuivent des essais nucléaires – Etats-Unis, Royaume-Uni, Union soviétique, France et Chine. Objectif de la campagne: la conclusion d'un traité d'Interdiction totale des essais nucléaires.

En 1981, le voilier, *Greenpeace III* a manifesté à Moruroa; en 1982, nous avons envoyé le *Sirius* à Leningrad pour protester contre les essais soviétiques; toujours en 1982, a eu lieu aux Etats-Unis une tournée en montgolfière des Etats situés sous le vent du Nevada, pour attirer l'attention du public sur cette guerre souterraine que les puissances nucléaires mènent sans pour autant la déclarer.

Les quatre hommes ont pénétré à pied dans le site, désert d'une superficie de 350000 hectares, au moment où le Congrès américain débattait d'une résolution pour un «gel nucléaire» («Nuclear Freeze») bilatéral et contrôlable entre les Etats-Unis et l'URSS. L'un des points principaux était la suspension des essais nucléaires: Monsieur Reagan est en effet le premier président américain de l'ère nucléaire à abandonner comme objectif prioritaire la conclusion d'un traité international interdisant les essais. Le 5 mai, après 53 heures de débat houleux, la résolution a été adoptée par 278 voix contre 149.

Pour quelques millions de dollars

La saison d'expérimentation américaine avait commencé le 14 avril 1983 avec l'explosion d'une bombe de moins de 20 kilotonnes, surnommée *Turquoise*. D'autres devaient suivre, et les quatre marcheurs se trouvaient sur le site.

Une fois alertées, les autorités se sont mises à rechercher les intrus à l'aide d'hélicoptères. Mais en vain. Nous reprochant de faire ainsi dépenser l'argent des contribuables, M. Millar, du département de l'Energie, ne s'est évidemment pas inquiété des 595 millions de dollars qui seront dépensés cette année pour les seules opérations du Nevada et qui sont prélevés des impôts des citoyens américains.

Au bout de cinq jours, à court d'eau, les «occupants» se sont dirigés vers la ville de Mercury à l'intérieur du site, pour dialoguer avec les travailleurs. Le jeudi 21 avril, alors qu'ils abordaient Yucca Flats, la zone d'essais proprement dite, nos amis ont été interceptés par douze membres du service de sécurité, puis arrêtés. Le lendemain, ils ont été inculpés de violation de propriété privée. Le 4 mai, le juge a rendu son verdict.

À priori, le personnel du site aurait pu se montrer hostile à notre démarche. Pourtant, nous avons reçu des coups de fil de travailleurs nous apportant leur soutien. Et l'un d'eux de préciser: «*Je ne suis pas convaincu que les gouvernements aient la volonté politique d'arrêter la course aux armements*».

Louise Trussell

Une minute après un essai nucléaire souterrain dans le désert de Nevada.

essais *tests*
franchi *breached*
dans le cadre *in the context*
un traité d'Interdiction total des essais nucléaires *a complete nuclear test ban treaty*
en montgolfière *in a hot air balloon*
souterraine *underground*
une superficie *an area*
houleux *stormy*
surnommé *nicknamed*
les intrus *the intruders*
des contribuables *taxpayers*
évidemment *obviously*
prélevés des impôts *taken from the taxes*
A priori *we might have expected that*
des coups de fil *telephone calls*

ANALYSE DU TEXTE

Ce texte comporte certains faits et certains jugements de l'auteur qui ont été rassemblés dans un ordre spécifique pour essayer de persuader le lecteur d'un certain point de vue.

Voici 6 catégories d'information qu'on trouve dans ce texte. À vous de trouver les détails exacts.

1 Précisions sur l'action des quatre hommes
- la durée de l'action (nombre de jours);
- les dates du début et de la fin;
- l'endroit où l'action a eu lieu;
- l'objectif de l'action;
- en quoi consistait l'action, précisément?
- la fin de l'action.

2 Exemples d'actions précédentes
- noms des trois pays contre lesquels on protestait;
- moyens de transport utilisés.

3 Le contexte politique de cette action
- ce qui se passait au Congrès américain;
- résultat de cet événement;
- la réaction probable du Président des Etats-Unis à ce résultat.

4 Précisions sur la série d'essais nucléaires
- les deux nations concernées;
- la première expérience de 1983;
- le coût de la série d'essais.

5 Les réactions des autorités
- comment ils ont recherché les 4 hommes;
- le commentaire de M. Millar;
- les circonstances de l'arrestation.

6 Les réactions des travailleurs
- la façon dont ils ont montré leur avis.

Le verdict du juge

Vous trouverez le verdict à la page 197. Avant de le regarder, réflechissez. À votre avis quelle était la peine imposée?

a Tous les quatre étaient libérés comme non-coupables.
b 200 dollars d'amende chacun.
c 5000 dollars d'amende chacun.
d 6 mois de prison.
e 2 ans de prison.
f La peine de mort.

À votre avis qu'est-ce qu'ils méritaient?

Travail écrit

Choisissez le sujet qui vous plaît le plus.

a Imaginez que vous êtes un des quatre membres de Greenpeace. Vous écrivez une lettre à vos parents expliquant ce qui s'est passé.
b Vous êtes journaliste pour un journal qui est favorable aux essais nucléaires. Rédigez un reportage où vous traitez les membres de Greenpeace comme des criminels irresponsables.
c Travaillez avec un partenaire. Rédigez chacun 5 questions concernant l'article. Essayez de trouver une réponse aux questions de votre voisin. (*Par exemple*: Pourquoi les britanniques font-ils des essais nucléaires aux Etats-Unis?)

De gauche à droite: Brian Fitzgerald (U.S.); Jon Hinck (U.S.); Harold Zindler (Allemagne); et Ron Taylor (G.B.)

Yucca Flats, Centre d'essais nucléaires souterrains: ces cratères sont le résultat des essais.

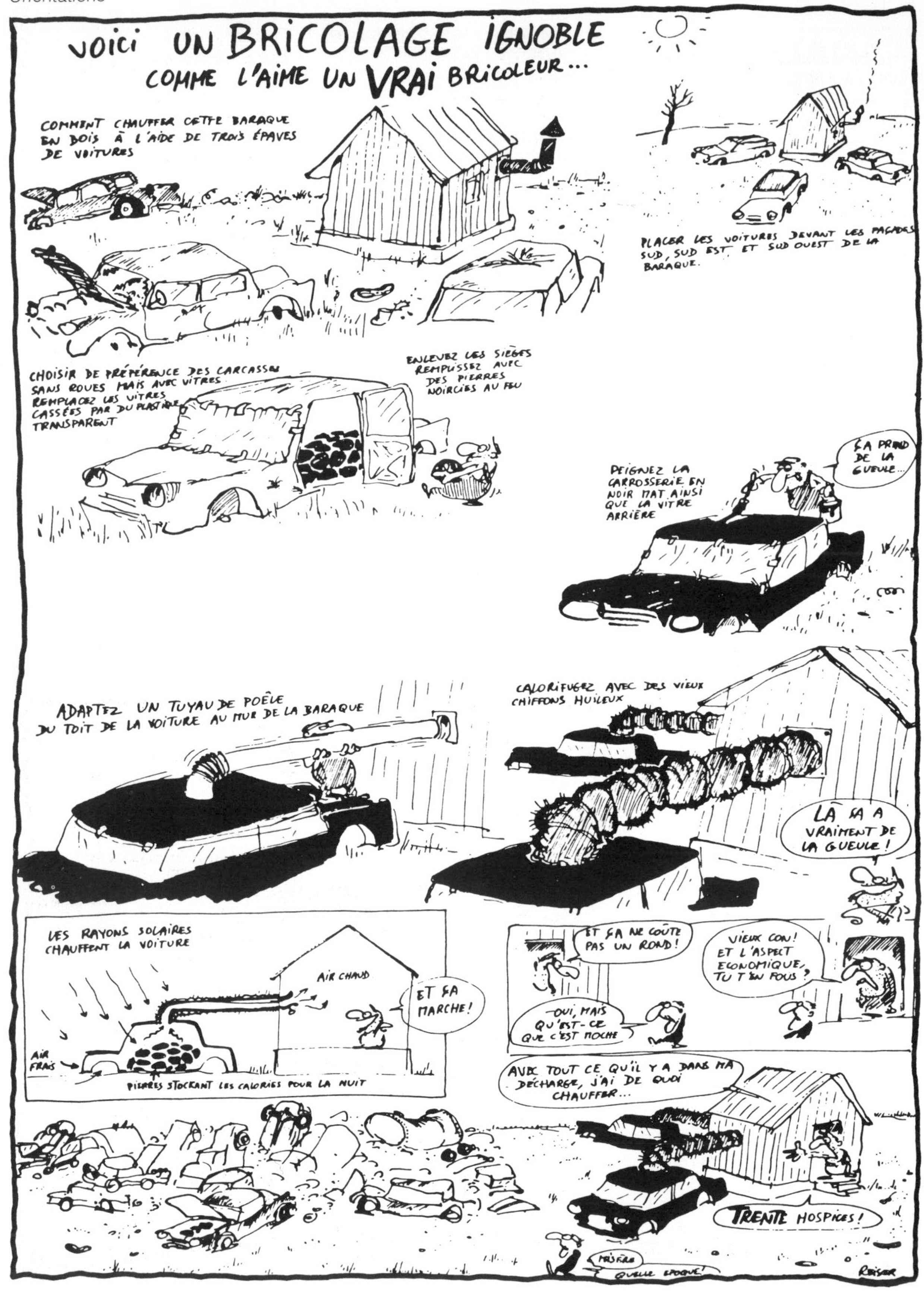

VOICI UN BRICOLAGE IGNOBLE
COMME L'AIME UN VRAI BRICOLEUR...
COMMENT CHAUFFER CETTE BARAQUE EN BOIS À L'AIDE DE TROIS ÉPAVES DE VOITURES
PLACER LES VOITURES DEVANT LES FAÇADES SUD, SUD EST ET SUD OUEST DE LA BARAQUE.
CHOISIR DE PRÉFÉRENCE DES CARCASSES SANS ROUES MAIS AVEC VITRES
REMPLACEZ LES VITRES CASSÉES PAR DU PLASTIQUE TRANSPARENT
ENLEVEZ LES SIÈGES REMPLISSEZ AVEC DES PIERRES NOIRCIES AU FEU
PEIGNEZ LA CARROSSERIE EN NOIR MAT AINSI QUE LA VITRE ARRIÈRE
ÇA PREND DE LA GUEULE...
ADAPTEZ UN TUYAU DE POÊLE DU TOIT DE LA VOITURE AU MUR DE LA BARAQUE
CALORIFUGEZ AVEC DES VIEUX CHIFFONS HUILEUX
LÀ ÇA A VRAIMENT DE LA GUEULE!
LES RAYONS SOLAIRES CHAUFFENT LA VOITURE
AIR CHAUD
AIR FRAIS
PIERRES STOCKANT LES CALORIES POUR LA NUIT
ET ÇA MARCHE!
ET ÇA NE COÛTE PAS UN ROND!
OUI, MAIS QU'EST-CE QUE C'EST MOCHE
VIEUX CON! ET L'ASPECT ECONOMIQUE, TU T'EN FOUS?
AVEC TOUT CE QU'IL Y A DANS MA DÉCHARGE, J'AI DE QUOI CHAUFFER...
TRENTE HOSPICES!
MISÈRE
QUELLE ÉPOQUE!
REISER

chauffer *to heat*
fuel *heating oil*
fournit *supplies*
provoque *causes*
un appel d'air frais *cold air to be drawn in*
des ondes *waves*
il est piégé *it is trapped*
l'effet de serre *the greenhouse effect*
un bricolage ignoble *a really ingenious construction*
un bricoleur *a D.I.Y. fan*
cette baraque *this shed*
épaves *wrecks*
des carcasses *bodies*
remplissez *fill*
noircies *blackened*
un tuyau de poêle *a stove pipe*
la carrosserie *the bodywork*
matt *matt/not shiny*
ça prend de la gueule *that's starting to look good*
calorifugez *insulate*
des vieux chiffons huileux *some old oily rags*
un rond *a penny*
vieux con! *stupid old fool*
tu t'en fous? *don't you care about . . .?*
moche *ugly*
décharge *dump*
réalisation concrète *actual scheme*
mise de fonds *investing/spending any money*
feuilles *sheets*
un baquet *one tub*
on ficelle *you tie*
jouissance exquise *ecstasy*
se tremper *bathe in*
une eau tiède *tepid water*
un sou *a penny*
pas bête *clever*
en plus *as well*
en osier *made of cane*
plâtre armé *reinforced plaster*

Pour chauffer un logement on n'a pas toujours besoin de l'électricité ni du charbon ou du fuel. Voici une idée qui utilise l'énergie du soleil.

Est-ce que vous savez comment ça marche? Voici quelques principes de la physique. Combien de ces principes sont utilisés dans ce projet? Lesquels?
Par exemple: Le trajet quotidien du soleil est de l'est à l'ouest en passant par le sud. On utilise ce principe en plaçant les voitures au sud de la baraque. Ainsi elles reçoivent le maximum de soleil.

a Les couleurs sombres absorbent les rayons du soleil.
b L'atmosphère absorbe une partie des rayons du soleil.
c Si un corps reçoit de la chaleur sa température s'élève.
d Un corps chaud fournit spontanément de la chaleur à un corps froid.
e Les rayons du soleil sont diffractés à la surface de l'eau.
f Le métal conduit la chaleur. C'est un bon conducteur.
g Quand l'air est chauffé cela produit des courants de convection. L'air chaud monte et provoque un appel d'air frais.
h Les rayons du soleil sont des ondes électro-magnétiques.
i Un rayon du soleil est diffracté en contact avec un corps transparent. Il est piégé et ne peut ressortir. C'est l'effet de serre.
j Un rayon du soleil est réfléchi par un miroir.
k Un miroir parabolique concentre les rayons lumineux.
l Un milieu léger où les atomes sont éloignés (air, tissu, laine de verre, polystyrène expansé) conduit faiblement la chaleur. Ces substances sont de bons isolants.

Regardez cette autre idée écologique. En principe c'est une bonne idée, mais vous avez peut-être des doutes.
Par exemple: Qu'est-ce qui se passerait si le soleil était caché par un nuage?
Qu'est-ce qui se passerait si une femme passait au moment où l'écologiste prenait son bain?
À vous d'identifier d'autres inconvénients éventuels de ce système en posant des questions de la même façon:
QU'EST-CE QUI SE PASSERAIT SI . . .?

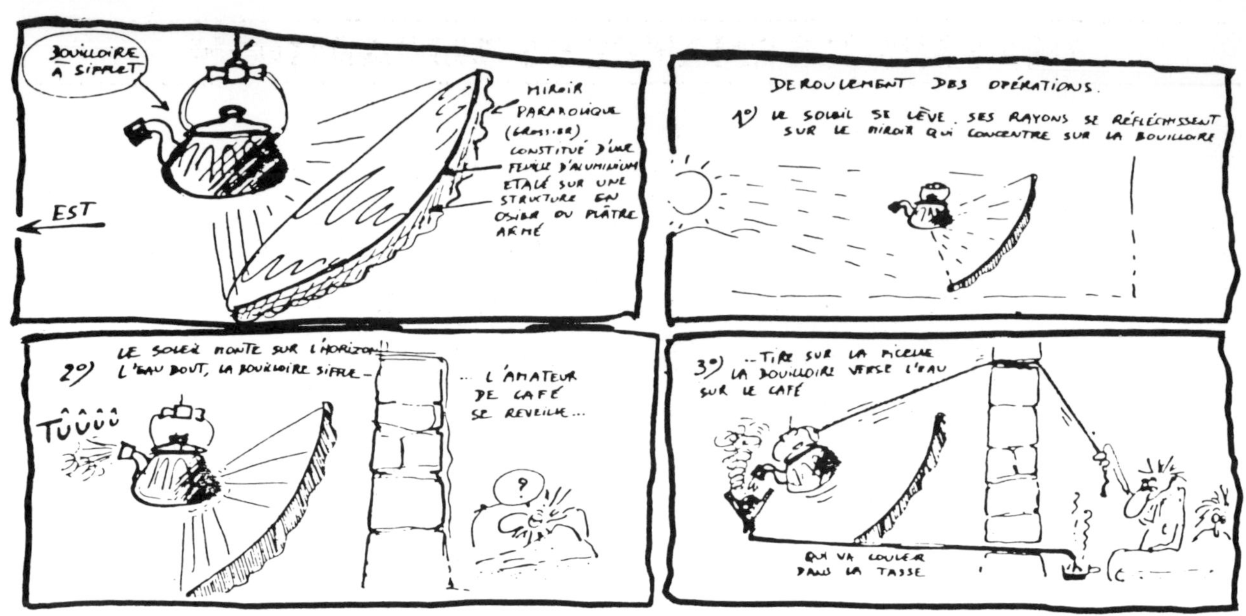

Mais il y a aussi sans doute des éléments valables dans ces deux projets. Faites un nouveau projet qui utilise certaines de ces idées.

Par exemple: Chauffer votre salle de classe. Dessinez un schéma de votre projet en indiquant les éléments importants.

LES RECORDS DES ANIMAUX

Regardez ces phrases. Essayez de deviner les chiffres qui manquent. Ensuite écoutez la bande. Combien de fois as-tu eu raison?

1 La baleine bleue est le mammifère le plus grand. Son poids de _____ équivaut à celui de _____ éléphants ou de _____ vaches ou bien de _____ humains. Il peut vivre jusqu'à l'âge de _____ ans et nager à une vitesse de _____ km/h.

2 En Australie on compte à peu près _____ moutons par habitant. En Nouvelle Zélande il y en a _____ par personne.

3 Le record de saut en hauteur détenu par un chien est de _____ , soit plus d'un mètre au-dessus du record olympique.

4 Il a été reconnu qu'une taupe de _____ de long peut creuser en une seule nuit un tunnel long de _____.

5 La cigale est capable de sauter des distances _____ supérieures à sa propre longueur.

6 La reine des termites peut vivre _____. Elle pond un œuf par seconde et peut ainsi produire _____ d'œufs par an.

7 La chenille a _____ muscles. Les humains n'en ont que _____.

8 Une fourmi peut porter _____ fois son poids, ce qui équivaudrait pour une personne de 70 kg à porter _____.

9 Quand les animaux sont en hibernation, l'allure du cœur ralentit beaucoup. Ainsi les battements de cœur d'un hamster tombent de _____ à _____ battements par minute et celui de la marmotte ne bat plus que _____ fois par heure.

10 Le rouge-gorge peut avaler _____ de vers de terre par jour.

son poids *its weight*
équivaut *equals*
détenu *held*
il a été reconnu *experts claim*
une taupe *a mole*
creuser *dig*
la cigale *the grasshopper*

la chenille *the caterpillar*
une fourmi *an ant*
l'allure *the speed*
ralentit *slows down*
la marmotte *marmot*
le rouge-gorge *the robin*
vers de terre *earth worms*
baleine *whale*

phoque *seal*
guépard *cheetah*
fourmilier *ant-eater*
loutre *otter*
perdrix *partridge*
dauphin *dolphin*
grue *crane*

DES ESPÈCES EN VOIE DE DISPARITION

Écoutez la bande. Il s'agit d'un commentaire sur des espèces d'animaux et d'oiseaux en danger. Pour bien comprendre ces informations mettez-les en forme d'un schéma. Complétez la grille ci-dessous.

Voici les noms des régions par ordre alphabétique: Afrique de l'est, Amérique du nord, Amérique du sud, Antarctique, Asie centrale, Caraïbes, Chine, Espagne, Europe centrale, France, Hawaï, Inde, Indonésie, Java, Mongolie, Népal, Pakistan, Portugal, Tibet.

Espèces	Localisation	Nombre approximatif
Baleine bleue	Antarctique	500 à 2000
Phoque des Caraïbes		en voie de disparition
Guépard		
Bison d'Europe		
Fourmilier		
Loutre géante		
Panda géant		
Perdrix d'Hawaï		
Tigre indien		
Dauphin indien		
Rhinocéros de Java		
Grizzly du Mexique		
Léopard des neiges		
Cheval de Przewalski		
Aigle impérial d'Espagne		
Gazelle du Tibet		
Grue		
Yak sauvage		

LE SOIR, CHEZ LES BERTILLON.
Alors, Jean-Paul, où en est votre programme pour les élections?
Tous les autres partis sont pour le nucléaire, et nous sommes les seuls à le refuser.

Si votre parti gagne, on risque d'avoir froid cet hiver. C'est le retour au feu de bois, alors.
Ne sois pas si bête, Jean. Tu ne comprends rien. Tu sais bien qu'on peut se passer du nucléaire.

Remarquez, jeune homme, je n'ai rien contre le feu de bois . . .
Mais la question n'est pas là. Un programme d'isolation des maisons ferait bien mieux l'affaire, et créerait des emplois supplémentaires.

Il est si intelligent. Et pourtant je n'éprouve plus rien pour lui et un autre s'est emparé de mon coeur.

Tu ne dis rien, Marie-Claude. Qu'est-ce que tu penses de tout cela?

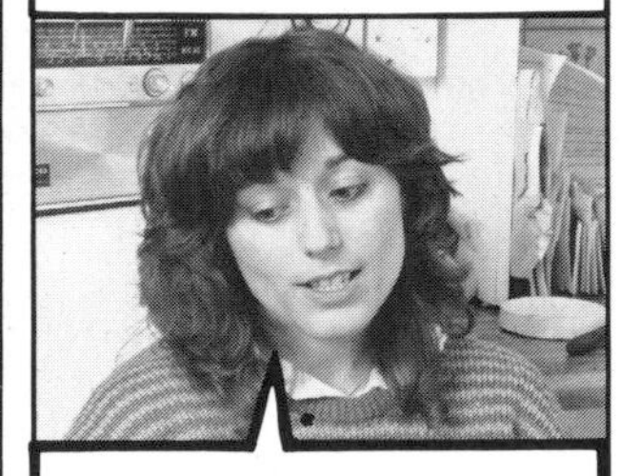

ELLE ESSAIE DE SE CONCENTRER MAIS SON ESPRIT EST AILLEURS.
Tout ça est passionnant, mais moi je suis convaincue que l'informatique est la réponse à tout.

Marie-Claude se montre distante avec moi.
Tu parles comme si tu voulais abandonner la lutte. Qu'est-ce que tu as?
Moi? Je n'ai rien. Laisse-moi tranquille.

Bon. Maintenant je vous quitte. J'ai eu une journée épuisante et j'ai besoin d'une bonne nuit de sommeil.

Mais Marie-Claude, qu'est-ce qu'il y a? Ça ne va plus entre vous? Et pourtant tu sais comme ton père et moi aimons ce garcon.
Si, je l'aime bien mais tout est si confus en moi. Je ne sais plus où j'en suis.

LE LENDEMAIN, À LA BOUTIQUE DE MME BERTILLON:
Bonjour, Jean-Paul. Quelle bonne surprise! Qu'est-ce qui vous amène?

Vous savez qu'on vient de lancer une campagne contre l'utilisation des fourrures des espèces en danger. Je voudrais vous demander votre avis là-dessus.

Heureusement qu'on n'a rien que du synthétique ici. Je suis tout à fait d'accord avec vous.
Ah, ça c'est formidable, Madame. Dans ce cas, est-ce que vous seriez d'accord pour mettre un poster dans la vitrine?

HALTE

au massacre des espèces en danger. Refusons les importations de fourrure

À propos, Madame Bertillon, je suis inquiet pour Marie-Claude. Elle a l'air si distraite en ce moment.
Vous savez, Jean-Paul, les jeunes filles sont difficiles. Elles ont la tête si pleine de projets. Il faut être patient.

Je ne pense pas qu'elle soit faite pour l'informatique.
Jean-Paul, ne vous inquiétez pas. Je crois qu'elle ne sait pas elle-même ce qu'elle veut.
JEAN-PAUL NE SE SENT POURTANT PAS TRÈS RASSURÉ, ET C'EST LE COEUR LOURD QU'IL S'ÉLOIGNE.

La Ville

L'AVENIR À 20 ANS

Lisez ces quatre descriptions, et après choisissez parmi les noms ci-dessous les personnes décrites.

1 En troisième année de médecine, il en a encore pour 4 ans . . . minimum! En attendant, il donne des leçons dans une boîte de bac. Comme il a réussi ses deux premières années, il a obtenu à la banque le Crédit Etudiant, maximum 30,000F.

2 Célibataire convaincu et assuré de revenus fixes (il est dessinateur industriel), il continue à voir l'avenir comme à 20 ans. Signe particulier: tout en vivant très bien, il ne dépense pas tout son salaire. Alors, son compte-chèques déborde à la fin du mois, et il a ouvert un Compte-Épargne sur Livret. Avec son Plan Épargne-Logement, il pourra transformer ses économies dans 5 ans en appartement.

3 Elle prépare activement son indépendance, tout en habitant dans la résidence familiale. Avec ses revenus – petits mais réguliers car elle travaille à mi-temps dans une crèche – elle s'est lancée dans un Prêt-Épargne sur 12 mois. Au bout de cette période, la banque lui prêtera le double de la somme qu'elle aura épargnée et elle aura deux ans pour rembourser. Elle pourra cautionner son premier loyer, ou s'offrir une chaîne Hi-Fi – elle n'est pas encore très fixée.

4 Apprenti pâtissier dans un grand hôtel à Lyon, il apprend son métier en espérant bien faire plus tard des croissants à son compte. En attendant le grand jour, il verse chaque mois 300F sur son Livret d'Épargne du Travailleur Manuel. Et si dans cinq ans il décide de rester salarié, il se sera constitué une belle épargne.

a Philippe vient d'avoir son certificat d'aptitude professionnelle. 18 ans, il a de grandes idées de devenir son patron.
b Vincent qui a 27 ans, ne veut pas se marier et adore son travail ou il a beaucoup de responsabilité.
c Marie, 20 ans, vit chez ses parents. Elle n'a pas de travail à temps plein.
d Marc a 22 ans et a toujours voulu être docteur. Il poursuit de très longues études.

une boîte de bac *crammer's school (privately owned)*
célibataire *unmarried*
déborder *to overflow*
un Compte-Épargne *a savings account*
à mi-temps *half-time*
se lancer *to take up*
un prêt *loan*
prêter *to lend*
épargner *to save*
cautionner *to put down a deposit (as a surety bond)*
le loyer *rent*
à son compte *for his own account*
verser *to pay in*
salarié *employed*
au-delà de *beyond*

VRAI OU FAUX?

1 Le maximum d'un Crédit Étudiant est 30,000F.
2 Pour devenir médecin en France, il faut étudier au moins sept ans.
3 'Déborder' signifie un surplus d'argent.
4 Il faut attendre dix ans pour toucher un Plan-Épargne-Logement.
5 La jeune fille a déjà décidé d'acheter une chaîne Hi-Fi.
6 On est indépendant quand on vit seul.
7 Le jeune pâtissier travaille dans la région parisienne.
8 Il fait des croissants à son comptoir.

Si vous sortez à Nantes

CINEMAS

APOLLO 1, 21 rue Racine, **Les 101 dalmatiens** samedi 13 h 45, 15 h 55, 18 h 05, 20 h 10, 22 h 10, 0 h 15, dimanche 13 h 45, 15 h 55, 18 h 05, 20 h 10, 22 h 10.

APOLLO 2, **La cage aux folles II**, samedi 13 h 50, 16 h, 18 h 10, 20 h 20, 22 h 30, 0 h 35; dimanche 13 h 50, 16 h, 18 h 30, 20 h 20, 22 h 30.

APOLLO 3, **The blues brothers**, samedi 14 h, 16 h 30, 19 h 50, 22 h 20, 0 h 45, dimanche 14 h, 16 h 30, 19 h 50, 22 h 20.

APOLLO 4, **Rendez-moi ma peau**, samedi 13 h 45, 18 h 05, 20 h 15, 0 h 25, dimanche 13 h 45, 18 h 05, 20 h 15, **Trois hommes à abattre** samedi et dimanche de 16 h et 22 h 25.

APOLLO 5, **Les Charlots contre Dracula** samedi 14 h 05, 16 h 05, 18 h 05, 20 h 05, 22 h 05, 0 h 05, dimanche 14 h 05, 16 h 05, 18 h 05, 20 h 05, 22 h 05.

ARIEL 6, rue Scribe, **Tendres cousines**, samedi 13 h 50, 15 h 55, 18 h, 20 h 05, 22 h 10, 0 h 15, dimanche 13 h 50, 15 h 55, 18 h, 20 h 05, 22 h 10.

COLISÉE 1, 32, rue Scribe, **Inspecteur la bavure** samedi, dimanche 14 h 30, 16 h 45, 20 h, 22 h 15.

COLISÉE 2, **Les charlots contre Dracula**, samedi, dimanche, 14 h 30, 16 h 45, 20 h, 22 h 15.

COLISÉE 3, **La cage aux folles II** samedi, dimanche 14 h 30, 16 h45, 20 h, 22 h 15.

CONCORDE 1, 79, boulevard de l'Égalité, **Help au secours** samedi à 20 h 15, dimanche à 14 h et 20 h 15; **Les damnés** samedi 22 h 30, dimanche 16 h 30, 22 h 30.

CONCORDE 2, **Les chemins dans la nuit**, samedi 20 h 15, dimanche 14 h, 20 h 15, **The rose**; samedi 22 h 30, dimanche 16 h 30, 22 h 30.

CONCORDE 3, **Psychose** samedi à 20 h, dimanche 14 h et 20 h; **L'empire des sens**, samedi 22 h 15, dimanche 16 h 30, 22 h 15.

CONCORDE 4, **La cité des femmes**, samedi 20 h, 22 h 15, dimanche 14 h, 16 h 30, 20 h, 22 h 15.

GAUMONT 1, place du Commerce, **Superman II** samedi, dimanche 13 h 55, 16 h 45, 19 h 45, 22 h 30.

GAUMONT 2, **Les 101 dalmatiens**, samedi 13 h 45, 16 h, 20 h 15, 22 h 30, dimanche 13 h 45, 16 h, 18 h 05, 20 h 15, 22 h 30.

GAUMONT 3, **Inspecteur la bavure** samedi, dimanche 14 h 10, 16 h 45, 19 h 55, 22 h 30.

KATORZA 1, 3, rue Corneille, **Un drôle de flic**, samedi, dimanche 14 h 30, 16 h 45, 20 h, 22 h 15.

KATORZA 2, **The blues brothers** samedi, dimanche 14 h 30 et 16 h 45, 20 h et 22 h 15.

OLYMPIA, rue Franklin, **Peau d'âne**, samedi, dimanche 15 h; **Stardust memories** (v.o.) samedi, dimanche 20 h et 22 h.

RACINE 1, rue Racine, **La boum**, samedi, dimanche 14 h, 16 h, 18 h, 20 h, 22 h.

RACINE 2, **Midnight express** samedi, dimanche 14 h, 16 h, 18 h, 20 h, 22 h.

LES MUSÉES

MUSÉE DES BEAUX-ARTS, rue Clemenceau, Amédée de la Patellière, samedi, de 9 h 15 à 12 h 30 et de 13 h 30 à 18 h, dimanche de 11 h à 17 h.

MUSÉE JULES VERNE, 3, rue de l'Hermitage, samedi et dimanche de 10 h à 12 h et de 14 h à 17 h.

LES BIBLIOTHÈQUES

BIBLIOTHÈQUE MUNICIPALE, rue Gambetta, samedi de 9 h 30 à 12 h et de 14 h à 18 h.

BIBLIOTHÈQUE DU MUSÉE D'HISTOIRE NATURELLE, place de la Monnaie, samedi de 9 h à 11 h 30 et de 14 h 15 à 18 h.

1

Vous allez entendre les noms de huit films. Faites deux listes, la première des films proposés par la femme, et la deuxième des films proposés par l'homme.

2

Faites un tableau comme celui-ci, en ajoutant les détails pour chaque film proposé.

			On l'aime?	
Séance Cinéma	*Film*	*possible*	*Elle*	*Lui*
Ariel	Tendres cousines	20 h 05 sam	?	×
Concorde	Les damnés	22 h 30 sam	√	√

3

Dans la deuxième conversation, vous allez entendre ces solutions proposées au problème du monsieur. Mettez-les dans l'ordre dans lequel vous les entendez.

faire du sport
avoir une petite ferme
construire une maison
aller au restaurant
faire des voyages
se marier

4

Ecoutez encore une fois la conversation. Quand il rejette chaque solution, l'homme donne ses raisons. Mais quelles raisons est-ce qu'il ne donnent pas? Chassez l'intrus!

a je rentre; je mange; je regarde la télé; je vais me coucher;

b j'ai toujours été en ville;
j'ai toujours travaillé dans un bureau;
j'ai jamais travaillé de mes dix doigts;
tout ce que je sais c'est tenir un crayon;

c je suis toujours à découvert sur mon compte en banque;
je n'ai jamais assez d'argent;
il faut que j'emprunte;
j'ai toujours des problèmes d'argent;

d j'y ai pensé; je suis pas très courageux; j'ai mes petites habitudes; je ne veux pas changer de métier;

e je suis à Paris; je ne vais pas construire une maison; j'ai pas envie de construire; je n'ai pas de terrain;

f c'est tout nouveau; c'est tout beau; c'est morne; on prend chacun ses habitudes.

RADIOS LOCALES

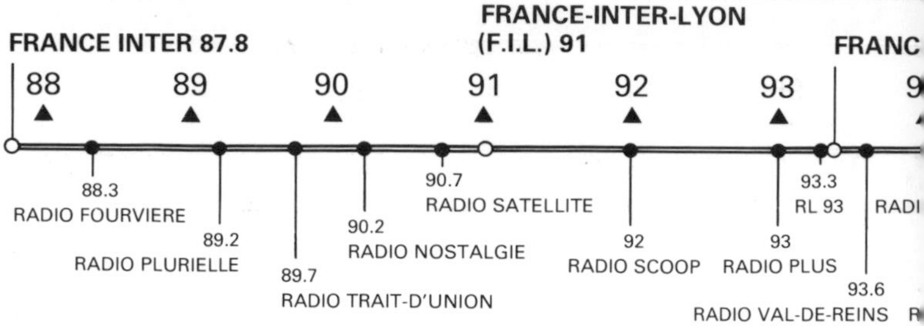

Téléphone: 866.14.74.
Horaire d'émission: 24 heures sur 24.
Age: 2 ans.
Puissance avouée: 2000 watts (!).
Audience: Annonce 100,000 auditeurs fidèles. Happy-Radio figure très certainement parmi les trois stations les plus écoutées de Lyon. Notre sondage de référence le confirme: 3e position.
But: Un slogan: «la radio en stéréofolie»: tout un programme! Happy est considérée comme «une radio sympathique» au détriment parfois du «professionnalisme». Happy devrait inaugurer, dans le courant du mois, un studio en plein centre commercial «Art de Vivre», une manière de «s'ouvrir davantage au public». La station fait trois bulletins d'informations par jour et songe très sérieusement à les améliorer.

Téléphone: 869.04.77.
Horaire d'émission: de 14 h à 18 h 30.
Age: Quelques mois.
Puissance avouée: 20 watts.
But: A.P.E.C. signifie Association Pour l'Emploi des Cadres. Radio-Apec est la *«radio de l'emploi»*. De 14 h à 18 h 30, en alternance avec des variétés, de la chanson française ou de la musique ancienne, Radio-Apec passe des offres d'emploi toutes les demi-heures.

Téléphone: 839.18.15.
Horaire d'émission: 14 h à 0 h 30.
Age: 5 ans (le pionnier des radios locales lyonnaises).
Puissance avouée: 100 watts.
Audience: Jugent satisfaisant le sondage qui les place en 13e position.
But: *«Radio populaire, bénévole et ouverte à tous»*. Tout le monde peut s'exprimer à antenne ouverte, association ou particulier, sans aucune censure.

Téléphone: 858.93.22.
Horaire d'émission: 24 heures sur 24.
Age: 1 an et demi.
Puissance avouée: 100 watts.
Audience: Non estimée.
But: Action est aux Italiens et aux Espagnols ce que Trait d'Union est aux immigrés en général. Elle les informe, elle les renseigne abondamment pour les aider à s'en sortir administrativement . . . et moralement. Beaucoup de musique des deux pays, des émissions en italien, en espagnol et en français.

En France depuis 1982, il y a beaucoup de radios locales sur la bande FM. Dans la région lyonnaise, il existe au moins quarante stations, ce qui présente quelques problèmes de choix pour les auditeurs, mais aussi dans la distribution des fréquences.

Nous vous présentons ici une petite gamme des radios lyonnaises pour vous donner une impression de l'embarras du choix.

Radios locales

1

Trouvez la radio locale qui

a a la puissance la plus forte;
b a la plus grande audience;
c fait les émissions en espagnol;
d fait des émissions pour une religion minoritaire;
e est la plus ancienne;
f est sur le point d'ouvrir un nouveau studio;
g donne des renseignements sur l'emploi;
h se considère comme une radio culturelle.

2

Regardez attentivement les descriptions de Radio Canut et Radio Fourvière. Trouvez-y les mots ou les phrases qui veulent dire:

a le premier;
b du peuple;
c à côté;
d de nos jours;
e de toutes les églises chrétiennes;
f une discussion;
g de Lyon;
h les nouvelles.

3

Choisissez la station de radio que chaque individu va probablement écouter, et expliquez votre choix.

a une jeune femme qui s'intéresse à tout ce qui est africain;
b un homme dont la famille habite en Italie, et qui veut

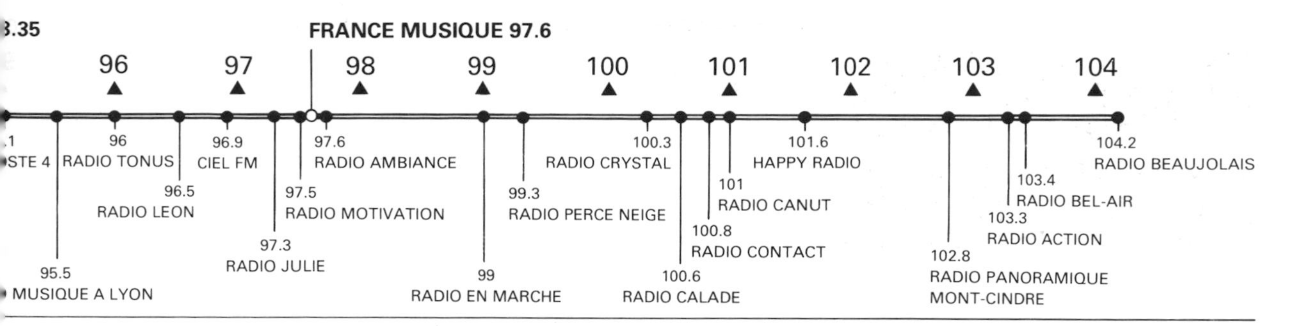

Téléphone: 838.16.77.
Horaire d'émission: 24 heures sur 24.
Age: 2 ans et 3 mois.
Puissance avouée: 400 watts.
Audience: 80 à 100,000 auditeurs-jour d'après ses responsables. En 8e position parmi les radios libres lyonnaises.
But: Développer et promouvoir les qualités et les valeurs humaines entre Français et Immigrés par l'art et la culture. Nombreuses informations d'ordre pratique pour faciliter la vie quotidienne des immigrés. Musique des différents pays d'origine.

Téléphone: (7) 803.99.20.
Horaire d'émission: 6 h à 23 h.
Age: Un an et deux mois.
Puissance avouée: 200 watts.
Audience: Non estimée, numériquement par les responsables de la station. En 16e position après sondage déjà cité.
But: Comme son nom l'indique, Radio-Judaïca s'adresse à la communauté juive de l'agglomération. Judaïca propage toutes les formes de cultures juives tant à travers des émissions à thèmes que des programmes musicaux, des cours d'hébreu, des bulletins d'information sur les associations juives. La station consacre également une heure par jour aux enfants.

Téléphone: 827.32.16.
Horaire d'émission: 24 heures sur 24.
Age: 2 ans.
Puissance avouée: 400 watts stéréo.
Audience: Le sondage la place en 17e position.
But: Motivation se dit *«culturelle et d'expression»*. «Sciences et techniques», présentation de livres, «renseignements généraux», le programme des spectacles, autant d'émissions plutôt sérieuses qu'on relève de beaucoup de musique, jazz et new-wave entre autres.

Téléphone: 825.05.89.
Horaire d'émission: 24 heures sur 24.
Age: 1 an et demi.
Puissance avouée: 500 watts.
Audience: Radio-Fourvière a fait son propre sondage: entre 100 et 150,000 auditeurs-jour. Un autre sondage place la station en 4e position.
But: «Radio œcuménique, expression des chrétiens de la région lyonnaise». Tout est dit. Les églises Catholique, Orthodoxe, Apostolique-Arménienne, Anglicane, Réformée, Luthérienne et Evangélique se trouvent ici au coude à coude autour d'un même micro. Débats sur de grands sujets contemporains, commentaires de l'actualité, mais aussi prière et nouvelles des Eglises, tout cela s'enchaîne en musique (du classique et de la variété à texte).

savoir ce qui se passe là-bas.

c une jeune fille qui se passionne pour la musique populaire;

d une dame qui se fâche contre les autorités municipales et qui veut faire une protestation;

e un monsieur qui adore les langues et les voyages, et qui se prépare pour une visite en Israël;

f une étudiante qui n'achète pas beaucoup de livres mais s'y intéresse quand-même.

4

Sans nommer la station, préparez une publicité pour l'une d'entre elles, en choisissant les particularités qui lui donnent son caractère. Donnez-la à votre partenaire qui doit identifier la station choisie.

avouée *admitted*
bénévole *voluntary*
s'exprimer *to express oneself*
particulier *individual*
la censure *censorship*
les auditeurs *listeners*
œcuménique *ecumenical*
les chrétiens *Christians*
lyonnaise *of Lyon*
au coude à coude *elbow to elbow*
l'actualité *news*
la prière *prayer*
les nouvelles *news*
s'enchaîner *to be linked*
fidèles *faithful*
songer *to dream*
améliorer *to improve*
d'après *according to*
les responsables *management*
promouvoir *to promote*
quotidienne *daily*
relever *to relieve*
abondamment *a lot*
s'en sortir *to get out of a mess*
les Cadres *middle management*
cité *quoted*
juive *Jewish*
l'agglomération *urban area*
propager *to disseminate*
consacrer *to devote*

FAITS DIVERS DANS LE JOURNAL

Hold-up à la poste de Francheville

60 000 francs de butin pour deux bandits à moto

IL était 14 h 40, hier après-midi, lorsque deux bandits armés ont fait irruption dans le bureau de poste de Francheville-le-Bas. Trois membres du personnel étaient présents dans l'agence, ainsi que plusieurs clients. Les gangsters, le visage dissimulé sous des casques de motocyclistes, étaient farouchement déterminés à parvenir à leurs fins.
Tandis que l'un d'eux tenait tout le monde en respect sous la menace d'un pistolet-mitrailleur, son complice armé d'un pistolet enjambait le comptoir . . .
«Ouvre le coffre, vite», jeta-t-il à l'un des employés en braquant vers le malheureux la geule noire de l'automatique. Jugeant que le postier tardait à s'exécuter, l'homme au pistolet-mitrailleur appuya sur la détente: un coup de feu partit, en direction des employés, sans toucher quiconque.
Contraint de céder aux exigences des deux hommes, le préposé de la caisse ouvrit le coffre dans lequel le malfaiteur s'empara d'une somme de 60,000 francs, qu'il enfouit dans une sacoche.
Nantis de leur butin, les bandits quittèrent précipitamment la poste et prirent la fuite sur une moto noire de grosse cylindrée, sans faire davantage usage de leurs armes.
L'enquête conduite par le capitaine Charousset, commandant la compagnie de gendarmerie de l'Arbresle, a eu la collaboration de la brigade de Francheville, de la section des recherches de Lyon et de l'équipe des recherches de l'Arbresle. En fin de journée cependant, en dépit des patrouilles et des barrages mis en place par les motocyclistes du groupement du Rhône, assistés du peloton de surveillance et d'intervention de la gendarmerie, aucune trace des malfaiteurs ni de leur véhicule n'avait été retrouvée.
Les bandits de la poste étaient partis sans laisser d'adresse!
C'est la troisième fois que cette agence est choisie comme cible par des gangsters.

1
Plus tard on a pu arrêter un bandit. Aux questions de la police, il a donné les réponses suivantes. Mais quelquefois il a menti. Trouvez les réponses fausses.

- **a** Ça se passait un peu avant trois heures.
- **b** Moi, j'avais un pistolet-mitrailleur.
- **c** Moi, je n'ai rien dit dans la poste.
- **d** Non, je n'ai pas tiré.
- **e** Nous avons pris cinquante mille francs.
- **f** Nous sommes partis en moto.

2
Maintenant, trouvez les questions!

3
Le complice a été arrêté deux jours plus tard. On lui a posé les mêmes questions. Lui, il dit toujours la vérité. Quelles ont été ses réponses?

4
Un client de la poste a décrit ce qui s'était passé à un ami. Mais, surexcité, il a mélangé les détails. Vous devez les débrouiller et les remettre dans le bon ordre. Trouvez aussi les détails qui ne figurent pas dans le texte.

- **a** Des bandits sont entrés dans la poste.
- **b** Il y en avait deux.
- **c** L'autre portait un pistolet.
- **d** J'allais acheter des timbres.
- **e** Celui-là a sauté par le comptoir.
- **f** Le caissier lui a donné le contenu du coffre.
- **g** Ils portaient des casques de motocyclistes.
- **h** On n'a pu rien faire.
- **i** Il a crié «Haut les mains!».
- **j** L'un d'eux nous menaçait avec un pistolet-mitrailleur.

faire irruption *to burst in*
dissimulé *hidden*
farouchement *wildly*
parvenir à leurs fins *to carry out their intentions*
un pistolet-mitrailleur *sub-machine gun*
enjambait *leapt*
braquant *pointing*
la gueule *muzzle*
tardait à s'exécuter *delayed in carrying this out*
appuyer *to press*
la détente *trigger*
quiconque *anyone*
contraint de céder *forced to yield*
les exigences *demands*
le préposé *post office official*
le malfaiteur *criminal*
s'emparer de *to seize*
enfouit *stuffed*
nantis de leur butin *in possession of their spoils*
en dépit de *despite*
le peloton *detachment*
la cible *target*
promus *promoted*
au sein de *within*
assurait *carried out*
le procureur-adjoint *assistant public prosecutor*
avec force propos chaleureux *with many warm greetings*
une aquarelle *water colour*
émaux *enamels*

1
Voici un extrait de la liste du personnel du tribunal. Mettez les fonctions après chaque nom.
M. Bourges ....
M. Fouletier ....
Mme Martin ....
Mme Piocelle ....

2
Jeu-test. Lisez attentivement le texte pendant trois minutes, et puis répondez à ces questions, sans regarder le texte!

a L'installation a eu lieu
 i hier après-midi?
 ii hier matin?

b La vice-présidente est
 i Mme Piocelle?
 ii Mme Martin?

c Elle était jusqu'à présent
 i juge au tribunal de Villeurbanne?
 ii premier juge au tribunal de Lyon?

Double installation au tribunal

Deux magistrats du tribunal de grande instance de Lyon – promus au sein de cette juridiction – ont été installés hier après-midi dans leurs nouvelles fonctions. Il s'agit de Mme Martin, nommée vice-présidente, et de Mme Piocelle, nommée premier juge chargée de l'application des peines. Jusqu'à ce jour, l'une assurait les fonctions de premier juge au tribunal, l'autre celles de juge au tribunal de Villeurbanne.
M. Bourges, président du tribunal et M. Fouletier, procureur-adjoint, se sont félicités de ces deux nominations «sur place», et ont accueilli avec force propos chaleureux celles qui en sont les bénéficiaires.

1
Imaginez que vous êtes le représentant du maire de Lyon. Vous voudriez participer à tous les événements cités dans les annonces. Faites votre agenda pour le mois d'octobre en suivant le plan. Vous ne travaillez pas le dimanche, et tous les jeudis matins, vous devez être à la mairie. À quelles activités ne pouvez-vous pas participer?

Jour *Lundi*
Date *3*
Activité *Club de l'amitié*
Heure *14h – 17h*
Adresse ou Lieu de rendez-vous
28 rue Denfert-Rochereau

2
Travail à deux
Un reporter d'une radio locale voudrait interviewer le représentant du maire, au sujet de son programme du mois. Le reporter va poser des questions au sujet de deux ou trois des associations citées, et le représentant va décrire sa visite, et les activités qui y ont lieu, selon le cas.

bloc-notes des associations

Union des familles des malades mentaux. – Permanences, Palais du travail, 9, place Lazare-Goujon à Villeurbanne, salle 26 au 2e étage, troisième samedi de chaque mois, de 14 h 30 à 16 heures. À l'hôpital du Vinatier: premier jeudi, de 14 à 16 heures, au centre social.

Club de l'Amitié. – Les lundi et jeudi de 14 à 17 heures un club de loisirs est ouvert aux handicapés, 28, rue Denfert Rochereau. Au sein du club de l'Amitié, Lyon 4e. Quelque soit la gravité du handicap, tous sont les bienvenus. L'accessibilité est totale, le transport est gratuit et les activités le sont également. Pour tous renseignements, tél. 823.22.60 ou 892.90.44.

Amicale des retraités de la Société Générale. – Reprise des permanences mensuelles vendredi 7 octobre de 15 à 17 heures au Britania (Part-Dieu) 20, bd Eugène-Deruelle, 5e étage (local du comité d'établissement).

Les amis de la nature. – (Section Lyon-Traboules). Vendredi 7 octobre: natation à là piscine Garibaldi de 19 à 20 heures. Dimanche 9 octobre: randonnée pédestre d'orientation.

Club intersport. – Sorties pédestres d'automne. Dimanche 9 octobre: la Croix de Chamrousse, dimanche 23 octobre, la forêt de Saou (Drôme). Renseignements, inscriptions: Alain Michel, 32, rue de Marseille, 69007 Lyon. L'assemblée générale aura lieu le jeudi 20 octobre à 20 heures sur le Bateau Blanc face Saint-Luc.

Cercle lyonnais des femmes arméniennes. – «Kermesse» du Cercle lyonnais des femmes arméniennes les samedi 8 et dimanche 9 octobre dans la salle des fêtes de l'église arménienne de Lyon, 40, rue d'Arménie, 690034.

La société artistique des P.T.T. – Les ateliers situés: 52, avenue Debourg, Lyon 6e, sont ouverts tous les mercredis de 15 à 19 heures. Initiation au dessin, aquarelle, peinture à l'huile, aux émaux, à la poterie, à la peinture sur soie, sur porcelaine, en batik.

Petites sœurs des pauvres. – «Ma maison», 29, rue Maurice Flandin, Lyon 3e. Exposition-vente de travaux en faveur des missions, les 8-9-10 octobre de 10 à 12 heures et de 14 à 19 heures.

ON LES APPELAIT «LES VIEUX»

Le 3e âge est en train de s'élargir dans le temps, au point que l'appellation elle-même ne veut plus dire grand chose. Les retraités sont de plus en plus jeunes et les personnes âgées de plus en plus âgées. Les uns étaient adolescents pendant la dernière guerre, tandis que parmi les autres, certains ont «fait» 14–18.

Entre tous, un point commun, un seul, mais il compte: ils ne travaillent plus. Et ils sont, à Lyon, près de 80,000 dans ce cas.

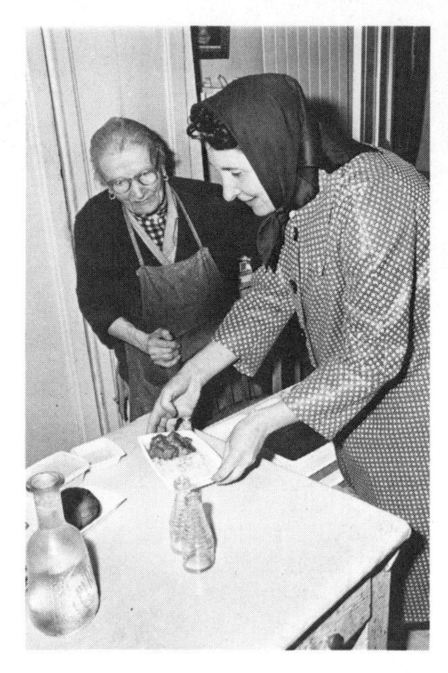

Clubs: le boum

«Nous entendons qu'ils restent toujours les acteurs et non les spectateurs. Notre but est la promotion de la personne âgée. Le soutien dont elle a besoin est autant moral que financier.»

Ainsi, les quelque 70 «clubs de 3e âge» qui existent à Lyon n'ont-ils pas attendu, pour naître et se développer qu'on les prenne par le main.

Une fois dans ses murs, le club se réunit à un rythme plus que soutenu et fait, périodiquement, de nouveaux adhérents. Là, outre la partie de cartes, les goûters et l'organisation de la prochaine excursion, le retraité vient surtout chercher à qui parler.

On fuit en avant la solitude. On vient aussi s'informer. Le club est devenu un vrai centre d'information où le bouche à oreille et l'expérience des uns viennent étayer les tracts ou les circulaires qui affluent d'organismes spécialisés, de la délégation municipale aux affaires sociales et d'associations. C'est ce qui explique en partie le boum des universités du 3e âge qui ont trouvé dans les clubs un formidable relais «publicitaire». Et c'est tant mieux.

À domicile: à tout prix

29 résidences construites par la Ville de Lyon et gérées par le Bureau d'action sociale hébergent 2000 pensionnaires qui, chacun, disposent d'un logement individuel avec coin-cuisine.

Chaque pensionnaire est autonome avec l'avantage de disposer sur place d'un foyer-restaurant, d'une assistance médicale et d'un gardiennage. Le prix varie de 800 à 1500F par mois, et comprend loyer, charges et assurance.

Les foyers-restaurants qui s'y trouvent intégrés sont ouverts aux personnes âgées du quartier. S'y ajoutent d'autres foyers-restaurants, répartis sur tout le territoire de la ville. Au total 77 établissements qui ont servi l'an dernier 1 million de repas! Leur prix varie de 24 à 26 francs avec possibilité de réduction pour les bas revenus.

Mais chacun n'a pas la possibilité physique de se déplacer jusqu'au restaurant. Qu'à cela ne tienne. Le service des repas livrés à domicile est en train de faire tache d'huile à Lyon dans l'expérience pilote née dans le 6e arrondissement. Aujourd'hui, le système, est opérationnel dans les 1er, 2e, 3e et 6e arrondissements et à l'étude dans les 5 autres. Un tel service, on s'en doute, est largement apprécié, singulièrement en période de vacances où nombre de commerces de proximité sont fermés.

Libérée du souci de son repas, la personne âgée qui se déplace difficilement ne demeure pas moins à la merci d'autres péripéties de la vie quotidienne. C'est la raison d'être du service de soin à domicile et de celui des dépannages ménagers relayé par le central téléphonique de l'Alerte.

L'objectif général est donc bien, de permettre au plus grand nombre de personnes âgées de vivre chez elles. Une centaine d'alarmes ont été posées à domicile et reliées au standard de l'association l'Alerte qui reste à l'écoute jour et nuit.

Pour sa part, l'hôpital de jour des Charpennes accueille quotidiennement pour des examens et des soins de courte durée, des personnes âgées amenées et reconduites en car, chez elles, le jour même. Ainsi, des hospitalisations prolongées leur sont-elles épargnées avec, néanmoins, l'assurance d'un suivi médical rigoureux.

Bénévolat et espoir

Pour l'heure, si l'avenir, dans ce domaine précis, se fait préoccupant, il est, en revanche beaucoup plus encourageant quant à la sollicitude des plus jeunes vis-à-vis de leurs aînés les plus âgés. Des faits incontestables montrent que l'indifférence de la jeunesse a vécu. Quel Lyonnais n'a pas en mémoire l'immense élan de solidarité qui s'est manifesté chez de très jeunes enfants lors de nos opérations «Une mamie pour Noël» et simultanément «1000 cartes de Noël». Sait-on qu'après les quelque 2000 visites qu'elles ont provoquées lors des fêtes de fin d'année, d'autres rencontres ont eu lieu et se poursuivent encore régulièrement? Sait-on que des écoles, publiques et privées, invitent chaque mois un club du 3e âge pour une après-midi d'échanges? Qu'une chorale «mixte» vient de naitre de la fusion de 2 chanteries, l'une de personnes âgées, l'autre d'enfants?

le 3e âge *period of old age*
le retraité *retired person*
le soutien *support*
un adhérent *club member*
fuir *to escape from*
étayer *to back up*
un relais *relay station*
gérées *managed*
héberger *to accommodate*
répartis sur *distributed throughout*
se déplacer *to move around*
qu'à cela ne tienne *let that not be an obstacle*
faire tache d'huile *to make its mark*
le souci *worry*
des péripéties *ups and downs*
le dépannage ménager *emergency home help*
le standard *switchboard*
un suivi *follow-up*
un élan *outburst*
une mamie *granny*
la vapeur est renversée *the tide has turned*
un coup de pouce *nudge*
un jumelage *twinning*
têtes blanches-têtes blondes *old people–young people*

LES VACANCES: QUEL PROBLÈME

Clubs de retraités recherchent écoles primaires pour jumelages et réciproquement

Plus de doute: la vapeur est aujourd'hui renversée. Les générations veulent se rapprocher. Et elles y parviennent souvent, de plus en plus, de façon heureuse et durable. Mais à la seule «envie», à la seule «idée» de faire quelque chose, il manque parfois ce petit coupe de pouce qui fait agir.

Vivre à Lyon se propose de le donner: en invitant tous les clubs de retraités et toutes les écoles primaires à faire acte de candidature pour un jumelage «têtes blanches-têtes blondes». Par là-même, ils s'engageront mutuellement à se rencontrer régulièrement, en groupes ou individuellement, à l'école ou au club, chez les uns ou les autres.

Retraités, jeunes élèves des écoles primaires de Lyon, adressez votre candidature à: Délégation à l'Information, Hôtel de Ville, B.P. 1065, 69205 Lyon cedex 1.

Nous vous mettrons en contact en vous proposant l'école la plus proche de votre club, le club le plus proche de votre école.

À quoi avez-vous droit?

Les personnes âgées n'avant que le minimum légal de ressources (actuellement 2000F par mois), peuvent demander:

● **Au Bureau d'Action Sociale de l'arrondissement:**
- Allocation compensatrice
- Aide ménagère ou Allocation représentative des services ménagers
- Carte foyer restaurant
- Aide médicale hospitalière
- Aide médicale à domicile
- Séjour en maison de retraite ou en foyer de logement
- Allocation mensuelle du Bureau d'Action Sociale

● **À la Division des Affaires Sociales:**
- Aide au loyer
- Chèques E.D.F. (Électricité de France)
- Pose du téléphone
- Pose de l'alarme

1

Classez les particularités suivantes sous le titres *clubs, foyers-restaurants, repas livrés à domicile,* et *contacts avec des jeunes*:

a ouverts à toutes les personnes âgées du quartier;
b lieu où on peut parler;
c service largement apprécié;
d pour ceux qui ne peuvent pas se déplacer;
e se trouvent dans les résidences;
f chorales mixtes;
g lieu de publicité pour les universités du troisième âge;
h operationnel dans quatre arrondissements;
i rencontres réguliers entre enfants et personnes âgées;
j prix variable avec possibilité de réduction;
k programme d'excursions.

2

Rédigez une lettre qui pourrait venir d'une école primaire ou d'un club de retraités à la recherche d'un jumelage. Proposez des activités et des rencontres réguliers dans votre lettre.

3

Prenez la part des personnes âgées de votre quartier! Écrivez une lettre à un bureau des affaires sociales, dans laquelle vous réclamez de meilleures conditions d'existence pour les retraités de votre quartier. Vous allez décrire leur situation actuelle et proposer des mesures (peut-être mentionnées ci-dessus) qui peuvent les aider.

4

Voici quelques explications des termes dans la liste «À quoi avez-vous droit?». Trouvez l'explication qui correspond à chaque terme:

a l'installation de tout ce qui concerne le téléphone;
b un document qui donne l'autorisation d'entrer dans un établissement spécial de restauration;
c une somme supplémentaire qui augmente les ressources;
d un service de soins médicaux à la maison (visite gratuite ou subventionnée de docteur, etc.);
e une somme supplémentaire destinée au paiement du loyer;
f des documents qui servent à réduire la difficulté de paiement pour la consommation d'électricité.

Le Crij: pour ne plus dire «si j'avais su...»

Vous avez entre dix-huit et vingt-cinq ans.
Vous voulez occuper vos temps libres ou bien vous vous posez des questions sur votre avenir. Vous souhaitez vous initier à une technique ou au tango argentin, apprendre une langue ou faire du ski, aller à l'étranger . . .
Hésitant ou décidé, allez au C.R.I.J.! 9, quai des Célestins, dans une salle récemment agrandie, une équipe de huit documentalistes classe et met à votre disposition une somme remarquable d'informations les plus variées sur les loisirs, les sports, la formation, les voyages.

Ce fonds de documentation est complété et actualisé tout le long de l'année avec les données locales: c'est-à-dire les activités des associations, organismes, centres sociaux, clubs et entreprises de la région.

Le C.R.I.J. est un relais entre ceux-ci et les jeunes. Le rôle des associations est prépondérant. Chaque mois, le centre consacre une vitrine à l'une d'elles: Joujouthèque, aide au Tiers-Monde . . . qu'il présente simultanément dans son bulletin mensuel.

Le C.R.I.J. donne aussi à sa «clientèle» la possibilité de communiquer: des panneaux d'affichage sont mis à la disposition des gens qui peuvent fournir eux-mêmes des informations, échanger des adresses, des idées, des instruments de musique d'occasion . . . Prenons le domaine des loisirs.

Les matières scientifiques par exemple, connaissent un franc succès, comme l'astronomie et aussi l'archéologie. Le C.R.I.J. est en première ligne pour connaître les aspirations et les besoins des jeunes. Dans le domaine de l'emploi, cela lui permet de jouer un rôle constructif, voire innovateur.

En effet, et sur la demande de la Ville de Lyon, dans le cadre des Permanences d'Accueil d'Information et d'Orientation, il a ouvert un bureau d'accueil où un jeune de seize à dix-huit ans, sortant de l'école, peut venir exposer ses difficultés, être aidé dans son choix d'une formation. Si son objectif rejoint celui d'un nombre suffisant d'autres jeunes, un stage peut être créé pour les satisfaire. Et le jeune est beaucoup plus motivé pour apprendre.

Tout aussi remarquable est l'opération «Passeport-Découverte» que le C.R.I.J. a organisé pour la deuxième année en juillet avec l'aide de la Municipalité et qu'il renouvellera pendant les vacances scolaires. C'est une formule, inspirée par nos voisins suisses, qui permet à un jeune de passer une journée successivement dans plusieurs entreprises qui lui sont proposées et de découvrir de cette façon, les réalités d'un métier et son environnement.

Notons enfin que chaque été, le C.R.I.J. centralise un certain nombre d'offres de jobs – une centaine cette année – pour les étudiants.

On voit que l'intérêt du Centre est grand. Son public n'est pas du reste exclusivement composé de jeunes. Des parents et mêmes des grands-parents viennent «consulter» pour leurs enfants ou petits-enfants.

INFORMATIQUE ET ASTRONOMIE: VOUS POURREZ TOUS VOUS INITIER

Du 15 au 30 septembre, le C.R.I.J. (Centre Régional d'Information Jeunesse) présentera une exposition sur «La Jeunesse à 20 ans»: documents photographiques sur la jeunesse de 1960 à 1980, des blousons noirs et yéyés aux loubards et baba-cools pris en «instantané» à l'Université, à la campagne, en banlieue.

D'autre part, tous les jeunes passionnés d'informatique – et ils sont nombreux – pourront durant toute la durée de l'exposition, s'initier au maniement de micro-ordinateurs, mis à disposition par la FNAC. Le mercredi 21, un animateur mettra ses connaissances à leur service.

Enfin, le 28 septembre, c'est l'astronomie qui aura la vedette. Guidés par un spécialiste, les visiteurs pourront traquer les étoiles . . .

Deux mercredis à marquer d'une pierre blanche.

1

Trouvez dans le texte les mots qui s'expliquent dans le dictionnaire par:
(Tous les mots commencent par la lettre C)

- **a** cent environ;
- **b** décision par laquelle on donne la préférence à une chose;
- **c** faire connaître quelque chose à quelqu'un;
- **d** positif;
- **e** réunir dans un même centre;
- **f** cercle où des membres viennent passer leurs heures de loisirs;
- **g** réalisé;
- **h** formé.

2

Rédigez le programme C.R.I.J. de septembre dans un tableau que l'on verrait sur un poster. Vous allez donner un petit résumé de chaque activité dans le programme.

3

Imaginez que vous présentez une exposition sur un sujet de votre choix. Faites une petite liste des documents ou des activités qui figurent dans votre exposition, et donnez-la à votre partenaire qui doit trouver le titre de l'exposition.

4

Présentez votre exposition à la classe, sans la nommer, dans le même style que vous trouvez à la page 65. La classe doit trouver le sujet de votre exposition.

VRAI OU FAUX?

On va au C.R.I.J. pour:

- **a** chercher un emploi permanent;
- **b** trouver des chambres d'hôtel;
- **c** s'informer sur les clubs sociaux;
- **d** réserver des billets de train;
- **e** chercher un emploi temporaire;
- **f** s'inscrire à l'opération «Passeport-Découverte»;
- **g** trouver de l'aide en choisissant une formation;
- **h** faire de la musique;
- **i** faire de l'astronomie;
- **j** savoir où il y a un club de sports.

la formation *training*
actualisé *updated*
une donnée *particulars*
un relais *relay station*
l'affichage *display*
voire *even*
le cadre *framework*
rejoindre *to be added to*
un stage *training course*
un job *holiday job*
des blousons noirs *Teddy boys*
des yéyés *teenage rock fans*
des loubards *hooligans*
des baba-cools *hipsters*
le maniement *operating*
à marquer d'une pierre blanche *to keep free*

Le logement en ville

«Ça vous intéresse de savoir comment j'ai réussi à me loger ici dans mes 13 m²?

Dans les premiers mois de mon année de fac, je rentrais tous les soirs chez mes parents dans la banlieue sud (Evry) deux heures de trajet matin et soir, ras le bol! c'était encore plus pénible les soirs où les cours finissaient à 21 heures. Tu sais mes parents sont pépères, ils se couchent tôt. Au bout d'un moment, ne pouvant plus supporter ces contraintes de transport, je décide de crécher en ville tout en sachant que j'allais me heurter au problème fric, car mes parents, inquiets de mon brusque désir d'indépendance, n'étaient guère disposés à m'aider.

Dans *Le Figaro* l'annonce suivante me séduit: «Chambre indépendante meublée dans appartement tout confort, 500F charges comprises». Je me présente la première et l'affaire se conclut très vite. Ma logeuse était d'un certain âge qui se disait peintre, et ma chambre un vrai bijou, bien agencée et calme. Chic, je me préparais une année studieuse. Hélas j'ai dû déchanter . . . Ma logeuse était maniaque et près de ses sous. Pour avoir accès au frigo de la cuisine, je devais payer 50F par mois, même tarif pour me servir de la douche! Je suis restée trois mois à cette adresse.

La chambre que j'occupe actuellement je l'ai trouvée par hasard grâce à une relation de voisinage de mes parents. Tu vois que c'est une petite chambre de bonne (13 m² sans eau chaude avec WC sur le palier). Le loyer est de 250F par mois chauffage compris, une vraie aubaine! Dans les débuts ici, je me suis sentie très isolée, l'indépendance totale ce n'est pas si facile que ça et il faut apprendre à calmer les angoisses. Voilà, c'est fini, enfin pas tout à fait, maintenant que je suis prof vacataire à mitemps et que je gagne 2500F par mois, j'aimerais dénicher le petit studio sympa avec cuisine aménagée, douche et suffisament d'espace pour héberger les amis de passage.

Je suis prête à investir jusqu'à 700F par mois, payer au delà de cette somme c'est vraiment engraisser les propriétaires qui s'abusent de la situation de crise! En attendant la bonne occasion, je mets de l'argent de côté pour me payer un voyage à l'étranger.

1,200 FRANCS POUR 4m², ÇA PEUT PARAÎTRE CHER. MAIS VOTRE FENÊTRE DONNE SUR LE JARDIN PUBLIC.
EVIDEMMENT, ÇA CHANGE TOUT.
G. Mathieu

1

Vous êtes reporter pour un journal destiné aux étudiants. Écrivez un reportage sur l'expérience de l'étudiante. Vous devez expliquer pourquoi elle a quitté la maison de ses parents, décrire les difficultés qu'elle a trouvées avec sa première logeuse, décrire sa situation actuelle, et indiquer ses intentions pour l'avenir.

2

Trouvez les expressions familières! Mettez les expressions citées dans le texte (colonne de gauche) avec leur sens en «bon français» (colonne de droite).

fac
ras le bol!
crécher
fric
déchanter
maniaque
près de ses sous
prof
sympa
engraisser
chic!
au bout d'un moment
pépères

habiter
tranquille
avare
professeur
université
quel plaisir!
argent
c'est assez!
rendre plus riche
perdre ses illusions
très tôt
qui a des habitudes ridicules
agréable

3

Mettez le mot avec son explication dans le dictionnaire:

dénicher
une aubaine
de passage
héberger
un bijou
agencé
être disposé à
séduire
pénible
une contrainte
le palier
actuellement
grâce à
tout à fait
au delà
vacataire

entièrement
plus
gêne, difficulté
organisé
un avantage inattendu
qui ne reste pas longtemps
temporaire
à l'heure présente
loger
à l'aide de
trouver après des recherches
quelque chose de charmant
plate-forme entre deux parties d'un escalier
désagréable
avoir l'intention de
attirer de façon irrésistible

fac *University*
la banlieue *suburbs*
ras le bol! *I was fed up with it!*
pénible *awful*
pépères *unexciting*
au bout d'un moment *after a time*
les contraintes *difficulties*
crécher *to live*
tout en sachant *fully in the knowledge*
me heurter *to come up against*
fric *money*
disposés *ready*
séduire *to attract*
agencée *equipped*
déchanter *to come down a peg or two*
maniaque *eccentric*
une relation de voisinage *neighbour*
le palier *landing*
une aubaine *godsend*
vacataire *temporary*
dénicher *to discover*
au delà de *beyond*
engraisser *to fatten*
s'abuser de *to take advantage of*

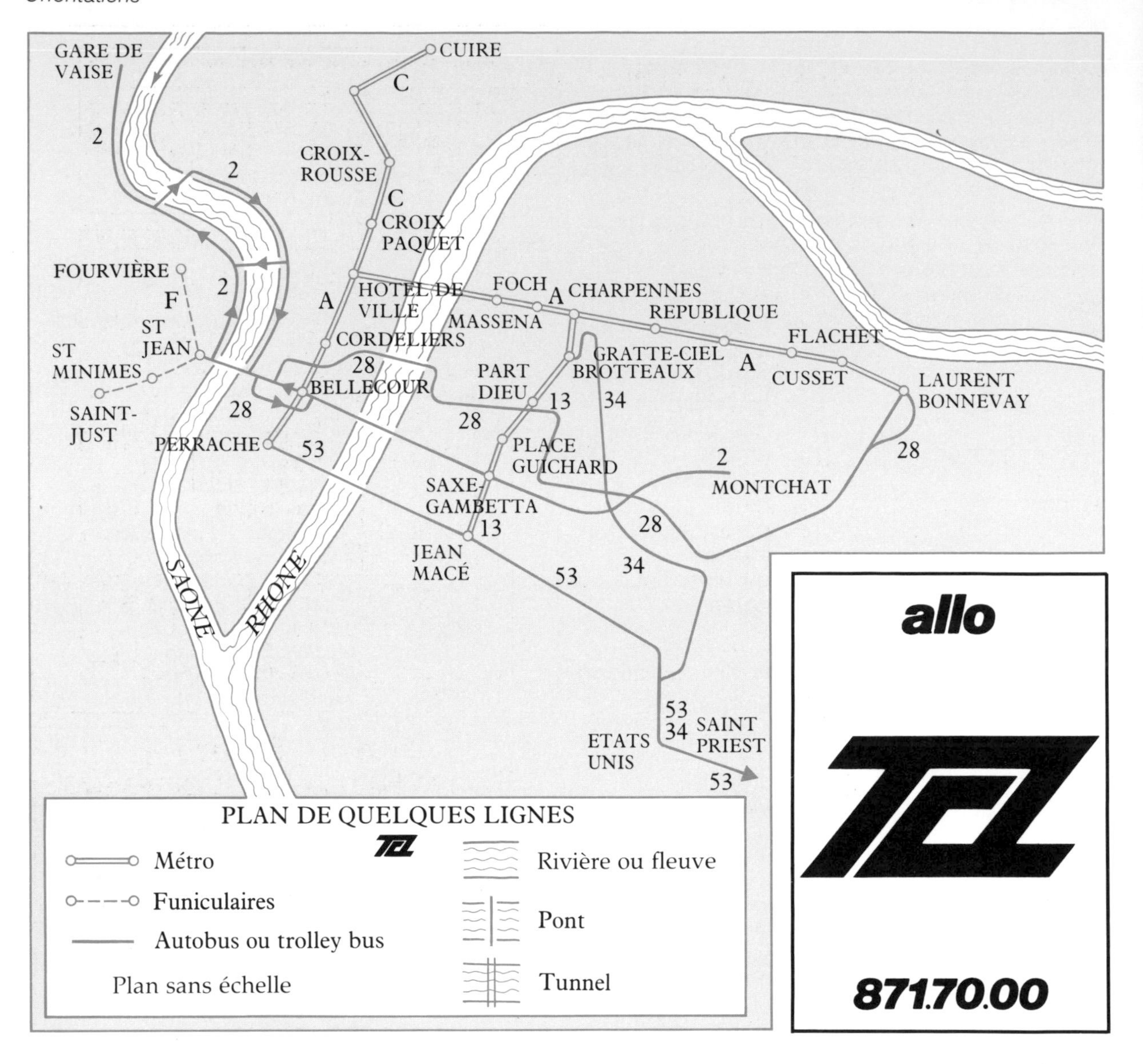

1

Sur les schémas des lignes et dans l'horaire, trouvez ces détails:

a les noms des arrêts de chaque côté du Rhône;
b les noms des arrêts de chaque côté de la Saône;
c la liste des hôpitaux desservis par la ligne 28;
d l'heure du dernier départ de Montchat le samedi;
e les points d'échange entre métro et autobus sur chaque ligne;
f les noms des arrêts les plus proches aux gares SNCF;
g la durée en minutes d'un trajet sur chaque ligne;
h la fréquence en minutes de la ligne 2 entre 14 h et 15 h le mardi;
i les noms des arrêts où les deux lignes font correspondance;
j combien de départs il y a en semaine après huit heures du soir dans les deux sens;
k la ligne la plus rapide entre les arrêts où les deux lignes font correspondance (Notez bien – compter les arrêts!);
l le nom de l'arrêt sur chaque ligne où on a le meilleur choix de correspondance;
m l'heure du départ de la gare de Vaise du trajet qui arrive au terminus à 12 h 49. (C'est un départ du samedi ou de la semaine?).

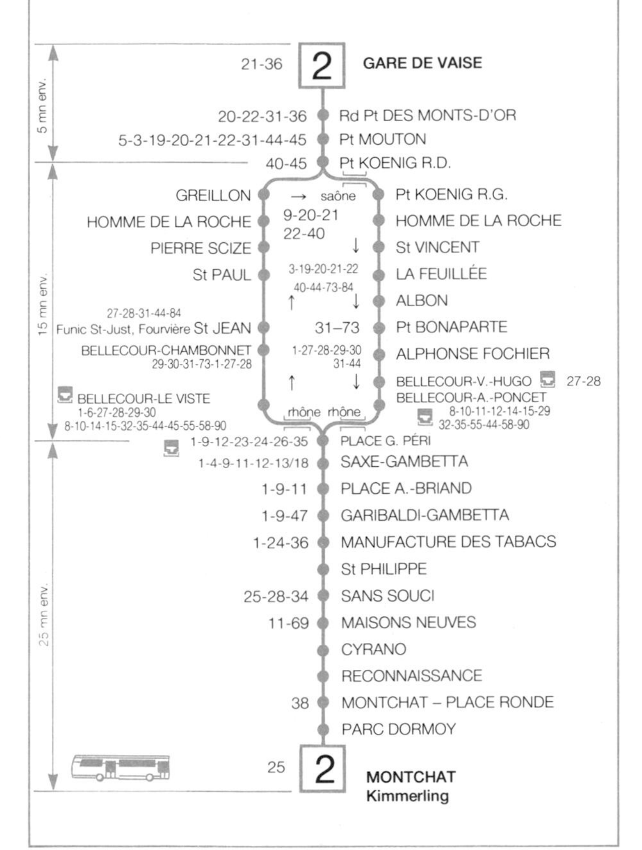

2

Avec le plan simplifié de quelques lignes et avec les schémas, trouvez autant d'itinéraires possibles pour faire le trajet Gare de Vaise – Etats Unis.

- Lequel de ces itinéraires a le plus de correspondances?
- Lequel de ces itinéraires a le moins de correspondances?

(Vous avez le droit d'emprunter l'autobus et le métro, mais vous devez faire une liste exacte de toutes les correspondances).

Expliquez à votre partenaire vos choix et comparez-les avec les siens.

Choisissez deux autres points qui figurent sur le plan, et recommencez.

3

Les noms vous donnent des renseignements

Pour certaines questions, plusieurs réponses sont possibles.

Pour prendre un train, on descendrait à quel arrêt?

Pour visiter une malade?

Pour écouter un concert?

Pour aller à une église?

Pour prendre le métro jusqu'à Charpennes?

Pour monter à la basilique de Fourvière?

Pour regarder la fabrique de cigarettes?

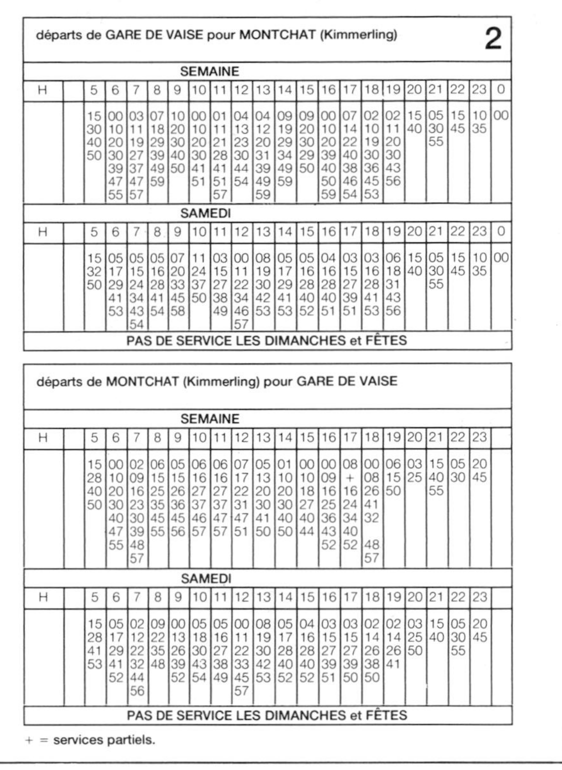

départs de GARE DE VAISE pour MONTCHAT (Kimmerling) — **2**

SEMAINE

H		5	6	7	8	9	10	11	12	13	14	15	16	17	18	19	20	21	22	23	0
		15 30 40 50	00 10 20 30 39 47 55	03 11 19 27 37 47 57	07 18 29 39 49 59	10 20 30 40 50	00 10 20 30 41 51	01 11 21 28 41 51 57	04 13 23 30 44 54	04 12 20 31 39 49 59	09 19 29 34 49 59	09 20 30 29 50	00 10 20 39 40 50 59	07 14 22 40 38 46 54	02 10 19 30 36 45 53	02 11 20 30 43 56	15 40	05 30 55	15 45	10 35	00

SAMEDI

H		5	6	7	8	9	10	11	12	13	14	15	16	17	18	19	20	21	22	23	0
		15 32 50	05 17 29 41 53	05 15 24 34 43 54	05 16 28 41 54	07 20 33 45 58	11 24 37 50	03 15 27 38 49	00 11 22 34 46 57	08 19 30 42 53	05 17 29 41 53	05 16 28 40 52	04 16 28 40 51	03 15 27 39 51	03 16 28 41 53	06 18 31 43 56	15 40	05 30 55	15 45	10 35	00

PAS DE SERVICE LES DIMANCHES et FÊTES

départs de MONTCHAT (Kimmerling) pour GARE DE VAISE

SEMAINE

H		5	6	7	8	9	10	11	12	13	14	15	16	17	18	19	20	21	22	23	
		15 28 40 50	00 10 20 30 40 47 55	02 09 16 23 30 39 48 57	06 15 25 35 45 55	05 15 26 36 45 56	06 16 27 37 46 57	06 16 27 37 47 57	07 17 22 31 47 51	05 13 20 30 41 50	01 10 20 30 40 50	00 10 18 27 40 44	00 09 16 25 36 43 52	08 + 16 24 34 40 52	00 08 26 41 32 48 57	06 15 50	03 25	15 40 55	05 30	20 45	

SAMEDI

H		5	6	7	8	9	10	11	12	13	14	15	16	17	18	19	20	21	22	23	
		15 28 41 53	05 17 29 41 52	02 12 22 32 44 56	09 22 35 48	00 13 26 39 52	05 18 30 43 54	05 16 27 38 49	00 11 22 33 45 57	08 19 30 42 53	05 17 28 40 52	04 16 28 40 52	03 15 27 39 51	03 15 27 39 50	02 14 26 38 50	02 14 26 41	03 25 50	15 40	05 30 55	20 45	

PAS DE SERVICE LES DIMANCHES et FÊTES

+ = services partiels.

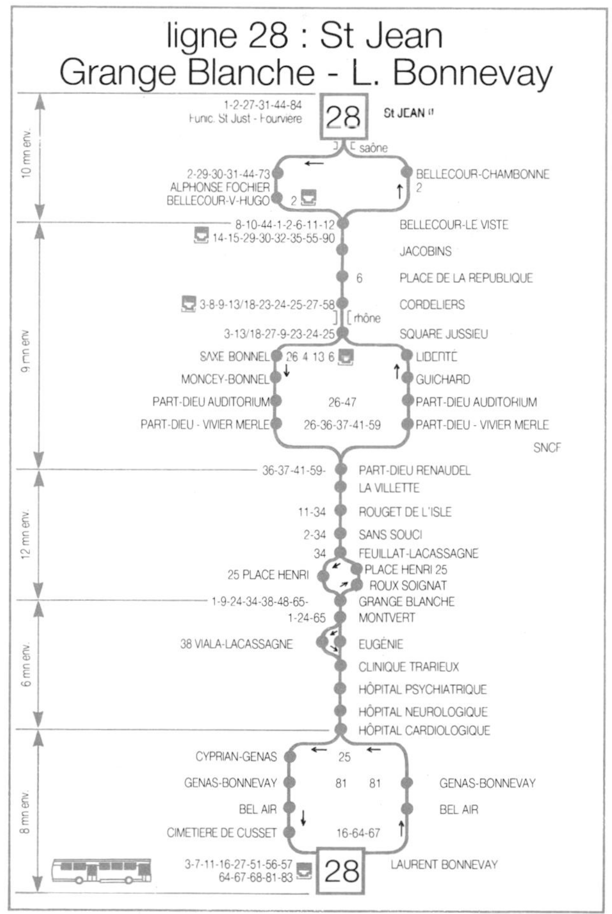

LE MÉTRO EST A VOTRE SERVICE MAIS SACHEZ L'UTILISER AU MIEUX

- Avant d'entrer dans le métro, étudiez votre itinéraire et repérez la direction à prendre. Des plans sont apposés à l'extérieur des stations et dans les abris-bus.

- Vérifiez que vous prenez le bon escalier : la direction du quai le plus proche est indiquée en grosses lettres au-dessus de l'escalier. Les autres directions, accessibles par des couloirs, sont indiquées en petites lettres.

Attention ! Le métro lyonnais roule à gauche ! ...

- Si vous n'avez pas de ticket, munissez-vous de monnaie car certains distributeurs ne la rendent pas. Les billets de banque ne sont pas acceptés.

- Oblitérez votre ticket à l'entrée du quai.
- Vérifiez bien encore la direction inscrite au milieu du quai.
- Ne franchissez pas la bande blanche le long du quai avant l'arrêt de la rame.

- Laissez descendre avant de monter : tout le monde gagnera du temps.
- Il y a un petit espace entre le quai et la rame : prenez-y garde en montant ou en descendant.
- Ne laissez pas de vêtements flottants ou des brides de sacs se prendre dans les portes au moment de leur fermeture : leur minceur n'assure pas le fonctionnement de la sécurité.
- Dès que le signal sonore retentit, ne tentez plus de monter ou de descendre : mieux vaut attendre quelques minutes.
- Conservez votre ticket jusqu'à la sortie.

Attention !
Le nouveau signal sonore est beaucoup plus bref (environ 3 secondes).

- Des schémas de la ligne fixés au-dessus des portes vous indiquent les stations et les correspondances bus.

Dans les escaliers mécaniques, tenez la main courante et restez côté droit pour laisser passer les gens plus pressés que vous.

LE MÉTRO FONCTIONNE
de 5 H à MINUIT
(dernier départ de Perrache à 0 h 15)
Les rames passent toutes les 3 minutes en heures de pointes, 6 minutes en heures creuses, et 10 à 12 minutes après 20 h 30.

1

Lisez les phrases ci-dessous, et décidez si elles s'appliquent au métro ou au bus, ou peut-être à tous les deux.

a vous devez prendre garde de l'espace à côté du quai.
b Pour demander l'arrêt, vous appuyez sur un bouton.
c Vous devez oblitérer votre ticket à chaque voyage.
d Vous devez conserver votre ticket jusqu'à la fin du voyage.
e Vous devez laisser descendre avant de monter.
f Vous pouvez acheter un ticket en demandant au conducteur.
g Les voitures roulent à droite.
h Vous ne devez pas monter si vous entendez le signal sonore.
i Les portes se referment toutes seules. Vous n'avez pas à les fermer.
j Les abonnés peuvent monter par n'importe quelle porte.

2

Quels conseils donneriez-vous à un petit enfant pour lui apprendre comment utiliser le métro et le bus à Lyon? Employez «tu» dans les conseils que vous lui donnez.

3

Lisez l'itinéraire du circuit touristique et suivez votre progrès sur le plan. Identifiez les points de repère numérotés sur le plan. Ils se trouvent tous dans les colonnes Itineraire et À découvrir.

4

Décrivez une visite à Fourvière, aux Théâtres romains et au Vieux-Lyon dans laquelle vous avez suivi l'itinéraire conseillé. Comment avez-vous voyagé? Qu'est-ce que vous avez vu?

5

Rédigez dans le même style un itinéraire dans un quartier d'une ville que vous connaissez pour un visiteur français.

SACHEZ AUSSI UTILISER LE BUS

• Contrairement au métro, il faut lui faire nettement signe de s'arrêter.

• Si vous n'avez pas de ticket, demandez-en un au conducteur *(à l'unité ou en carnet de 6).*

• Si vous avez un ticket ou si vous êtes abonné, montez ou descendez par n'importe quelle porte.

• Demandez votre arrêt de descente en appuyant, peu avant d'y arriver, soit sur l'un des boutons placés sur les colonnettes intérieures, soit sur le bouton d'ouverture automatique des portes.
Après votre descente, elles se refermeront toutes seules.

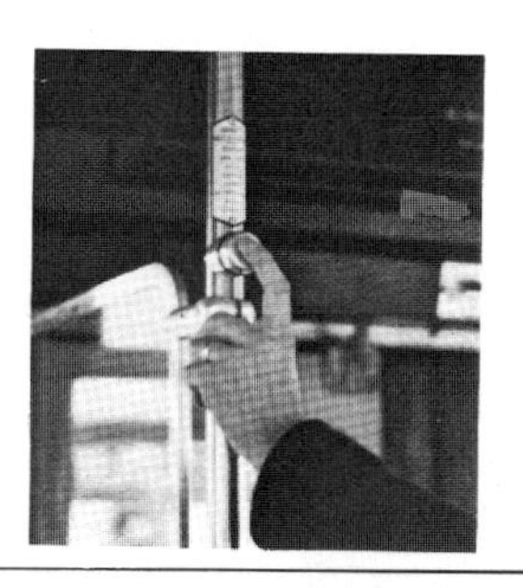

CIRCUIT N° 1
- **Fourvière**
- **Théâtres romains**
- **Vieux-Lyon**

Départ pl. Bellecour

ITINÉRAIRE	A DÉCOUVRIR
• Traversez la place Bellecour en vous repérant par rapport à la Basilique de Fourvière qui domine la place.	• Statue Louis XIV.
• Traversez le pont Bonaparte.	• En face: Palais de Justice (sur les quais à droite).
• Continuez l'avenue face à vous au débouché du pont.	
• Prendre le funiculaire direction Fourvière (l'entrée se trouve dans un immeuble au bout de l'avenue).	• Construit en 1900, pente de 31%.
• Au sortir de la gare, se diriger vers la Basilique puis vers l'esplanade.	• Basilique (fin XIXᵉ siècle). • Panorama sur toute la ville.
• Prendre la rue Radisson (à gauche en sortant de la basilique) sur 250 mètres, au premier carrefour, tournez sur la gauche.	• Musée de la civilisation Gallo-Romaine (ouvert du mercredi au samedi de 9h 30 à 12h et de 14h à 18h).
• Descendre la rue Cléberg puis la montée de l'Antiquaille (sur la droite).	• Théâtres Romains (théâtre et odéon).
• Prendre le funiculaire à la station Minimes direction St-Jean (à gauche à l'angle de la place des Minimes).	
• A la sortie du funiculaire, prendre sur la gauche sur 100 mètres.	• Cathédrale St-Jean Primatiale des Gaules.
• Se promener dans le Vieux-Lyon (quartier Renaissance) (à droite en sortant de la Cathédrale) en empruntant la rue St-Jean ou la rue du Boeuf (parallèle sur la gauche) jusqu'à la place du Change.	• Visitez tout le quartier, et particulièrement immeubles restaurés rue de la Bombarde, perpendiculaire à la rue St-Jean; – la cour du 16, rue du Boeuf (tour rose); – musée Gadagne.
• Rejoindre le quai, traversez le pont Lafeuillée.	
• Prendre les lignes 2 ou 44 sur le quai de la Pêcherie pour revenir sur Bellecour.	

Lyon Moderne 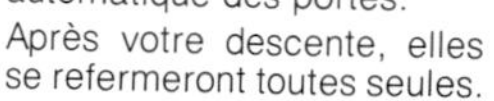

a Mettez dans l'ordre de la visite
Centre Commercial de la Part-Dieu
Cordeliers
Tour du Crédit Lyonnais
Centre d'Échange Perrache
Duguesclin
Centre d'Exposition d'Art Contemporain

b *Rues? Places? Portes?*
Carnot
Victor Hugo
Ampère
Garibaldi
l'Esplanade
Vivier-Merle

c *Avez-vous bien entendu?*
Corrigez ces fautes:
Prenez la direction Jean-Macé
Montez dans le bus numéro 13
Descendez à l'arrêt République
Tournez à droite en direction de la tour du Crédit Lyonnais
Le TGV vous amenera à Paris à deux heures

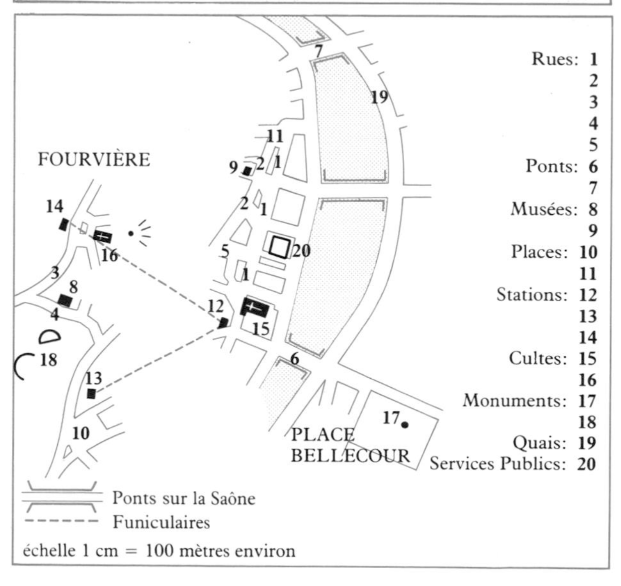

réperez *decide*
apposés *displayed*
munissez-vous *ensure you have*
franchissez *cross*
la rame *train*
les brides *straps*
la minceur *narrowness*
les schémas *diagrams*
en heures de pointes *at peak times*
en heures creuses *at off-peak times*
nettement *clearly*
en appuyant *by pressing*
soit . . . soit *either . . . or*
à moins de *unless*
repérant *fixing your position*
au débouché du pont *at the end of the bridge*
la Primatiale *church of the Primate (Senior Archbishop)*

LE SPORT

Pourquoi pratiquer un sport?

Quelques jeunes Françaises et Français parlent de leurs sports préférés:

Johnny: «Je suis fana de foot. Souvent, à la télé, avec mon père et des voisins on regarde les matches. Quand une équipe joue bien c'est vraiment terrible. Le lendemain à l'école chacun reparle de tous les buts marqués. L'an prochain je pense bien faire partie d'une équipe.»

Carole: «Depuis quatre ans ma sœur aînée m'a appris à nager. Je me débrouille bien à la piscine et les copines trouvent que j'ai du style. Je vais essayer maintenant la nage – papillon. La natation ça détend drolement et puis ça donne la fringale. Ma mère n'en revient pas, quand je rentre à la maison.»

Michelle: «Il naît une amitié entre celles et ceux qui pratiquent un sport. Ça permet de s'entraîner et de faire des progrès. Le sport ça se pratique à plusieurs, main dans la main.»

Jacky: «Avec papa, tous les dimanches, je fais du cyclotourisme. Chaque fois on étudie ensemble un tour différent. Et maintenant je connais des tas de balades formidables. En auto ça va trop vite et on ne profite pas autant du paysage.»

Thérèse: «Je crois que le sport crée des liens entre les jeunes et les gens en général. Ensemble on prend plaisir à jouer; on a plus d'entrain.»

Gérard: «Dans mon quartier, je connais un copain plus agé que moi, qui s'est lancé dans la compétition. Il est arrivé premier dans une course régional. Depuis il s'entraîne chaque fois qu'il a du temps libre. Il est très fort et court très vite. Je voudrais bien qu'il soit sélectionné en équipe de France.»

Geneviève: «En sport il est difficile de réussir, car il faut aimer ce qu'on fait. Pour devenir meilleur, il faut une discipline sportive. C'est pour ça qu'on a besoin d'une équipe et des entraîneurs.»

Sébastien: «Je trouve que le foot et le rugby, c'est des sports trop durs pour moi. Je préfère l'athlétisme, surtout le saut à la perche. Ça demande une grande force et beaucoup de travail.»

Thierry: «Le basket, voilà un sport terrible et que je trouve très beau. Evidemment il faut avoir une grande taille pour le pratiquer. J'ai vu jouer une équipe de championnat. Que de belles passes et quelle précision! moi qui loupe si souvent le panier.»

1

Voici quelques idées clés tirées de ces citations. Trouvez le nom de la personne qui a exprimé chaque idée:
Par exemple: Ça vous donne bon appétit = C'est Carole. Elle dit: «ça donne la fringale».

- **a** C'est un beau sujet de conversation.
- **b** Le sport c'est une solidarité entre amis.
- **c** Le mieux c'est de se promener en nature, mais pas trop vite.
- **d** L'équipe c'est l'essentiel pour réussir en sport.
- **e** Il est intéressant de suivre le progrès d'un sportif.
- **f** Il préfère une épreuve individuelle en athlétisme.
- **g** C'est un beau sport pour les grands.
- **h** Le sport en équipe c'est plus amusant.

2

Trouvez le mot ou les phrases dans les citations qui ont le même sens que ces définitions.
Par exemple: On est plus gai et il y a plus d'animation = «On a plus d'entrain».

- **a** Ma mère est très surprise.
- **b** Il a commencé à participer dans des courses sérieuses.
- **c** Cela donne la possibilité aux gens de travailler ensemble.
- **d** Beaucoup de circuits excellents.
- **e** Ceux qui aident les participants à améliorer leurs performances.
- **f** Il faut être très grand.
- **g** Il faut être très fort.
- **h** C'est une bonne distraction.
- **i** C'est merveilleux.
- **j** Après on a très faim.

3

Trouvez le mot qui n'appartient pas à la série.
Par exemple: piscine natation *but* papillon nager.

- **a** équipe foot matches buts course
- **b** cyclotourisme perche compétition entraineur athlétisme
- **c** basket passes balades panier championnat
- **d** lutte alpinisme escrime boxe karaté

4

Vous venez de lire les motifs pour lesquels ces neuf jeunes ont décidé de pratiquer le sport. Lequel correspond le plus à votre idée? Avec un partenaire faites une liste des noms de ces jeunes dans l'ordre que vous trouvez leur citation bien. *Par exemple*: si vous êtes des fervents du football vous mettrez probablement Johnny en tête de liste (le numéro un), etc.

5

À vous maintenant. En un paragraphe de 30 à 50 mots dites ce que vous pensez d'un sport que vous aimez pratiquer ou regarder en spectateur. Avant de commencer, relisez les citations de Johnny, Carole, etc. Ces jeunes gens ne disent pas simplement «J'aime . . .». Ils ont trouvé une autre formule:
«Je suis fana de . . .»
«Je crois que . . .»
«Le basket, voilà un sport . . .»
«Je trouve que . . .»
Essayez d'utiliser une de ces formules pour commencer votre paragraphe. Et n'hésitez pas à employer d'autres de leurs expressions.

fana *fan of*
terrible *ace*
les buts marqués *the goals scored*
je me débrouille *I get on*
papillon *butterfly*
la fringale *big appetite*
n'en revient pas *can't get over it*
s'entraider *help each other*
des tas de *loads of*
balades *outings*
formidables *great*
des liens *links*
d'entrain *motivation*
le saut à la perche *pole vault*
une grande taille *tall*
loupe *miss*

LE SPORT DANS UNE GRANDE VILLE

Voici une longue liste de sports. C'est la liste fournie par la mairie de Nantes, une grande ville dans l'ouest de la France. Il y a tous les sports qu'on peut pratiquer à Nantes.

AERONAUTISME
AEROMODELISME
AIKIDO
ALPINISME
ATHLÉTISME
AUTOMOBILE
AVIATION
AVIRON
BADMINTON
BASKET BALL
BILLARD
BOULES
BOXE (ANGLAISE/FRANCAISE)
CANOË KAYAK
CULTURISME
CYCLISME
CYCLOTOURISME
ÉQUITATION
ESCRIME
FOOTBALL
FOOTBALL AMÉRICAIN
GOLF
GYMNASTIQUE
HALTÉROPHILIE
HANDBALL
HOCKEY SUR ROULETTES
HOCKEY SUR GAZON
HOCKEY SUR GLACE
JEU A XIII
JUDO
KARATÉ
KARTING
LUTTE
MOTOCYCLISME
MOTONAUTISME
MONTGOLFIÈRE
NATATION
PARACHUTISME
PATINAGE SUR GLACE
PATINAGE SUR ROULETTES
PÉTANQUE
PLONGÉE
PLANCHE À VOILE
RUGBY
SAUVETAGE
SKI
SKI NAUTIQUE
SPORTS SOUS/MARINS
SQUASH
TENNIS
TENNIS DE TABLE
TIR
TIR À L'ARC
TRAMPOLINE
VOILE
VOL À VOILE
VOLLEY
WATER POLO

culturisme *bodybuilding*
haltérophilie *weightlifting*
jeu à XIII *rugby league*
montgolfière *hot-air ballooning*
patinage sur glace *ice skating*
planche à voile *windsurfing*
sauvetage *lifesaving*
tir à l'arc *archery*
l'arnachement *protective clothing*
les crampons *studs*
le maillot *jersey*
des clavicules *shoulder blades*
des placages *tackles*

1

Il y a deux sports à Nantes qui commencent par la lettre 'F'. Quels sont les deux sports?
Voici quelques phrases qui concernent les deux sports. Pour chaque phrase décidez si c'est le sport 1, le sport 2, ou tous les deux.

a On marque des points.
b Il y a onze joueurs par équipe.
c Un match dure 90 minutes.
d La balle est ovale.
e Les joueurs portent un short.
f Il y a deux mi-temps (avec possibilité de prolongation).
g Le ballon est rond.
h Un match dure 60 minutes.
i Les joueurs portent des casques.
j On marque des buts.
k On ne doit pas toucher la balle du pied.
l Il y a quatre quart de temps.
m On ne doit pas toucher le ballon de la main.

Voici une série d'images qui représentent des sports. Trouvez le sport pour chaque image.

Pour en savoir plus sur les sports à Nantes, voir le programme: Telem-Nantes pour micro-ordinateur BBC, disponible sur disquette auprès de Hodder & Stoughton (voir page 32).

2
Maintenant voici trois tiercés pour vous.
Mettez dans l'ordre les trois sports que vous voudriez pratiquer le plus. Mettez ensuite la raison de ton choix. *Par exemple*: J'aime l'eau/la nature/la neige . . . Je veux développer mes muscles/de la souplesse/mes réflexes . . .

A	Mes sports préférés	La raison de mon choix
	1	
	2	
	3	

B	Mes trois champions préférés	Sa discipline	La raison de mon choix
	exemple: Carl Lewis	Athlétisme, 100 m Le saut en longueur	C'est l'athlète le plus rapide du monde
	1		
	2		
	3		

C Mon idéal sportif (la qualité sportive que vous voudriez développer). *Par exemple*: l'endurance, l'énergie, la grâce, la santé, l'esprit d'équipe, le fair play, la bonne humeur, la force, la camaraderie, la bonne humeur . . . etc.):

 1:  2: 3:

LE FOOTBALLEUR AMÉRICAIN

 Regardez l'image du footballeur américain et écoutez les explications d'un responsable du football américain en France. Il explique la fonction de l'arnachement du joueur. Copiez la liste des éléments de cet ensemble (le casque, les chaussures, etc.) et pour chaque élément trouvez une précision citée dans l'interview.

l'arnachement; le casque; une grille; les épaulières; les protections de hanche, de coccyx, de cuisses et de genoux; les crampons; les chaussures; le pantalon; le maillot.

a Elles ressemblent à celles du football traditionnel.
b C'est une protection du visage.
c Ça tient les protections.
d C'est un ensemble de protection défensif.
e C'est typique d'un sport collectif.
f Ils sont assez courts.
g Elles sont molles et tenues par le pantalon.
h C'est pour la protection des clavicules et de l'épaule.

Le problème de Cécile

Cécile écrit à son magazine préféré *Okapi*. Elle a besoin de conseils.

> **En classe je suis la première mais la dernière en gym et ça m'ennuie car mes amies se moquent de moi. Je vais entrer en 3e, que faire?**
>
> **Cécile**

Un esprit sain dans un corps sain

Il n'y a pas de bosse de gymnastique comme pour les maths ou la musique mais s'il y en avait une, elle pousserait. Cécile, tu es mauvaise en sport, une solution évidente et unique: en faire, tant que tu peux! Il y a de nombreuses occasions. Le dimanche matin: quelques kilomètres à vélo ou jogging d'une demi-heure. Le mercredi, va à la piscine. En été, les possibilités se multiplient: tu peux t'inscrire à un stage de tennis ou d'équitation, ou aller à un club de plage où l'on fait beaucoup de gym, où l'on s'amuse. Et puis, il y a sûrement, dans ton lycée ou collège des A.S. (associations sportives): volley, basket, athlétisme ou gymnastique féminine, c'est également une fois par semaine. Voilà quelques idées. Ne crois pas qu'être sportif et intellectuel est incompatible. Les sages Latins disaient même: *Mens sana in corpore sano*.

Catherine, Paris

Voici quelques réponses des lectrices et lecteurs d'*Okapi*:

Aline

Genève (Suisse)

Ça alors, une fille comme moi! ... J'étais exactement dans le même cas que toi et je te comprends tout à fait, car c'est effectivement très désagréable. Pour cela, il y a un truc épatant car si tu es dernière en gym, *c'est que tu manques d'entraînement.* Inscris-toi à un cours de gymnastique facultative, à la natation ou au judo. Le dimanche, fais du vélo et vas-y à l'école. J'ai fait du judo, du vélo et . . . je suis première en gym.

Laure

Béziers

Règle d'or pour être bonne en gym: la persévérance. Surtout, n'abandonne pas. Moi aussi, je n'étais pas très bonne en gym et c'est en persévérant que j'y suis arrivée. N'aie surtout pas honte, fais bien les mouvements et, même, si tu le veux, quelques mouvements chez toi, le soir, avant de te coucher (dix minutes environ) pour s'assouplir. Pour moi, ça a marché. Je ne sais toujours pas très bien faire la roue, mais j'ai quand même 15 de moyenne en gym.

Frédéric

Angers

Moi aussi, je suis dans le même cas que toi! Même ma famille se moque de moi. Pour mes copains, je leur dis: «Et toi, tu es bien faible en allemand et en français.» Alors ils se taisent. Pour ma famille, je hausse les épaules. *Et puis, ce n'est pas donné à tout le monde d'avoir de bonnes jambes.* Si tu es forte en d'autres matières, ça compense. Je souhaite que tes amies ne se moquent plus de toi.

Anne

Le Chesnay

Cécile, demande s'il n'y aura pas *un «parcours sportif», près de chez toi.* Si oui, demande *au plus sportif de ta famille* de t'y emmener. Tu verras, après l'avoir fait quelques fois, tu feras des progrès en gym. Tu peux y aller le mercredi ou le samedi après-midi, ou le dimanche matin (ou alors aux heures où tu ne travailles pas). Un parcours dure à peu près une heure. Bonne chance!

Anne-Marie

Bouvines

Bonjour Cécile, j'ai beaucoup de choses à te dire. Merci pour ta question parce que je suis dans le même cas que toi mais je ne me posais pas cette question en me résignant à me dire que j'étais nulle. Moi, le pire, c'est que non! Je n'adore pas le sport mais j'aime bien. Maintenant voilà mes conseils:
- Essaye de participer, de ne pas être molasse, lente etc.
- Essaye, *essaye* seulement, *de t'y intéresser*, d'en parler avec les autres à la récré, regarde des trucs à la télé. Ainsi, un jour, j'ai eu huit sur vingt. Alors, j'étais contente: c'est pas super mais je m'attendais à un quatre. Alors! Si tu veux un truc pour remonter un peu, entraîne-toi chez toi. J'espère que ma lettre te servira. Salut et bon courage (1, 2, 3, saute!).

Un(e) camarade de classe vous demande comment réussir en sport. Notez toutes les idées proposées par les lecteurs et lectrices d'*Okapi*. Faites des listes selon le tableau suivant:

Les activités sportives que l'on peut essayer	Les qualités à développer	Ce qu'il ne faut pas faire	Ce qu'il faut faire
L'entraînement le vélo	La persévérance	N'aie pas honte	Essaye ....

Conversation

À tour de rôle proposez des activités sportives et expliquez les avantages de cette activité. Vous pouvez utiliser le tableau en bas de la page précédente et la liste des qualités à la page 75.
Par exemple: «Tu pourrais faire du judo. Ça développe la force et l'agilité».

Frédèric pense qu'il n'y a rien à faire. Le sport c'est bon pour ceux qui sont doués. Imaginez que vous rencontrez Frédéric. Dites-lui que vous êtes d'accord avec lui ou pas d'accord. Donnez des raisons.

Lettres

1 Répondez à la lettre de Frédéric. Votre lettre est destinée à un prochain numéro d'*Okapi*.
2 Daniel envoie la lettre ci-dessous à *Okapi*. Rédigez une réponse.

La question de Daniel:
JE SUIS GROS!
QUE FAIRE?
J'ai 14 ans et j'ai un ennui: je suis gros et tous les copains se moquent de moi; j'ai honte de moi. S'il vous plaît, chers amis, aidez-moi à remédier à mon complexe. Merci d'avance.

LE PARCOURS SPORTIF

Dans sa lettre à Céline, en face, Anne parle d'un 'parcours sportif'. Savez-vous ce que c'est? C'est un circuit dans les bois où on court ou marche en suivant les flèches. Sur le parcours de 2 kilomètres il y a une vingtaine de postes où on s'arrête pour faire des exercices. Voici le panneau qui annonce le parcours sportif de Mondeville en Normandie.

Parcours
Parcours Vita
Ici commence le parcours VITA.
Il a été créé dans le cadre du Service de santé de VITA.
Utilisez régulièrement le parcours VITA pour vous maintenir en bonne santé!
Suivez aussi les conseils de votre médicin et observez:
les instructions
le nombre de répétitions famille sportif
le rythme de la course marche pas de course

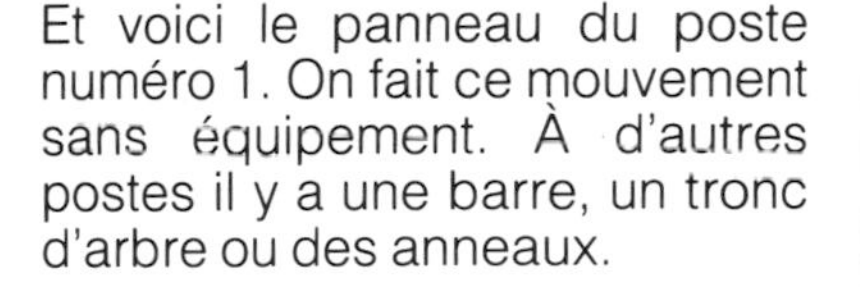

Et voici le panneau du poste numéro 1. On fait ce mouvement sans équipement. À d'autres postes il y a une barre, un tronc d'arbre ou des anneaux.

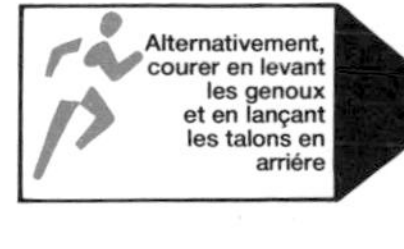

Voici les panneaux de quelques autres postes. Trouvez le texte écrit pour accompagner l'image.

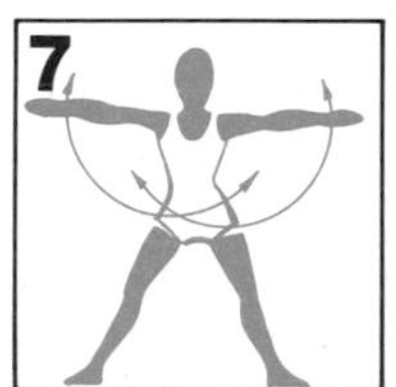

a Fléchir à fond les genoux en balançant les bras de côté.
b Fléchir le torse, bras et jambes tendus; se redresser en levant les bras en avant en haut.
c Fléchir le torse en arrière puis en avant.
d Deux cercles des bras à gauche puis flexion latérale du torse à droite; répéter en sens contraire.
e Cercles des bras devant le corps dans un sens puis dans l'autre.
f Fléchir le torse à droite en avant main gauche au pied droit se redresser et répéter en sens contraire.
g Saut latéral par-dessus la barre, puis retour par-dessous.
h Cercles des hanches, pieds fixés au sol (toupie).

bosse de gymnastique *natural gift for gym*
pousserait *would develop*
mens sana in corpore sano *a healthy mind in a healthy body*
ils se taisent *they shut up*
je hausse les épaules *I shrug my shoulders*
ça compense *that makes up for it*
désagréable *unpleasant*
un truc épatant *a great thing*
facultative *voluntary*
les mouvements *exercises*
s'assouplir *get supple*
faire la roue *do a cartwheel*
parcours sportif *fitness circuit*
emmener *take*
me résignant *resigning myself*
nulle *useless*
molasse *weedy*
récré *break*
remonter *improve*

MÉDAILLE D'OR POUR DALEY THOMPSON À MOSCOU EN 1980

Écoutez le reportage et trouvez le chiffre qui corréspond à chaque blanc dans le texte. Vous trouverez tous les chiffres dans un autre ordre en bas de la page.

Aux jeux olympiques de Moscou en août _____, l'athlète britannique Daley Thompson remporte la médaille d'or au décathlon avec _____ points. Pour chacune des dix épreuves du décathlon, les performances des athlètes sont transformés en points calculés selon le tableau officiel. Voici les deux journées de Thompson à Moscou.

À 10 heures du matin le premier jour Thompson court le _____ mètres en secondes pour _____ points. À 11 heures il saute _____ mètres en longueur pour _____ points. À midi il lance le poids _____ mètres ce qui lui vaut _____ points. L'après-midi il saute _____ mètres en hauteur pour _____ points et finalement il court _____ mètres en _____ secondes pour _____ points. À la fin de la première journée il a un total de _____ points.

Le lendemain à 9 heures il court les _____ mètres haies en _____ secondes pour _____ points. Ensuite il lance le disque _____ mètres pour _____ points puis il saute _____ mètres à la perche en ramassant encore _____ points. Il ne lui restait plus que deux épreuves et il avait une marge de _____ points sur son adversaire le plus proche le soviétique Kutsenko. Alors à la neuvième épreuve il réussit _____ mètres au javelot pour _____ points. L'épreuve finale est le _____ mètres. C'est l'épreuve la plus redoutée des décathloniens. Thompson peut encore espérer battre le record du monde (les _____ points de l'Allemand Kratschmer) ou le record olympique détenu depuis _____ par l'Américain Jenner avec _____ points. Mais il est très fatigué après deux jours de compétition et un temps de _____ minutes _____ secondes qui lui donne _____ points suffit pour gagner avec _____ points d'avance sur Kutsenko.

1976	164 points
1980	326 points
100 m	525 points
110 m	729 points
400 m	799 points
1500 m	811 points
2,08 m	898 points
4,70 m	900 points
8 m	907 points
15,18 m	925 points
42,24 m	981 points
64,16 m	1020 points
10,62 sec	4542 points
14,47 sec	8495 points
48,01 sec	8618 points
4 min 39,9 sec	8649 points

Dans votre cahier préparez le tableau suivant:

	Épreuve	Moscou	Helsinki	Los Angeles	Record personnel (1984)
1	100 m	10,62			
2					
3					
4					
5					
6					
7					
8					
9					
10					

1

Écoutez bien la bande et marquez les 10 épreuves du décathlon dans la première colonne et les performances de Thompson à Moscou dans la deuxième.

2

À tour de rôle avec un(e) partenaire choisissez un des chiffres de la page précédente. Dites le chiffre à votre partenaire qui doit l'identifier.

Par exemple: 100 m – c'est la première épreuve du décathlon.

3

Lorsque vous aurez terminé le grand tableau des performances de Thompson, faites ce jeu avec un(e) partenaire:
Préparez chacun dix questions sur les performances. Vous dites, par exemple, «le 1500 mètres à Helsinki» ou «le saut à la perche à Los Angeles» ou «Disque—record personnel». Vous chronométrez le temps qu'il faudra à ton partenaire pour trouver les 10 réponses sans erreur et prononcées en français!

remporte *wins*
épreuves *events*
ramassant *collecting*
une marge *a margin*
son adversaire *his rival*
redoutée *disliked*

Daley Thompson champion du monde à Helsinki en 1983

Voici le résultat officiel au journal sportif *L'Équipe* le 15 août:

Maintenant vous pouvez remplir la troisième colonne du tableau dans votre cahier.
Quelles sont les épreuves où Daley a fait mieux à Helsinki qu'à Moscou?

DÉCATHLON

1. *THOMPSON (GB)............ 8666 pts (10"60, 7,88 m, 15,35 m, 2,03 m, 48"12, 14"37, 44,46 m, 5,10 m, 65,24 m, 4'29"72)*
2. *HINGSEN (RFA)............ 8561 pts (10"95, 7,75 m, 15,66 m, 2 m, 48"08, 14"36, 43,30 m, 4,90 m, 67,42 m, 4'21"59)*
3. *Wentz (RFA)................... 8478 pts (10"94, 7,24 m, 15,11 m, 2 m, 48"09, 14"13, 44,98 m, 4,70 m, 75,08 m, 4'28"52)*

LE DUEL THOMPSON–HINGSEN ÉPREUVE PAR ÉPREUVE

DALEY THOMPSON (G-B)	JUERGEN HINGSEN (RFA)

100 m

10"45	10"85
946	841

Thompson est au couloir huit, Hingsen au couloir un. La marge de sécurite du Britannique est confortable. Il reste néanmoins en deça de sa meilleure performance (10"36).

Longueur

8,01 m	7,80 m
1034 (1970)	975 (1860)

Les deux performances ont été obtenues aux troisième et dernier essais. Hingsen frappe le premier avec un bon saut de 7,80 m. Thompson réplique en améliorant d'un centimètre son record personnel.

Poids

15,72 m	15,87 m
831 (2801)	840 (2646)

Hingsen remporte le concours. Les deux performances ont été obtenues au premier essai. Chacun enregistre un essai nul. Thompson est à 2,62 m de son record personnel (18,34 m).

Hauteur

2,03 m	2,12 m
882 (3683)	959 (3605)

Hingsen grignote son retard. Légèrement touché au genou gauche, il remporte néanmoins le concours. Il n'est plus qu'à 78 points de Thompson dont le record dans cette discipline est de 2,19 m.

400 m

46"97	47"69
950 (4633)	914 (4519)

Fin de la première journée. La vitesse de Thompson a une nouvelle fois fait la différence. L'écart entre les deux hommes est désormais de 114 points. Thompson a déjà réalisé 46"86 sur 400 m.

110 m haies

14"34	14"29
922 (5555)	928 (5447)

Hingsen remporte la course d'un souffle. Une performance qui ne lui permet de récupérer que six points de plus que son adversaire. Thompson approche sa meilleure performance qui est de 14"26.

Disque

46,56 m	50,82 m
810 (6365)	886 (6333)

Hingsen retrouve le rythme. Il termine second du concours et se rapproche à nouveau de Thompson. Il n'est qu'à 32 points du champion olympique sortant. Thompson a donné le meilleur de lui-même. Sa meilleure performance au disque est de 47,44 m.

Perche

5 m	4,50 m
1052 (7417)	932 (7265)

C'est l'Américain Tim Bright qui remporte le concours avec un saut remarquable de 5,40 m. Hingsen toujours faible à la perche laisse passer sa chance. Thompson est pourtant loin de son record personnel (5,20 m).

Javelot

65,24 m	60,44 m
824 (8241)	767 (8032)

Hingsen vite éliminé à la perche lance dans le groupe des «faibles». Il réussit une performance inférieure de sept mètres à son record personnel (67,26 m). Le trou est fait. Thompson, lui, n'est qu'à quelques centimètres de son record (65,37 m).

1500 m

4'35"	4'22"60
556 (8797)	641 (8673)

Hingsen part en trombe. Thompson court à sa main. C'est l'Autrichien Georg Werthner qui remporte la course. Hingsen ne peut creuser l'écart suffisamment. Pour deux centièmes de seconde. Thompson échoue contre le record du monde de l'Allemand. Il est loin de son record personnel: 4'20"03. Mais il n'en devient pas moins champion olympique pour la seconde fois en quatre ans.

B. H.

LOS ANGELES 1984 NOUVELLE MÉDAILLE D'OR POUR DALEY

Complétez votre tableau (page 79) en marquant les performances de Thompson à Los Angeles et son record personnel pour chaque épreuve. Vous trouverez ces renseignements dans le tableau ci-dessus.

Savez-vous dans un décathlon:

a Combien des épreuves sont disputées en couloirs?

b Combien des épreuves se déroulent sur un sautoir?

c Combien des épreuves ont besoin d'un cercle?

d Il y a combien de jets, combien de sauts et combien de courses?

e À combien d'essais a-t-on droit dans les sauts et les lancers?

Pour trouver les réponses cherchez bien dans le commentaire ci-dessus.

Voici le portrait de Daley Thompson tracé par le journal *L'Humanité* au lendemain de son triomphe aux Jeux Olympiques de Los Angeles en 1984.

LOS ANGELES – Sur le côté face de son «tee-shirt», il y avait, écrit en lettres rouges: «*Remerciements à l'Amérique pour ces bons Jeux et ce grand moment.*» Et, sur le côté pile, une question: «*Mais qu'est-ce que cette couverture télévisée?*». Daley Thomson, comme beaucoup d'autres athlètes étrangers, n'a pas apprécié l'apologie nationaliste du sport américain faite quotidiennement par ABC. Daley n'a jamais manqué d'humour.

D'ailleurs Daley – Francis Morgan pour l'état-civil –, fils d'un père nigérian et d'une mère écossaise, né il y a vingt-six ans à Notting Hill Gate, un quartier crasseux de Londres, connu pour les émeutes qui y éclatent de temps à autre, n'a jamais manqué de quoi que ce soit, sauf d'une enfance chaleureuse. «*La seule chose que mes parents aient fait de bien dans leur vie, c'est de me donner un autre prénom*», dit-il. Ils l'envoyèrent vite fait dans une maison de redressement à la campagne. Le paradis à côté de ce qu'il laissait à Londres.

C'est là qu'il rencontra l'athlétisme. Il y entra comme on entre en religion, corps et âme, entièrement au service de sa passion.

Le décathlon, sa spécialité, c'est le laboratoire de l'inconnu, de l'immensément grand, de l'immensément beau aussi. Une chanson de geste en dix couplets qui embrasse le champ de tout ce que le corps d'un homme peut donner. Courir, lancer, sauter deux jours durant en puisant pour chacun de ces dix actes – 100 mètres, longueur, poids, hauteur et 400 mètres pour le premier jour de ce calvaire, 110 mètres haies, disque, perche, javelot et 1500 mètres pour le second – à fond dans ses ressources. C'est le royaume des athlètes complets, des hommes véritables, et Daley en est le roi incontesté.

Il est invaincu depuis six ans. Il a tout gagné: jeux Olympiques, championnat d'Europe, Jeux du Commonwealth, championnat du monde et JO, à nouveau, à Los Angeles. Décathlonman c'est lui. L'athlète le plus fort de ces Jeux, quoi que puisse faire, quoi que puisse dire Carl Lewis, c'est lui.

Dans ces dix travaux d'Hercule, il réussit des performances que bien des spécialistes chevronnés de chacun d'entre eux ne feront jamais. Ici, il a couru le 100 m en 10"44, plus vite que Bruno Marie-Rose, le champion de France de la distance, n'a pu le courir aux JO. Ici, il a sauté 8,01 mètres en longueur, aucun sauteur français n'en a fait autant depuis longtemps.

A l'arrivée, au bout des deux jours de l'épreuve athlétique la plus passionnante et la plus totale, cela fit 8797 points pour Daley, à un point du record du monde de l'Allemand de l'Ouest Juergen Hingsen, relégué comme toujours à la seconde place, loin derrière avec ses 8673 points. Il aurait suffit qu'il terminât son 1500 m en 4'34"9 et le record chutait. Il courut en 4'35" parce qu'il n'avait pas pu faire autrement. Ou peut-être bien parce qu'il ne l'avait pas voulu.

Sur le podium, tout sourire comme toujours, on l'a vu siffloter l'hymne anglais pendant que le «God Save The Queen» était joué.

C'est aussi et surtout un monstre de puissance, de souplesse, de vitesse et d'endurance. Une véritable force explosive. Et pourtant Daley Thomson n'impressionne guère physiquement: 1,85 m pour 82 kg, il a l'air d'un nabot comparé à Hingsen (2 m pour 100 kg).

Il compense cette infériorité physique (toute relative) par un courage et une rage de vaincre extraordinaires. Cela ne s'apprend pas. Sauf dans les rues de Notting Hill Gate . . .

Faites la fiche technique de Daley Thompson d'après les renseignements que vous trouvez dans cet article:

NOM:
PRÉNOMS RÉELS:
ANNÉE DE NAISSANCE:
LIEU DE NAISSANCE:
NATIONALITÉ DE SA MÈRE:
NATIONALITÉ DE SON PÈRE:
SPÉCIALITÉ SPORTIVE:
RECORD PERSONNEL (EN POINTS 1984):
PALMARÈS (SES PLUS GRANDES VICTOIRES):
TAILLE:
POIDS:
SA PERSONNALITÉ (EN QUELQUES MOTS):

(Si vous préférez faites une fiche comme celle de Sophie Marceau à la page 157.)

Daley Thompson ne manque pas d'humour

Journaliste: Qu'est-ce que la princesse Anne vous a dit?

Daley: Elle m'a dit: «Que vous êtes beau!»

Imaginez que vous êtes journaliste. Faites une liste de 5 questions que vous voudriez poser à Daley Thompson. Imaginez aussi ses réponses!

Slogans sur un teeshirt

Comme Daley Thompson à Los Angeles, imaginez que vous avez la possibilité de vous promener devant les caméras de toutes les télévisions du monde. Vous voulez adresser un message aux francophones du monde. Quel est votre slogan? (12 mots au maximum).

Moments importants

Regardez l'image de Yannick Noah (voir page 127). En utilisant les renseignements ci-dessus écrivez des phrases qui représentent des moments importants dans la vie de Daley Thompson comme celles qui entourent l'image de Noah.

couloir *lane*
en deça *below*
améliorant *beating*
grignote *claws back*
néanmoins *nonetheless*
l'écart *the gap*
d'un souffle *by a hair's breadth*
en trombe *like a shot*
à sa main *in his own way*
le côté face *the front*
le côté pile *the back*
pour l'état civil *on his passport*
crasseux *neglected*
les émeutes *disturbances*
éclatent *break out*
chaleureuse *comfortable*
une maison de redressment *approved school*
âme *soul*
l'inconnu *the unknown*
une chanson de geste *an epic*
couplets *verses*
en puisant *digging*
à fond *deep*
chevronnés *acknowledged*
autant *as much*
relégué *reduced*
le podium *the rostrum*
siffloter *whistle*
une rage de vaincre *a will to win*

Le sport moto

Découvrez le sport moto et participez à la course de vitesse.

Mettez-vous en équipes de 4. Il y a 4 textes sur des aspects du sport moto. Chacun prend un texte et y cherche les réponses aux trois questions posées. Faites vite! L'équipe qui la première trouvera les 12 réponses aura gagné.
À vos marques . . . allez-y!

Des chevaux de fer

a Quelle est la distance que parcourt un dragster?
b Comment s'appelle le carburant spécial d'un dragster?
c Quel équipement peut-on mettre pour arrêter un dragster?

Le Continental Circus

a Donnez le nom d'un circuit qui reçoit le Continental Circus.
b Quelle est la vitesse de pointe d'une 500 Suzuki?
c Combien de pilotes participent au championnat du monde?

À bout de souffle

a Comment le départ d'une course de moto-cross est-il donné?
b Quels sont les deux pays qui dominent le moto-cross?
c Combien de temps en tout dure un championnat de moto-cross?

Un suspense de 24 heures

a Comment s'appelle la plus célèbre course d'endurance pour motos?
b À quelle heure commence la course?
c Combien de pilotes y a-t-il par moto?

Des chevaux de feu

Les dragsters, tu connais? Ce sont des engins mi-moto mi-fusée! Ils parcourent 400 mètres départ arrêté en 5 ou 6 secondes dans un déluge de feu et de bruit. Pour cela, il faut équiper le dragster de deux moteurs 1100 cm^3 avec double-turbo et alimentés au nitro-méthane (un carburant spécial). On obtient ainsi 350 chevaux (une Renault 5 en a 45 seulement!)
C'est un spectacle qu'il ne faut pas rater! Certains dragsters sont même équipés d'un parachute qui se déploie automatiquement au freinage!

UN SUSPENSE DE 24 HEURES! . . .

Chaque année les meilleurs spécialistes mondiaux des courses motorcyclistes d'endurance, pilotant les plus prestigieuses motos (souvent spécialement préparées) s'alignent au départ du Bol d'Or, le fameux départ «en épi», face au public . . . Et c'est alors le début d'une course échevelée qui va tenir en haleine les spéctateurs pendant 24 heures. Du samedi 15 heures au dimanche 15 heures, le circuit Paul-Ricard va être le théâtre d'une compétition acharnée entre les 80 équipes de trois pilotes se succédant au guidon de la même moto. C'est qu'une victoire au Bol d'Or est ressentie par tous les participants comme l'incontestable couronnement de la saison par le prestige qui se rattache au nom du Bol d'Or, le plus ancien et le plus connu mondialement des meetings motocyclistes d'endurance.
Et la lutte est vive, non seulement entre les équipes officielles des plus grandes usines (Kawasaki, Honda, Suzuki), mais aussi entre les nombreuses équipes privées dont les ambitions ne sont pas moindres avec leurs motos «spéciales» à base de Ducati, B.M.W., Yamaha, Guzzi, Laverda, etc. Un spectacle unique qui se déroule devant une foule enthousiaste, dans une ambiance inoubliable de grande fête motocycliste.

Le Continental Circus

Une quarantaine de pilotes de classe internationale disputent le championnat du monde de vitesse sur les plus grands circuits. Comme les artistes du cirque, un jour là, un autre ailleurs, ces pilotes se retrouvent une semaine à Daytona, l'autre au Mans puis à Nürburgring, Imola, Spa, Salzburg . . .
Le championnat accueille des machines très rapides pour leur catégorie. Ainsi une 50 Kreidler dépasse 200 km/h et une 500 Suzuki frôle les 300.
D'autre part, le Continental Circus est entré dans l'histoire de la moto. D'abord grâce aux pilotes exceptionnels: Hailwood, Agostini, Nieto, Saarinen, Read, Pons, Roberts, Lucchinelli, et bien d'autres. Ensuite, grâce aux améliorations constantes apportées sur les machines. Enfin, grâce au public toujours présent depuis 10 ans pour admirer les champions.
Malheureusement, il y a encore trop d'accidents graves malgré les progrès techniques (équipement des pilotes, freinage, pneus) et les améliorations de la sécurité sur les circuits.

départ arrêté *standing start*
un carburant *a fuel*
350 chevaux *350 horsepower*
d'endurance *long distance*
pilotant *riding*
échevelée *frantic*
tenir en haleine *keep on their toes*
acharnée *desperate*
au guidon *at the controls*
ressentie *felt to be*
couronnement *the crowning*
se rattache *is attached to*
une ambiance *an atmosphere*
se retrouvent *meet up*
accueille *has entries from*
améliorations *improvements*
apportées *brought to*
freinage *brakes*
alignées *lined up*
s'abat *is lowered*
poussière *dust*
gaz d'échappement *exhaust fumes*
le vacarme *din*
assourdissant *deafening*
des fauves *bikes*
défoncée *bumpy*
le tremplin *springboard*
'roues arrière' *'wheelies'*
le délire *wild excitement*
manches *rounds*

À bout de souffle!

Une course de moto-cross est très spectaculaire: 50 machines au départ alignées derrière une barrière qui s'abat soudain.
Un nuage de poussière et de gaz d'échappement. Le vacarme assourdissant des moteurs. Puis le calme plat . . . en attendant le passage des fauves lancés à 140 sur la ligne droite défoncée. Sauts impressionnants sur le tremplin, «roues arrière», trou de l'enfer, c'est le délire dans le public. Le championnat du monde se déroule même en hiver car la moto de cross ne craint pas las boue. Les Belges dominent depuis plusieurs années bien que menacés par les Américains.
En plein développement, le moto-cross plaît beaucoup aux jeunes. Mais, attention c'est un sport dangereux qui doit se pratiquer sur des circuits fermés. Et pour piloter une 500 cm^3, il vaut mieux avoir de gros bras et une santé de fer car après 3 manches de 30 minutes, les concurrents ont perdu le plus souvent 2 à 4 kg!

Le patinage sur roulettes

Un dimanche après-midi au mois d'octobre il y a des courses de patinage sur roulettes dans les rues de Nantes. J'y ai rencontré M. Prott le responsable de la Fédération de patinage sur roulettes de la Loire Atlantique. Je lui ai demandé si ce sport est très populaire.

“ Disons qu'il a toujours été populaire dans la région puisqu'on fait du patinage à Nantes depuis 1926. ”

“ Dans le patinage vous avez comme . . . à peu près comme dans le sport de glace. Vous avez l'artistique qui est le sport disons le plus difficile. Vous avez la compétition de vitesse qui est la course et vous avez le hockey sur roulettes. Ça se rapproche au hockey sur glace sauf que on est moins nombreux sur le terrain et les crosses sont différentes, ainsi que au rôle d'un palet on a une balle. ”

“ Les courses de vitesse se passent sur route et sur piste. À Nantes nous avons deux patinodromes avec virages élevés, un de 160 mètres et un 200 mètres. Pour les distances, pour les chronos contre la montre c'est le 300 et vous avez la vitesse c'est sur 500 et 1500. Après vous avez toutes les distances possibles de 2000 m à 70 km et vous avez des records qui se battent – des 24 heures et ainsi de suite. Le record du monde sur route de 24 heures est de 446 km. 24 heures sur piste est de 448 km et il est détenu par un Français depuis 1911. Et il n'a pas encore été battu. À l'époque ils tournaient sur des roules en bois et principalement du roule de buis pour pouvoir durer la distance. ”

Tiercés

Trouvez les 3 sports compris dans le patinage sur roulettes.
Quelles sont les 3 différences entre le hockey sur glace et le hockey sur roulettes?
Quelles sont les trois distances pour la course de vitesse sur piste?

Jeu de mémoire

Rédigez 6 questions sur le patinage sur roulettes que vous poserez aux autres dans la classe pour voir si vous camarades ont bonne mémoire. On doit répondre sans regarder le texte, bien entendu.

le patinage sur roulettes *roller skating*
sauf que *except that*
les crosses *the sticks*
un palet *a puck*
patinodromes *tracks*
virages élevés *banked*
les chronos *time trials*
buis *boxwood*
se passe *takes place*
on se déplace *we go there*
à tête reposée *with time to think*
garant *guarantee*
s'en passer *do without it*
une course pédestre *a running race*
les vestiaires *the changing rooms*
les interventions *commentaries*
couvrir l'événement *cover the event*
en direct *live*

Après la compétition, une course de 5 km sur un circuit fermé à la circulation au centre de la ville, j'ai parlé avec deux lycéennes de 14 ans, Gilna et Sophie, qui venaient de participer à l'épreuve. Je leur ai demandé comment elles ont commencé dans ce sport:
Gilna: «D'abord j'ai vu un match de hockey sur patins à roulettes puis ça m'a plu et j'ai voulu en faire».
Sophie: «Mes cousins ils en faisaient alors ça m'a donné l'idée».

Après elles ont parlé de l'entrainement:
Gilna: «Eh bien, deux fois par semaine à peu près deux heures quoi. On fait de l'échauffement à pied, après en patin.»

La compétition
Sophie: «Tous les dimanches à peu près. Sur route et sur piste. Moi je préfère la piste. Parce que c'est mieux. Je n'aime pas tellement la route».

Les accidents
Gilna: «On fait des chutes mais ça nous plaît quand même. On tombe sur la cuisse, sur la piste».

L'équipement
Sophie: «Juste un casque et puis des patins, quoi.»

Les courses américaines
Gilna: «C'est un genre de relais. Alors on fait un tour puis à chaque fois c'est . . . comment dire, on fait un tour et on passe le relais à l'autre».

Gilna et Sophie
Trouvez les questions que le journaliste a posées et refaites l'interview à deux ou à trois. Rédigez un court article pour un journal (100–200 mots) sur «Deux jeunes patineuses».

l'échauffement *the warm-up*
des chutes *tumbles*
sur la cuisse *on your thigh*

ANTOINE JUILLARD, JOURNALISTE SPORTIF

Antoine Juillard, journaliste sportif à Radio Loire Atlantique est venu faire un reportage radiophonique d'une course pédestre dans les rues de Nantes, les «Foulées Nantaises».

Voici la transcription d'un entretien avec Antoine Juillard. Écoutez la bande et essayez de remplir les trous. Si vous avez besoin de quelques indications pour vous aider, regardez en bas.

«Mon métier? Ben, c'est à dire que à ____ qu'il se passe quelque chose, un ____ en sport – il y a toujours ____ qui se passent, aussi bien à ____ que dans toute ____ – on se déplace – comme aujourd'hui pour les Foulées Nantaises – on essaie de ____, comme on dit ____ et encore on est là ____ qu'il se passe quelque chose. Par exemple ____ je suis allé au match de championnat de France de football, ____ contre FC ____ et euh je suis resté là-bas ____ à ____ et ____ le match j'ai été faire ____ dans ____ pour ____ de ____.»

«Il y a deux sortes de ____. Il y a ____ et il y a ____ qui ne sont pas ____, c'est à dire qui se font à tête reposée. Moi je préfère personnellement ____ parce qu'____ ça se prépare comme tous ____ et moi je sais que ____ qu'on peut faire ____ sont toujours préparées. Il n'y a pas d'____. Il y a très peu de place laissé à ____ et je crois que c'est le meilleur garant d'un bon ____, c'est ____. Eh bien, évidemment il y a ____ qui sont très très forts et qui ont ____ de métier qui ne font plus de ____ parce qu'ils peuvent s'en passer. Mais moi, ce n'est pas le cas.»

Voici la liste des expressions pour remplir les trous:

A Les endroits mentionnés par Antoine Juillard sont dans le désordre: Rouen, les vestiaires, La Bretagne, Nantes.

B Les mots concernant **le métier de journaliste et la radio**: les interventions, couvrir . . . l'événement, le journal, un commentaire, commenter, des interviews, l'improvisation, en direct, des événements sportifs, la préparation, des journalistes.

C Les indications du temps: pendant le match, toujours, ensuite, vingt ou trente ans, ce matin, aujourd'hui, chaque fois, tout le temps, hier soir.

COMPRENDRE LE FOOTBALL

Depuis la création du jeu moderne à Cambridge en Angleterre en 1848, la stratégie des meilleures équipes a évolué. Voici des schémas qui illustrent le développement du jeu. À vous de décider quels commentaires vont avec chaque schéma.

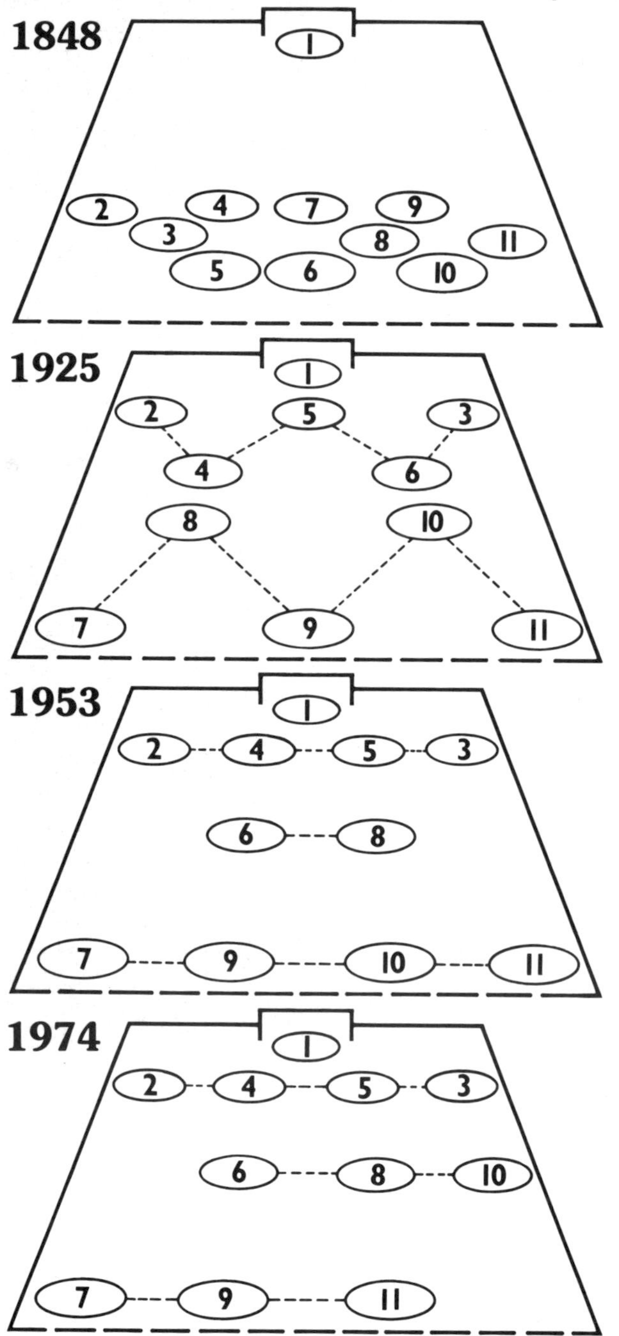

- Il n'y a plus que deux joueurs au milieu du terrain; mais la défense est plus forte, comme l'attaque qui marque beaucoup de buts avec ses deux avant-centres placés juste devant le but adverse.
- Le football sous ses formes anciennes a été souvent un beau désordre où tous ne faisaient qu'attaquer.
- **L'avant-centre** (9) est le mieux placé pour tirer devant le but. C'est pour cela que **l'arrière central** (5) ne le quitte jamais d'un pas. Les Anglais ont appelé l'arrière central: l'agent de police.
- Heureusement ces avants reçoivent le renfort de leurs arrières qui attaquent lorsqu'ils ont le ballon. C'est le **football total** où toute l'équipe attaque et défend tour à tour. Il faut du souffle!
- Le héros est **l'avant-centre** (9), qui doit marquer les buts quand ses camarades lui passent le ballon comme **l'ailier droit** (7) qui doit déborder l'arrière et centrer vers le but.
- Les Hongrois, en 1953, puis les Brésiliens, en 1958, ont changé le WM en faisant jouer 2 avant-centres au lieu d'un seul. Par symétrie ils ont aligné 4 arrières et obtenu le 4-2-4.
- On fait passer un des quatre avants au milieu du terrain. Il y a donc quatre arrières, trois milieux de terrain et trois avants bien isolés qui doivent être forts pour se faufiler dans la défense.
- On a créé des places de défenseurs; en 1925 apparaît le premier système de jeu equilibrant attaque et défense.
- Il ne court pas n'importe où sur le terrain, surtout s'il est **avant de pointe** (7, 9 et 11) ou **arrière** (2, 5 et 3). Les plus libres sont le **demi** (4 et 6) et **l'inter** (8 et 10) formant le **carré magique**.
- Il s'agissait de marquer des buts, laissant le pauvre gardien tout seul devant sa **cage**. Peu à peu on a compris qu'il était aussi important de défendre que d'attaquer.

le renfort *the reinforcement*
se faufiler *steal in amongst*
le carré *the square*
des gars *lads*
les banlieues *suburbs*
un tempérament bagarreur *a fighting spirit*
des garçons manqués *tomboys*
le diriger *direct it*
on s'en sert *you use them*
elle râlait *she complained*
de troquet *bistrot, café*

Nous ne sommes pas des garçons manqués, nous sommes des filles bagarreuses

Les footballeuses de Saint-Clair

taper avec les pieds: un instinct

● Mon père jouait au foot, mon frère aussi, mais aucune fille de mon âge: que des gars. Je me suis donc mise à jouer avec eux. Les bonnes joueuses ne viennent jamais d'une grande ville. Ce sont des filles qui ont commencé à jouer à la campagne ou dans les banlieues; pour peu qu'elles aient un tempérament bagarreur et qu'elles préfèrent le sport à la poupée, elles vont jouer avec les copains . . . Nous ne sommes pas des garçons manqués, nous sommes des filles très très sportives.
– C'est un instinct de taper avec le pied, mais il faut une certaine maîtrise de son corps pour le diriger, les mains, on s'en sert tout le temps.
– Quand je suis rentrée dans l'équipe, ma mère est devenue dirigeante d'une équipe féminine. Quand j'étais petite, j'allais avec mon père et mes frères voir les matches, elle râlait tout le temps. Depuis que j'y suis, ça lui a tellement tellement plu qu'elle est rentrée dans une équipe.

plutôt le foot que le catéchisme

– Moi, ma mère a accepté, elle a été obligée, j'étais presque majeure, elle avait fait du basket, du volley et elle s'est intéressée au sport parce qu'elle est institutrice. J'étais dans un village de 600 habitants, pas de cinéma, pas de troquet, pas de voiture. Le jeudi, je préférais aller au foot plutôt qu'au catéchisme. J'ai toujours fait du sport, le foot m'a plu. Ma grande sœur faisait du tricot.

des équipes de femmes depuis 68

– Il y a des équipes de femmes depuis 1968. Il y en a eu après la guerre, et même avant, vers 1900, 1920, mais le véritable essor date de 10 ans.
On a été admises à la Fédération depuis 1970, mais cela ne fait que deux ou trois ans qu'on commence à nous prendre en considération. Avant cela, soit on nous laissait couler, soit on attendait de voir les résultats. Il faudra encore pas mal d'années pour qu'on nous prenne vraiment au sérieux.

un corps de onze personnes

C'est un sport d'équipe, il est très rare que les filles qui viennent au football aient fait avant de hautes performances dans des sports où il faut se battre seule.
Il y a un corps de 11 personnes. Une partie de toi vient se souder aux 10 autres pour faire bloc.
Ce n'est pas une qui gagne ou qui perd, c'est 11 filles.

Voici un résumé des idées les plus importantes de cet article. La fin de chaque phrase a été séparée du début. Il faut rectifier ces regrettables erreurs.

a	Elle a commencé à jouer au foot avec	les mains.
b	Les footballeuses préfèrent le sport	bagarreur.
c	Les premières équipes féminines ont été créés	depuis 1970.
d	Les hommes ne prennent pas encore les footballeuses	qu'à l'église.
e	Son frère jouait au foot mais	sa mère est responsable d'une équipe.
f	Les footballeuses sont souvent originaires	au début du siècle.
g	Elle préférait aller au stade plutôt	de la campagne.
h	Les footballeuses sont des spécialistes	des garcons.
i	Il faut un tempérament	au sérieux.
j	Il est plus difficile de maîtriser les pieds que	sa sœur tricotait.
k	Les équipes féminines sont admises à la Fédération	de sport en équipe.
l	Son père jouait au foot et	à la poupée.

PENDANT CE TEMPS M. BERTILLON, AU COMPTOIR DE SA PÂTISSERIE, S'ENTRETIENT AVEC M. LECOQ, LE PROFESSEUR DE MARIE-CLAUDE, QUI VIENT D'ENTRER.

Voilà votre pain complet. Vous vous êtes mis au régime?

En effet . . . J'ai repris l'entraînement pour la course à pied, car je me suis inscrit aux vingt kilomètres de Paris pour le mois d'octobre.

Ah oui! Quand j'étais douanier j'étais sportif moi aussi mais depuis que je tiens cette pâtisserie j'ai pris du poids.

Vous savez, un petit entraînement ça vous ferait du bien. Pourquoi ne venez-vous pas avec moi?

Mais je n'ai pas de chaussures ni de survêtement, et d'ailleurs ma famille se moquerait de moi.
Mais vous n'êtes pas obligé de le leur dire. Inscrivez-vous à la course – il y a une catégorie vétérans. Je vous vois très bien champion. Vous ferez la surprise à votre famille plus tard.

Quelle bonne idée! Je vais m'acheter une tenue de sport et je me mettrai au régime. Mais surtout, pas un mot à ma famille!

Félicitations! Vous avez battu tous les records! C'est sans précédent.
M. BERTILLON SE VOIT DÉJÀ SUR LA PREMIÈRE MARCHE DU PODIUM, ENTOURÉ DE CHARMANTES ADMIRATRICES . . .

SUR CE . . .
Tiens! M. Lecoq! Comme ça vous achetez votre pain chez mon père.

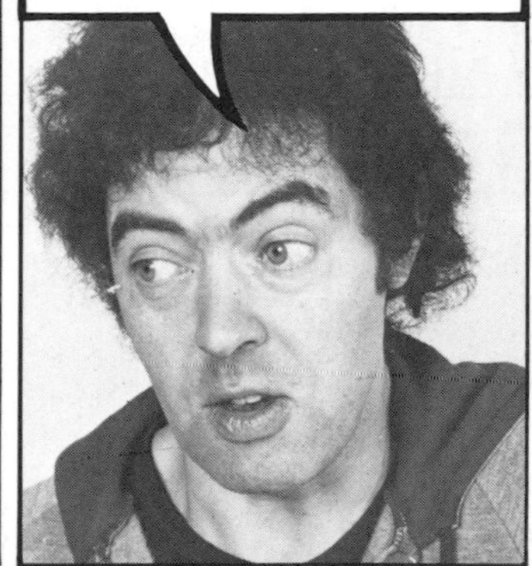
Mais bien sûr, c'est le pâtissier des sportifs. D'ailleurs avec la ligne que vous avez, je suis sûr que vous devez être sportive vous-même.

Qu'est-ce qu'il m'agace, ce type.
Justement, vous devriez la voir au tennis . . .

Ah mais c'est formidable! Je serais ravi de vous aider à perfectionner votre jeu.
Il se prend pour qui, vraiment?
Oui, oui, pourquoi pas? Elle n'a rien de prévu ce soir. Remercie M. Lecoq – c'est une occasion qu'il ne faut pas manquer, Marie-Claude!

CE SOIR-LÀ . . .
Ce n'est pas mal du tout, mais regardez-moi faire. C'est très simple.

C'EST LA BALLE DE MATCH . . .
Zut alors, elle a gagné.

Vous avez bien joué mais il faut dire quand même que j'étais fatigué, sans compter cette entorse . . . Et avec la tendinite en plus . . .
Merci de tous vos conseils. Heureusement que je n'avais pas de talons hauts. Les chaussures de tennis c'est moins élégant mais plus efficace.

L'ALIMENTATION

LA COLONISATION: UN PEU D'HISTOIRE

Lisez la bande dessinée et essayez d'en extraire l'information suivante:

– les céréales traditionnnellement cultivées par l'Africain;
– les produits dont l'industrie française a besoin;
– à qui l'Africain vend les cultures de rapport (c'est-à-dire les produits qu'on cultive pour vendre et non pas pour consommer soi-même);
– comment l'Africain dépense l'argent qu'il obtient en vendant les cultures de rapport;
– pourquoi l'Africain quitte ses terres.

Des développements plus recents

Lisez la bande dessinée à la page 92.

1

Faites correspondre ces débuts de phrases aux suites qui sont données ci-dessous:

a Les paysans sénégalais cultivaient le mil et le sorgho . . .
b Les Français avaient besoin de cacahuètes . . .
c Les Français ont décidé d'utiliser le sol sablonneux du Sénégal . . .
d Le Sénégal est obligé d'acheter du blé à d'autres pays . . .
e Les pays riches préfèrent aujourd'hui utiliser le soja . . .
f Les paysans vont à la ville . . .

i pour fabriquer de l'huile;
ii pour chercher du travail;
iii pour se nourrir;
iv pour cultiver l'arachide;
v pour se nourrir;
vi pour fabriquer de l'huile.

2

Maintenant lisez ces phrases qui sont dans le désordre. Mettez-les dans le bon ordre afin d'en faire un paragraphe qui explique comment les Sénégalais ont été affamés.

a Les Sénégalais ne peuvent plus vendre leur arachide.
b Les pays riches n'ont plus besoin d'arachide.
c Les Français avaient besoin d'arachide pour faire de l'huile.
d Le Sénégal consacre la moitié de ses terres arables à la production d'arachide destinée à l'exportation.
e Les Sénégalais sont obligés d'acheter du blé à d'autres pays pour se nourrir.
f Ils ne peuvent plus acheter de blé.
g La cultivation du mil et du sorgho est négligée.
h Ils ont obligé les Sénégalais à cultiver l'arachide.

3

Jeu de rôle: l'un(e) des partenaires va jouer le rôle d'un(e) représentant(e) du Sénégal, qui va expliquer les revendications de son pays. L'autre va jouer le rôle d'un(e) représentant(e) de la France, qui va défendre la politique de son pays.

4

Imaginez que vous êtes fermier au Sénégal. Vous allez recevoir la visite de l'ambassadeur français dans votre village. Profitez de l'occasion pour lui envoyer une lettre de la part de tous les cultivateurs d'arachide du village. Vous devez non seulement lui exprimer vos revendications, il faudra aussi lui faire comprendre votre colère.

fonctionner *to work*
le système fiscal *the taxation system*
à présent *now*
impôts *taxes*
faites pousser *grow*
cultures de rapport *cash crops*
cacahuètes *peanuts*
ailleurs *elsewhere*
a besoin *needs*
consommer *to consume*
dépenser *to spend*
quitter *to leave*
terres *land*
débuts *beginnings*
suites *endings*
les paysans *peasants*
sénégalais *Senegalese*
sablonneux *sandy*
le soja *soya*
fabriquer *to manufacture*
l'huile *oil*
se nourrir *to feed oneself*
dans le désordre *in the wrong order*
affamés *starved*
consacrer *to devote*
la moitié *half*
destinée à *intended for*
blé *wheat*
négligée *neglected*
les revendications *grievances/demands*

POURQUOI ONT-ILS FAIM?

Pour 450 millions de personnes la faim est un problème quotidien. Pourtant, presque tous les pays du Tiers Monde produisent de la nourriture. Mais cette nourriture est exportée vers les pays riches. Les gens du Tiers Monde ont faim parce qu'ils produisent pour nous, mais pas pour eux.

UN EXEMPLE POUR COMPRENDRE

si tu aimes la France, cultive la cacahuète!
1. Le Sénégal (Afrique) a longtemps été une colonie des Français. Traditionnellement, les paysans sénégalais cultivaient deux plantes pour se nourrir : le mil et le sorgho. Mais les Français avaient besoin de cacahuètes pour faire de l'huile.
2. Alors, les Français ont décidé d'utiliser le sol sablonneux du Sénégal pour cultiver de l'arachide (la plante qui donne des cacahuètes).
nos hommes ne savent plus cultiver ni le mil ni le sorgho!
3. Depuis 1960, le Sénégal est un pays indépendant de la France. Il est le premier producteur d'arachide du monde ! Mais, pour se nourrir, il est obligé d'acheter du blé à d'autres pays.
les cacahuètes, vous pouvez toujours les manger avec l'apéritif...
4. Hélas, les pays riches n'ont plus besoin d'acheter l'arachide du Sénégal. Pour fabriquer de l'huile, ils préfèrent aujourd'hui utiliser du soja.
ils ne veulent plus acheter nos arachides)
qu'allez-vous faire?
5. Le prix mondial de l'huile d'arachide baisse d'année en année, puisqu'il n'y a plus d'acheteurs ! Les paysans sénégalais sont inquiets.
je vais tout quitter et chercher du travail à la ville.....
et nous?
6. Que vont-ils faire de toute cette arachide dont personne ne veut plus ? S'ils ne gagnent plus d'argent, avec quoi achèteront-ils du blé ? Dans les campagnes, la faim est à l'horizon...

NON NON NON NON HOLÀ! ATTE TION!

JE NE SUIS PAS UNE PUBLICITÉ
NE ME JETEZ PAS AVANT DE M'AVOIR LU
J'AI QUELQUE CHOSE A' VOUS DIRE !...

oui,
oui....

TENEZ, FAITES-VOUS UNE PETITE TASSE DE CAFÉ

AU FAIT, VOUS ÊTES-VOUS DÉJÀ DEMANDÉ D'OÙ IL VIENT CE CAFÉ?

TIENS, NON.

?

ET BIEN IL VIENT D'UN DES **42** PAYS EN VOIE DE DÉVELOPPEMENT PRODUCTEURS DE CAFÉ DONT LES PRINCIPAUX SONT: LE BRÉSIL, LA COLOMBIE, LA CÔTE D'IVOIRE, L'ANGOLA...

DES MILLIONS DE GENS VIVENT DE CETTE SEULE RESSOURCE.

ET C'EST DU BOULOT LA PRODUCTION DE CAFÉ: SOIGNER, TAILLER LES CAFÉIERS, CUEILLIR A' LA MAIN LES GERMES QUI RENFERMENT LES GRAINS DE CAFÉ ...

ET POUR AVOIR 4 KILOS DE GRAINS IL FAUT CUEILLIR 5 KILOS DE CERISES

TOUT ÇA NE NOUS LAISSE PAS BEAUCOUP DE TEMPS POUR LA PAUSE-CAFÉ

CAFÉ

quotidien *daily*
Tiers-Monde *Third World*
la nourriture *food*
la cacahuète *peanut*
les paysans *peasants*
le mil *millet*
le sorgho *sorghum*
sablonneux *sandy*
l'arachide *peanut plant*
l'apéritif *drink before a meal*
fabriquer *to manufacture*
le prix mondial *price on the world market*
baisser *to go down*
inquiets *worried*
une publicité *an advertisement*
tenez *look*
sent *smells*
hein *doesn't it*
tiens! *goodness!*
pays en voie de développement: *developing countries*
les principaux *the chief (countries)*
le Brésil *Brazil*
la Côte d'Ivoire *Ivory Coast*
du boulot *hard work*
soigner *to look after*
tailler *to cut*
renferment *contain*

TIENS, REGARDE CELUI-LÀ, IL VIENT D'AMÉRIQUE DU SUD IL EST TOUT REMPLI DE CAFÉ.

C'EST ÇA OU RIEN !

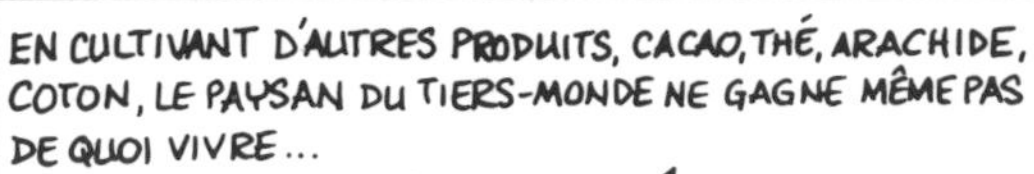

EN CULTIVANT D'AUTRES PRODUITS, CACAO, THÉ, ARACHIDE, COTON, LE PAYSAN DU TIERS-MONDE NE GAGNE MÊME PAS DE QUOI VIVRE...

...ALORS QU'IL PAIE BIEN CHER LA CHEMISE OU L'OUTILLAGE QUE NOUS LUI REVENDONS.
BELLE CHEMISE IMPORTÉE D'EUROPE, PAS CHÈRE !
PAS CHÈRE ! HUM ! MAIS SI JE L'ACHÈTE ON NE MANGERA PAS ENCORE TOUS LES JOURS CE MOIS-CI

LES 9F QUI RESTENT IRONT AUX INTERMÉDIAIRES, COURTIERS, MULTINATIONALES, ETC... CE SONT EUX QUI FIXENT LES PRIX

POURTANT PARMI CES 42 PAYS IL Y EN A UN QUI FAIT EXCEPTION C'EST LA

DEPUIS 1967 LE PRÉSIDENT JULIUS NYERERE INVITE LES PAYSANS À VIVRE ET À TRAVAILLER EN COOPERATIVES UJAMAA*, IL Y A AUJOURD'HUI PLUS DE 6000 VILLAGES UJAMAA EN TANZANIE

*UJAMAA : MOT SWAHILI = COMMUNAUTÉ DE VIE ET DE TRAVAIL.

SUR LES 10F DONT JE VOUS PARLAIS TOUT À L'HEURE, LE PRODUCTEUR TANZANIEN TOUCHE 60% DU PRIX DE VENTE EN TANZANIE, SOIT, ENVIRON 5F AU LIEU DE 1F AILLEURS.

AVEC CE SYSTÈME ON VOIT LE FRUIT DE NOTRE TRAVAIL ET DE NOS EFFORTS, ON DISPOSE MAINTENANT DE NOTRE PROPRE FABRIQUE DE CAFÉ SOLUBLE.

N'Y A-T-IL PAS LÀ UNE INJUSTICE DONT NOUS PROFITONS TOUS ?

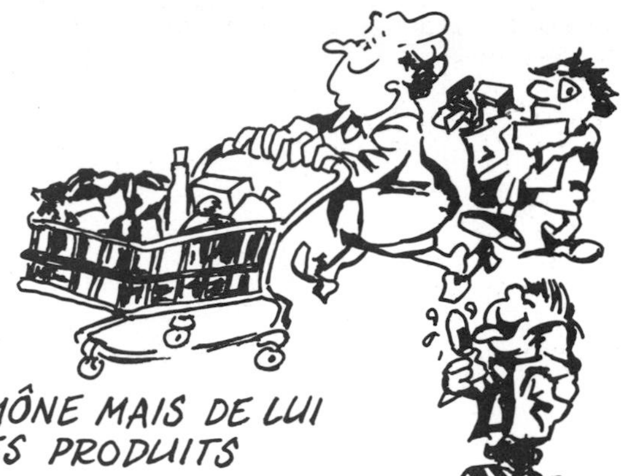

IL NE NOUS DEMANDE PAS L'AUMÔNE MAIS DE LUI ACHETER À LEUR JUSTE PRIX LES PRODUITS QU'IL NOUS VEND !

POUR NOUS INFORMER...
UNE BOUTIQUE... PAS COMME LES AUTRES !

Artisans du Monde 30, rue du Vieil Hôpital 67000 STRASBOURG

NOUS PROPOSONS de L'Artisanat du Tiers-Monde, du café, du thé fabriqués dans des coopératives ou par des Artisans qui veulent prendre leur vie en main.

NOUS ESTIMONS qu'acheter quelque chose n'est pas un droit parce qu'on a de l'argent, cela peut être un moyen de collaborer à l'autonomie et au développement d'un peuple sous-developpé.

NOUS PENSONS que les 10% de la Population de l'Humanité qui détiennent 80% des richesses mondiales, cela n'est pas dû à des phénomènes purement naturels.

ACHETEZ SANS EXPLOITER SANS MÉPRISER

"INDÉPENDANCE VEUT DIRE: DÉPENDRE DE SOI" J. NYERERE (PRESIDENT DE TANZANIE)

1

Essayez de répondre aux questions suivantes en lisant la bande dessinée:

a Il y a combien de pays en voie de developpement qui sont producteurs de café?

b Combien de personnes vivent de la production du café?

c Quels sont les principaux pays producteurs de café?

d En quoi consiste la production du café?

e Pour avoir un kilo de grains de café il faut cueillir combien de kilos de cerises?

f Pour 10F de café qu'on peut acheter à la bourse du Havre ou d'Anvers, le producteur en Équateur combien touchera-t-il?

g Qui est-ce qui fixe le prix du café?

h Comment est-ce que le paysan du tiers monde dépense l'argent qu'il gagne en vendant le café?

i Qu-est-ce que c'est qu'une Ujamaa?

j Quel pourcentage du prix de vente du café le producteur tanzanien touche-t-il?

2

Avec un(e) partenaire: sans regarder le texte, ni les réponses que vous avez écrites, posez les questions en face à votre partenaire. Notez ses réponses, et puis à la fin regardez le texte ensemble pour les vérifier.

3

Imaginez que vous êtes lycéen(ne) à Strasbourg. Vous voulez appuyer les efforts des paysans tanzaniens. La cantine de votre école achète beaucoup de café. Écrivez une lettre à l'intendant(e) du lycée pour lui proposer d'acheter du café tanzanien, en lui expliquant vos raisons.

la bourse *the stock exchange*
Anvers *Antwerp*
Équateur *Ecuador*
ne touchera que *will only make*
revendre *to sell*
intermédiaires *intermediaries*
courtiers *sales representatives*
faire exception *to be an exception*
sur *out of*
prix de vente *selling price*
soit *that is*
environ *about*
au lieu de *instead of*
ailleurs *elsewhere*
disposer de *to have available*
café soluble *instant coffee*
l'aumône *charity*
estimer *to believe*
un droit *a right*
un moyen *a means*
l'autonomie *self-determination*
détiennent *own*
mondiales *of the world*
mépriser *to despise*
appuyer *to support*
l'intendant(e) *bursar*

COMMENT LES PAUVRES NOURRISSENT LES RICHES

Vous devez rédiger un tract pour expliquer comment la politique économique des pays riches empêche les pays du Tiers-Monde de vaincre la faim. Un(e) de vos collaborateurs/trices vous a fourni les arguments suivants. Choisissez le titre qui correspond à chaque argument.

Les titres

a Le grain du pauvre pour la vache du riche.
b Nous mangeons trop et mal.
c Le Sud nourrit le Nord.
d Une bonne affaire pour les pays riches.
e Le pain quotidien des pauvres sacrifié aux goûts de luxe des riches.

Travail de groupe

Maintenant c'est à vous de faire de la propagande contre la faim. Décidez d'abord du médium qui vous semble le plus efficace (affiche, tract, émission de radio, vidéo-clip, etc.), lettre à un député ou à la presse. En employant les arguments que vous avez rencontrés dans ce manuel et ailleurs, rédigez le texte de votre affiche/tract/émission de radio/télévision, et mettez-vous d'accord sur les illustrations ou les effets sonores/visuels dont vous aurez besoin.

Débat à la télévision

Vous devez passer à la télévision dans un débat qui sera consacré au problème de la faim. Un de vos antagonistes avance les arguments suivants; trouvez les faits qui vous aideront à le contredire:

a Ce n'est pas la peine d'essayer de changer les habitudes alimentaires des Français: le Français moyen mange de façon équilibrée.
b Le problème de la faim est dû en grande partie aux conditions climatiques défavorables.
c Si les habitants du tiers monde ne meurent pas tous de faim, c'est grâce à l'Europe et aux autres pays industrialisés, qui leur envoient de la nourriture.

Les arguments

1 **La FAO* recommande 10 kg de viande par personne et par an. Les Français en mangent plus de 90 kg par personne et par an. Nous mangeons de moins en moins de pain (10 fois moins qu'en 1840) et de plus en plus de sucre (15 fois plus qu'en 1840).**

2 **Pour nourrir leur bétail, les pays riches importent des céréales du Tiers-Monde (blé, orge, maïs, avoine, soja, etc.). La C.E.E.† consomme environ 110 millions de tonnes de céréales par an, dont les deux tiers sont consommés par les animaux.**

3 **Un Français paie le café moins cher actuellement qu'en 1976.**

4 **Les pays industrialisés importent deux fois plus de nourriture du Tiers-Monde qu'ils n'en exportent: l'Europe importe 100% du café, du cacao, du thé, des bananes, des fibres dures, du coton, du caoutchouc, et 78% de l'huile comestible (huile d'arachide, huile de tournesol, etc.) qu'elle utilise.**

5 **Les paysans du Tiers-Monde sont obligés de cultiver des produits qui ne sont utiles qu'aux pays riches (les ananas, les bananes, les fraises, le café, le cacao, le soja, les arachides, la canne à sucre). Au Ghana, le cacao occupe 56% des terres cultivées. Au Sénégal, l'arachide en occupe 52%. Parce que nous accaparons ses terres pour la production d'arachides, le Sénégal doit importer la moitié de son riz et la totalité de son blé.**

* Food and Agriculture Organisation.
† Communauté Économique Européenne.

empêcher *to prevent*
vaincre *to defeat*
fourni *supplied*
le titre *the headline*
une bonne affaire *a bargain*
goûts de luxe *luxury tastes*
bétail *cattle*
blé *wheat*
orge *barley*
maïs *maize*
avoine *oats*
actuellement *currently*
caoutchouc *rubber*
comestible *edible*
tournesol *sunflower*
accaparer *monopolize*
la moitié *half*
affiche *poster*
émission *programme*
équilibrée *balanced*
grâce à *thanks to*
nerfs *nerves*
à peine cuit *hardly cooked*
les légumes *vegetables*
affreuse *horrible*
goût *taste*
debout *standing up*
partout *everywhere*
palais *palate (i.e. taste)*
cochonneries *disgusting food*

LE FAST-FOOD

1
Voici des commentaires sur le fast-food que vous entendrez sur la bande:
– la viande est pleine de nerfs;
– c'est pas cher;
– les oignons sont à peine cuits;
– la salade est mal lavée;
– il y a tout ce qu'il faut: il y a les légumes, la viande;
– la sauce tomate est affreuse;
– c'est rapide;
– au goût c'est pas mauvais;
– on mange debout;
– il y en a partout;
– c'est juste au coin de la rue.

Quand vous écouterez la bande, vous saurez que Béatrice est pour le fast-food et qu'Hervé s'y oppose. Avant d'écouter, faites deux listes: les commentaires qui doivent être ceux de Béatrice, et les commentaires qui doivent être ceux d'Hervé. Ensuite, écoutez la bande, et notez l'*ordre* des commentaires ci-dessus. Notez aussi ce qu'Hervé propose à Béatrice de manger, et ce qu'elle décide de manger en fait.

BIG BURGER
9, allée Duquesne (Cours des Cinquante Otages) Hamburger à partir de 5,80 F – grillades – frites – milk shakes – apple pie – menus junior 11 F – menu Big Burger 18 F. Ouvert sans interruption de 11 h à 24 h. – Ouvert tous les jours sauf dimanche.
Ouvert après les derniers spectacles en fin de semaine.

LA CHAUMIÈRE
Route des Ponts
44470 Thouaré-sur-Loire – Tél. 77.30.94
Menus à 40 F – 105 F + Carte.
Fruits de mer, poissons beurre blanc, grenouilles, anguilles provençales, canneton au Muscadet. Dans un cadre rustique, salles aménagées pour séminaire, repas d'affaires, banquets, mariages. Fermé dimanche soir et lundi.

4, cours Olivier-de-Clisson – 47.42.20.
Spécialités américaines NON FAST FOOD.
Chili con carne, sparerib's America, brunch, brownie, apple-pie, cheese cake, etc . . .
Fermé le dimanche et le lundi.

3
Vous travaillez pour une agence publicitaire. En ce moment vous avez la responsabilité de deux clients: un nouveau restaurant de fast-food qui vient d'ouvrir en centre-ville, et un bistro qui fait de la cuisine traditionnellement française, et qui se trouve en face du nouveau restaurant. Il faudra donc créer deux campagnes publicitaires et vous pouvez utiliser les média qui vous semblent les plus appropriés: la presse locale, la radio locale, des spots à la télévision ou au cinéma, etc.

4, rue Santeuil – Tel. 73.09.03
Le soir de 20 h à 1 h du matin, goûtez les spécialités du dernier endroit à la mode: huîtres au Muscadet, blinis de saumon fumé et sa Vodka, foie gras frais arrosé de Sauternes, soupe à l'oignon gratinée, steak de cheval, desserts maison.
Le midi menu rapide à 55 F: chariot de hors-d'œuvre et grillades.
Vente à emporter: foie gras frais maison, saumon fumé par nos soins.

LA TABLE D'HOTES
57, quai de la Fosse – Tél. 73.20.50.
Formule unique à 39,50 F midi et soir.
4 entrées à volonté,
5 plats au choix: cœur d'aloyau sauce poivrade, côte de bœuf (2 pers.), brochettes d'agneau, faux-filet grillé, navarin de lotte.
En sus, une carte de douze desserts maison.
Reçoit jusqu'à 23 h,
ouvert tous les jours sauf le dimanche.

LES ALIZES
Centre Neptune – Tél. 47.11.44
«MANGER AUX ALIZES», c'est Manger vite, Manger bon, Manger pas trop cher ou pas cher du tout. C'est Manger «Non Stop», à chaque instant de la journée.
Il y a toujours un sourire qui vous attend, au Grill au Bar, même tout au long d'une chaîne de self.
LES ALIZES, ce sont des Glaces merveilleuses, des Sorbets, des Pizzas, des Grillades, de bons plats du jour, des grosses Salades composées, des tas de hors-d'œuvre et de desserts.
AUX ALIZES, il y a du Rêve, de l'Optimisme, du plaisir à vivre et à manger.

2
Écoutez la bande une deuxième fois et essayez de remplir les blancs:

a Ah, tu es encore en _____ de manger tes _____, tes hot-dogs, là. C'est vraiment _____ comment tu _____ manger ça.
b De _____ façon _____ c'est inutile d'essayer d'_____, c'est _____ mauvais.
c Tu aimes ça? Mais tu n'a _____ palais, c'est pas _____. Tu manges _____ ça et puis cette _____ de Coca-Cola là, ces cochonneries _____. Mais tu peux pas manger des choses un peu _____, non?
d Je _____ aller n'_____ où dans le monde, je trouve toujours ma _____.
e Oui, _____, mais quand tu es en France tu _____ manger des choses _____ que ça, quand _____, non?
f C'est merveilleux. _____ que ça. Non?
g Oh là là, mon Dieu, mais _____ que tu m'as _____.
h Il va _____ que tu changes _____ toutes tes _____ alimentaires.
i Parce que tu m'_____ là? Bon, _____.
j C'est comme tu _____, tu me _____.

VRAI OU FAUX?

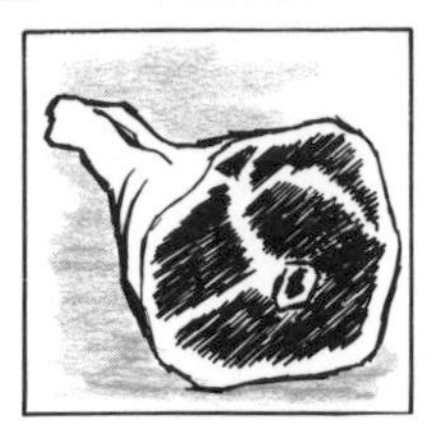

1 Il faut manger de la viande deux fois par jour.

2 Les protéines végétales ont une qualité inférieure aux protéines animales.

3 On doit manger des œufs tous les jours au petit déjeuner.

4 Six œufs contiennent autant de protéines que 200 g de steak haché.

5 Le lait écrémé a une qualité nutritionnelle inférieure à celle du lait entier.

6 Le poisson contient moins de protéines que la viande.

7 Un demi-litre de vin contient l'équivalent en calories de dix-sept morceaux de sucre.

8 Les pommes de terre font grossir.

9 Les graisses végétales sont moins dangereuses que les graisses animales.

10 Un mélange de riz et de lentilles est plus riche en protéines que le riz ou les lentilles mangés séparément à deux repas.

11 Le poulet est moins nutritif que le biftek.

12 Deux verres d'orangeade sucrée contiennent autant de calories que 500 g de pommes de terre.

13 Le café est bon pour la santé.

14 Le vin rouge fortifie.

15 Quand on a trop mangé, il est recommandé de sauter un ou deux repas.

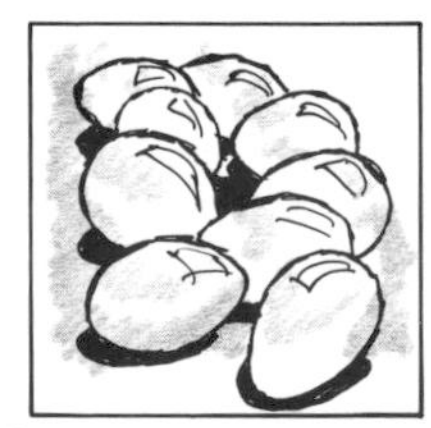

16 Les œufs font mal au foie.

17 Il ne faut pas boire en mangeant si l'on veut maigrir.

18 Manger des pâtes, ça fait grossir.

19 Le poisson est aussi nourissant que la viande.

20 Les citrons et les oranges sont les fruits les plus riches en vitamine C.

Le plat	Le problème	L'explication	Le commentaire de Béatrice
Le pâté	**i** Il était brûlé.	Il l'a oublié au four.	Ça avait le mérite d'être fait à la maison.
	ii		
Le poulet			
Le fromage			
Le vin	**i**		
	ii		
Le dessert			

Le dîner aux chandelles

1 

Recopiez cette grille dans votre cahier. Il faudra la dessiner assez grande, parce que vous aurez beaucoup de choses à écrire là-dedans.
Écoutez la bande et essayez de placer les problèmes, les explications et les commentaires de Béatrice dans les cases appropriées.

Les problèmes:

- Il était amer.
- Il était aigre.
- Il était brûlé.
- Ça va peut-être la rendre malade.
- Il a oublié d'en acheter.
- On n'a presque pas pu le couper.
- La peau était craquante mais après ça n'allait plus.

Les explications:

- Il n'était pas cuit.
- Il a fait tomber la bouteille de vinaigre dans la pâte à tarte.
- Il l'a oublié au four.
- C'est la première fois qu'il essaye d'en faire.
- La dernière fois qu'il en a fait boire la personne a été très malade le lendemain.

Les commentaires de Beatrice:

- Moyen.
- C'est l'intention qui compte.
- Ça avait le mérite d'être fait à la maison.
- Tu fais bien de me le dire.
- Je m'en suis même pas aperçue.
- C'était pas grave.
- C'était peut-être le couteau.

2

Hervé a décidé d'inviter Béatrice une deuxième fois, mais il va refaire les mêmes plats dans l'espoir de les réussir cette fois. Imaginez que vous êtes un copain à lui. Donnez-lui des conseils afin d'assurer cette réussite. Il faudra les écrire afin qu'il ne les oublie pas.

protéines végétales *vegetable proteins*
autant de *as many*
haché *minced*
lait écrémé *skimmed milk*
morceaux *cubes*
font grossir *make you fat*
graisses *fats*
mélange *mixture*
repas *meal*
nutritif *nourishing*
font mal au foie: *harm the liver*
la santé *health*
fortifie *acts as a tonic*
sauter *miss out*
maigrir *to lose weight*
pâtes *pasta*
le plat *dish*
brûlé *burnt*
four *oven*
aux chandelles *candlelit*
les cases *the boxes*
amer *bitter*
aigre *sour*
rendre malade *make her ill*
la peau *the skin*
craquante *crisp*
ça n'allait plus *it was no good*
la pâte à tarte *pastry*
compte *counts*
je m'en suis pas aperçue *I didn't notice*
réussite *success*

VRAI OU FAUX – RÉPONSES

FAUX

Les viandes contiennent des graisses cachées, une des principales causes des maladies cardio-vasculaires. Les combinaisons de légumes, d'œufs, de lait, de poisson ou de volailles apportent toutes les protéines quotidiennes nécessaires.

VRAI

Mais *combinées*, les protéines végétales peuvent conduire à une qualité nutritionnelle *supérieure* à celle de la viande.

FAUX

Il n'est pas recommandé de manger des œufs tous les jours. Le jaune d'œuf renferme 1600 mg de cholestérol pour 100 g, et la dose quotidienne maximale est de 300 mg.

VRAI

Mais attention à la réponse 3 ci-dessus.

FAUX

Le lait écrémé contient la même quantité de protéines animales, de vitamines et de calcium que le lait entier, avec, en moins, les graisses.

FAUX

Le poisson est aussi riche en protéines que la viande et ne contient pratiquement pas de graisses.

VRAI

Un demi-litre de vin représente près de 350 calories.

FAUX

Les pommes de terre contiennent peu de calories. Le danger, ce sont les pommes à l'huile et surtout les chips.

VRAI

Elle sont plus riches en acides gras insaturés qui réduisent les risques de maladies cardio-vasculaires.

VRAI

Leurs protéines se complètent en renforçant leur valeur nutritionnelle.

FAUX

Les volailles contiennent toutes les protéines essentielles à l'organisme et sont moins riche en graisses (sauf la peau).

VRAI

Un grand verre d'orangeade de 250 cl contient en fait 50 g de sucre (soit dix morceaux), ce qui représente 200 calories.

FAUX

La consommation excessive du café peut entraîner l'insomnie, la perte d'appétit et l'instabilité.

FAUX

Le vin et l'alcool en général renferment des calories 'vides' qui ne fortifient rien dans les cellules.

FAUX

À chaque repas on dépense des calories pour se réchauffer, digérer, assimiler.

FAUX

Tout dépend du mode de cuisson des œufs: une omelette cuite à l'huile est plus lourde qu'un œuf à la coque.

FAUX

On devrait boire huit à dix verres d'eau par jour. Elle permet la filtration et le recyclage par les reins.

FAUX

Si l'on ne mange pas de pain au même repas, les pâtes (280 calories/200 g environ) ne font pas grossir. Les Italiens ne sont pas plus gros que les Français.

VRAI

Le poisson apporte autant, sinon plus, de protéines que la viande.

FAUX

Les citrons et les oranges: 50/100 mg en moyenne. Le cassis: 160 mg, les fraises: 60 mg, les groseilles, les myrtilles aussi.

1

Lisez les réponses aux assertions de la page 98, et faites deux listes: ce qu'il est conseillé de manger, et ce qu'il vaut mieux éviter.

2

Voici une lettre qui a été écrite à un magazine par un garçon, et la réponse qu'il a reçue:

Chère Caroline,

Je sais que tu as beaucoup de courrier, mais j'aimerais que tu répondes à ma question. Voilà, mes amis se moquent de mon corps. Ils me font des réflections qui me blessent beaucoup. Ils me trouvent trop gros. Qu'en penses-tu? Je pèse 60 kilos pour 1 m 57.

Grosses bises,

Un fidèle lecteur

Mon cher ami,

Merci pour ta lettre. Tes amis ne sont pas très gentils de se moquer de toi, mais peut-être ne le font-ils pas méchamment. En effet, tu as quelques kilos en trop, je crois que tu pourrais en perdre 6 ou 8 et ce serait parfait. Bien entendu, je te conseille de voir un spécialiste, qui te préscrirait un régime approprié et sans danger pour ta santé.

Il ne faut pas manger beaucoup, et surtout pas plus qu'il n'est nécessaire. Il faut manger à des heures régulières, et attendre d'avoir faim pour passer à table. Il ne faut pas quitter la table repu. Il faut boire beaucoup d'eau, ne jamais grignoter entre les repas, ne pas se bourrer de gâteaux, de bonbons, de pain. Les problèmes de poids sont très importants à tout âge, il ne faut pas les négliger.

Bien à toi,

Caroline

Membre Weight Watchers de l'Année

3

Imaginez que vous êtes Caroline. Vous recevez tous les jours beaucoup de lettres de lecteurs et de lectrices qui ont des problèmes de poids. Apres avoir lu les réponses aux assertions (en face) vous décidez de rédiger un article ou vous donnerez des conseils assez détaillés aux lecteurs et aux lectrices qui ont envie de perdre quelques kilos. Vous pouvez prendre le deuxième paragraphe de la lettre de Caroline comme point de départ pour cet article, en y incorporant l'information de la page 100.

les maladies cardio-vasculaires *cardiovascular diseases*
les volailles *poultry*
les chips *crisps*
sauf *except*
mode de cuisson *way they are cooked*
oeuf à la coque *boiled egg*
entraîner *lead to*
les cellules *cells*
dépenser *to use up*
se réchauffer *to keep warm*
les reins *the kidneys*
sinon *if not*
le cassis *blackcurrant*
les groseilles *redcurrants*
les myrtilles *bilberries*
conseillé *advisable*
éviter *avoid*
courrier *mail*
blessent *wound*
régime *diet*
repu *full up*
grignoter *nibble*
se bourrer *stuff oneself*

LES CURES MIRACLES

Secret millénaire de la sveltesse des danseuses des Temples chinois et boisson naturelle:

LE THÉ AMINCISSANT DE CHINE

Redevenez mince avec un thé extraordinaire venu de Chine

Ses effets sont, maintenant, reconnus. En favorisant la digestion, il élimine toute graisse superflue

Le thé de Chine amincissant est incroyablement efficace

L'antique secret de la sveltesse des danseuses des temples chinois est maintenant le vôtre: le thé de Chine amincissant LOTOS est un produit entièrement naturel. Cette boisson est la plus spectaculaire de la médecine chinoise et vous constaterez très rapidement ses étonnantes propriétés qui vous donneront la joie de retrouver la silhouette et la forme de vos 20 ans, comme en témoigne la lettre de Mme Gloria Santiago «Votre thé m'a fait maigrir de 5 kg. Je suis très contente et quand je regrossirai, j'en recommanderai». Délicieusement parfumé, le thé de Chine LOTOS est d'un goût très agréable. Vous pouvez le prendre avant ou après les repas. Sa préparation est aussi simple que pour le thé ordinaire. Essayez-le pendant 15 jours, sans aucun engagement. Si vous n'êtes pas totalement satisfait, vous serez intégralement remboursé!

Eh! Jean le Gringalet c'est ainsi qui les copains m'appelaient il y a seulement quelques mois . . .

Il faut dire qu'ils avaient raison: chétif, maigre et sans force . . . l'image du bas à gauche me montre tel que j'étais! J'en avais assez d'être ridicule, toujours fatigué et de voir que les autres me prenaient pour un incapable.

Mais maintenant regardez-moi! Que pensez-vous de ce changement? Des épaules puissantes (+ 12 cm); des biceps saillants et forts (+ 5 cm); un thorax affiné en V à la taille; des jambes solides, me donnent une force et une énergie nouvelles.

VITE devenez FORT et MUSCLÉ comme lui! vous voulez des preuves? Postez ce BON aujourd'hui pour recevoir la brochure gratuite

"COMMENT SE BÂTIR UN CORPS MUSCLÉ ET VIGOUREUX"

Nom: . . . .

Adresse: . . . .

. . . .

Envoyez ce bon à Obelisk, 9 rue des Menhirs, 75100 Paris

Joignez seulement 2 timbres dans votre enveloppe pour participation aux frais d'envoi de cette magnifique brochure illustrée.

1
Cette description du thé Lotos n'essaie pas d'etre objectif. Au contraire, on cherche à vous convaincre de l'acheter. Quels sont les mots (surtout les adjectifs) les plus émotifs? (*Par exemple*: extraordinaire, naturel, etc.).

la sveltesse *slenderness*
amincissant *slimming*
boisson *drink*
constater *to notice*
étonnantes *amazing*
la forme *shape, condition*
témoigne *bears witness*
regrossir *to put weight back on*
recommander *to order some more*
parfumé *flavoured*
sans engagement *with no obligation*
intégralement *entirely*
remboursé *reimbursed*
émotifs *emotional*
gringalet *puny*
chétif *sickly*
puissantes *powerful*
saillants *prominent*
affiné en V *tapering to a V-shape*
la taille *waist*
bon *coupon*
gratuite *free*
se bâtir *build*
bruits *rumours*
d'après *according to*
la sauce à la menthe *mint sauce*
rouler *to drive*
à partir de *from*
il a eu tort *he was wrong*
la chaleur *heat*

2
Trouvez tous les mots qui décrivent ce garçon *avant* sa transformation, et puis trouvez les mots qui le décrivent *après*.

3
Inventez une méthode (ou bien pour perdre du poids, ou bien pour en mettre, ou bien pour devenir plus musclé) et écrivez une annonce publicitaire.

LA NOURRITURE DU MONDE ENTIER

Les bruits qui courent sur la nourriture anglaise

1
Écoutez la bande et décidez si les phrases suivantes sont vraies ou fausses (d'après ce que disent Hervé et Béatrice, et non pas d'après ce que vous savez vous-même).

a Béatrice n'est jamais allée en Angleterre.
b Hervé n'y est jamais allé non plus.
c Les Anglais mettent de la sauce à la menthe avec du poulet.
d Les Anglais aiment le pain.
e Les Anglais sont gentils.
f Les Anglais roulent à gauche.
g Les cafés sont comme les cafés en France.
h Il est possible d'avoir une bière à quatre heures de l'après-midi.
i On ne peut avoir que du thé ou du café l'après-midi.
j La bière c'est à partir de six heures et demie du soir jusqu'à dix heures et demie.
k Les Anglais ne boivent pas beaucoup de bière.
l Une jeune fille ne doit pas boire de bière.
m On peut trouver du vin français en Angleterre.
n Le vin français n'est pas cher en Angleterre.
o Hervé ne fait que raconter ce que d'autres personnes lui ont dit.

2
Écoutez la bande encore une fois. Chaque fois qu'Hervé dit quelque chose avec lequel vous n'êtes pas d'accord, notez ce qu'il dit

3
Imaginez que vous êtes Béatrice et que vous venez de passer votre premier mois en Angleterre. Vous téléphonez à Hervé pour lui expliquer qu'il a eu tort quand il vous a parlé de la nourriture anglaise. Imaginez cette conversation avec un(e) partenaire.

Hervé s'en va en Algérie

Écoutez la bande et essayez de découvrir:

a pour combien de temps il y va;
b chez qui il va vivre;
c à quelle saison de l'année il y va;
d la méthode proposée par Hervé pour combattre la chaleur;
e la méthode proposée par Béatrice;
f un plat à base de viande qu'on mange là-bas;
g un aliment de base qu'on mange avec la viande;
h cinq variétés de fruits qu'on trouve là-bas;
i ce que Béatrice avait pensé de son sejour là-bas;
j un aliment qu'on n'y trouve pas.

INTERVIEW

Lisez cet interview avec Tchen, qui vient du Kampuchéa.

Ann: Alors décrivez-moi un repas habituel.
Tchen: Il y a une soupe, il y a par exemple du chou-fleur avec la viande de bœuf. Avec du riz, c'est tout. Mais on mange beaucoup de riz. Le riz c'est ce qui remplace le pain en France. Tandis qu'en France il y a l'entrée, il y a le plat principal, après il y a le dessert. Chez nous on fait la soupe, on la met au milieu et tout le monde en prend. On n'a pas une assiette pour soi, quoi. On n'a que le bol pour soi seulement et on prend la viande comme ça. Avec la baguette parce que mon père est chinois, moitié chinois, moitié kampuchéen. Alors il mange avec les baguettes. Et en France on mange avec un couteau et une fourchette.
Ann: Alors, pour le petit déjeuner . . .
Tchen: On mange la soupe de riz ou des soupes comme ça. Des soupes préparées. Des nouilles, on mange beaucoup de nouilles le matin. Par exemple on ne boit pas de lait, tout ça, le matin.
Ann: Et le repas principal, ça se mange à midi?
Tchen: Oui, à midi. On mange trois fois par jour. Le matin, à midi et le soir.
Ann: Et le soir, qu'est-ce que vous mangez? C'est pareil?
Tchen: Oh c'est pareil, c'est pareil. Mais on change. On fait pas la même soupe.
Ann: Et qu'est-ce que vous mettez comme épices?
Tchen: Épices? Du nogman. C'est une sauce salée, qu'on fait avec du poisson, avec des crevettes, des glutamates, du sel, du sucre, comme d'habitude.
Ann: Et qu'est-ce que vous buvez?
Tchen: De l'eau et du thé quelques fois. Le soir, quelques fois en regardant la telé, on boit du thé.

1

Remplissez d'abord les cases sous le titre *Le Kampuchéa*. Ensuite essayez de remplir les cases sous le titre *La France*, en vous servant à la fois de ce que dit Tchen sur les habitudes alimentaires des Français et de ce que vous en savez vous-même.

	Le Kampuchéa	La France
Nourriture de base		
Nombre de plats		
Outils dont on se sert pour manger		
Petit déjeuner		
Nombre de repas par jour		
Épices habituelles		
Boisson		

2
Vous avez une copine kampuchéenne qui va vous rendre visite en France. Vous êtes un peu inquiet(e) parce que vous ne savez pas si elle connaît bien les habitudes alimentaires des Français. Écrivez-lui une lettre pour lui expliquer ce qu'elle a besoin de savoir.

chou-fleur *cauliflower*
remplace *replaces*
l'entrée *first course*
le plat principal *main course*
au milieu *in the middle*
la baguette *chopsticks*
nouilles *noodles*
pareil *the same*
épices *spices*
salée *salted*
crevettes *prawns*
outils *implements*
se disputent *argue*
apprécie *appreciate*
dérangeait *upset*
dansant
makes you want to dance
j'en avais plein les oreilles
my ears were bursting

HERVÉ ET BÉATRICE VONT AU RESTAURANT JAMAÏQUAIN

1
Écoutez la bande et essayez de trouver l'information suivante:
a où ils sont allés:
b ce qu'ils ont mangé;
c ce qu'on entendait dans le restaurant;
d pourquoi ils se disputent;
e comment la dispute est résolue;

2
Vous allez entendre les remarques suivantes sur la bande. À quoi est-ce qu'elles se réfèrent?
a Ah oui. Moi j'apprécie aussi.
b Je trouve que c'était vraiment merveilleux.
c Ça te dérangeait pas.
d C'est tellement dansant.
e Moi, j'en avais plein les oreilles.
f C'est horrible, ça.
g C'est fini.
h Moi ça me plaisait bien quand même.
i T'es vraiment sûre?
j Pourquoi pas?

3
Vous devez écrire un guide des restaurants parisiens. Imaginez que vous avez visité ce restaurant jamaïquain, qui se trouve au quartier latin, et que vous voulez convaincre vos lecteurs (qui sont parfois un peu snob) d'y aller. Le restaurant s'appelle *Chez Clive*. Avant d'écrire votre article (de deux paragraphes assez courts) écoutez la bande encore une fois et notez des phrases qui pourront vous être utiles.

MME LAFAYETTE, NOUVELLE EMPLOYÉE DE LA PÂTISSERIE, ÉCOUTE LES EXPLICATIONS DE M. BERTILLON . . .

Alors, regardez, à gauche vous avez les gros pains et les baguettes. En dessous vous avez les ficelles et les bâtards et ici les pains complets.
Alors, le coté pâtisserie – vous avez les tartes, les éclairs, les amandines, les moka, les Paris-Brest et puis notre spécialité maison c'est le gâteau aux noix.
Oh comme c'est apétissant!

Vous savez, il faut considérer la disposition des gâteaux avec beaucoup de soin.

Quel goût vous avez! C'est admirablement arrangé. Je sens que vous avez énormément de choses à m'apprendre.

Ah oui, c'est un métier passionnant. Et pourtant je ne me serais jamais imaginé pâtissier il y a seulement cinq ans.

PAYSAN
SOYA
CAMPAGNE
PAIN GLUTEN
PAIN DE SON
J'étais douanier à Roissy mais avec la crise de l'emploi il y a eu des réductions du personnel et j'ai été licencié. Alors avec la prime de licenciement j'ai acheté ce magasin.
Vous avez l'air de vous y connaître. Comme je vous admire d'avoir changé de direction si radicalement . . .

DE RETOUR À LA MAISON, M. BERTILLON S'AFFAIRE DANS LA CUISINE.

Ah chic – tu nous prépares un steak frites ce soir!
Non non non – surtout pas de frites. Ce sera des pommes de terre bouillies et du steak grillé.
MANHATTAN

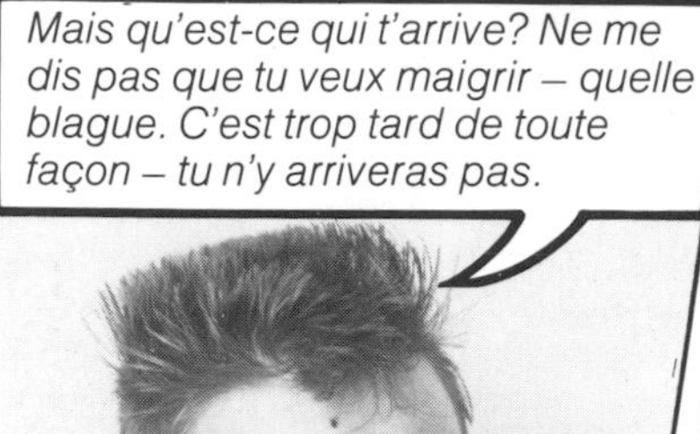

Mais qu'est-ce qui t'arrive? Ne me dis pas que tu veux maigrir – quelle blague. C'est trop tard de toute façon – tu n'y arriveras pas.

Vous verrez ce que vous verrez.

À TABLE . . .
Voici pour toi, Annette.
Tiens – tu nous mets tous au régime?

Heureusement que pour le dessert je t'ai fait des choux à la crème. Je sais comme tu aimes ça.
Jamais! Je n'y toucherai pas. C'est plein de calories!

APRÈS LE REPAS . . .
Que lui arrive-t-il? C'est ridicule à son âge de se préoccuper de sa ligne.

Peut-être qu'il veut plaire à Mme Lafayette.
Ah oui! Cette femme m'a l'air tout ce qu'il y a de plus aguicheuse. Je pense qu'elle lui fait des avances.

LE RAIL

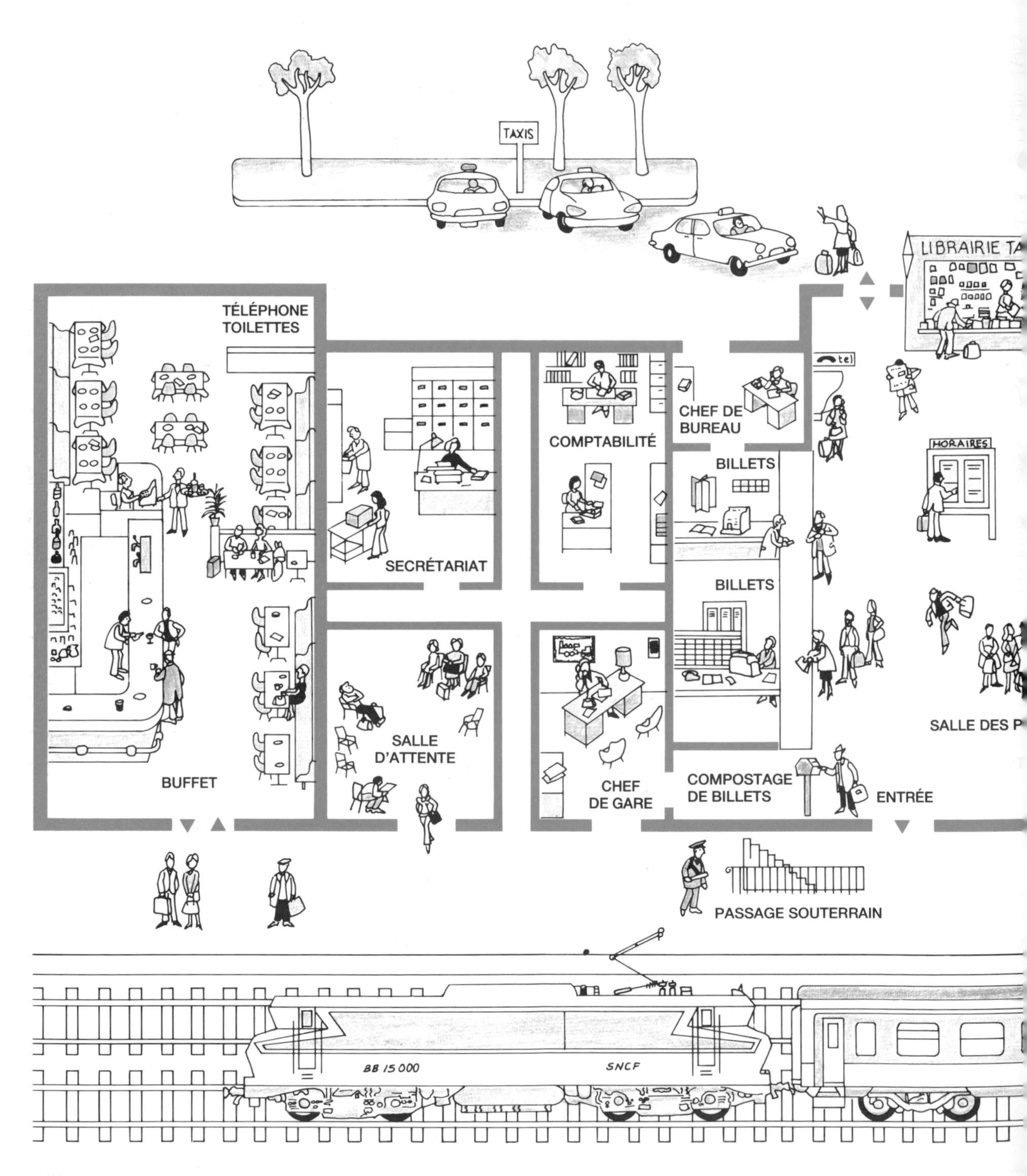

TAXIS
LIBRAIRIE TA
TÉLÉPHONE
TOILETTES
tel
CHEF DE
BUREAU
COMPTABILITÉ
BILLETS
HORAIRES
SECRÉTARIAT
BILLETS
SALLE D'ATTENTE
SALLE DES P
BUFFET
CHEF
DE GARE
COMPOSTAGE
DE BILLETS
ENTRÉE
PASSAGE SOUTERRAIN
BB 15 000
SNCF

ON TRAVAILLE . . . MAIS OÙ?

1
Trouvez l'endroit sur le plan où on fait l'activité donnée.
Par exemple: Ici on surveille les bagages des voyageurs = la consigne.

a Ici on réserve les places.
b Ici travaille la personne qui est responsable de toute la gare.
c Ici on vérifie les comptes.
d Ici on sert les repas aux voyageurs.
e Ici on travaille avec des machines à écrire.
f Ici on vend des journaux.
g Ici on répond aux questions des voyageurs.
h Ici on s'occupe de la sécurité des trains.

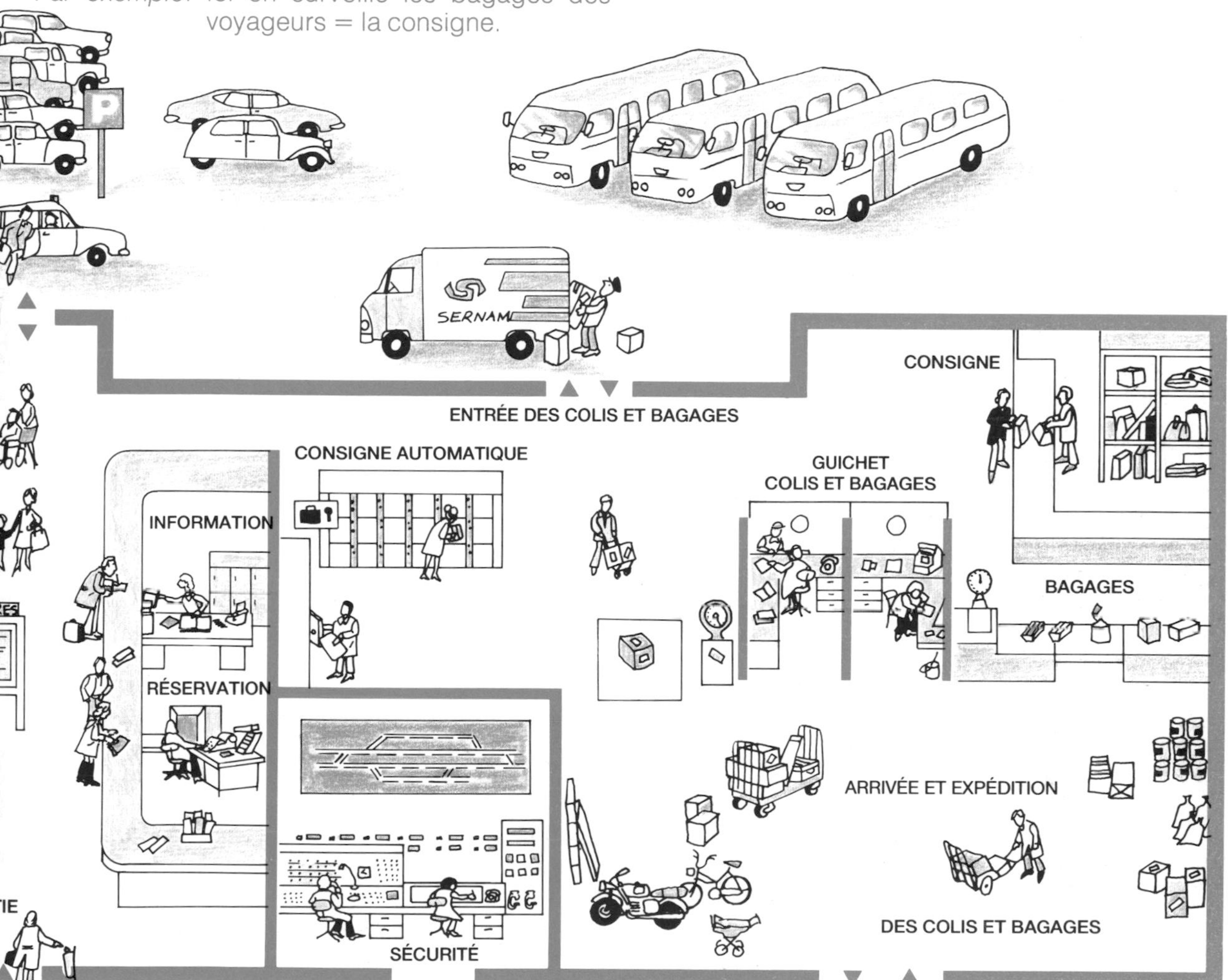

2
Complétez les phrases en vous reportant au plan de la gare.
a Le service où vous irez demander les renseignements est le service . . .
b Le guichet où vous achèterez votre billet s'appelle le guichet . . .
c Le service où vous irez retenir vos places à l'avance . . .
d La salle où vous attendrez l'arrivée . . .
e Vous prendrez une boisson chaude . . .
f Vous pourrez vous débarrasser de vos bagages . . .
g L'armoire automatique où vous enfermerez vous-même vos . . .
h Pour enregistrer vos bagages, vous irez . . .
i En entrant sur le quai, vous devrez suivre le panneau . . .
j En sortant du quai il faudra passer par . . .
k Pour appeler un taxi vous irez au . . .

POUR FACILITER VOTRE ORIENTATION

A **Téléphone public**
B **Non-fumeurs**
C **Eau potable**
D **Chariot porte-bagages**
E **Sortie**
F **Information**
G **Bar-cafétéria**
H **Consigne**
I **Entrée**
J **Location de voiture**
K **Train Autos Couchettes**
L **Toilettes pour dames**
M **Douches**
N **Bains**
O **Bureau de change**
P **Bureau des objets trouvés**
Q **Réservation**
R **Buffet (restaurant**
S **Toilettes pour hommes**
T **Facilités pour handicapés**
U **Salle d'attente**
V **Billets**
W **Consigne automatique**
X **Bureau de poste**

1

Dans toutes les gares de chemin de fer en Europe, vous trouverez des symboles ou des pictogrammes pour faciliter votre orientation. En voici quelques-uns (voir ci-dessus). Notez aussi la liste des explications qui est imprimée à gauche. Mettez la lettre qui se trouve à côté de chaque explication avec le numéro du symbole correspondant.

2

Les voyageurs vous posent des questions au sujet de la gare. Répondez à leurs questions en indiquant où ils doivent s'adresser. Employez dans vos réponses: allez à, demandez à, il faut aller à, adressez-vous à, il faut vous présenter à, etc.

Par exemple: Je veux mettre ma voiture sur le train = Allez au train-autos-couchettes.

a Je dois laisser ma valise pendant une heure.
b Où puis-je garer ma voiture si je prends le train?
c J'ai perdu ma montre.
d On peut déjeuner ici?
e Pour valider ce billet, que faut-il faire?
f Je n'ai plus de francs français.
g Je veux louer une voiture.
h J'attends une personne qui ne peut pas marcher à cause d'un accident. Y a-t-il quelqu'un qui pourrait nous aider?
i Je dois absolument envoyer un télégramme avant de partir.
j Comment est-ce que je peux louer une place dans un train qui part demain soir?
k Tous ces messieurs avec leurs cigarettes, j'en ai marre. Il y a une autre salle d'attente, s'il vous plaît?
l On m'a prié de venir chercher une personne que je ne connais pas. Où devrais-je l'attendre?

3

Vous faites visiter la gare à votre frère ou à votre sœur, et vous lui expliquez ce qu'il ou elle ferait dans les différentes sections s'il ou elle faisait un trajet par train. Vous pourriez commencer:

Ici c'est la salle des pas perdus. Tu peux acheter une revue à la librairie ou si tu veux, des bonbons. À gauche, se trouve le bureau d'information où tu peux demander des renseignements sur les arrivées et les départs . . .

ACCÈS AUX QUAIS

muni de	*equipped with*
valable	*valid*
le composteur	*ticket-cancelling machine*
à cet effet . . .	*for this purpose*
la flèche	*arrow*
un appareil	*equipment*
imprimer	*to print*
le verso	*reverse side*
valider	*to validate*

L'accès des gares grandes lignes est libre. Mais cet accès libre est réservé aux voyageurs munis de billets *valables et compostés le jour du départ.*

Vous êtes simplement tenu, avant de pénétrer sur les quais, le jour de votre départ, de valider votre billet (ou votre ticket de quai) en le compostant. Des composteurs sont installés à cet effet à l'entrée des quais. Leur utilisation est très simple. Il suffit d'introduire votre billet sous la flèche. L'appareil imprimera au verso de votre billet le jour et le code de la gare de départ.

***Attention:* Cette formalité très simple est indispensable. Si dans le train, vous présentez un billet non composté, vous aurez à payer 20% du prix de votre billet; si votre billet a été composté un autre jour que celui de départ, il sera considéré comme non valable et vous aurez à payer le prix d'un billet augmenté de 20%.**

1

Où se trouvent les composteurs?
Quels tickets doivent être validés?
Comment est-ce qu'on utilise un composteur?
Qu'est-ce qui sera imprimé au verso du billet?

2

Reconstituez le texte en cherchant les phrases dans cette liste

vous êtes	en le compostant
avant de pénétrer	simplement tenu
le jour	sur les quais
de valider	de votre départ
(ou votre ticket de quai)	votre billet
augmenté de 20%	comme non valable
si dans le train	vous aurez à payer
non composté	celui de votre départ
20% de votre billet	vous présentez un billet
un autre jour que	si votre billet a été composté
il sera considéré	le prix d'un billet
vous aurez à payer	

EN TRAIN ET EN GARE

1

Choisissez parmi ces actes ceux que vous allez entendre sur la bande.

a arriver de Nantes;
b aller à Nantes;
c aller demain;
d demander un renseignement;
e rater la correspondance;
f acheter un café;
g attendre la réponse;
h choisir un correspondant.

2

Quelle fiche de réservation est-ce que l'on discute?

a

Heure 13 h 00 — 30 mai
Train 376
Voiture 13
Place 28

b

Heure 11 h 00 — 9 juin
Train 672
Voiture 73
Place 18

c

Train 28 — 6 jan
Départ 13 h 00
Voiture 13
Place 28

d

Train 13 — 18 avril
Départ 11 h 00
Voiture 28
Place 13

3

Cherchez les phrases dans lesquelles on trouve ces mots

billet
amende
absolument
composter
inquiétez
cacher
enfermer
panier

4

a Où va-t-on?
b C'est combien?
c Que faut-il avoir?
d Où en trouver?
e Qu'est-ce qu'on achète?

5

Quel sommaire va avec la conversation?

a Une dame cherche ses bagages. Elle trouve un chariot mais il n'y a personne à la consigne.
b Une dame demande à un monsieur de surveiller ses bagages. Il ne peut pas car il est pressé.
c Une dame prend un train dans deux minutes. Un monsieur lui demande de surveiller ses bagages.
d Une dame ne sait pas comment se débarrasser de ses bagages. Enfin elle va à la consigne où elle est très contente de payer.

6

Vous êtes à la gare de Caen et vous entendez les annonces. Choisissez parmi les possibilités ci-dessous celles qui indiquent ce que vous pensez dans chaque cas. Marquez la lettre de la réponse choisie sur votre feuille de réponse.

a Heureusement que je ne suis pas arrivé(e) plus tôt.
b J'aurais dû porter tous mes bagages d'un quai à l'autre.
c Zut, c'est trop tard. J'ai raté le train.
d C'est moi! Que se passe-t-il?
e Bon, je vais attendre tante Emma au quai numéro cinq.
f Ah, si j'avais assez d'argent! Ce train est formidable.

L'ATTENTAT DU 'CAPITOLE'

Lundi 29 mars, 20 h 48, au poste de commandement de Limoges. Le mécanicien du Capitole Paris–Toulouse avertit le PC qu'une bombe vient d'exploser à bord du train et qu'il y a des morts et des blessés. Après l'explosion, survenue à 20 h 42, le train s'arrêtait à une vingtaine de kilomètres de Limoges.

Le courant était coupé à 20 h 49 sur la voie 1 et a 20 h 50 sur la voie 2. Trois minutes plus tard, les pompiers et le SAMU de Limoges étaient informés.

Il n'y eut pas de déraillement. Après le dégagement des victimes (cinq morts et vingt-sept blessés) le train pouvait ainsi être amené jusqu'à la gare d'Ambazac, où il parvenait à 23 h 15. Reparti cinquante minutes plus tard, le Capitole arrivait à Limoges à minuit et demi. Les voyageurs furent alors transbordés dans une rame qui quittait la gare à 1 h 40 avec quatre heures et onze minutes de retard.

La tension avait en effet été rétablie à 23 h 32 sur la voie 2, et à 0 h 25 sur la voie 1. D'autre part, cinq trains avaient été détournés par Bordeaux, tandis que huit trains étaient supprimés et dix-huit retardés avant le rétablissement du service normal à 2 h 50.

un attentat *violent attack*
le mécanicien *train driver*
avertir *to warn*
exploser *to explode*
le mort *dead person*
le blessé *injured person*
survenir *to occur*
le courant *current*
couper *to cut off*
le pompier *fireman*
le dégagement *release*
amener *to bring*
parvenir *to reach*
la rame *train*
rétablir *to restore*
d'autre part *in addition*
supprimer *to cancel*
détourner *to divert*

Faites un tableau qui donne les détails des événements de la nuit du 29 mars.

Par exemple: 20 h 42 Une bombe a explosé à bord du Capitole
20 h 48 _____

Écrivez l'histoire du monsieur qui prend le train. Malheureusement, il ne pense pas trop aux autres voyageurs, et le voyage devient un peu moins confortable pour eux, et pour sa poche!

La voie ferrée française – un peu d'histoire

Les premiers pas

Le premier chemin de fer public fut inauguré dans la région de Saint-Etienne en 1827. Un service de voyageurs commença en 1831 entre Givors et Rive-de-Gier, mais la date exacte est inconnue.

Les premières locomotives

Les locomotives (à vapeur, bien entendu) françaises et anglaises furent livrées aux trois premières compagnies ferroviaires. Pendant les années 1830, les chantiers de construction et les lignes exploitées devinrent de plus en plus nombreux. En 1842, une loi fut créée pour la construction et l'exploitation des chemins de fer. L'État réaliserait désormais l'infrastructure, alors que les compagnies privées construiraient la voie ferrée et exploiteraient les lignes sous le contrôle de l'État.

La grande expansion

Sous Napoléon III (1851–1870), le réseau prit vraiment forme. Sa longueur passa de 28 km (1828) à 3554 km (1851), puis à 17 430 km (1870). Dès 1870 presque toutes les grandes lignes françaises étaient construites.

L'étoile

'L'étoile', dont le centre était Paris, atteignit toutes les villes importantes de France et cette physionomie reste toujours le plan du réseau national. Les trains de luxe (comme l'Orient-Express) relièrent Paris avec les autres grandes capitales de l'Europe; les livraisons de banlieue apportèrent de grands avantages aux Parisiens et aux banlieusards.

Le confort des voyageurs

À la fin du siècle, le confort des voyageurs était bien évident – compartiments de luxe, voitures à couloir, chauffage, éclairage au gaz comprimé et même wagons-restaurants.

Paris

L'existence de plusieurs compagnies régionales provoqua malgré tout une situation qui présente toujours des problèmes. Aucune compagnie en effet ne construisit une ligne traversant Paris. Pour changer de région, il faut aujourd'hui encore changer de gare en empruntant le métro, le bus, ou le taxi.

L'électricité

La révolution locomotrice eut lieu en 1900 quand la traction électrique fit ses débuts en banlieue parisienne. Ce ne fut qu'à partir de 1920 que son utilisation se développa sur les grandes lignes du Sud et du Sud-Ouest de la France.

La nationalisation et la guerre

En 1937 l'État nationalisa les chemins de fer devenus trop grands pour les compagnies, et créa la SNCF (Société Nationale des Chemins de fer Français). Sa mission fut d'exploiter l'ensemble des lignes ferroviaires. Beau projet vers l'avenir, mais malheureusement ce fut la catastrophe! La deuxième guerre mondiale de 1939 à 1945 endommagea le réseau et le matériel roulant, aussi bien par les bombardements que par l'action des résistants. Un programme énorme de reconstruction fut mis en œuvre et achevé en 1948. Finalement la situation se révéla avantageuse. La SNCF se trouva avec un système modernisé et apte à assurer une part essentielle du progrès national.

Le présent . . . et l'avenir

En 1967 parut le premier autorail à turbine à gaz, donnant naissance aux turbotrains de nos jours. En 1981, le TGV, (Train à Grande Vitesse) commença son service entre Paris et Lyon sur une ligne nouvelle, en réduisant le temps du parcours de 3 h 50 à 2 h 38! Le 26 février 1981, on battit le record du monde de vitesse sur rail (380 km/h).

Le programme d'expansion continue pendant les années 1980. On travaille en ce moment sur des projets pour demain (les trains de l'an 2000, l'informatique, l'automatisme). Si elle a une histoire assez brillante, la SNCF aura certainement un avenir fier.

livrées *delivered*
ferroviaires *railway*
les chantiers *sites*
exploitées *operated*
désormais *from then on*
la voie ferrée *railway track*
atteignit *reached*
relier *to connect*
les banlieusards *inhabitants of the suburbs*
malgré *despite*
endommager *to damage*
le matériel roulant *rolling-stock*
achever *to complete*
apte à *capable of*

1

Répondez aux questions après avoir lu le texte.

a Où était la première ligne ferroviaire de voyageurs en France?
b Combien de compagnies existaient au début?
c En quelle année est-ce que le gouvernement fit des règlements pour la construction et l'exploitation des chemins de fer?
d Comment est-ce que le réseau se developpa entre 1851 et 1870?
e Quelquefois on appelle le réseau 'l'Étoile'. Pourquoi?
f Donnez trois exemples des nouvelles particularités trouvées dans les trains à la fin du siècle dernier.
g Quelle difficulté fut provoquée par l'existence de plusieurs compagnies?
h Sur quel réseau est-ce qu'on vit la première traction électrique?
i Quels furent les effets de la deuxième guerre mondiale sur la SNCF?
j Comment est-ce que la SNCF rendit ceci avantageux?
k Quels trains actuels furent nés à la suite de l'événement qui eut lieu en 1967?

2

Faites un tableau qui montre les grandes étapes dans l'histoire des chemins de fer français.

Par exemple:
1827 Inauguration du premier chemin de fer.
1831 Commencement du service de voyageurs.

3

Trouvez l'année dans la colonne de droite quand on aurait pu constater:

a	Nous avons triplé la longueur du réseau dans les 19 années passées.	1827
b	Les nouvelles voitures à couloir sont bien équipées de chauffage et d'éclairage à gaz comprimé.	1843
c	Cette année nous voyons le début du chemin de fer en France.	1870
d	La loi de l'année dernière a créé la doctrine pour la construction du réseau français.	1899
e	Il y a dix ans on a battu le record du monde de vitesse sur rail.	1920
f	Maintenant nous avons les trains électriques comme les Parisiens.	1948
g	On a fini de reconstruire le réseau.	1965
h	Le temps du parcours entre Lyon et Paris, établi il y a trois ans, est maintenant, réduit à 2 h 10.	1984

Horaire

Du 26 sept. 1982 au 28 mai 1983

Rouen – Caen

- **Rouen**
- Elbeuf-St-Aubin
- Serquigny
- Bernay
- Lisieux
- Mézidon
- **Caen**

Symboles

A Arrivée
D Départ

Remarque

Certains trains circulant rarement ne sont pas repris dans cette fiche.

Services offerts dans les gares

Centre de renseignements téléphonés
Rouen : (35) 98.50.50
Caen : (31) 83.50.50

		Réservation par téléphone	Chariots à bagages	Facilités pour handicapés	Parcotrain	Train + auto	Train + vélo	Buffet
Bernay				●				●
Caen	(31) 82.13.31	●	●	●	●	●		●
Lisieux	(31) 62.14.52	●	●	●	●			●
Mézidon			●					●
Rouen	(35) 70-16-34 – 70.25.28	●	●		●			●
Serquigny			●					●

automotrices *rail-cars*
pourvus de *equipped with*

Numéro du train		6300-1	6300-1	3080-1	6248-9	3305	3905	3082-3	6252-3	6250-1	3084-5	6254-5	6254-5	6254-5	3315	3915
Notes à consulter		1	2	3	2	4	5	6	7	8	6	2	9	10	9	11
Rouen	D	06.00	06.20	06.55	08.58			11.25	13.15	14.20	16.47	18.14	18.14	18.14		
Elbeuf-St-Aubin	D	06.26	06.46	07.12	09.23			11.43	13.43	14.39	17.04	18.38	18.40	18.40		
Serquigny	A	07.07	07.26	|	10.02			12.17	14.21	15.14	|	19.20	19.20	19.20		
Bernay	A	07.16	07.35	07.48	10.11			12.26	14.30	15.25	17.41	19.29	19.33	19.36	19.43	19.50
Lisieux	A	07.39	07.57	08.07	10.29			12.45	14.49	15.45	17.50	19.49	19.53	19.56	20.00	20.08
Lisieux	D	07.42	07.58	08.08		10.36	10.54	12.46	14.50	15.46	18.00	19.50	20.06	20.15	20.01	20.09
Mézidon	A	08.00	08.16	08.25		|	|	13.02	15.06	16.04	18.18	20.06	20.23	20.31	|	|
Caen	A	08.20	08.36	08.44		11.02	11.25	13.24	15.22	16.21	18.34	20.21			20.26	20.38

Tous les trains offrent des places assises en 1re et 2e cl. sauf indication contraire dans les notes.

Notes :

1. Circule tous les jours sauf dimanches et fêtes. 2e classe seulement les samedis non fériés.
2. Circule les dimanches et fêtes.
3. Circule tous les jours sauf dimanches et fêtes.
4. Circule les dimanches et fêtes sauf les 24, 31 oct., 11 nov., 1er, 2 janv., 6, 20 fév., 27 mars, 3, 17 avr., 12 et 22 mai.
5. Circule les 24, 31 oct., 11 nov., 1er, 2 janv., 6, 20 fév., 27 mars, 3, 17 avr., 12 et 22 mai.
6. Circule tous les jours.
7. Circule les samedis sauf les 25 déc. et 1er janv. 2e classe seulement.
8. Circule tous les jours sauf dimanches et fêtes. 2e classe seulement.
9. Circule tous les jours sauf les vendredis, dimanches et fêtes et sauf les 30 oct., 10 nov., 21, 22, 23, 30 déc., 3 janv., 19, 21 fév., 26, 31 mars, 2 avr., 11 et 21 mai.
10. Circule les vendredis et les 30 oct., 10 nov., 21, 22, 23, 30 déc., 3 janv., 19, 21 fév., 26, 31 mars, 2 avr., 11 et 21 mai.
11. Circule les vendredis et les 30 oct., 1er, 10, 14 nov., 21, 22, 23, 26, 30 déc., 2, 3 janv., 19, 20, 21 fév., 26, 31 mars, 2, 4, 10, 17 avr., 11, 15, 21, 23 mai.

1

Françoise travaille dans le bureau de renseignements à la gare de Rouen. Comment est-ce qu'elle répond aux questions suivantes posées par des voyageurs? Trouvez les informations nécessaires sur l'horaire ci-dessus.

a Le jour: mardi le 5 avril, l'heure: 11 h 45
À quelle heure part le prochain train pour Caen, s'il vous plaît?

b Le jour: vendredi le 8 avril, l'heure: 8 h 55
Je voudrais aller à Mezidon. C'est à quelle heure, le prochain train?

c *Si je prends le train de 13 h 25, à quelle heure est-ce que j'arrive à Lisieux?*

d Le jour: jeudi le 8 avril, l'heure: 18 h 05
Pour arriver à Lisieux avant midi demain, quel train devrai-je prendre?

e Le jour; samedi le 9 avril, l'heure: 18 h 00
Est-ce que le train de 18 h 14 est direct pour Caen?

f *Avez-vous le numéro de téléphone de la gare de Caen, s'il vous plaît?*

g Le jour; mercredi le 6 avril, l'heure: 11 h 30
Je viens de rater le train pour Caen. Aurai-je assez de temps pour manger dans le buffet de la gare avant le prochain?

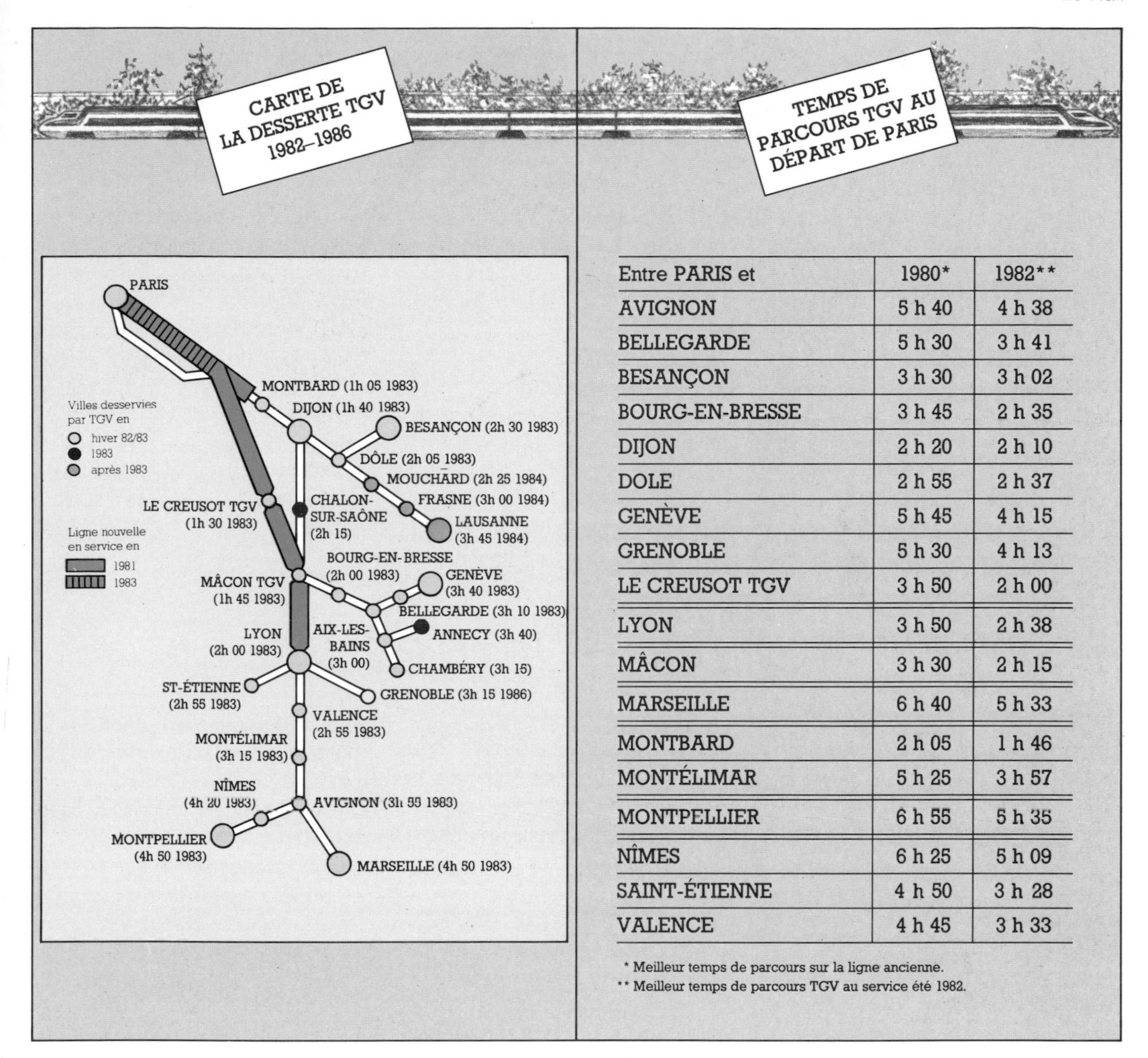

Entre PARIS et	1980*	1982**
AVIGNON	5 h 40	4 h 38
BELLEGARDE	5 h 30	3 h 41
BESANÇON	3 h 30	3 h 02
BOURG-EN-BRESSE	3 h 45	2 h 35
DIJON	2 h 20	2 h 10
DOLE	2 h 55	2 h 37
GENÈVE	5 h 45	4 h 15
GRENOBLE	5 h 30	4 h 13
LE CREUSOT TGV	3 h 50	2 h 00
LYON	3 h 50	2 h 38
MÂCON	3 h 30	2 h 15
MARSEILLE	6 h 40	5 h 33
MONTBARD	2 h 05	1 h 46
MONTÉLIMAR	5 h 25	3 h 57
MONTPELLIER	6 h 55	5 h 35
NÎMES	6 h 25	5 h 09
SAINT-ÉTIENNE	4 h 50	3 h 28
VALENCE	4 h 45	3 h 33

* Meilleur temps de parcours sur la ligne ancienne.
** Meilleur temps de parcours TGV au service été 1982.

2 
Regardez attentivement la carte de la desserte TGV et la liste des temps de parcours au départ de Paris. Écoutez la bande où on va vous donner une publicité imaginaire qui concerne le TGV. Mais où est la vérité? Marquez *vrai* ou *faux* sur votre feuille de réponse après avoir entendu chacune de ces phrases.

3
Pour la deuxième partie lisez les textes *Qu'est-ce que le TGV?* à droite et *TGV – Un confort sur mesure* à la page 118. Écoutez encore une fois la bande qui vous donnera encore de publicité imaginaire. Mais, cette fois encore, où se trouve la vérité? Encore une fois, répondez comme ci-dessus aux cinq phrases.

Qu'est-ce que le TGV?

Les Trains à Grande Vitesse sont de puissantes automotrices qui roulent à 260 km/h en service commercial sur une nouvelle ligne à grande vitesse et relient Paris à tout le Sud-Est de la France.

Ils sont pourvus d'un équipement électrique et de 2 pantographes qui leur permettent d'utiliser le courant industriel de 25,000 volts fourni par la ligne nouvelle aussi bien que le courant 1500 volts continu alimentant la plupart des lignes du Sud-Est.

Les TGV se composent de 10 véhicules où peuvent s'asseoir 386 voyageurs. Les roues sont placées entre les voitures, ce qui a le double avantage de réduire le bruit à l'intérieur de celles-ci et d'améliorer le confort.

InterCity 125 Économie de temps

InterCity 125 a non seulement réduit les temps de parcours, mais il a aussi élargi les horizons du voyage.

Les trajets se font maintenant plus facilement, plus silencieusement, plus rapidement qu'auparavant. Les Premières et les Secondes Classes ont des sièges confortables, un décor agréable, des voitures climatisées et beaucoup de place pour le bagages.

Les portes intérieures sont à ouverture et à fermeture automatique; les fenêtres sont teintées pour réduire l'éblouissement; des doubles vitres maintiennent la température à un niveau uniforme et confortable. Naturellement vous êtes plus à l'aise encore en Première Classe avec un siège réglable et un éclairage individuel.

Grâce à l'insonorisation et à la suspension pneumatique, vous oubliez que vous voyagez à des vitesses atteignant 200 km/h.

Bien qu'ayant la réputation d'un des meilleurs services ferroviaires d'Europe, l'InterCity 125 ne comporte ni supplément de prix, ni, dans la plupart des cas, la nécessité de retenir une place à l'avance.

Les trains InterCity 125 réduisent maintenant la durée du trajet sur les quatre réseaux les plus utilisés (Londres King's Cross vers le nord de l'Angleterre et l'Écosse, Londres Paddington pour Bristol et le Sud du Pays de Galles, et également pour l'Ouest de l'Angleterre, et les services reliant l'Écosse et l'Angleterre du Nord à l'Ouest de l'Angleterre).

TGV Un confort sur mesure

Le TGV met la grande vitesse à la portée de tous; tous les voyageurs, de Seconde comme de Première Classe, y ont accès à des conditions tarifaires analogues à celles qui sont en vigueur sur les autres lignes de la SNCF; que le voyage soit effectué en TGV sur la nouvelle ligne ou en train classique sur l'ancienne ligne, le prix du billet est identique pour un parcours donné.

Seule l'utilisation des TGV circulant aux heures de pointe est subordonnée au paiement d'un supplément.

Pour éviter celui-ci, vous pouvez décaler votre départ en empruntant un TGV sans supplément ou utiliser les trains classiques circulant sur l'ancienne ligne.

Pour votre voyage en TGV, vous devez être muni du billet qui correspond au trajet effectué, et de la réservation, place assise, obligatoire.

Chaque voiture est intégralement spécialisée, soit 'Fumeurs', soit 'Non-fumeurs'. En aucun cas, vous ne serez jamais placé sur les roues, car elles sont entre les voitures.

Dans chaque voiture, vous trouvez:

- des places en vis-à-vis attribuées en priorité aux groupes de quatre personnes ayant réservé à l'avance,
- en 1re Classe, deux sièges côte à côte d'un côté de l'allée centrale, un coin fenêtre isolé de l'autre,
- en 2e Classe, deux sièges côte à côte de part et d'autre de l'allée centrale.

Vous choisissez vous-même l'inclinaison de votre siège.

Pour votre plus grande liberté de mouvement, ont été disposés face à vous une tablette rabattable et des emplacements pour ranger vos revues, poser votre verre et votre bouteille.

Des voyants lumineux indiquent la direction du bar, la mise en service de la restauration ainsi que l'occupation des toilettes.

élargi *broadened*
auparavant *before*
climatisées *air-conditioned*
l'éblouissement *dazzle*
réglable *adjustable*
un éclairage *lighting*
atteignant *reaching*
bien que *although*
ferroviaires *rail*
comporter *to require*
à la portée *within the reach*
en vigueur *in force*
que . . . ou *whether . . . or*
décaler *to stagger*
en vis-à-vis *facing each other*
rabattable *foldaway*
des voyants *signs*

1

Faites un tableau suivant l'exemple ci-dessous pour montrer les différentes dispositions dans les extraits publicitaires.

	InterCity 125	TGV
Sièges réglables dans les deux classes	X	√
Réservation obligatoire	X	√

Combien de similarités et de différences trouvez-vous?

2

Laquelle des deux revues est destinée à l'homme d'affaires? Laquelle des deux revues donne plus de détails sur les dispositions spéciales? Lequel des deux extraits est le plus convaincant? (vitesse, confort).

Trouvez les phrases et les mots qui justifient vos réponses.

DEUX VOYAGEURS PRENNENT LE TRAIN EN L'AN 2000

UN soir de 2000, à Cergy, en banlieue parisienne, les époux Carrière pensent au prochain weekend . . .

«Et si nous descendions à Marseille, voir nos amis les Rambert?» propose Madame Carrière à son mari. M. Carrière est visiblement ravi d'une telle perspective et s'installe au terminal domestique, qui comme celui de 20 millions d'autres ménages français, est branché sur leur ligne téléphonique normale. Les Carrière ont cette machine depuis une quinzaine d'années. À première vue cela a la forme d'un clavier surmonté d'un écran couleur à faibles dimensions. Au début c'était plus un jouet qu'autre chose mais maintenant c'est devenu une partie essentielle du ménage. M. Carrière pianote sur le clavier et se renseigne sur les horaires des trains de Paris à Marseille le vendredi suivant en faisant défiler les pages correspondantes sur son petit écran. Il décident de prendre le TGV de 13 h 00 à la gare de Paris–Lyon, partant en début de période blanche. Il demande donc deux places au plein tarif dans ce train, en continuant toujours de pianoter sur le clavier, et exige la réservation d'une voiture ainsi que d'une chambre d'hôtel à l'arrivée. «Les Rambert ne pourront pas nous loger, car avec leurs trois enfants, leur appartement n'est pas suffisament spacieux.» M. Carrière insère sa carte de crédit dans le lecteur de badge du terminal, et appuie sur la touche marquée 'Envoi'. Il pourra ultérieurement retirer ses billets et ses réservations à un endroit de son choix (guichet de gare, agence, distributeur automatique) ou les recevoir tout simplement par la poste.

Vendredi, sur l'un des quais de la gare de Cergy, les Carrière montent dans une rame bleu-blanc-rouge du RER. Quelques secondes plus tard, ils roulent vers la gare de Lyon, bercés dans le confort des sièges à l'ergonomie extrêmement étudiée, et dans la sécurité d'un dispositif à pilotage automatique complet. À la gare souterraine de Paris–Lyon, en descendant du train, ils remarquent l'heure. «Il n'est que midi dix» s'écrie Madame. «Et si nous essayions d'attraper le TGV de 12 h 30?» Dans la salle d'embarquement, ils voient au tableau d'affichage des départs qu'il reste encore des places disponibles dans le train de 12 h 30. C'est décidé, ils prendront celui-là plutôt que celui de 13 h 00. Du même coup, ils réaliseront une petite économie, partant par le dernier train de la période bleue. M. Carrière introduit leurs billets magnétiques dans l'appareil, et appuie sur la touche marquée 'Prochain train'. L'appareil lui restitue les deux billets après les avoir modifiés, et signale à M. Carrière la différence de prix dont son compte en banque se verra crédité et avise enfin le service Train Auto de l'arrivée des Carrière à Marseille une demi-heure plus tôt que prévu!

1
Voici une liste de mots plus simples (dans le bon ordre). Quels mots du premier paragraphe dans le texte peuvent-ils remplacer?

content	demande
proposition	assez
petites	grand
taper	met
passer	prendre

2
Faites un petit organigramme des réservations faites par les Carrière. (Voir l'Informatique à la page 24.)

3
Bien sûr, cette histoire aura lieu en l'an 2000. Pouvez-vous prévoir ce que pourront faire les ordinateurs? Faites une liste en utilisant votre imagination, mais en commençant par les activités citées dans le texte. (*Par exemple*: On pourra réserver des chambres d'hôtel . . .).

4
Trouvez dans la deuxième section du texte les mots qui correspondent à ces explications dans le dictionnaire:

a soixantième partie d'une minute;
b balancés doucement;
c un mécanisme;
d qui est sous terre;
e action de partir;
f panneau destiné à recevoir une annonce;
g libres;
h faire entrer (une chose dans une autre);
i rendre à quelqu'un (ce qu'on lui a pris);
j avertir quelqu'un.

VOYAGEZ MIEUX EN PÉRIODE BLEUE!

Sur les trains français, les jours bleus correspondent aux périodes creuses, où il y a moins de passagers. On peut bénéficier d'un confort assuré aussi bien que d'une réduction de tarif. En période blanche, (surtout les week-ends), les conditions sont différentes, car il y a moins de réductions en raison du trafic plus intense. Les périodes rouges, sont celles où les grands départs en vacances et les rentrées rendent le voyage moins confortable. Ce sont les périodes à éviter, et où il n'y a pas de réductions.

branché *plugged in*
un clavier *keyboard*
à faibles dimensions *small*
pianoter *to tap*
défiler *to come up*
exiger *to order*
insérer *to insert*
appuyer *to press*
ultérieurement *eventually*
retirer *to claim*
une rame *train*
bercés *relaxing*
un dispositif *locomotive*
le tableau d'affichage *announcement board*
introduire *to insert*
l'appareil *equipment, machine*
restituer *to give back*
se verra crédité *will be credited*
périodes creuses *off-peak periods*
intense *heavy*
les rentrées *people homeward bound*

LE LENDEMAIN, COMME D'HABITUDE, MARIE-CLAUDE PREND LE TRAIN. MAIS AUJOURD'HUI ELLE EST DISTRAITE . . .
Votre billet, s'il vous plaît, Mademoiselle.

Mais vous ne l'avez pas composté. Vous savez que c'est obligatoire. Vous allez devoir payer une amende.
Mais j'étais certaine de l'avoir composté. Je ne comprends pas.

TOUT D'UN COUP HACÈNE EST LÀ À SES CÔTÉS.
Il y a un problème?
C'est bien simple. Mademoiselle a oublié de composter son billet. Donc elle est en infraction.

Mais est-ce que tu es sûre que c'est le bon billet? Cherche dans ton sac.

Ah le voilà. Je ne sais plus où j'en suis aujourd'hui. Ça c'est le billet de retour. Tenez, Monsieur, vous voyez que j'avais bien composté celui-ci.
Faites plus attention la prochaine fois, Mademoiselle.

MALGRÉ LE TUMULTE DE SON COEUR, ELLE PARVIENT À SE MAÎTRISER.
Comme je suis heureuse de te revoir. Je voulais justement te rendre le manuel que tu m'avais prêté

Mais qu'est-ce qui t'arrive? Tu as l'air bouleversé.
Depuis notre première rencontre je n'ai pas cessé de penser à toi.
Marie-Claude, j'ai moi aussi quelque chose à t'avouer – je t'aime.
ELLE S'EST JETÉE DANS SES BRAS ET IL L'ENLACE.

UN PEU PLUS TARD . . .
J'ai tant rêvé de cet instant. Je me sens si heureux près de toi.
LES DEUX AMOUREUX DESCENDENT DU TRAIN, RAYONNANTS DE BONHEUR.

UN NUAGE PASSE DANS LE REGARD CLAIR DE LA JEUNE FILLE . . .
Je ne veux jamais te quitter . . . mais avons-nous le droit de nous aimer?
Ne crains rien, notre amour vaincra. Avec toi je me sens si fort. De toute façon Jean-Paul et toi n'êtes pas faits l'un pour l'autre.

Tiens, c'est mon père là-bas. Que fait-il?
Je voudrais déposer ce sac. Je viendrai le chercher ce soir.
Très bien, Monsieur. Voici votre ticket.

Pourquoi est-ce qu'il fait semblant de ne pas me reconnaître? Je suis sûre qu'il m'a vue. Papa nous cache quelque chose.
Oh mon Dieu, c'est Marie-Claude. Il ne faut pas qu'elle me voie.

Je voudrais deux billets pour Paris. C'est pour le dix octobre.
Pas de problème. Les tickets sont valables deux mois.

Je ne comprends pas le comportement de mon père. Il se passe quelque chose d'étrange.

Est-ce que je peux te voir demain?
Oui – retrouvons-nous au centre d'informatique à midi.

Les Francophones

STADE DE COLOMBES, 7 MAI 1961...
SEDAN REMPORTE LA COUPE DE FRANCE DE FOOTBALL. PARMI LES ONZE VAINQUEURS, UN CERTAIN ZACHARIE NOAH...
HÉ! REGARDEZ QUI ARRIVE!
...MAIS, C'EST TON FILS, ZAC!?
VICTIME D'UNE DOUBLE FRACTURE DE LA JAMBE ET DU BASSIN, ZACHARIE NOAH INTERROMPT DÉFINITIVEMENT SA CARRIÈRE DE FOOTBALLEUR PROFESSIONNEL... AINSI, LA FAMILLE NOAH S'ENVOLE VERS LE CAMEROUN, LE PAYS D'ORIGINE DE ZACHARIE...
AIR FRANCE
F-BGNH

SI ON JOUAIT AU TENNIS?
ET AVEC QUOI, GROS MALIN, ON N'A PAS DE RAQUETTES!?
ET LE TERRAIN, Y'A PAS DE TERRAIN POUR JOUER?

ON N'A QU'À ALLER SUR LE TERRAIN DE BOULES, DERRIÈRE LES PAVILLONS, IL N'Y A JAMAIS PERSONNE... LES RAQUETTES, EH BEN, ON VA LES FABRIQUER NOUS-MÊMES!

du bassin *of the pelvis*
définitivement *for good*
gros malin *clever clogs*
les pavillons *the houses*
une tournée *a tour*
échanger quelques balles *knock up*
foule bigarrée *colourful crowd*
survoltés *over-excited*
d'un cran *a notch*
dans les travées *in the stands*

UN JOUR SON PÈRE LUI DIT
ARTHUR ASHE ET D'AUTRES JOUEURS...
... PROFESSIONNELS SONT ACTUELLEMENT EN AFRIQUE POUR UNE TOURNÉE...
ARTHUR ASHE ?
TU AS ENTENDU PARLER D'ARTHUR ASHE, QUAND MÊME ?
OUI, PEUT-ÊTRE... VAGUEMENT...
ARTHUR ASHE EST UN DES MEILLEURS JOUEURS DU MONDE ! DEMAIN, IL SERA À YAOUNDÉ, ET TU POURRAS ÉCHANGER QUELQUES BALLES AVEC LUI, COMME TOUS LES ENFANTS DU CLUB. C'EST SUPER, NON ?
LE LENDEMAIN, UN DIMANCHE DE FÉVRIER 1972, C'EST LA FIÈVRE À YAOUNDÉ. AMBIANCE COLORÉE, FOULE BIGARRÉE, ENFANTS SURVOLTÉS. MARTIE RIESSEN, CHARLIE PASARELL, TOM OKKER, ET SURTOUT ARTHUR ASHE, GRAND PARMI LES GRANDS DU TENNIS MONDIAL, ONT SORTI, LE TEMPS D'UNE EXHIBITION, LEURS RAQUETTES MAGIQUES.
ET, BIEN SÛR, AUCUN DES PETITS TENNISMEN DE YAOUNDÉ N'A VOULU MANQUER L'UNIQUE OCCASION D'ÉCHANGER QUELQUES BALLES AVEC CES GÉANTS...
C'EST LE TOUR DE YANNICK
D'ABORD ÉTONNÉS, PUIS RAVIS, ENFIN FOUS DE JOIE, LES SPECTATEURS SE SONT APPROCHÉS POUR MIEUX ADMIRER LES PROUESSES DE L'UN DES LEURS... DONT LE NOM, MAINTENANT, COMMENÇAIT À CIRCULER DANS LES TRAVÉES... YANNICK NOAH !...
ET ARTHUR ASHE LUI DONNE SA RAQUETTE

YANNICK NOAH: LES DÉBUTS DE SA CARRIÈRE

1

Lisez la bande dessinée sur Yannick Noah. Ensuite, travaillez avec un(e) partenaire. L'un d'entre vous doit fermer son manuel. L'autre va lui poser les questions suivantes, tout en vérifiant les réponses dans le manuel.

a Quelle est la date de naissance de Yannick Noah?
b Quelle était la profession de son père?
c Pour quelle équipe est-ce qu'il a joué?
d Comment est-ce que Yannick a participé à la victoire de son père?
e Pourquoi est-ce que Zacharie Noah a interrompu sa carrière de footballeur?
f Quel est le pays d'origine de Zacharie?
g Il manquait deux choses aux garçons qui voulaient jouer au tennis à Yaoundé. Lesquelles?
h Qu'est-ce qu'ils ont trouvé pour remplacer ces deux choses?
i Que fait Arthur Ashe à Yaoundé?
j Comment est-ce que Noah joue contre Ashe?
k Quelle est la réaction de la foule?

2

Imaginez que vous êtes Yannick Noah et que vous écrivez votre autobiographie. Rédigez le premier chapitre, où il est question de votre jeunesse et de vos débuts comme tennisman.

La Victoire

Le 5 juin 1983. C'est la finale des internationaux de France au stade Roland Garros. Noah joue contre Mats Wilander, le jeune Suédois.

1

Regardez l'image de Noah au moment de la victoire et lisez les commentaires encadrés. Choisissez un titre pour chaque encadré.

Les titres

a Le dernier point.
b C'est le délire.
c La fierté d'un père.
d Noah garde son cool.
e La naissance d'un champion.
f La presse attend sa réaction.
g La longue attente.
h Noah attaque.
i Les remerciements.

2

La conférence de presse: Vous allez travailler en groupe. Une personne va jouer le rôle de Yannick Noah, et une autre personne va jouer le rôle de son père. Les autres seront journalistes, qui poseront des questions.

la mise à feu *the launching*
la fusée *the rocket*
un stage *a course*
génial *brilliant*
s'en moque *doesn't care*
l'a cloué sur place
rivetted him to the spot

la rambarde *barrier*
des gradins *of the stand*
se casse la figure
falls flat on his face
le tourbillon *whirlwind*
on agrippe *grab*
on le bouscule *they jostle him*

il gueule un bon coup
he yells at them
se dégage *gets out of their way*
il brandit *he raises high*
les micros *the microphones*
balles de match *match points*
une mule *a mule*

Contrôles d'identité

Comment réagir?

Conversation, un soir très ordinaire, dans le métro parisien . . .
Il est 22 h, je suis assise dans le métro depuis une ou deux stations, quand un jeune homme *«basané»*, comme on dit, monte, une cigarette allumée à la main et s'installe en face de moi. Je réprime l'envie de lui faire une remarque, il a l'air si fatigué.
Quelques minutes après, s'avance un homme (25 ans environ), en civil, tiré à quatre épingles qui s'approche de l'homme assis en face de moi, une sorte de porte-clefs à la main.
– *«Éteignez votre cigarette»!*
L'autre obtempère.
– *«Vos papiers d'identité»!*
Doucement, le jeune homme assis demande:
– *«Vous me demandez mon identité et vous»?*
Alors un homme plus âgé, 55 ans peut-être, portant un imperméable et tenant une pochette à la main intervient:
– *«Vous n'avez pas vu ce qu'il vous a montré»?*
L'homme de 25 ans, ressort alors ce que j'avais pris pour un porte-clefs et le montre au jeune assis qui le regarde avec attention (il s'agissait probablement d'une plaque de police).
L'homme âgé reprend:
– *«Alors, tu as vu ou tu veux une photocopie»?*
Le jeune homme assis sort alors un vieux papier froissé que le *«jeune au porte-clefs»* examine avec soin et dont il recopie les données sur un carnet.
– *«Il n'y a pas d'adresse»?*
– *«Où habitez-vous»?*
– *«Rue . . . Montreuil».*
C'est l'homme le plus âgé qui continue l'interrogatoire:
– *«Où allez-vous»?*
– *«Gare d'Austerlitz».*
– *«Ça m'étonnerait dans cette direction».*
– *«Où allez-vous»?*
– *«À . . . chez ma femme»* et il sort un billet de train.
– *«À quelle heure partez-vous»?*
– *«23 h 15».*
L'homme plus âgé regarde sa montre et dit:
– *«Ça peut aller, vous l'aurez»!*
Quand les deux hommes se sont détournés du jeune assis pour descendre à la station suivante, je me lançai:
– *«Vous ne contrôlez pas tout le wagon»?*
Le plus âgé répondit d'un air furieux:
– *«Oh ça va hein»!*
Je repris:
– *«Ce n'est qu'une question»!*
Alors avant de descendre:
– *«Ne posez pas de question idiote . . .»*
– *«Merci»*, dis-je très fort, avant qu'il ne disparaisse.
Le jeune homme qui avait procédé au contrôle d'identité passa devant moi, regarda sans rien dire et descendit.
J'étais furieuse devant ce qui venait de se passer, je dis alors au jeune homme qui était toujours assis en face de moi:
– *«C'est honteux».*
Il répondit:
– *«Je vous remercie».*
– *«Vous savez, je risque rien»!*
– *«Non, mais c'est le geste, merci beaucoup».*
Je descendis à la station suivante . . .

1
Relevez tous les détails que nous avons sur le jeune passager: son aspect physique, sa façon de se comporter, les objets et les documents qu'il a, sa destination, sa situation de famille, etc. Faites de même pour les deux hommes qui l'interrogent.

2
Racontez l'incident du point de vue du jeune passager.

3
Jeu de rôle: Mettez-vous en groupes de six ou sept personnes. Deux personnes vont jouer les rôles des policiers, une personne va être le jeune passager et les autres vont être d'autres passagers qui doivent réagir à l'incident de la façon qui leur semble la plus appropriée. Les policiers et le passager qu'ils interrogent peuvent prendre le texte écrit comme point de départ mais ils peuvent aussi ajouter d'autres questions et d'autres remarques.

basané *darkish*
tiré à quatre épingles *very smart*
porte-clefs *key-ring*
obtempère *obeys*
une pochette *small briefcase*
une plaque de police *police identity card*
froissé *creased*
se sont détournés *turned away from*
une HLM *a council house*
des siens *from one's family*
en banlieue *in the suburbs*
le but *the aim*
boule de neige *snowball*
on accueille *we receive*
si c'était à refaire *if I had to do it again*
la SNCF *the railway*
le biberon *baby's bottle*
élèvent *bring up*
la rentrée des classes *the beginning of the Autumn term*
pareil *the same*
en colonie *to a children's camp*
les PTT *the post office*

L'HISTOIRE DE JACQUELINE

Jacqueline est Guyanaise, mariée à un Guyanais dont elle a quatre enfants. Elle a 35 ans, vit dans une H.L.M. à Sarcelles, et travaille comme infirmière de nuit à l'hôpital Lariboisière depuis quatre ans. Elle est arrivée en France à 17 ans.

«Au début, c'était un peu dur de se séparer des siens. Je logeais à l'hôpital même, en banlieue. Cela se passait bien. Il y avait le but du diplôme. Et puis j'étais avec des Antillaises, je n'étais pas isolée. J'allais à Paris de temps en temps. C'était merveilleux Paris, les lumières . . . Cela correspondait à ce que j'avais en tête.

Je rentrais chez moi tous les 5 ans: cela me manquait au début, puis après moins. Tous les ans, cela coûte cher: 5000 F, en tarif spécial voyage-vacances. Et les parents, il fallait les aider . . . même actuellement. Mon père était un grand pêcheur qui gagnait parfaitement sa vie, et maman ne travaillait pas. Nous étions 6 enfants. La plupart ici, deux là-bas . . . Cela fait boule de neige: on accueille ici ceux qui arrivent de là-bas.

Le temps qui me manque

J'ai rencontré quelqu'un de Guyane. C'est important d'être avec quelqu'un de son pays. On vit ensemble. Les familles se connaissent. Je le connaissais déjà là-bas. On s'est marié à 20 ans. On a fait 4 enfants.

. . . Si c'était à refaire, j'aurais eu les enfants plus tard. On peut connaître quelqu'un, mais il faut d'abord s'amuser, sortir . . . Le bon âge, c'est 35 ans. Trop tôt c'est pas bien. Il m'aide parce que je travaille de nuit . . . à cause des enfants justement, la dernière a trois ans, c'est une petite. Lui, le matin, il part à la S.N.C.F. Il sait tout faire, même changer et donner le biberon, c'est parce que je travaille à l'extérieur. Il faut que ce soit le père et la mère qui élèvent les deux.

Sans enfant, j'aurais voyagé, aux États-Unis, aux Canaries. Mais je suis allée à Nice, sur la Promenade des Anglais, à Marseille, Lourdes, sur certaines plages comme Dieppe. Je n'avais pas encore les enfants, on était simplement ensemble. Après ce n'était plus possible. Là, j'ai mes vacances en septembre. C'est bien calculé, car c'est pour la rentrée des classes. Je peux être calme, m'occuper d'eux. L'année prochaine ce sera pareil. Mais vers 84 on repart tous en Guyane. Les deux plus grands partent en colonie, en montagne, ils sont allés dans plusieurs endroits déjà. C'est parce que nous on ne part pas. C'est les colonies de la S.N.C.F., ou par mon travail à moi, ou par les P.T.T.

Ce qui m'aurait plu, c'est qu'on parte tous ensemble, des vacances familiales. Je compte le faire un jour.

1
Dessinez un schéma qui montre les différentes étapes de la vie de Jacqueline depuis son arrivée en France à l'âge de 17 ans jusqu'à l'an 1984. (Le texte a été écrit en 1983.)

2
Imaginez que vous êtes mère de famille. (Vous pouvez choisir d'être quelqu'un de célèbre, ou d'être votre propre mère, si vous voulez.) Décrivez tout ce que vous auriez fait si vous n'aviez pas eu d'enfants. «Sans enfant, j'aurais . . .»

3
Le mari de Jacqueline s'appelle Rohan. Imaginez qu'il raconte sa vie à lui: son arrivée en France, sa situation familiale en Guyane, sa rencontre avec Jacqueline, sa vie quotidienne, ses projets d'avenir.

Des enfants parlent de la vie aux Antilles

Lise

«Aux Antilles, le plus génial c'est le soleil, les plages et la mer. C'est plein d'arbres, de végétation, de fleurs. Il y a des petites montagnes avec des pentes et des routes en zig-zag, et pas de cité, que des pavillons. Il y a beaucoup de place pour s'amuser, et des tas de fruits à manger: des bananes, des cocos, des fruits à pain, des ignams, des tinins, des cannes à sucre, des pommes d'l'eau, des mongos, des quenettes, des marakoudja, des pamplemousses; des oranges vertes et grosses, plus sucrées qu'ici à cause du soleil; des cerises avec plusieurs pépins . . . Ici c'est cher les fruits, quand on les achète; là-bas on les achète pas: ils ont poussé» *(Carole, 13 ans).*

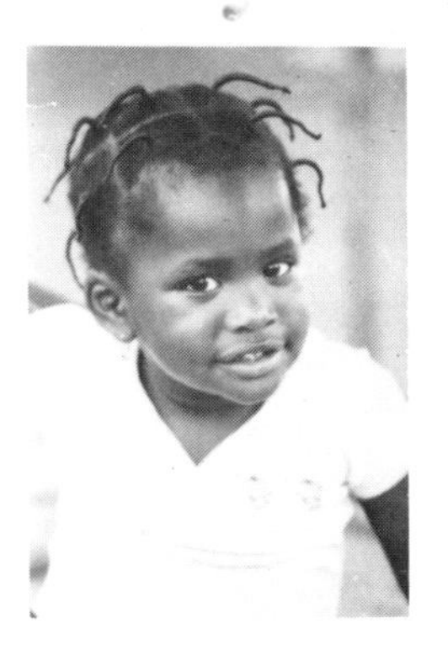

Linda

«Parce que là-bas, il y a beaucoup, beaucoup de soleil: il fait toujours chaud, entre 25 et 30°» *(Jocelyne, 14 ans).* «C'est bien parce qu'on peut s'habiller tout le temps en short, en maillot de bain. Souvent on se promène sans chaussures mais des fois les gens mettent des chaussures parce que par terre c'est trop chaud. Même quand il pleut, à la saison des pluies, il fait chaud, on n'a pas besoin de mettre de pull» *(Catherine, 10 ans).* «Et comme la pluie est chaude, on peut même jouer au foot dehors. Pour le foot les terrains ils sont pas pareil, les enfants les construisent eux-mêmes avec des bambous, et des fois sur la route ils jouent avec des grosses oranges au lieu d'un ballon. Ils se connaissent presque tous alors qu'ici quand deux sont copains, ils laissent tomber les autres» *(David, 12 ans).*

«Les Antillais, ils ont leur méthode de vivre: ils font leur jardin, il y a des dames qui portent toujours des trucs sur la tête. Il y a des gens qui font leur maison eux-mêmes en bois ou en ciment. Ils aiment bien s'occuper de leurs bêtes: ils ont des poules, des lapins, des chèvres, des canards» *(David).* «Comme il fait chaud ils laissent souvent leur porte ouverte, ils vivent en plein air» *(Hugues, 15 ans).*

«Les gens se parlent partout dans la rue, même des fois ils arrêtent leur voiture en plein milieu de la route pour causer, pendant un quart d'heure! Tout le monde se tutoie, ils se considèrent tous comme des frères. Quand ils ont rien à faire ils sont souvent en train de regarder ce qui se passe dans la rue» *(Philippe, 17 ans).*

Hugues

«Ce qui m'étonne toujours c'est quand on passe en voiture, tout le monde nous regarde!» *(David).*

«Ce qui est bien, c'est la gaieté des gens, la liberté, le fait que les portes ne soient pas fermées: on peut communiquer. C'est la communication qui fait la gaieté. C'est pour ça, quand on va passer des vacances là-bas on a envie de rester. Il y a plein de touristes là-bas: des Français, des Chinois, des Indiens, des Africains, des Haïtiens, des Dominicains, des Punks et plein de Rastas: c'est la liberté qui les attire» *(Hugues).* «Aussi j'ai remarqué, les gens ne sont pas égoïstes: quand ils voient des étrangers qui ont besoin de quelque chose ils leur apportent, même s'ils n'ont rien demandé, ils essaient de se familiariser» *(Carole, 12 ans).*

Jocelyne

«Ils sont bavards aussi, ils aiment bien s'amuser, faire des plaisanteries» *(Philippe).* «Des fois quand c'est le Carnaval en février il y en a qui dansent, ils chantent en même temps que la musique» *(Linda, 8 ans).* «À Noël aussi ils se déguisent, ils font des cadeaux, tout ça» *(Catherine).* «Mais même tout le temps on s'ennuie pas. Tu peux pas dormir la journée parce qu'il y a du bruit dehors, les gens crient tout le temps! Dans les boutiques, ils sont toujours en train de se disputer, ils font une histoire pour cinq centimes» *(Philippe)!*

«Le marché, c'est pas calme comme le marché de Sevrano ils crient *"achète, achète"*. Si la mère est avec l'enfant, elle est obligée d'acheter parce que les dames elles disent *"Tu vois, elle veut ça, achète-lui"*» *(Lise, 13 ans).* «C'est presque tout le temps la fête. Quand tu vas dans une surprise-partie, tu trouves pas de désaltérant, tu trouves que de l'alcool. Ils aiment bien les chansons aussi, les danses antillaises, la biguine» *(Hugues).* «Tout le monde est heureux là-bas» *(David)!*

1

Écoutez ces enfants qui parlent des Antilles, et chaque fois qu'un des enfants aborde un des sujets ci-dessous, cochez la case appropriée.

	Carole (13)	Jocelyne	Catherine	David	Hugues	Philippe	Carole (12)	Linda	Lise
Le climat									
La nourriture									
La façon de s'habiller									
Les divertissements									
Le tempérament des Antillais									
Les maisons									
Le bétail									
Le tourisme									
Les fêtes									
La façon de faire les courses									

2

Il y a des apects de la vie des Antillais qui sont une conséquence du climat. Lesquels?

3

Ces enfants trouvent que les gens qui habitent aux Antilles sont différents des gens qui habitent en France. Voici une liste d'adjectifs qui décrivent le tempérament des Antillais tel que les enfants le voient. Trouvez une partie du texte qui correspond à chaque adjectif.

Les enfants trouvent que les gens qui habitent aux Antilles sont:
généreux
bavards
bricoleurs
curieux
gais
ouverts
familicrs

4

Faites une rédaction dans laquelle vous parlerez d'un endroit où vous avez été très heureux/se.

génial *great*
des pentes *slopes*
des pavillons *houses*
des ignams *yams*
des pamplemousses *grapefruit*
pépins *stones*
ils ont poussé *they've grown*
des trucs *things*
se tutoie *call each other «tu»*
égoistes *selfish*
se familiariser *make friends*
bavards *chatty*
plaisanteries *jokes*
se disputer *quarrel*
désalterant *soft drink*
biguine *Caribbean dance*

LA VIE AUX ANTILLES

Carole a treize ans. Née en Martinique elle l'a quittée en 72 et y est retournée en 82 pour les vacances.

Lise, treize ans, est née à la Guadeloupe et vit à Sevran depuis deux ans et demi. Elle y retournera en 83 pour les vacances.

Catherine, 10 ans, a quitté la Guadeloupe à 6 ans.

Muriel, 12 ans, et Lina, 8 ans, toutes deux nées à la Guadeloupe, ne se rappellent plus quand elles sont venues en métropole.

Philippe, 17 ans et son frère Hugues, 15 ans sont nés à Pointe-à-Pitre. Ils avaient 4 et 6 ans quand ils sont partis. Ils sont retournés en Guadeloupe en 75 et en 81.

Carole, 12 ans et sa sœur Sylviane, 10 ans, sont nées en Martinique mais sont parties très jeunes, à 1 et 3 ans. Elles y sont allées en 79 et en 82.

Jocelyn, 14 ans, est né à Paris, mais a vécu en Martinique de 3 mois à 3 ans et demi.

David, 12 ans, né à Aulnay-sous-Bois, est allé trois fois aux Antilles.

1

Vous allez lire des commentaires des mêmes enfants sur des aspects de la vie aux Antilles qui sont plus difficiles. Mais avant de lire le texte, essayez de deviner les réponses aux questions suivantes. Ensuite, regardez le texte pour vérifier si vos réponses sont justes.

a Pourquoi est-ce que la nourriture est plus chère aux Antilles qu'en France?

b Pourquoi est-ce que Philippe dit qu'il aimerait mieux être un clochard en Guadeloupe qu'en France?

c Pourquoi est-ce que la fille que Sylviane connaissait mettait toujours la même robe?

d Pourquoi est-ce que le dimanche on a du mal à savoir qui est riche et qui est pauvre?

e Qu'est-ce qu'il y a comme meubles dans la plupart des maisons?

f Où est-ce qu'on va chercher l'eau?

g Quels sont les animaux qu'on trouve là-bas qui font peur aux gens?

h Pourquoi est-ce que les gens qui habitent aux Antilles ne souffrent pas de piqûres de moustiques?

i D'où viennent les cyclones?

j Qu'est-ce qui cause les cyclones?

2

Trouvez aussi rapidement que possible le nom des enfants qui parlent de:

a les bêtes qui piquent;

b les pauvres qui mettent leurs bijoux le dimanche;

c les cyclones;

d le manque d'eau;

e les champs de fruits qui n'ont pas de gardes;

f le manque de meubles dans les maisons;

g le coût de la nourriture qui est importée de la France.

3

Quelles sont les solutions trouvées par les Antillais pour essayer de surmonter les problèmes suivants? (Parfois il y a plusieurs solutions.)

a le manque de travail;

b le coût de la nourriture;

c le désir de ne pas montrer sa pauvreté;

d le manque d'eau;

e les cyclones.

des débouchés *job opportunities*
la récolte *the harvest*
ils cultivent *they grow*
la métropole *France*
à leur faim *their fill*
un clochard *a tramp*
à la messe *to mass*
parfois *sometimes*
volets *shutters*
forcément *necessarily*
un tonneau *a barrel*
des crapauds *toads*
punaises *bugs*
moustiques *mosquitoes*
piqués *bitten*
des taches *marks*
enfle *swells up*
bouton *spot*
ravage *ruins*
du scotch *sticky tape*
on bouche *you block them up*

Des aspects plus difficiles de la vie aux Antilles

«Le problème aux Antilles c'est le travail. C'est pas facile de trouver parce qu'il faut avoir des débouchés, des qualifications. Pour les petits métiers c'est très difficile. Mais c'est pas spécialement un problème parce qu'on peut vivre de la récolte» *(Jocelyn)*. «Il y a des gens, ils vivent seulement avec ce qu'ils cultivent. Ils cultivent plus qu'ils achètent parce que la nourriture est plus chère qu'ici, parce que c'est des produits de la métropole, sauf pour les produits des Antilles comme le rhum» *(Philippe)*. «Il y a beaucoup de gens pauvres mais ils mangent quand même à leur faim parce qu'on s'aide mutuellement» *(Jocelyn)*. «Et sur les routes, on trouve ce qu'on veut, on n'a pas besoin de demander: comme il y a beaucoup de champs et qu'il n'y a pas beaucoup de gardes, pour trouver des fruits tu n'as pas besoin d'acheter. Si tu es un clochard tu ne peux pas mourir de faim. Moi je préférerais être un clochard en Guadeloupe qu'en France» *(Philippe)*.

«Mais tout de même c'est assez pauvre. Il n'y a pas de coins de riches, sauf en ville. En Martinique, il y a des gens qui sont très maigres. Et on connaissait une fille, elle mettait toujours la même robe. Il y en a qui n'ont pas d'argent et ça se voit sur leurs habits: ils ont presque rien à se mettre et des habits sales en plus. Il y en a aussi qui sont obligés d'aller travailler chez les autres, ranger la maison, cultiver le jardin» *(Sylviane)*. «Mais le dimanche on a du mal à voir ceux qui sont pauvres et ceux qui sont riches. Ceux qui sont pauvres ils mettent leurs bijoux pour aller à la messe, ils mettent tout leur linge du dimanche» *(Carole)*. «Aussi parfois il y a de belles maisons mais ce n'est pas beau dedans: il y a plein de bêtes, il y a pas de place, il y a des fenêtres mais rien pour cacher, pas de volets. Il y a même pas de meubles: juste une table, des chaises, et ce qu'il faut pour cuisiner. Et puis quand ils ont quelque chose de grand, ils ont forcément quelque chose de petit. Par exemple si la salle à manger est grande, la salle de bains est toute petite. Et souvent, il y a plusieurs pièces dans une seule. Et puis l'eau manque aussi. Des fois, il faut aller la chercher à la fontaine dehors, des fois c'est à des kilomètres. Il faut l'économiser parce que ça coûte cher alors il y en a qui mettent de l'eau de pluie dans un tonneau pour se laver» *(Sylviane)*.

«Il y a aussi des choses qui font peur: il y a des lézards, des crapauds, des serpents, des sortes de punaises, des bêtes à corne et des bêtes à fièvre. Il y a plein de moustiques la nuit» *(Carole)*. «Les gens qui ne sont pas allés aux Antilles depuis longtemps, ils sont beaucoup piqués. Ça fait des taches noires. Ceux qui sont fragiles ils ont parfois le pied qui enfle. Ceux qui vivent là-bas n'ont pas de bouton: ils sont immunisés» *(Hugues)*.

«Des fois, il y a des cyclones mais pas souvent. Les cyclones ça part de l'Afrique, ça va en Floride et ça passe par les petites Antilles. C'est dû à un mélange de chaleur et de froid. Ça fait des tempêtes, du vent, beaucoup de pluie: ça ravage tout, ça détruit les récoltes mais on n'y peut rien. Quand il y a la tempête, on ferme les fenêtres avec du scotch, on bouche tout pour empêcher que l'air passe» *(Jocelyn)*.

«Les Antilles, ça se trouve sous l'équateur, en face de l'Amérique centrale, on y va en avion ou en bateau parce que c'est à 7000 km. On met huit heures en avion. En bateau, ça fait au moins six jours. Tu viens?» *(Jocelyn)*.

LAMINE ET FATOU

Lamine et Fatou viennent de Bourkina-Fasso. Ils habitent en France depuis dix ans. Sur la bande vous allez les entendre parler de leurs relations avec leur fils, Abdou.

1

Écoutez la première partie de la bande:

a Fatou explique ce que les enfants doivent faire en Afrique. Essayez de compléter les phrases suivantes:
____ les parents;
____ des petits;
ne pas gâcher la ____;
travailler aux ____;
____ à certaines fêtes et pas à ____;
ne pas ____ les adultes;
____ à leurs ordres.

b Son père se plaint du comportement d'Abdou:
Il n'obéit que si sa mère ____ et le ____, et il faut tout lui ____.

2

Écoutez la deuxième partie de la bande et répondez aux questions:

a Que fait Abdou pour les vieux du quartier?
b Qu'est-ce que ses parents lui demandent de faire pour eux?
c Quelle est sa réaction?
d Sa mère propose des explications du comportement de son fils: essayez de compléter les phrases:
Peut-être parce que nous vivons tous les ____, entre ____ murs.
Que son père ____ à 23 h le soir et ne le ____ pas.
En Afrique il ____, il ____ comment les choses ____ se faire, rien qu'en ____ ses yeux et ses oreilles.
Pour nous, Africains, la vie en famille ____, ce n'est pas notre ____ et c'est ____, à mon avis.

3 

Écoutez la troisième partie de la bande et répondez aux questions:

a Qu'est-ce qu'on fait en Afrique quand on rencontre une vieille personne?
b Qu'est-ce qui est arrivé à Lamine les deux fois qu'il a voulu aider une vieille personne en France?
c Qu'est-ce qu'on fait en Afrique si on a faim?
d Qu'est-ce qui arrive si on fait la même chose en France?

4

Fatou écrit à sa mère, qui habite en Bourkina-Fasso, pour lui parler de ses problèmes avec Abdou. Rédigez cette lettre. Avant de l'écrire, écoutez la bande encore une fois et notez des phrases qui pourront vous être utiles.

5

Fatou vient d'apercevoir Abdou en train d'aider un vieux à monter ses provisions. Elle est furieuse, parce qu'il ne se montre jamais aussi serviable envers elle. Avec un(e) partenaire, imaginez la scène entre Fatou et Abdou.

styliste *designer*
réussir *to succeed*
affûteur *grinder*
la zône *slum area*
bidonville *shanty town*
Mercure de France *name of a publisher*
roman *novel*
entourés *surrounded*
béton *concrete*
O.S. *unskilled worker*
le journal *TV news programme*
diplômé *with a degree*
domaine *sphere*

CES IMMIGRÉS QUI DONNENT LE TON

PEOPLE

Artistes, stylistes, commerçants, journalistes, . . . Ils ont tous un point commun: ce sont des immigrés.

Médhi Sharef est affûteur depuis une dizaine d'années en usine. Il est arrivé à Paris à l'âge de 9 ans, a connu la zône, la prison, les bidonvilles de Nanterre. Aujourd'hui, il sort son premier roman au Mercure de France: «Le thé au harem d'archi Ahmed», histoire d'une amitié entre un jeune blanc, Pat, et un jeune arabe, Magdid, qui vivent entourés de béton.

RÉUSSITES EN TOUS GENRES

Mais attention. Tous ces jeunes immigrés ne sont pas des enfants du béton ou des O.S. Certains ont quitté une bonne situation dans leur pays, pour en trouver une autre en France. Tel Azzedine Alaïa, grand couturier parisien. Ou Rafik qui, à 22 ans est le plus jeune créateur styliste, il travaille avec un groupe de quatre couturiers d'avant garde, «L'Odyssée de la Mode». Lui est issu de parents très aisés, la famille Boumessaour, de la grande intelligencia algérienne.

Rachid Arab, d'origine kabyle, présente à 32 ans le téléjournal de l'Ile de France. Arrivé en France à un an et issu de la haute bourgeoisie algérienne, il s'installe avec ses parents en Lorraine. En mai 78, il sort diplômé d'une école de journalisme et entre à F.R.3.

M. Samba, directeur et fondateur de plusieurs night-clubs «in» de Paris. D'origine sénégalaise, c'est un homme calme, absorbé, presque magnétique.

Les Femmes elles non plus ne sont pas absentes de ce domaine. Peut-être même les connait-on mieux. Elles sont dans la mode, la danse, la peinture, et même la coiffure, comme Miss Mbamy, mariée à un iranien, cette jeune camerounaise, est directice de l'un des salons de blacks les plus réputés de France.

Ces femmes sont également très présentes dans les mileux d'affaires. C'est le cas de Mme Djoléa, responsable des relations publiques de la chaîne Hilton . . .

Mais les immigrés qui ont réussi, on ne les appelle plus «immigrés», mais étrangers, algériens, camerounais, tunisiens, sénégalais . . .

1

Lisez l'article sur 'Ces immigrés qui donnent le ton' et répondez aux questions suivantes:

Lequel/laquelle

- **a** est diplômé d'une école de journalisme?
- **b** est auteur?
- **c** travaille pour une chaîne d'hôtels?
- **d** est camerounaise?
- **e** a travaillé en usine?
- **f** est présentateur à la télévision?
- **g** est sénégalais?
- **h** est mariée à un iranien?
- **i** est arrivé à Paris à l'âge de 9 ans?
- **j** dirige un salon de coiffure?

Lesquel(le)s

- **k** travaillent dans l'industrie de la mode?
- **l** sont algériens?
- **m** sont issus d'un milieu aisé?

2

Pour chaque personne citée, essayez de remplir autant de cases que possible:

	métier (ancien)	métier (en ce moment)	issu(e) d'un, milieu aisé ou modeste?	pays d'origine	qualités personnelles
Médhi Sharef					
Azzedine Alaïa					
Rafik Boumessaour					
Rachid Arab					
M. Samba					
Miss Mbamy					
Mme Djolea					

L'AFRIQUE FRANCOPHONE

1
Regardez en face la carte de l'Afrique. Pour chaque pays il y a marqué:

le nom du pays
Angola
la population
7 m
le revenu annuel par habitant en $
$902
l'espérance de vie
41 ans
le pourcentage de la population ayant accès à l'eau potable
17%
les principales exportations
café pétrole

Pour comparer, voici les chiffres pour la France, Le Royaume-Uni et les États-Unis:
France: 54 m, $12,156, 74 ans, 97%, produits chimiques, produits alimentaires.
Royaume-Uni: 56 m, $9,213, 73 ans, 99%, équipements de transport.
États-Unis: 228 m, $11,347, 74 ans, 99%, biens d'équipement, matériels de transport.

Voici un tableau qui montre l'origine des 130,000 personnes originaires des pays d'Afrique Noire habitant en France en 1982.

RÉPARTITION PAR NATIONALITÉS	
Africains du Sud	363
Angolais	324
Béninois	4,269
Bourkinabes	2,263
Burundais	263
Camerounais	*13,143*
Centrafricains	2,828
Congolais	*8,501*
Éthiopiens	451
Gabonais	2,756
Gambiens	195
Ghanéens	459
Guinéens	1,452
Ivoiriens	*11,346*
Kenyans	111
Liberiens	112
Malawi	39
Maliens	*19,992*
Mauritaniens	5,177
Nigerians	1,807
Nigériens	1,104
Ougandais	82
Ruandais	200
Sénégalais	*29,188*
Sierra-Léonais	136
Somaliens	54
Soudanais	370
Tanzaniens	96
Tchadiens	1,217
Togolais	5,086
Zairois	5,001
Zambiens	26

2
Trouvez sur la carte chacun des pays d'origine des Africains en France. Préparez le tableau comme celui-ci:

PAYS	NATIONALITÉ	POPULATION	NOMBRE EN FRANCE
Afrique du Sud	Africains du Sud	29 m	363

3
Recherches personnelles: Chaque membre de la classe prend un ou plusieurs pays et essaie de trouver quelques autres précisions. (*Par exemple*: Est-ce que le pays est francophone – le français est la langue officielle – ou anglophone ou arabophone ou autre?)
Comment s'appelle le président ou le premier ministre?
Comment s'appelle la capitale?

TUNISIE
6.5 millions
$ 1301
58 ans
62%
phosphates,
vêtements
MAROC
21 millions
$ 872
55 ans
53%
phosphates, fruits
ALGÉRIE
19 millions
$ 2091
56 ans
78%
pétrole
LIBYE
3 millions
$ 10119
56 ans
87%
pétrole
EGYPTE
45 millions
$ 580
55 ans
66%
coton
SÉNÉGAL
6 millions
$ 471
42 ans
35%
arachides,
phosphates
MAURITANIE
1.5 million
$ 414
42 ans
17%
minerai de fer
MALI
7 millions
$ 196
42 ans
23%
coton, viande
NIGER
5.5 millions
$ 325
42 ans
49%
uranium, bétail
TCHAD
4.5 millions
$ 113
41 ans
26%
viande, poisson
SOUDAN
19 millions
$ 418
46 ans
46%
coton
DJIBOUTI
0.5 million
$ 480
n.d.
bétail
AMBIE
.6 million
384
1 ans
2%
rachides
BOURKINA-FASSO
6 millions
$ 221
41 ans
14%
bétail, coton
NIGÉRIA
77 millions
$ 1035
48 ans
28%
pétrole, cacao
ETHIOPE
30 millions
$ 137
40 ans
13%
café, peaux
INÉE BISSAU
million
48
ans
chides,
le de palme
CÔTE D'IVOIRE
8 millions
$ 1235
46 ans
14%
bois, café
CAMEROUN
8.5 millions
$ 743
46 ans
49%
cacao, café
RÉPUBLIQUE CENTAFRICAINE
2.5 millions
$ 333
44 ans
18%
diamants, café
SOMALIE
5.5 millions
$ 283
43 ans
38%
bétail, bananes
OUGANDA
13 millions
$ 468
52 ans
16%
café, coton
RWANDA
5 millions
$ 226
46 ans
38%
café, étain,
tungstène
KENYA
16.5 millions
$ 412
55 ans
24%
café, thé, sisal
GUINÉE
5 millions
$ 315
44 ans
10%
ananas, bauxite
LIBÉRIA
2 millions
$ 515
50 ans
10%
minerai de fer,
diamants
GHANA
12 millions
$ 359
49 ans
50%
cacao, bois
BÉNIN
3.5 millions
$ 322
46 ans
17%
coton,
fruits de palmier
GABON
0.75 million
$ 4279
44 ans
1%
bois, pétrole
CONGO
1.5 million
$ 1014
46 ans
13%
bois dur, café
BURUNDI
4.5 millions
$ 210
42 ans
n.d.
café, coton
SIERRA LEONE
3.5 millions
$ 306
46 ans
9%
Diamants, café
TOGO
2.5 millions
$ 388
46 ans
11%
phosphates,
cacao
GUINÉE EQUATORIALE
0.25 million
$ 608
46 ans
n.d.
cacao, café
ZAIRE
28.5 millions
$ 201
46 ans
18%
cuivre, cobalt, café
TANZANIE
19.5 millions
$ 264
52 ans
39%
café, coton
ANGOLA
7 millions
$ 902
41 ans
17%
café, pétrole
ZAMBIE
6 millions
$ 609
48 ans
42%
cuivre
MALAWI
6 millions
$ 248
46 ans
44%
tabac, thé
ZIMBABWE
7.5 millions
$ 718
54 ans
n.d.
tabac, viande
MOZAMBIQUE
12 millions
$ 394
46 ans
7%
textiles
noix de cajou
MADAGASCAR
8.5 millions
$ 366
46 ans
26%
café
NAMIBIE
1.3 million
$ 1443
51 ans
n.d.
uranium, diamants
BOTSWANA
1 million
$ 886
48 ans
45%
bovins, diamants
SWAZILAND
0.5 million
$ 786
46 ans
37%
sucre,
pulpe de bois
AFRIQUE DU SUD
29 millions
$ 2387
60 ans
n.d.
diamants,
or, fruits
LESOTHO
1.3 millions
$ 505
50 ans
23%
bétail, laine

LES VACANCES

RANDONNÉE PÉDESTRE

BEAUGENCY
Randonnée en Sologne
15 km par jour en moyenne en terrain plat – Age minimum 16 ans.
14 jours: **1170 F**
Début des stages: 2–16–30 juillet et 13 août.
Randonnée à pied en pays de Raboliot et du Grand Meaulnes, au départ de Beaugency.
Itinéraire: Beaugency, Chambord, Bracieux, Dhuizon, La Ferté St Cyr, Ligny le Ribault, Le Ciran, Isdes, L'Etangs du Puits, St Gondon, Gien, et retour à Beaugency (par transport en commun).
15 km par jour en moyenne, sur terrain plat dans le merveilleux paysage de Sologne.
Hébergement en Auberge de Jeunesse, gîte d'étape, et sous tente.
Le prix comprend: hébergement, nourriture, accompagnateur, aide technique de l'Auberge.

BEAULIEU-SUR-DORDOGNE
En Corrèze médiévale avec des ânes
Randonnée pédestre accessible à tous.
7 jours: **1100 F** environ
Du 4 au 17.06–Du 16 au 29.07–Du 13 au 26.08–Du 3 au 16.09.
De MAI à SEPTEMBRE: toute date possible pour groupe constitué de 6 personnes minimum et 11 personnes maximum.
Randonnée pédestre en groupe d'une dizaine de personnes, (12 à 20 kilomètres par jour) à travers les villages médiévaux de Turenne, Collonge la Rouge, Curemonte et les grottes de Lafage.
Des ânes porteront le matériel de camping et les provisions.
Ce prix comprend:
- hébergement: camping et Auberges de Jeunesse
- pension complète: et 1 repas au restaurant
- service d'un accompagnateur (trice)
- équipement: matériel de camping . . . et les ânes!

FOUGÈRES
Découverte du Pays Fougerais
Randonnée pédestre tous niveaux.
7 jours: **950 F**
Du 4 au 11.04–Du 22 au 29.05–Du 19 au 26.06.
Du 1er jour après-midi au dernier jour au matin.
2 journées randonnée pédestre.
1 visite au Mont Saint-Michel.
Découverte au 2ème marché aux bestiaux d'Europe en activité.
Quelques heures d'équitation.
Visite de la ville, du château, des musées.
Pour petits groupes randonnée cyclotouriste.
Le prix comprend:
- l'hébergement
- les repas
- les visites (château, Mt St-Michel, Marché aux bestiaux)
- l'équitation.

RENNES
Randonnée pédestre en Bretagne intérieure
Randonnée avec accompagnateur, avec étapes de 15 à 22 km et hébergement en gîtes ou hôtels.
16 jours: **1550 F**
Du 14 au 29.07.
Du premier jour dîner au dernier jour déjeuner.
Programme: Arrivée le premier jour dans l'après-midi, dîner en commun et départ pour la randonnée au matin. Deux journées de détente sont prévues afin d'effectuer des visites ou pour se reposer dans la campagne. L'activité se termine le dernier jour dans l'après-midi.
Équipement à apporter: Chaussures de randonnées, chaussures de repos, jeans, short, chemisettes, vêtement de pluie, nécessaire de toilette, sac à dos léger.
Le prix comprend: le séjour et l'encadrement, les transferts en bus et en train, les repas (déjeuner, dîner), le logement et le petit-déjeuner en gîtes, l'assurance accident.

1 Randonnée pédestre

Sur quel itinéraire

a est-ce qu'on monte à cheval?
b est-ce qu'il y a des demeures historiques sur le chemin?
c est-ce qu'on a deux jours de repos?
d est-ce que le paysage est plat?
e est-ce qu'on visite la Bretagne?
f est-ce qu'on paie moins de mille francs?
g est-ce que le prix comprend une visite en château?
h est-ce qu'on peut aller en vélo?
i est-ce qu'on emploie des animaux en porteurs?

2 Trouvez les bonnes paires

Trouvez dans la deuxième colonne le sens des mots ou des phrases qui se trouvent dans la première.

transports en commun	repas
nourriture	des cavernes
grottes	à pied
matériel de camping	bus ou train
pension	montée à cheval
équitation	provisions
pédestre	ensemble
en commun	maison de campagne
gîte	tente, etc.

3 Quel séjour?

Choisissez un programme pour chacun de ces aubergistes:

Pierre: prend son congé au mois de juillet. Il adore la randonnée pédestre, et il a pu visiter presque toutes les régions de France, sauf celles de l'Ouest. Il n'aime pas les animaux. Il ne sera pas libre avant le 12 juillet.

Solange et Marianne: ont 15 ans. Elles n'ont jamais fait de randonnée, et leurs parents insistent pour qu'elles soient accompagnées. Elles ont pu persuader quelques amies d'aller ensemble, mais elles trouvent qu'il est impossible de réserver pendant les grands départs. Elles doivent partir le 3 septembre.

Alain et Danielle: sont mariés depuis trois ans. Elle aime les Auberges de Jeunesse. Lui, il aime faire le camping. Ils n'aiment pas beaucoup passer leurs vacances parmi les jeunes. Elle ne sera pas libérée de son emploi avant le 10 août. Ni l'un ni l'autre n'aime la montagne.

Martine: prend toujours ses vacances à Pâques. Cette année elle ne peut consacrer que dix jours en tout à ses vacances. Elle a toujours eu envie de visiter l'Ouest de la France. Elle adore les animaux.

Une carte postale

'L'église de Sologne'

Chers Maman, Papa,
Aujourd'hui nous avons fait 15 Kms. Heureusement le terrain est plat en Sologne! Mais le paysage est si beau! Nous sommes arrivés ce soir à Isdes et nous passons cette nuit sous tente.
Bons baisers. Aline.

hébergement	*accommodation*
gîte d'étape	*overnight lodging*
médiévaux	*medieval*
marché aux bestiaux	*livestock market*
l'encadrement	*services of tour leader*

4
Rédigez une carte postale qui pourrait être écrite un soir pendant une randonnée parmi celles-ci.

PETITES ANNONCES

Location offres

Collioure (Pyrénées-Orientales): 1 logt 2 pces (1 cple + 2 enf.) mblé – oct.: 550 F TTC. 1 logt (3 pces) (4/5 pers.), terrasse, mblée – oct.: 800 F TTC – M. Ausseil, 3, rue Giradot, 93170 Bagnolet.

Fréjus (Var): 5 km plages, cent. comm., ds dom. rés. privé, piscine, tennis, mobil-home (5 pers.) – M. Parisot – ☎ (94) 68.28.58.

Saint-Léger-les-Mélèzes (Hautes-Alpes): appt F2 (4 pers.), tt cft – mois, quinz. – M. Le Duc «Lou Jas» Le Boulard 13480 Cabries – ☎ (42) 22.09.62.

Mimizan-Plage (Landes): gde villa (9 pers.), tt cft – sept., poss. quinz. – ☎ (1) 566.31.43 ou (1) 566.28.31 (bur.) ou (1) 380.65.95 (dom.).

5
Cherchez dans ces petites annonces les abréviations qui veulent dire:
tout confort, pièces, centre commercial, grande, meublé, appartement, dans, quinzaine, toutes taxes comprises.

6
Que veulent dire ces abréviations?
logt. pers. bur.

7
Décrivez sans utiliser les abréviations les appartements ou les villas que l'on propose dans ces annonces.

DANS LES AUBERGES DE JEUNESSE

LÉGENDES

- Auberge de Jeunesse
- Auberge simple
- Auberge temporaire sous tentes fixes
- Auberges de jeunesse affiliées
- Centres d'Hébergement associés
- Hébergement
- Petit déjeuner
- Repas préparés pour individuels
- Douche(s)
- Cuisine
- Places camping

- Centre d'activités (été si non précisé)
- Centre de ski
- Activités, monuments, sites intéressants à proximité de l'Auberge
- Groupes acceptés
- Repas préparés pour groupes
- Gare la plus proche
- Nombre de places
- Auberge de Jeunesse ouverte du
- H Horaire d'ouverture
- ● Oui
- ★ Précision dans le texte

GRENOBLE-ECHIROLLES
(Isère)
200 m

Avenue du Grésivaudan
Lieu-dit La Quinzaine
38130 Echirolles
(76) 09.33.52

Hébergement	Petit déjeuner	Repas préparés pour individuels	Douche(s)	Cuisine	Auberge temporaire sous tentes fixes	Centre d'activités
●		●	●	●		

Centre de ski	Activités à proximité	Groupes acceptés	Repas préparés pour groupes	Gare la plus proche
	★	●	●	GRENOBLE 5 km

Auberge ouverte du	1 - 1/31 - 2
H	7 - 10/17.30 - 24
Nombre de places	136

Accès par route: Autoroute Lyon-Grenoble, sortie Sud vers Sisteron.

Accès de la gare: Bus n° 1 ou 8, direction et arrêt La Quinzaine (supermarché Casino).

L'auberge est une installation moderne et spacieuse en pleine verdure à la sortie de la ville (créée en hiver 1968 lors des Jeux Olympiques).

Hébergement: 20 dortoirs de 6 lits
2 dortoirs de 8 lits

Hiver: On peut skier dans tous les massifs des environs: Vercors – Chartreuse – Belledonne. Été: Randonnées. Toute l'année: Nombreuses activités culturelles (moyen de locomotion personnel souhaité). Musées: peinture contemporaine – Musée Champlinois (art et tradition populaire, très intéressant) – Monastère de la Grande-Chartreuse – Massif du Vercors et ses gorges célèbres, télèphérique des Glaciers de la Meige – Château de Vrille, berceau de la Révolution française, etc.

en pleine verdure *in a rural setting*
les massifs *mountain areas*
la locomotion *transport*
le berceau *cradle*
la vedette *launch*
la rotation *round-trip*
l'embarcadère *landing-stage*
à marée basse *at low tide*
l'estacade *breakwater*
un chenal *channel*
reliant *linking*
un dortoir *dormitory*
homologué *approved*
un stage *course*
la croisière *cruise*
artisanaux *craft*
la récolte des algues *seaweed gathering*
les primeurs *early crop vegetables*
les circuits itinérants *excursions*
littorale *coastal*

ÎLE DE BATZ
(Finistère)

Centre Nautique
de l'île de Batz
29253 Île de Batz
(98) 61.77.69
ou Secrétariat permanent
AJ, 5, rue Edouard-Vaillant
29200 Brest
(98) 02.30.02

●		●	●	●		
	★	●	●	ROSCOFF ou MORLAIX		
15 - 3/15 - 10*						
H Permanente				50 + 40 l'été		

POUR PRATIQUER UNE ACTIVITÉ EN FRANCE

● + de 30 Auberges de Jeunesse proposent des stages sportifs, culturels, artisanaux. Demandez la brochure activités.

Accès par route: N 12 Paris–Brest, à Morlaix prendre direction Roscoff (28 km), les véhicules doivent rester à Roscoff.

Accès de Roscoff: Île de Batz par les «Vedettes Blanches», rotations toutes les heures en été (moins fréquentes en hiver). Embarcadère au port de Roscoff à 10 mn de la gare. À marée basse, emprunter l'estacade Nord (+ 600 m).

Accès par car-ferry: Roscoff–Plymouth–Roscoff (rotation journalière).

L'auberge est située dans une île agréable séparée de Roscoff par un magnifique chenal reliant la Baie de Morlaix à la côte des Légendes et qui constitue l'un des meilleurs et des plus beaux sites nautiques de Bretagne. L'Auberge est constituée de cinq maisons au confort rustique disséminées sur 10 000 m^2 entre la mer, les plages, les sentiers et les dunes. Elle offre un style de vie particulier que chacun a le plaisir de découvrir.

Hébergement: Chambres de 2 et 4–6 lits
Dortoirs de 8 et 14 lits

Été uniquement.

En dehors de cette période pour groupes uniquement et sur réservation.

Voile – Planches à voile (Centre Nautique homologué par la Fédération Française de Voile, Jeunesse et Sports, Commissariat Général au Tourisme, l'Union pour le Développement du Nautisme dans le Finistère).
Stages de 2 semaines: École de mer – Perfectionnement – Croisière.

Autres activités possibles: Promenades et pêche en mer – Sensibilisation à l'écologie, la biologie et l'ornithologie marines, l'architecture, l'environnement, la pêche en mer, la récolte des algues, la culture des primeurs, l'entretien des bâtiments et des bateaux – Organisation de circuits itinérants à travers la Bretagne intérieure et littorale.

1
Faites une liste des possibilités dans chaque auberge en interprétant les symboles.

2
Quelle auberge serait la meilleure pour:
- **a** une famille qui voyage en hiver;
- **b** un couple qui préfère ne pas dormir en dortoir;
- **c** un monsieur qui veut se perfectionner en voile;
- **d** des jeunes filles qui adorent le paysage maritime;
- **e** un groupe qui veut faire de l'alpinisme.

3
Écrivez une lettre au père aubergiste à l'une ou l'autre des auberges, avec une demande de réservation pour trois personnes pour deux nuits. Choisissez les dates vous-même, et précisez dans votre lettre vos intentions en ce qui concerne vos repas et vos déplacements. Vous pouvez aussi indiquer pourquoi vous choisissez cette auberge (vos loisirs, intérêts, sports préférés, etc.).

Conquête spatiale et informatique ont bouleversé les sciences météorologiques. Satellites et ordinateurs sont désormais les auxillaires indispensables de tous ceux dont le métier est de prévoir le temps.

UNE STAT

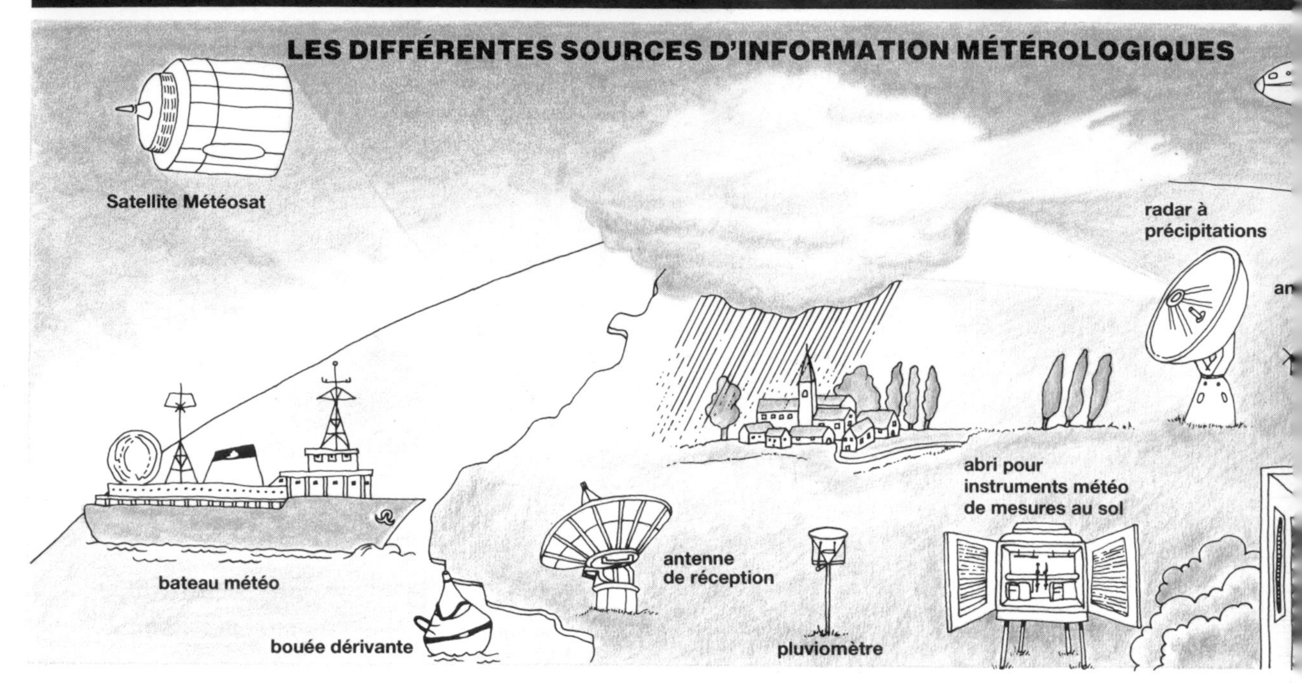

La prévision du temps est une science neuve. Entre le cultivateur observant les nuages et le ingénieur météo utilisant des ordinateurs pour traduire les informations fournies, entre autres, par des satellites, deux révolutions techniques ont été nécessaires.

La première a consisté à mettre en place des stations météorologiques un peu partout dans le monde. Simultanément, ces stations étaient capables de relever différentes mesures: vitesse du vent, pression atmosphérique, température . . . Toutes ces informations étaient alors rassemblées et rapportées sur des cartes géographiques. Des ingénieurs en météorologie appréciaient cet ensemble et annonçaient leurs prévisions.

La seconde révolution naît vers 1960 avec l'utilisation des grands ordinateurs et des satellites. Toutes les informations recueillies (au sol ou à partir de l'espace) sont codées en langage informatique et enregistrées sur bandes magnétiques. En quelques secondes, les ordinateurs sont capables d'analyser ces milliers d'informations qui proviennent de tous les points du globe. D'autre part, les bandes magnétiques sont archivées. On peut donc comparer une situation météorologique de 1982 à une autre, plus ancienne et à peu près identique. Cette technique appelée *«prévision numérique»* permet de prévoir le temps à plus longue échéance, quatre ou cinq jours environ.

LANNION, UN ŒIL DERRIÈRE LES NUAGES

Le centre météorologique de Lannion, en Bretagne, est ainsi l'un des mieux équipés d'Europe. Lannion est le seul centre météo au monde capable de capter les informations de trois des cinq satellites météo géostationnaires actuellement en orbite.

Par le relais de ces satellites, postés à 36 000 km au-dessus de la Terre, Lannion reçoit en direct des images d'Europe, d'Afrique et du continent américain tout entier. Quatre-vingts personnes travaillent ici, jour et nuit. Douze antennes pointent leur nez vers le ciel. Les plus surprenantes ont des formes paraboliques, comme d'énormes corolles blanches. La plus imposante fait douze mètres de diamètre et tourne lentement sur son axe, tâtonnant vers on ne sait quel point du ciel. En fait, dans la salle de contrôle, des techniciens suivent attentivement cette opération: l'antenne se place dans la direction exacte d'un satellite. La qualité de la réception radio dépend de la précision de cette manœuvre.

CALCULER UN VOL, PRÉVOIR UNE TEMPÊTE

La météo fait aujourd'hui partie de notre vie quotidienne, mais elle intéresse prioritairement quelques secteurs d'activité. Les transports aériens, par exemple. Au-delà des informations liées à la sécurité, la météo fournit des indications très précises permettant de calculer la durée d'un vol et la consommation de carburant.

Pour les transports maritimes, l'essentiel est bien sûr de connaître l'état de la mer. D'autres renseignements, apparemment anodins, sont précieux pour les marins-pêcheurs: la migration de nombreuses variétés de poissons est liée aux champs de température des eaux. Le plancton

ON MÉTÉO

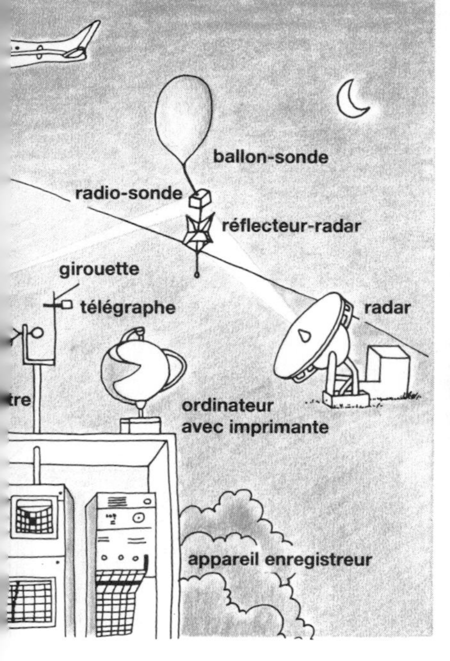

Le Satellite Météosat

se développe mieux dans certaines zones, momentanément privilégiées.
Les agriculteurs sont aussi de grands utilisateurs de météo. Avant de répandre engrais et désherbants, l'agriculteur a besoin de savoir s'il va ou non pleuvoir dans les 24 heures. Pluies, soleil, vent, écarts de température, autant d'éléments à connaître pour mieux gérer sa production.
Enfin, la météorologie est devenue l'adjoint indispensable de la Sécurité civile et de la lutte contre les pollutions (cyclones, incendies, maladies de forêts, nappes de pétrole sur la mer . . .), qui sont étroitement surveillées, dès leur formation, grâce aux satellites.

le carburant *fuel*
l'état de la mer *sea conditions*
anodins *uninteresting*
momentanément privilégiées *with temporary advantages*
répandre *to spread*
les engrais *fertilizers*
les désherbants *weed-killers*
un écart *change*
gérer *to manage*
l'adjoint *assistant*
une nappe de pétrole *oil slick*
étroitement surveillées *closely monitored*
dès *as soon as*
grâce à *thanks to*
fournies *provided*
relever *to give readings of*
rapportées *transferred to*
naître *to come into existence*
recueillies *gathered*
provenir de *to come from*
prévoir *to forecast*
à plus longue échéance *over a longer time-scale*
capter *to collect*
une corolle *corolla, group of petals*
tâtonnant *feeling its way*
on ne sait quel *some or other*
quotidienne *daily*
au-delà de *beyond*
liées *connected*

1
Voici une liste de titres, chacun pour un paragraphe. Mettez les titres dans l'ordre des paragraphes qui leur correspondent.

a Essentiel pour l'aviation.
b Prévisions à longue échéance.
c Centre d'un système presque mondial.
d Pour la sûreté de tous.
e Météo et informatique.
f Les formes bizarres qui servent la science.
g Météo – nouveauté.
h Un centre breton.
i Pour la vie marine.
j Installation des stations météo.
k Par les champs.

2
Voici des versions simplifiées de onze phrases au début du texte. Identifiez les phrases originelles.

a Il y a eu deux révolutions techniques dans l'histoire de la météorologie.
b Les ordinateurs reçoivent les informations.
c On lisait les cartes pour annoncer les prévisions.
d On peut ainsi prévoir le temps quelques jours à la fois.
e La nouvelle technologie a fait la deuxième révolution.
f On a établi plusieurs stations météorologiques dans le monde.
g Les ordinateurs analysent les informations très rapidement.
h On conserve les informations dans les archives.
i On mettait les informations sur les cartes.
j Elles avaient des fonctions diverses.
k On peut faire des comparaisons d'une année avec une autre.

3
Faites une liste des usagers des prévisions cités dans le texte. Quelles raisons ont-ils à les utiliser?

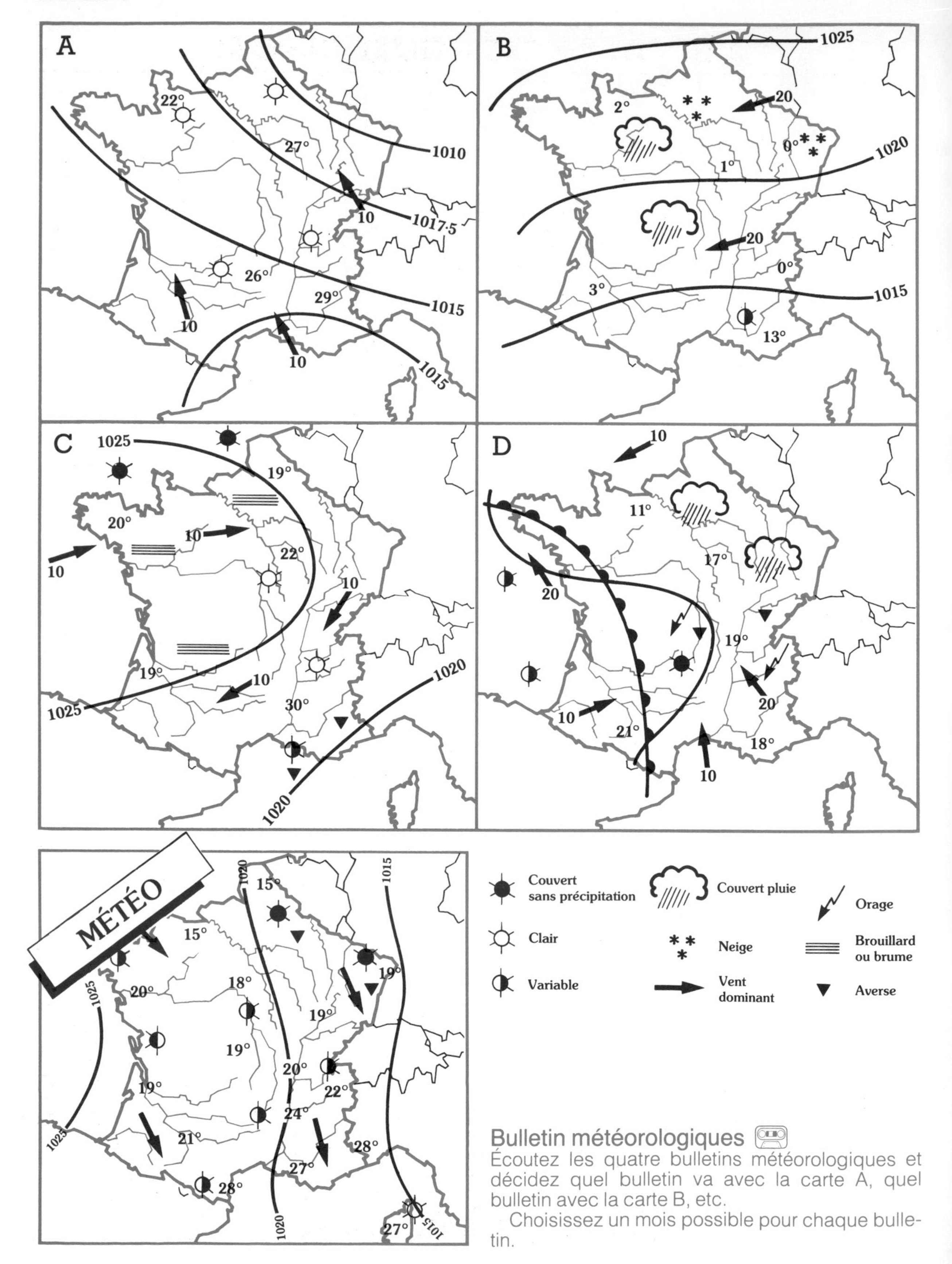

Bulletin météorologiques

Écoutez les quatre bulletins météorologiques et décidez quel bulletin va avec la carte A, quel bulletin avec la carte B, etc.

Choisissez un mois possible pour chaque bulletin.

LES VACANCES—QUEL REPOS!

1

Voici une liste des avantages et des inconvénients des stations choisies pour les vacances. Mettez-les dans les groupes suivants:

	Bretagne		Montagne	
	avantages	inconvénients	avantages	inconvénients
une crique parfaite				
trop de vent				
des rochers				
pêcher				
peu de poissons				
la pluie				
l'hôtel tout près				
les galets				
le soleil				
un petit lac superbe				

Quelle station semble ne pas avoir d'inconvénients?

2

VRAI OU FAUX?

- **a** Les gens étaient sympathiques.
- **b** Il faisait froid.
- **c** Tous les lacs étaient gelés.
- **d** On faisait beaucoup de randonnées.
- **e** On restait dans une hutte.
- **f** Le mauvais temps a continué pendant une semaine.
- **g** On buvait du bon vin.
- **h** On avait un lave-vaisselle.
- **i** Chacun faisait la cuisine à tour de rôle.
- **j** On ne pouvait pas chasser.

3

Dessinez la fiche de réservation dont la dame aura besoin. Donnez les détails nécessaires, y compris quelques-uns que vous devez imaginer.

4

Remplissez les blancs dans ces phrases que vous allez entendre sur la bande.

- **a** Des vacances un peu ____ ____ à mon père.
- **b** Il y a des ____ ____ ____ qui le font arriver jusqu'aux voitures.
- **c** Quelque chose de particulier ____ ____ ____ ____ ____ pas trop de problèmes.
- **d** Je peux vous ____ ____ ____ ou vous pourriez aller.
- **e** Cette solution-là ____ ____ parce que j'____ ____ rester avec lui.

5

Trouvez dans la conversation les mots qui veulent dire:

- **a** une pièce où l'on couche;
- **b** absurde;
- **c** argent payé à l'avance;
- **d** louer;
- **e** une domestique qui travaille à l'hôtel;
- **f** charmant;
- **g** un petit animal aux oreilles triangulaires;
- **h** «J'ai la même opinion que vous».

HANDICAPÉS – PARTIR EN VACANCES

COLONIES DE VACANCES D'ENFANTS, CENTRES ET CAMPS D'ADOLESCENTS

Tu trouveras les Colonies d'enfants, centres et camps d'adolescents partout en France. Ils s'adaptent aux besoins des handicapés moteurs. Les activités sont aussi proches que possibles que celles des colonies, centres et camps de jeunes valides.

Si tu as entre 4 et 12 ans, viens dans une colonie. Elles sont mixtes. Les activités y sont une occasion de découverte du milieu naturel. Tu vas vivre dans un petit groupe et tu pourras poursuivre les activités qui correspondent à tes désirs, tes aptitudes et ton âge.

Les centres et les camps, mixtes, sont prêts à t'accueillir si tu as entre 13 et 17 ans. Tout y est étudié pour te donner le maximum de responsabilité dans l'organisation de la vie et des loisirs. Tu pourras rencontrer beaucoup d'autres jeunes, et les activités favorisent un vrai contact avec l'extérieur.

Dans tous nos établissements, tu auras un encadrement assuré par des jeunes, très sympas, âgés de 18 ans au moins. Ce sont des animateurs qui organisent les activités exactement comme dans les colonies, centres et camps pour les jeunes valides.

MAISONS D'ENFANTS DE CARACTÈRE SANITAIRE DE TYPE TEMPORAIRE

Si tu as besoin d'un traitement d'entretien pendant tes vacances, ou si tu as besoin d'une surveillance particulière, tu pourras profiter de nos maisons d'enfants à caractère sanitaire. Ces maisons sont aménagées pour les jeunes de 5 à 17 ans – garçons et filles. Tu auras de vraies vacances tout en continuant tes traitements.

1
Choisissez un établissement pour ces enfants:

- **a** un garçon de 15 ans qui a besoin de surveillance particulière;
- **b** une jeune fille de 16 ans qui aime le sport;
- **c** une petite fille de 6 ans qui a besoin d'une infirmière privée;
- **d** un garçon de 11 ans qui profite du plein air;
- **e** un garçon de 14 ans qui aime rencontrer les autres.

handicapés moteurs *physically handicapped*
valides *able-bodied*
le milieu naturel *natural environment*
accueillir *to make welcome*
favoriser *to encourage*
un encadrement *supervision*
des animateurs *group leaders*
de caractère sanitaire *with medical facilities*
un traitement d'entretien *being looked after*
une surveillance particulière *special supervision*
à la faculté *to university*
l'aménagement *suitable design*
la mise à niveau *levelling*
la prise en charge *acceptance of responsibility (by public authorities)*
le surcoût *extra cost*
par rapport à *in comparison with*
diriger *to direct*
exercer *to perform*
une occasion *opportunity*
un adjoint *assistant*
seconder *to help*

pouvoir se déplacer

- Aller à l'école, au lycée, à la faculté
- Se rendre à son travail
- Aller dans les services publics et les commerces
- Aller au spectacle
- Faire du sport
- Voyager
- Rencontrer famille et amis

c'est pour nous, handicapés moteurs,

AUSSI RÉCLAMONS-NOUS:

- L'aménagement des trains, métros, bus, autocars, avions
- L'accessibilité des gares, des stations et la mise à niveau des quais
- La création de services de transport spécialisés
- La prise en charge du surcoût des transports individuels par rapport aux transports collectifs (chèque taxi)
- La prise en charge des adaptations de voitures individuelles

être libres d'aller où nous voulons.

2

Voici quelques revendications de l'APF (Association des Paralysés de France). Cette organisation regroupe ceux qui ont les handicaps moteurs, et leurs amis. Pour la sixième revendication – voyager – on propose déjà cinq solutions en bas. Essayez d'établir une liste de moyens d'action possibles pour une autre des revendications. Si chaque groupe dans la classe fait chacun une demande différente, vous pouvez discuter ensemble des résultats de toute la classe.

le courrier *mail*
se charger de *to be responsible for*
environ *about*
mécontent *displeased*
se plaindre de *to complain about*
tantôt . . . tantôt *at one time . . . at another time*
la restauration *catering*
le vol *theft*
le gardien *security officer*
distraire *to entertain*
la bougie *candle*

DIRIGER UN CENTRE DE VACANCES – UN CHOIX DE VIE

Fréjus, le plus grand des villages vacances PTT: 22 hectares, 1200 lits, 80 employés. Diriger un tel village n'est pas une sinécure. C'est sur ce métier, que nous interviewons Edouard Laugier qui l'exerce depuis 1973.
Q: Comment obtient-on un tel poste?
R: Pour moi, c'était l'occasion de rester dans ma région d'origine, le Var. Lorsque on m'a proposé de prendre la tête de ce village qui allait ouvrir, j'ai accepté.

Q: Vous avez des adjoints pour vous seconder?
R: Bien sûr. Tout d'abord, Guy, mon bras droit. Ma femme, hôtesse de gîte, s'occupe de l'accueil des clients. J'ai aussi des responsables de salle et d'entretien et un chef-cuisinier. Nous faisons un effort sur la nourriture qui est un élément important dans l'appréciation des vacances, surtout pour les Français. Personellement, je me charge des questions administratives: personnel, planning, courrier, réclamations, etc., et puis 24 h sur 24, il faut rester à l'écoute du client.
Q: Quels sont les problèmes que vous rencontrez le plus souvent?
R: Ce ne sont jamais les mêmes. Les problèmes de clientèle s'arrangent, en principe, facilement. Il y a environ 1% de mécontents qui se plaignent tantôt du logement, tantôt de la restauration, tantôt de l'animation. Non, les problèmes principaux relèvent souvent des questions matérielles: par exemple, la machine à laver la vaisselle est souvent à réparer. Et puis, il y a des problèmes de sécurité – je dois payer des gardiens pour éviter les vols.
Q: Qu'y a-t-il dans le village pour distraire les clients?
R: On a construit les terrains de sport: 2 de tennis, 2 de volleyball, 1 de football, 1 mini-golf . . . et bien sûr, j'organise des tournois de pétanque toute la semaine! Je veux que les gens s'amusent! Les quatre animateurs organisent des circuits-découverte de la nature, des ateliers; émaux, bougies, peinture sur verre, des tournois sportifs, et des jeux et des spectacles le soir. De temps en temps, un chanteur vient. Une à deux fois par semaine, on danse. Pas le temps de s'ennuyer ici! Je ne regrette qu'une chose: une piscine.

3

Faites une liste de tous les employés du village qui figurent dans l'interview.

Quelles activités est-ce qu'on peut pratiquer dans le centre? Rédigez un petit dépliant qui pourrait faire la publicité pour les clients.

UNE VISITE À PARIS

Matinée
Accueil à la gare d'arrivée par le guide. Petit déjeuner. Circuit en car de 3 heures dans Paris pour admirer les principaux monuments et ensemble de la ville. Déjeuner dans un restaurant scolaire ou un self-service.

Après-midi
Trajet RER urbain et métro.
Et au choix (avec car à disposition):

– Une promenade en vedette sur la Seine, suivie d'une ascension au 1er étage de la Tour Eiffel ou une croisière de 2 h 30 comprenant la traversée de Paris, la visite du Port de Paris et le passage aller–retour de l'écluse de Saint-Maurice;

– ou la visite du Centre Pompidou;
– ou une visite à choisir:
(l'art et l'histoire, visite d'un musée);
(les sciences et les découvertes).

Dîner dans un restaurant scolaire ou un self-service.

Soir
Circuit en car dans Paris illuminé.
Retour à la gare de départ.

Prix:
(Minimum 45 participants): 102 F;
(minimum 30 participants): 115 F.

Le forfait comprend: les 3 repas, le car de 7 h à 24 h, les services d'un guide de 7 h à 24 h, les visites mentionnées au programme avec les entrées, le trajet RER-métro, une gratuité par groupe complet de 12 participants payants, une documentation pédagogique.

Vous êtes le représentant de la compagnie qui fournit ce programme et vous préparez ce que vous allez dire pour persuader les professeurs d'acheter cette formule pour leurs classes. En commençant par ces notes, écrivez votre petit discours qui leur expliquera les avantages d'une telle visite à Paris.

le trajet *journey*
en vedette *on a sight-seeing boat*
une croisière *cruise*
l'écluse *lock*
pédagogique *for teachers*
à moindre frais *at little cost*
le kilomètre parcouru *per kilometre covered*
sûr *certain*
le but *destination*
au bout du fil *speaking on the phone*
les pointes *peak periods*
la plupart du temps *most of the time*
acquitter *to pay*
un abonnement *subscription*
une cotisation *contribution*
allégeant *to ease the strain*

L'AUTOSTOP ORGANISÉ

«Allo-stop, bonjour!»
«Je cherche une voiture pour Montélimar.»
«Il y en a une ce soir, vers 17 heures.»
«Où est le rendez-vous?»
«Devant la gare. C'est une GS rouge.».
Et ainsi en téléphonant à Allo-stop, ce jeune homme a pu partir à Montélimar à moindre frais puisque le chauffeur lui demandera 15 centimes le kilomètre parcouru. Le voyageur a eu un rendez-vous sûr et l'assurance d'arriver directement à son but, ce qui n'est pas toujours le cas quand on voyage en 'auto-stop'.

Au bout du fil il y a Brigitte, 29 ans, qui répond à tous les appels, ceux des automobilistes qui désirent prendre un passager et ceux des voyageurs qui cherchent une voiture. Chaque année depuis 1980, Brigitte organise environ 400 voyages, avec des pointes pendant les vacances et les week-ends.

Les clients de cette 'agence de voyage' (qui propose aussi des billets de car et de train pour un tarif réduit) sont la plupart du temps des jeunes de moins de 30 ans. S'ils utilisent Allo-stop, ils acquittent un abonnement de 130 francs par l'année (100 francs pour les moins de 26 ans) qui leur permet un nombre illimité de voyages. Sinon l'inscription est de 35 francs pour un voyage, non compris bien sûr le kilométrage dû au chauffeur. Les automobilistes payent une cotisation de 50 francs annuels. L'assurance minimum obligatoire du véhicule couvre le passager en cas d'accident de la route.

Beaucoup de jeunes voyagent par ce système jusqu'en Allemagne ou en Grèce, allégeant ainsi le budget de leurs vacances. Allo-stop est la seule agence de voyage qui offre un aller–retour Paris–Lyon pour 140 francs!

1 Analyse de langue

Trouvez dans le texte les mots commençant par la lettre 'A' qui s'expliquent dans le dictionnaire par:

a personne qui conduit une voiture;
b temps d'une révolution de la Terre autour du Soleil;
c venir au lieu où l'on voulait aller;
d action de parler au téléphone;
e établissement commerciale servant essentiellement d'intermédiaire;
f (deux sens):
  i contrat par lequel une compagnie garantit le paiement d'une somme en cas de réalisation d'un risque déterminé;
  ii promesse qui rend certain de quelque chose;
g souscription pour l'usage habituel d'un service;
h en plus (en compagnie de);
i pays d'Europe;
j billet double comportant un coupon de retour;
k événement imprévu et soudain qui entraîne un danger.

2

Rédigez un dépliant ou un poster pour Allo-stop dans lequel vous présentez les avantages du service, surtout parmi les étudiants. Inventez un slogan. Mais attention! il faut aussi donner les renseignements pratiques et les assurances.

Imaginez les conversations au téléphone qui ont lieu quand ces personnes demandent des places pour les trajets qui suivent.

ILS SE SONT CONNUS

La fin des vacances approche. Certains sont même déjà rentrés chez eux. D'autres, plus chanceux, profitent encore de ces quelques jours de liberté. C'est le cas de Danièle (14 ans) et de Jean-Patrick (17 ans). C'est sous le soleil du Lavandou que tous deux ont vu naître leur flirt.

Pour Jean-Patrick, cette année, c'était un peu l'aventure. En effet, pour la première fois, ses parents lui ont permis de partir faire du camping avec des copains. Alors, inutile de vous dire qu'il ne s'est pas fait prier longtemps et qu'il a rapidement préparé son sac de couchage, sa tente et ses cassettes de rock. C'est au Lavandou qu'il a planté ses piquets, parce que Christophe, son meilleur ami, était déjà venu à l'an dernier. À l'arrivée, les quatre garçons étaient un peu désemparés mais ils ont eu vite fait de s'organiser, et il ne leur a pas fallu plus d'une demi-journée pour lier connaissance avec les autres jeunes du camping. Le soir, tout le monde a l'habitude de se retrouver sur une petite place. Les hommes jouent à la pétanque, tandis qu'on prend l'apéritif sous les arbres. Il y a même un babyfoot derrière la buvette et Jean-Patrick et ses copains ont disputé plus d'une partie archarnée. C'est là qu'il a fait la connaissance de Danièle. Un jour où la balle est sortie un peu trop brutalement du jeu, Danièle, qui suivait la partie en silence, s'est baissée, l'a ramassée et l'a tendue en souriant à Jean-Patrick: «C'est drôle, se souvient-elle, nos regards se sont croisés comme dans les films d'amour au cinéma. Tout à coup, malgré le brouhaha autour de nous, je n'entendis plus rien, juste mon cœur qui battait très fort.» «Moi, reprend Jean-Patrick, je n'irai peut-être pas jusque-là, mais effectivement, c'est comme si le temps s'était arrêté. Je n'arrivais plus à détacher mes yeux de ceux de Danièle. Elle était bronzée, toute mignonne. Ce qu'il y a eu de formidable entre nous, c'est que nous n'avons même pas eu besoin d'en dire davantage. Après le dîner qu'elle prenait en famille, nous sommes allés faire un tour sur la plage et là, je l'ai embrassée pour la première fois.» Depuis, Jean-Patrick et Danièle ne se quittent plus. Ils partagent ensemble, mais aussi avec leur bande de copains, les joies de l'été et de l'in-

. . . ET ILS S'AIMENT

Jean-Patrick (17 ans) et Danièle (14 ans)

Un couple qui ne fait pas de projets d'avenir

EN VACANCES

«À la rentrée, on s'écrira, et puis on verra bien. Le temps décidera pour nous!»

souciance. Ils ont conscience de former un couple mais ne font aucun projet d'avenir. «J'habite à Paris, dit Jean-Patrick, et Danièle vit à Rouen. Ça n'est pas très loin, une heure de train, à peine. Je pourrai aller la voir de temps en temps. En tout cas, on s'écrira et puis on verra bien, le temps décidera ensuite pour nous!»

«Moi, ajoute Danièle, je trouve que des vacances sans flirt, c'est triste. Alors je suis contente d'en avoir un. Mais à la rentrée, il y a l'école qui reprend, le boulot . . . J'aurai moins de temps pour penser à l'amour. Ça me ferait pourtant plaisir de revoir Jean-Patrick . . . Mais je suis tout à fait d'accord avec lui: on est trop jeunes et on ne se connaît pas suffisamment pour faire des projets d'avenir. Toutefois, je ne l'oublierai jamais. Il est si tendre et, si séduisant . . .»

(Propos recueillis par Véronick Dokan)

1

Imaginez que vous êtes Jean-Patrick. Répondez **vrai** ou **faux** aux questions qui suivent:

- **a** Mes parents m'ont permis de partir faire du camping.
- **b** J'aime surtout la musique rock.
- **c** Je suis parti avec quatre garçons.
- **d** Nous n'avons pas parlé avec les autres jeunes au camping.
- **e** Nous avons pu voir les femmes jouer à la pétanque.
- **f** J'ai fait des parties paisibles de baby-foot.
- **g** La première fois que j'ai vu Danièle, nous étions derrière la buvette.
- **h** Danièle est tout à coup tombée amoureuse de moi.
- **i** Je ne pouvais détacher mes yeux de ceux de Danièle.
- **j** Je l'ai embrassée pour la première fois après le dîner.
- **k** Nous n'avons pas beaucoup parlé ce soir-là.
- **l** Nous sommes toujours ensemble depuis ce moment.
- **m** Notre résidence est à Rouen.
- **n** Je ne la verrai jamais après les vacances – c'est décidé.
- **o** Danièle me dira au revoir avec plaisir.

2

Écrivez la première lettre de Jean-Patrick à Danièle (ou de Danièle à Jean-Patrick) après la rentrée. Mentionnez dans la lettre tout ce qui est arrivé pendant les vacances.

Par exemple

Ma chère Danièle
Maintenant que nous sommes rentrés, que la vie est morne!
Je pense à toi tout le temps. Nous avons passé des vacances vraiment sympas, n'est-ce pas? Toi et moi, ensemble . . .

inutile de *there's no point in*
il ne s'est pas fait prier longtemps *he didn't take much persuading*
il a planté ses piquets *he pitched his tent*
désemparés *disorganised*
la pétanque *game of 'boules'*
la buvette *bar*
une partie acharnée *'needle' match*
se croiser *to meet*
malgré *despite*
le brouhaha *commotion*
je n'irai peut-être pas jusque-là *perhaps I won't go that far*
je n'arrivais plus *I couldn't manage*
toute mignonne *a real smasher*
davantage *much*
faire un tour *to go for a stroll*
l'insouciance *freedom from care*
aucun projet d'avenir *no plans for the future*
à peine *scarcely*
reprendre *to start again*
le boulot *work*
ça me ferait pourtant plaisir *yet I would like*
être d'accord *to agree*
séduisant *attractive*

QUELQUES JOURS PLUS TARD DANS UNE AGENCE DE VOYAGES . . .

Vous désirez, Monsieur?
Je voudrais réserver une chambre d'hôtel à Paris pour le 10 et 11 octobre. C'est le weekend du vingt kilomètres.

Oui, quel genre d'hôtel voulez-vous?
Eh bien, je voudrais quelque chose de très luxueux. Vous comprenez, c'est pour faire une surprise à ma femme.

LA JEUNE FEMME SOURIT.
Alors, je vais vous montrer la liste d'hôtels quatre étoiles. Combien de temps voulez-vous rester?
Je voudrais réserver la chambre pour le weekend. On va fêter ma victoire.

Je veux une chambre avec tout le confort possible: salle de bains, télévision. C'est très important.

Avez-vous choisi le quartier?
Nous aimons beaucoup le quartier latin. Je veux revoir Notre Dame et les quais de la Seine . . . C'est un endroit magnifique. Comme c'est triste d'habiter la province!

Dans ce cas je vous suggère le boulevard Saint-Germain. Il y a plusieurs bons hôtels qui vous conviendront sûrement.
Ah oui en effet, ma femme sera ravie.

Quand j'ai épousé ma femme elle était artiste, vous savez. Évidemment elle a dû abandonner sa carrière par la suite – une femme mariée a des choses beaucoup plus importantes à faire, n'est-ce pas!
En effet, Monsieur.

DIX MINUTES PLUS TARD, JEAN BERTILLON QUITTE L'AGENCE, LE VISAGE SOURIANT.
Quelle bonne surprise pour Annette! Je crois qu'elle sera contente.

LE MÊME JOUR, JEAN-PAUL VIENT ATTENDRE SA FIANCÉE À LA SORTIE DE SON ÉCOLE . . .

EN LE VOYANT, LA JEUNE FILLE ESQUISSE UN GESTE DE MAUVAISE HUMEUR.

Tiens, tu es là? Je croyais que tu travaillais aujourd'hui.

Je me suis libéré pour te voir. Écoute, j'ai des projets formidables pour nos vacances. Tu n'as pas oublié que nous partons dimanche?

MARIE-CLAUDE NE RÉPOND RIEN. SON REGARD S'EST TROUBLÉ.

Écoute bien. On prendra ma voiture et on descendra dans le Midi en 2 ou 3 jours en s'arrêtant dans des auberges de jeunesse à Lyon et à Aix par exemple. De là on ira en Italie. Qu'est-ce que tu en dis?
Je n'ai pas envie d'aller en Italie.

JEAN-PAUL REMARQUE ENFIN LA MOROSITÉ DE LA JEUNE FILLE.

Ton attitude m'inquiète. Tu sembles préoccupée. Qu'y a-t-il?
Rien, je t'assure.

Je suis certain du contraire. Tu me dissimules quelque chose. Depuis quelques jours, je te trouve changée.

Pourquoi ne dis-tu rien, Marie-Claude? Il semble que tu n'éprouves plus pour moi les mêmes sentiments qu'auparavant.
Écoute, j'ai besoin de réflechir. Je te verrai demain. Pardonne-moi.

JEAN-PAUL RESTE SEUL AVEC SES TOURMENTS.

DE SON CÔTÉ MARIE-CLAUDE EST SUBMERGÉE DE TRISTESSE.

Marie-Claude se montre distante. Jamais je ne me résignerai à la perdre.
Il m'a suffi de revoir Jean-Paul pour comprendre que mes sentiments ont changé. Je ne peux plus supporter cette situation . . .

LES FEMMES

DEUX HEURES DANS LA VIE D'UNE MÈRE DE FAMILLE

1 

Voici ce que fait Josiane quand elle se réveille le matin. Avant d'écouter la bande essayez de trouver le bon ordre. Ensuite écoutez la bande pour voir si vous avez raison.

a Elle attrape sa robe de chambre.
b Elle réveille Laurence.
c Elle ferme la porte.
d Elle se réveille.
e Elle met sa montre.
f Elle fait ses cent pédalages.
g Elle arrive dans le couloir.
h Elle met ses chaussons.
i Elle se lève.

2 

Écoutez la deuxième partie de la bande et essayez de noter tout ce que Josiane mange et boit au petit déjeuner.

3

Écoutez la troisième partie de la bande, et essayez de découvrir ce que fait Josiane avant d'entrer dans la salle de bain. (Elle fait habituellement deux choses, et parfois trois choses.)

4

Écoutez la quatrième partie de la bande et essayez de mettre les actions suivantes dans l'ordre où elles apparaissent sur la bande.

a Elle fait le lit de Laurence.
b Elle fait son lit.
c Elle referme la fenêtre.
d Roger s'en va.
e Elle sort de la salle de bain.
f Elle récupère les affaires sales de Laurence.
g Elle ouvre les chambres.
h Elle va réveiller Roger.
i Elle vérifie les affaires de Christophe.
j Elle sort les affaires propres de Christophe.
k Elle s'en va.
l Elle fait le lit de Christophe.
m Elle réveille Christophe.
n Elle fait son lit.
o Elle prend ses affaires.
p Roger se rase.
q Elle prépare son cartable.
r Elle finit de ranger la cuisine.
s Elle prépare le petit déjeuner de Roger.
t Elle range la cuisine.

5

Imaginez que vous êtes Roger. Décrivez votre routine matinale. Il faudra tenir compte des indications données par Josiane, mais il faudra aussi ajouter des informations qui manquent dans son compte rendu.

6

Jeu de rôle: Vous êtes Josiane. Vous vous disputez avec Roger parce qu'il ne partage pas les taches de ménage. Imaginez cette dispute avec un(e) partenaire.

attrape *grabs holds of*
pédalages *bicycling exercises*
couloir *corridor*
chaussons *slippers*
récupère *retrieves*
affaires *clothes or things you take with you*
vérifie *checks*
propres *own*
cartable *briefcase*
ranger *tidy*
compte rendu *account*
partage *share*
tâches de ménage *housework*
le linge *washing*
récupérer *get back into a wearable state*
la saleté *dirt*
la graisse *grease*
tenace *stubborn*

MON LINGE PROPRE
SANS LESSIVE EN POUDRE,
VIZIR:
ÇA C'EST LE PROGRÈS !
J'UTILISE VIZIR
LA LESSIVE LIQUIDE CONCENTRÉE
TOUS LAVAGES
Mais !!!
Donnez-moi votre lessive. Aujourd'hui pour mieux laver votre linge, il y a la force liquide.
Poudre à laver

Voici Vizir, la lessive liquide tous lavages. Sa force liquide concentrée donne la propreté au plus profond du linge.
Récupérer cette chemise que je ne peux pas faire bouillir? Avec cette saleté autour du col et cette tache de graisse que mon meri a faite ? Impossible !

PRÉ-TRAITEMENT :
1. Sur ces taches tenaces versez un peu de VIZIR.
2. Mettez tout le linge et le reste de la dose en machine, sans prélavage.
3. Plus aucune trace. C'est la propreté VIZIR au plus profond du linge.
VIZIR, LA FORCE LIQUIDE CONCENTRÉE.
LA PROPRETÉ AU PLUS PROFOND DU LINGE
Oh! Toutes ces taches ont disparu, même la saleté autour du col. C'est vrai, VIZIR nettoie le linge en profondeur. C'est cette force liquide !
Mais oui, la force liquide concentrée de Vizir pénètre la saleté. Vizir a mieux enlevé ces taches qui résistaient à votre lessive.
132

skip
"Le nouveau Skip, c'est comme si j'avais une nouvelle machine"
Avant, j'utilisais le moins possible les programmes basses températures. Les résultats n'étaient pas vraiment satisfaisants. Avec le Nouveau SKIP, maintenant j'ai changé mes habitudes de lavage. Je lave de plus en plus à basse température. C'est impeccable! J'en profite pour tout laver ensemble : les nappes, les tabliers des enfants. Même les chemises en coton... Et ma machine me donne des résultats excellents. Avec le Nouveau SKIP, je peux tout demander à ma machine!
Nouveau Skip, recommandé par des grandes marques de machines pour tous programmes de lavage.
Nouveau
skip
recommandé
30°
40°
60°
90°
par ces grandes marques
BRANDT
PHILIPS
ARTHUR-MARTIN
VEDETTE
THOMSON
INDESIT
LADEN
CANDY
FAURE
ZANUSSI, etc...
5kg
machine encore plus performante
LINTAS:PARIS
LESSIVE
Y
skip
Test d'efficacité comparée de SKIP et d'une autre lessive.
Au détachage, grâce au système TAED, SKIP est plus efficace.

Les femmes . . . vues à travers la publicité

Monsieur Dupont est très inquiet, parce que sa poudre à laver n'est pas efficace. Voici ce qu'il en dit:

Récupérer cette robe que je ne peux pas faire bouillir? Avec cette saleté autour du col et cette tache d'encre que ma femme a faite? Impossible!

Madame Vizir essaye de le persuader d'acheter Vizir. Qu'est-ce qu'elle lui dit?

Madame Martin achète la lessive Y. Voici ce qu'elle en dit:

Je n'utilise pas les programmes basses températures. Les résultats ne sont pas vraiment satisfaisants.

Le monsieur à la blouse blanche essaye de la persuader d'acheter Skip. Écrivez ce qu'il lui dit:

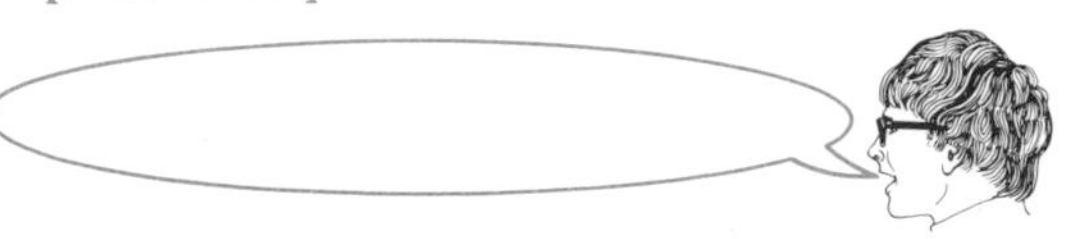

1
Avec un(e) partenaire:
Vous êtes metteur en scène et vous devez créer une publicité pour une marque de lessive, qui passera à la television. Écrivez le script et décidez du cadre et des accessoires.

2
Inventez des affiches (ou des court-métrages) publicitaires pour d'autres produits, en prenant les textes de Vizir et de Skip comme modèles. (Aujourd'hui pour mieux laver votre chien il y a . . .)

UNE STAR

1
En vous servant de ce modèle, créez une 'carte d'identité' pour un personnage célèbre (une vedette, un homme ou une femme politique, votre prof de français, etc.).

2
Mettez-vous par deux. Vous allez remplir une 'carte d'identité' pour votre partenaire. Posez-lui des questions afin d'obtenir les renseignements dont vous avez besoin sous chacun des titres ci-dessous.

CARTE D'IDENTITE DE VOS STARS CARTE D'IDENTITE DE VOS STARS CARTE D'IDENTITE DE

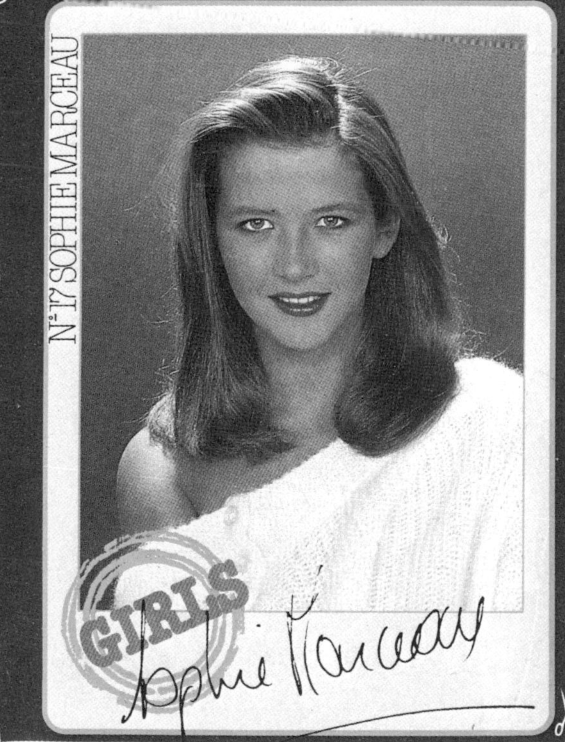

★ ★ ★ ★ ★ ★ ★ ★ ★ ★

CARTE D'IDENTITÉ DE SOPHIE MARCEAU

Pseudonyme	**MARCEAU**
Véritable nom	**MAUPU**
Prénom	**Sophie**
Date de naissance	**17 novembre 1966**
Signe astrologique	**Scorpion ascendant Vierge**
Lieu de naissance	**Paris**
Situation de famille	**Célibataire**
	Un frère, Sylvain, 20 ans
Son père	**Benoit, gérant de brasserie**
Sa mère	**Simone, gérante**
Domicile	**Paris**
Taille	**1,73 m**
Poids	**55 kg**
Yeux	**Verts**
Cheveux	**Chatains**

Son animal favori: Sophie vient d'acquérir une magnifique jeune chienne, Lolita, âgée de quatre mois de race cocker golden.

Sports pratiqués: la spéléologie, l'escalade, l'équitation, le tennis, la plongée.

A son palmarès: elle a reçu l'Oscar du meilleur jeune espoir féminin 1983.

Le garçon de ses rêves: Sophie est attirée par les garçons créatifs, débordants d'humour et de vie.

Son premier flirt: elle l'a connu à 14 ans en colonie de vacances en Dordogne.

Ses acteurs préférés: Dustin Hoffman, Kim Novak, G. Depardieu, I. Adjani.

Son film préféré: « Le démon des femmes » avec Kim Novak.

Sa devise: « Il faut cultiver son jardin secret. »

Son rêve le plus fou: Vivre sur une île déserte aux Tropiques.

Son plus mauvais souvenir: la première fois qu'elle s'est vue à l'écran.

Son idole: Barbra Streisand.

Ses angoisses: Sophie a peur de la foule et de la violence.

Ses chanteurs préférés: Jacques Higelin, Daryl Hall.

Le matin au saut du lit: dès son réveil Sophie prépare son café et s'installe sur son canapé pour écouter les oiseaux.

Si elle gagnait un million au loto: elle achèterait une maison de campagne pour ses parents et un voilier.

L'adresse où lui écrire: Gaumont, 13 rue Madeleine Michelis, 92200 Neuilly.

Une femme jamaïquaine cherche à se libérer

Bob Marley, le grand chanteur de reggae, est mort en 1981. Un an avant sa mort, il a fait une tournée en France. Voici des extraits d'une interview donnée par sa femme, Rita.

1 Je suis née en Jamaique, dans une famille très pauvre du ghetto noir . . . là où est né le reggae! Pendant tout le temps où j'ai vécu avec Bob Marley, et où je l'ai suivi dans ses tournées, j'avais ça en tête: je savais que j'avais quelque chose en moi, à réaliser, un message à donner, moi aussi. Je ne pourrais pas passer ma vie à élever des enfants (j'en ai cinq: trois filles et deux garçons, qui ont déjà enregistré des disques eux aussi!).

2 J'aurai 34 ans bientôt, je deviens une grande fille! Il n'y a pas de temps à perdre: ce que je dois faire est à faire maintenant. Et j'espère que ça va aider toutes les femmes. C'est une preuve que même si on est mariée à quelqu'un de célèbre, on peut être forte et réaliser ses possibilités, ne pas rester dans l'ombre.

3 C'est la première fois que les 'I Threes' font le lever de rideau dans le spectacle de Bob. C'était un défi. Nous avons décidé que nous pouvions le faire. D'abord, nous avons pensé que c'était difficile de passer en première partie toutes seules, pour faire ensuite les chœurs avec Bob.

4 Mais nous avons senti que c'était notre heure, de ne plus chanter à l'arrière-plan. C'est une nécessité, car dans le système occidental, la femme est toujours reléguée derrière, à prendre soin des enfants, de la maison, à faire la cuisine, sans être jamais elle-même et pouvoir mener quelque chose à bien. Bien sûr, nous avons une certaine chance, et nous nous en sommes servi! Notre groupe a bien commencé et nous allons continuer.

5 Avec le reggae, nous sommes les seules à faire un lien entre la musique et la révolution. Nous tenons ça de l'esclavage: pour libérer nos esprits il fallait chanter.

6 Chanter aux fêtes de l'indépendance du Zimbabwe, être là le jour où un peuple noir a accédé à son indépendance, c'était un jour historique. Voir descendre le drapeau britannique, et se hisser le drapeau africain, c'était si fort que j'en ai pleuré! Je pense que c'est de bon augure, parce qu'ils l'ont gagnée, leur liberté. Ils nous ont raconté qu'en combattant, ils chantaient toujours ces deux chansons: celle du Zimbabwe, et «No woman, no cry»*. Ça nous a donné le sentiment d'avoir servi à leur cause. Nous espérons, c'est notre but, que l'Afrique entière sera libre, que nous, les Africains, nous pourrons retrouver notre patrie. L'Afrique appartient aux Noirs. Nous travaillons à ça, avant tout.

7 En Jamaïque, la situation de la femme est aussi mauvaise que partout ailleurs. Mais les choses changent, car les femmes ont pris de la force. La plupart du temps, elles restent seules à la maison, alors que les hommes sortent. Maintenant, elles se regroupent.

8 Je travaille aussi beaucoup la terre, et j'ai des activités sociales et culturelles: je parle avec des gens qui en ont besoin, avec des mères ou des jeunes filles. J'ai toujours fait ce genre de travail social. Mon métier, à l'origine, c'est d'être infirmière. C'est un désir que j'ai, très enraciné en moi, de partager la joie, de donner du bonheur.

9 On revient en septembre à Paris pour un concert toutes les trois, toutes seules. Et on participe à un meeting en octobre (à Paris) pour la libération des femmes noires, organisé par la Coordination des femmes noires. Il y aura Myriam Makeba, et d'autres chanteuses africaines . . .

10 Notre prochaine tournée aux USA se fera surtout dans les quartiers noirs car si on chante ailleurs, ce sont des Blancs à qui les billets sont vendus, et nos frères se plaignent de ne pas pouvoir nous voir.

* Une des plus célèbres chansons de Bob Marley.

1

Pour chaque partie de l'interview, trouvez le titre correspondant:

a Les femmes jamaïquaines commencent à se rendre compte de leur force.
b La musique peut servir à la libération.
c Elle refuse de se limiter à jouer le rôle d'une épouse et d'une mère.
d Sa vie en dehors du spectacle.
e Ce sont des femmes qui ouvrent le spectacle.
f Les projets d'avenir: USA.
g Les projets d'avenir: Europe.
h Toutes les femmes doivent saisir l'occasion de se réaliser.
i Un pays africain fête son indépendance.
j Le rôle traditionnel de la femme.

2

Choisissez la phrase qui vous semble la plus importante dans chaque partie de l'interview. (*Par exemple*: dans la première partie vous pourriez choisir la phrase «Je savais que j'avais quelque chose en moi à réaliser, un message à donner, moi aussi.») Échangez votre cahier avec un(e) partenaire et comparez les phrases que vous avez choisies.

3

Imaginez que vous êtes journaliste et que vous devez rédiger un article *de 150 mots seulement* sur Rita Marley. Il faudra:

a donner des détails personnels (son âge, le nombre d'enfants qu'elle a, son ancien métier);
b expliquer pourquoi elle a voulu ouvrir le spectacle avec d'autres femmes, sans son mari;
c parler de sa participation aux fêtes de l'indépendance du Zimbabwe;
d parler un peu de ses projets d'avenir.

LES FEMMES DU TCHAD

Les gens qui habitent au Tchad s'appellent les Toubou. Vous allez lire (à la page 160) un article qui décrit la vie des femmes toubou, mais *avant de lire l'article*, essayez de deviner si les phrases suivantes sont vraies ou fausses. Ensuite, vous allez lire l'article afin de vérifier vos réponses.

a Les femmes toubou doivent porter un voile destiné à cacher le visage.
b Elles croient en la non-violence et ne participent jamais aux combats.
c Elles savent lancer un couteau avec beaucoup de précision.
d Elle sont plus combatives que les hommes toubou, qui sont plutôt passifs.
e Quand une femme toubou épouse un homme, elle lui cède tous ces biens.
f Elle peut choisir son mari.
g Même si elle n'aime pas son mari, elle doit rester avec lui.
h C'est le mari qui contrôle la maison.
i Les femmes toubou ne s'occupent jamais des affaires.
j Elles ne mangent pas avec les hommes.
k Quand une femme toubou adresse la parole à un homme, elle ne doit pas le regarder.
l Elle doit mener toute sa vie sociale avec son mari et ses enfants.

tournée *tour*
enregistré *recorded*
l'ombre *shadow*
le lever de rideau *the curtain-raiser*
un défi *a challenge*
les choeurs *chorus*
à l'arrière-plan *in the background*
un lien *a link*
l'esclavage *slavery*
de bon augure *a good omen*
but *goal*
patrie *homeland*
genre *type*
métier *career*
enraciné *deep-rooted*
se plaignent *complain*
se rendre compte de *to realise*
en dehors *outside*
ancien *former*
un voile *veil*
lancer *throw*
combatives *ready to fight*
plutôt *rather more*
cède *gives up*
biens *possessions*
s'occupent de *look after*
affaires *business*
adresse la parole à *speaks to*
mener *lead*

Les femmes du Tchad

du couteau, elles ne se séparent jamais

Contrairement à leurs voisines musulmanes, les femmes toubou ont toujours eu le visage découvert; elles participaient aux razzias menées contre les soudanais et les touaregs. Redoutées pour leur habileté à manier le couteau dont elles ne se séparent jamais et avec lequel elles peuvent arrêter la course d'un cheval ou d'un chameau, et pour l'ardente combativité qu'elles partagent avec les hommes de leur race. Elles conservent dans le mariage leurs biens séparés de ceux de leur mari – animaux, palmiers, couvertures – et si elles sont divorcées, elles peuvent se remarier sans difficulté.

mettre le feu à la maison

Mariées en général sans leur consentement, elles peuvent, la nuit de noce, mettre le feu à la maison nuptiale si leur mari ne leur plait pas, et habiter seules ensuite. C'est elles qui contrôlent la maison, et en l'absence du mari elles s'occupent de tout, y compris de la défense de la famille et des affaires. Bien que plus libres que les femmes des musulmans voisins, elles ne mangent pas avec les hommes, même en voyage: elles ne les regardent pas de face quand elles leur adressent la parole, et elles mènent toute leur vie sociale avec les autres femmes et les enfants.

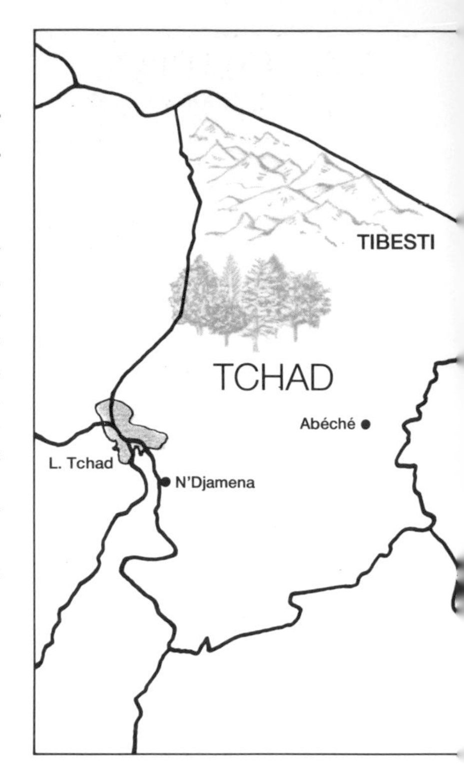

Lisez les phrases ci-dessous et faites-en deux listes:

i Les aspects de la vie des femmes du Tchad qui vous attirent le plus. Rangez-les en ordre de priorité.

ii Les aspects de leur vie qui ne vous attirent pas. Rangez-les en ordre de priorité.

a Elles participent aux attaques lancées contre les ennemis.

b Elles sont très habiles à manier le couteau.

c Elles conservent leurs propres biens dans le mariage.

d Elles sont mariées sans leur consentement.

e Elles ont la possibilité de mettre le feu à la maison de leur mari s'il ne leur plaît pas.

f Elles ne mangent pas avec les hommes.

g Elles n'ont pas le droit de regarder les hommes en face quand elles leur parlent.

h Elles passent la plupart de leur temps avec les autres femmes et les enfants.

i Elles sont responsables de la maison et elles doivent défendre leur famille.

LA JOURNÉE DES FEMMES

Béatrice essaye d'entraîner Hervé à une manifestation qui aura lieu le huit mars, journée internationale des femmes. Hervé ne déborde pas d'enthousiasme . . .

1

Écoutez la première partie de la bande, et trouvez l'excuse principale d'Hervé. Ensuite essayez de faire correspondre les arguments de Béatrice et les objections d'Hervé.

Les arguments de Béatrice

i Le travail des femmes à la maison est important.
ii Ce n'est pas juste qu'une femme ne puisse pas, tout simplement parce qu'elle est femme, avoir un travail.
iii Il y a des femmes qui n'ont pas de travail.
iv Il y a plus de femmes que d'hommes qui sont au chômage.

Les objections d'Hervé

a Il y a déjà des tas de femmes qui ont du travail.
b Elles peuvent faire des enfants.
c C'est vrai mais tout le monde le sait.
d Il y a des hommes aussi qui sont au chômage.

2

Écoutez la deuxième partie de la bande.

a Essayez de noter toutes les excuses offertes par Hervé qui se rapportent à la régate.
b Pourquoi est-ce que Béatrice refuse d'accepter ce genre d'excuse? Écoutez en particulier les deux phrases suivantes, et essayez de trouver les mots qui manquent.
  i Tu comprends à quel point c'est ____ ton histoire de régate.
  ii Ce n'est jamais qu'un ____ tandis que notre histoire de créer, de créer ____, de bâtir une nouvelle ____, c'est quand même un peu différent.
c Hervé essaye ensuite une excuse d'ordre plus general. Laquelle?
d Il finit par avouer ses sentiments envers la manifestation.

«Non, vraiment, ça m'____ absolument pas.» Qu'est-ce qu'il dit?

3

Jeu de rôle: Un(e) partenaire va jouer le rôle d'Hervé et l'autre celui de Béatrice. Hervé va essayer de persuader Béatrice de l'accompagner à la régate. Béatrice n'a pas envie d'y aller parce qu'elle préfère aller à une manifestation. Écoutez la bande encore une fois et notez des phrases qui pourront vous être utiles, et ensuite inventez le dialogue.

contrairement à *unlike*
découvert *uncovered*
razzias *raids*
les soudanais *the Sudanese*
les touaregs *the Tuaregs*
redoutées *feared*
habileté *skill*
manier *to handle*
arrêter la course de *stop in its tracks*
chameau *camel*
palmiers *palm trees*
couvertures *blankets*
consentement *agreement*
noce *wedding*
mettre le feu à *set fire to*
ensuite *afterwards*
y compris *including*
bien que *although*
entraîner *drag along*
manifestation *demonstration*
déborde *overflow*
juste *fair*
au chômage *unemployed*
tas *heaps*
se rapportent à *have something to do with*
la régate *regatta*
ton histoire de régate *your regatta business*
avouer *to admit*

L'ALGÉRIE VUE PAR UNE ÉTRANGÈRE
SES EXPÉRIENCES

1

Remplissez les blancs avec les mots suivants:

connaissais	avaient	faisaient	marchais	riaient	étaient	remplissaient

Je _____ dans les rues; je ne _____ pas de ville aussi grande, où on a besoin de bus pour circuler, mais c'_____ les rues des hommes, les cafés des hommes, leurs regards; ils _____ toute la ville, tous les endroits; pas un espace où respirer. Les femmes _____ devant leur bouche un haïk, elles _____ derrière leurs mains, elles avaient les yeux baissés. À Bab-el-Oued, les femmes _____ descendre leurs paniers de leur balcon jusqu'aux marchands ambulants; elles n'avaient même plus à sortir pour faire leurs courses.

2

Maintenant lisez le deuxième paragraphe:

Dans la rue, partout, n'importe quel homme, petit, grand, vous parle, vous tutoie. Il peut. Alger c'est l'usure quotidienne, marcher dans la rue est une supplice, c'est l'épuisement des forces. Pour ne pas tenir les yeux baissés, pour avancer, rire, regarder, s'arrêter. Il faut circuler d'abri en abri. De chez soi dans le taxi, le bus (toujours accompagnée) à l'autre maison: le marché. À 20 h c'est le couvre-feu pour les femmes. Il faut tenir tête à la folie.

a Pourquoi est-ce que les hommes tutoient les femmes?

b Quels sont les endroits où les femmes ont le droit d'aller? Où est-ce que elles n'ont pas le droit d'aller? (Il y a une différence entre Bab-el-Oued et d'autres quartiers d'Alger à cet égard.)

c Relevez les mots et les phrases où l'auteur décrit les relations entre femmes et hommes en termes d'un combat militaire.

d Pourquoi est-ce que l'auteur appelle le marché 'l'autre maison'?

3

Imaginez que vous êtes un homme qui vient de visiter une planète où les hommes sont soumis aux femmes. Écrivez une lettre à un camarade pour lui décrire comment ces hommes vivent.

Nadia, une Algérienne qui habite à Alger, a lu dans une revue féministe une lettre de Ghani, algérienne aussi mais habitant en France. Nadia décide d'écrire à la revue elle-même. Voici sa lettre:

Alger, le 25 juin

Chères amies,

1 *Je m'excuse pour ce retard qui a été consacré à la lecture de votre mensuel qui m'a fait d'ailleurs grand plaisir, je vous remercie.*
Je suis tout à fait d'accord avec Ghani l'immigrée; moi je croyais que les parents algériens étaient plus civilisés qu'ici, mais je vois bien d'après le récit de Ghani que je me suis trompée. Moi aussi je vis cette vie-là, je suis prisonnière et par qui? Par mes propres parents, privée de tout, de ma liberté, de mon bonheur, et l'amour, alors là, vaut mieux ne pas en parler, d'amour. Pour eux aimer c'est une grande honte. En Algérie c'est bien rare qu'on trouve un mariage d'amour, on n'a pas intérêt à connaître l'homme avant notre mariage. Moi je trouve tout ça bête et stupide, mais quand est-ce que nos parents comprendront qu'on est au 20ème siècle, qu'on a besoin d'être libre de connaître la vie, quand?

2 *Je vous en prie femmes, faites leur comprendre en publiant, en passant des films . . . faites n'importe quoi pourvu qu'ils comprennent, j'ai vraiment, vraiment hâte de voir ma liberté.*
Mes parents m'ont aussi privée de mes études, la chose la plus importante dans la société et la chose que je ne pourrai jamais leur pardonner, ils ont brisé ma vie, comment sera mon avenir? Moi qui faisais tant de projets, qu'en étudiant je vais avoir une bonne situation et que je ne penserai jamais au mariage, parce que je suis contre le mariage. Mais dans l'état où je suis, je suis obligée de penser au mariage, j'aime pas le mariage, je veux me libérer sans mariage, mais comment?
Avez-vous une solution? Surtout je suis jeune j'ai 17 ans, j'ai besoin de ma liberté de mon amour et tout ça est venu à l'adolescence, la période la plus dangereuse.

3 *Nous sommes de vrais robots; le matin on se lève, on prend le café, on commence le ménage, à midi on mange, on reprend le travail, le soir on dîne et on se couche, et ainsi depuis toujours la même routine, j'en ai marre de cette vie même le jeudi et le vendredi on les passe à la maison, comment voulez-vous ne pas devenir folle; moi j'ai attrapé des crises de nerfs.*
Ça m'arrive souvent d'écrire, quand je m'énerve, j'écris pour me calmer, j'ai même un journal intime, j'écris car je n'ai pas le droit de parler de m'exprimer, ici les Algériens pensent que les femmes sont faites pour la maison, c'est tout, et que le travail ou la voiture, les cafés, les cinémas, les rues ne sont faites que pour eux.
Je m'excuse si je vous ennuie de mes histoires car je n'ai trouvé personne pour me confier, je m'excuse pour l'écriture et pour les fautes si j'en ai faites, car j'ai quitté l'école jeune.
Je vous souhaite beaucoup de courage et bonne continuation, bien amicalement et merci.

Nadia, 17 ans, d'Alger.

circuler *to move around*
respirer *to breathe*
un haïk *veil*
baissés *lowered*
paniers *baskets*
marchands ambulants *wandering traders*
tutoie *addresses you as* tu
l'usure *wearing down*
supplice *torture*
l'épuisement *exhaustion*
abri *refuge*
couvre-feu *curfew*
tenir tête à *refuse to give in to*
la folie *madness*
privée *deprived*
vaut mieux *it's better*
honte *disgrace*
publiant *publishing*
pourvu que *as long as*
j'ai hâte de *I'm impatient to*
brisé *broken*
avenir *future*
projets *plans*
le ménage *housework*
j'en ai marre *I'm fed up*
j'ai attrapé des crises de nerfs *it's made me hysterical*
je m'énerve *I get worked up*
ennuie *bore*
me confier *confide in*

1

Lisez d'abord la première partie de la lettre. Ensuite, sans regarder le texte, trouvez dans la deuxième liste la suite de chacun de ces débuts de phrase:

a Je m'excuse . . .
b Je suis tout à fait d'accord . . .
c Moi je croyais que les parents algériens . . .
d Je vois bien . . .
e Pour eux aimer . . .
f C'est bien rare qu'on trouve . . .
g On n'a pas intérêt . . .
h Moi je trouve tout ça . . .
i Quand est-ce que nos parents comprendront . . .
j On a besoin . . .

i . . . bête et stupide.
ii . . . c'est une grande honte.
iii . . . pour ce retard.
iv . . . d'etre libre de connaître la vie.
v . . . un mariage d'amour.
vi . . . avec Ghani l'imigrée.
vii . . . qu'on est au 20ème siècle?
viii . . . étaient plus civilisés qu'ici.
ix . . . à connaître l'homme avant notre mariage.
x . . . que je me suis trompée.

2

Lisez la deuxième partie de la lettre et essayez de trouver:

a ce qu'elle demande aux autres femmes de faire;
b la chose la plus grave qu'elle reproche à ses parents;
c pourquoi les études sont si importantes pour elle;
d ce qu'elle pense du mariage;
e pourquoi elle sera maintenant obligée de se marier;
f ce dont elle a besoin.

3

Lisez la troisième partie de la lettre et trouvez les phrases où elle:

a dit qu'elle ne peut plus supporter la vie qu'elle mène;
b explique comment sa santé en a souffert;
c explique ce qu'elle fait pour se calmer;
d décrit le rôle des femmes en Algérie;
e explique pourquoi elle n'arrive pas à écrire le français correctement.

4

Imaginez que vous êtes l'un des parents de Nadia. Vous êtes désespéré(e) par les attitudes de votre fille rebelle. Écrivez une lettre à une revue pour exprimer votre chagrin. Vous pouvez reprendre des phrases de la lettre de Nadia en les transformant selon vos besoins. *Par exemple*: Moi je croyais que les jeunes filles étaient plus sages mais je vois bien que je me suis trompé(e).

5

Vous êtes pensionnaire dans un lycée en France. Vous n'avez pas beaucoup de liberté. Vous écrivez dans votre journal intime pour exprimer ce que vous pensez de la routine quotidienne que vous êtes obligé(e) de suivre.

6

Avec deux partenaires: Nadia décide d'essayer de parler avec ses parents pour leur exprimer son mécontentement. Imaginez cette conversation.

UNE JEUNE FILLE ET SON PÈRE

1

Essayez de répondre aux questions suivantes en écoutant la bande.

- **a** Où est la voiture?
- **b** Qu'est-ce que nous apprenons au sujet de la voiture?
- **c** Quels sont les deux avantages de posséder une voiture, d'après Beatrice?
- **d** Une voiture peut être utile pour quelle section de la population en particulier, d'après Béatrice?
- **e** Où va Béatrice ce soir?
- **f** Quel est son problème en ce qui concerne le transport?
- **g** Quelle est la solution proposée par son père?
- **h** Pourquoi est-ce que cette solution est impossible?
- **i** Pourquoi est-ce que son père accepte de prêter la voiture à Béatrice?
- **j** Béatrice fait plusieurs promesses à son père: essayez de trouver les mots qui manquent dans les phrases suivantes.
  - **i** Je ___ très attention.
  - **ii** Je la ___ bien.
  - **iii** Je ___ de temps en temps pendant la soirée pour voir si elle est toujours là.
  - **iv** J'___ les clés dans mon pantalon et je ne ___ personne s'approcher de mon pantalon.
  - **v** Je ___ très attention.
  - **vi** Je n'___ pas plus vite que soixante à l'heure.
  - **vii** J'___ très doucement.
- **k** Son père lui demande encore deux choses: lesquelles?

2

Écoutez la bande encore une fois et essayez de trouver les phrases où:

- **a** Le père de Béatrice cherche à savoir ce qu'elle veut.
- **b** Elle nie vouloir quelque chose.
- **c** Elle exprime sa surprise.
- **d** Il exprime son accord avec elle (plusieurs fois, et de plusieurs façons) lorsqu'elle parle des avantages de posséder une voiture.
- **e** Il indique qu'il a compris où elle veut en venir.
- **f** Elle nie avoir l'intention de lui faire une demande.
- **g** Elle explique son problème.
- **h** Il cherche à s'assurer qu'elle aura déjà trouvé une solution.
- **i** Elle lui explique comment les choses se font de nos jours.
- **j** Il exprime sa surprise.
- **k** Il lui propose la solution qui lui semble la plus évidente.
- **l** Il dit quelque chose qui l'offense.
- **m** Il lui demande pardon.
- **n** Il lui offre son aide.
- **o** Elle suggère comment il pourrait l'aider.
- **p** Il accepte sa suggestion.
- **q** Il lui donne plusieurs avertissements.
- **r** Il lui interdit une activité en particulier.
- **s** Il se met d'accord.
- **t** Il lui remet les clés.

3

Vous allez à une soirée organisée par des copains, mais ils n'ont qu'un vieux magnétophone. Votre mère a une très belle chaîne stéréo, dont elle est tres fière. Essayez de négocier avec elle. Vous allez surtout lui faire beaucoup de promesses.

d'accord *in agreement*
retard *delay*
siècle *century*
grave *serious*
santé *health*
chagrin *grief*
selon *according to*
pensionnaire *boarder*
mécontentement *discontent*
au sujet de *about*
en ce qui concerne *as regards*
prêter *lend*
doucement *slowly*
nie *denies*
accord *agreement*
où elle veut en venir *what she is leading up to*
comment les choses se font *how things are done*
avertissements *warnings*
remet *hands over*
magnétophone *tape recorder*
chaîne stéréo *hi-fi*

LES RELATIONS AVEC LES GARÇONS

J'ai croisé la première fois Dominique au hasard d'une rue. Il était plus grand que les autres, il les dépassait tous, il était brun avec des yeux bleus, immenses, très foncés. Il marchait nonchalamment sans se presser, et j'ai vraiment pris un coup de poing en pleine poitrine. Il m'a frappée, comme ça. Pourquoi lui plus qu'un autre? Impossible à dire. Certes il est beau et très grand: dans un endroit on ne voit que lui, mais je ne cherchais pas précisément un beau gosse à regarder ce jour-là. Je marchais vite en pensant à autre chose. Alors, peut-être est-ce parce qu'il avançait lentement au milieu de la foule bousculée, parce qu'il avait l'air tranquille, heureux et sûr de lui, les mains dans les poches, le regard ailleurs? Je ne sais pas . . .

Il ne m'a même pas vue. Mais moi je n'ai pas pu oublier son image. Elle m'a poursuivie toute l'après-midi, toute la nuit, et le lendemain, en cours, j'y pensais toujours. Pourtant, c'était sans espoir. Jamais je ne le reverrais, je ne le connaissais pas et il avait au moins 10 ans de plus que moi.

Et le samedi, miracle, dans la boîte où je vais de temps en temps danser avec mes copains, je l'aperçois! Forcément, une fois de plus, il dominait l'assistance. Et de nouveau cette impression d'avoir le souffle coupé et de recevoir un coup dans l'estomac.

Je n'avais qu'une seule idée en tête: faire sa connaissance, bien sûr. J'y suis arrivé. Par l'intermédiaire d'amis du copain de l'amie . . . etc . . . de Dominique. J'ai parlé avec lui. Et c'est là que s'est produit le drame: tout s'est écroulé d'un coup. Je ne sais pas exactement pourquoi. Je l'ai trouvé ridicule, il avait une voix niaise que je ne pouvais pas supporter, il était maniéré, ses expressions me crispaient. Il parlait fort pour couvrir la musique, ça m'énervait, et puis il ne s'arrêtait plus, il disait des sottises, il causait, il causait. J'étais saoûlée. De tristesse, de paroles, d'amertume. Était-ce parce que ce garçon que j'avais cru inaccessible se montrait finalement trop ordinaire? J'avais rêvé de lui et maintenant que je l'avais à portée de main, il ne m'intéressait plus. Je ne voulais plus le voir.

Lisez cette histoire racontée par Francine. Trouvez les détails suivants sur Dominique:

- **a** sa taille;
- **b** la couleur de ses cheveux;
- **c** la couleur de ses yeux;
- **d** son allure générale;
- **e** son âge;
- **f** les endroits où elle le voit;
- **g** l'effet qu'il fait sur elle;
- **h** l'effet qu'elle fait sur lui;
- **i** comment elle arrive à faire sa connaissance;
- **j** sa voix;
- **k** sa façon de parler;
- **l** pourquoi elle cesse d'être amoureuse de lui.

Écrivez une deuxième histoire, qui raconte comment vous avez rencontré quelqu'un qui vous a beaucoup plu au début, mais qui vous a agacé(e) par la suite **ou**, si vous préférez, le contraire: vous avez rencontré quelqu'un qui ne vous a pas du tout impressionné(e) au début, mais qui vous a beaucoup plu quand vous êtes arrivé(e) à mieux le/la connaître.

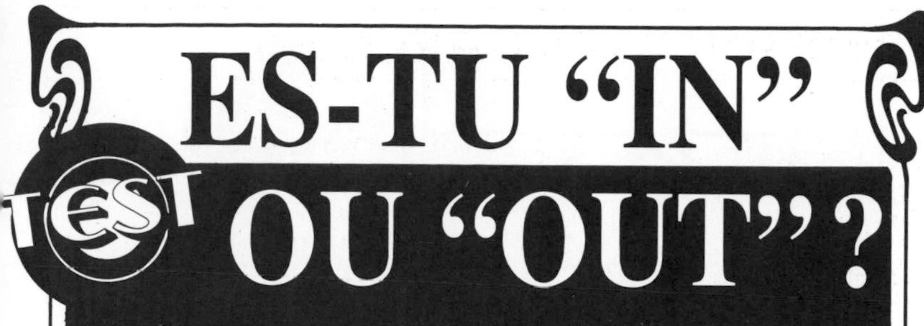

Comment te vois-tu? Branchée "in" ou un peu vieux jeu? le test de Girls t'aidera à découvrir ta personnalité.

1 Quelles seraient tes vacances idéales?
a Visiter les châteaux de la Loire et t'imprégner d'histoire.
b Faire le tour de la Bretagne en vélo et une orgie de fruits mer.
c Louer un van et partir pour l'Inde avec une bande de copains.
d Une semaine sur les plages les plus luxueuses de la Côte d'Azur, entourée de super play boys.

2 Qu'as-tu envie de faire samedi?
a Te plonger dans un roman d'amour.
b Te promener avec un chien.
c Rendre visite à ta délicieuse grande-mère.
d Acheter des fringues.

3 Si tu pouvais vivre une soirée de rêve avec ton flirt, ce serait?
a Arriver en limousine dans son château et te faire servir par des laquais en habit.
b Passer ta soirée dans la discothèque la plus branchée de la ville.
c Aller au cinéma tous les deux voir un beau film d'amour.
d Dîner aux chandelles dans un super restaurant.

4 Où aimerais-tu habiter?
a Un adorable petit pavillon entouré d'un jardin plein de fleurs.
b N'importe où à condition que ce soit dans une ville qui bouge au bord de la mer.
c Une maison à la campagne que tu partagerais avec tes amis.
d Un superbe appart dans un vieil immeuble avec lit à baldaquin.

5 Quel est celui de ces plats qui te ferait le plus envie?
a Une appétissante tarte aux pommes.
b Un plateau de fromages avec un bon pain croustillant à souhait.
c Un savoureux coq au vin.
d Une magnifique coupe de fruits.

6 Si tu pouvais te choisir une marraine, comment serait-elle?
a Une adorable vieille dame qui te raconterait ses chagrins d'amour d'avant-guerre.
b Une femme pleine d'allant qui s'occupe de sa propre écurie de chevaux de course.
c Une extraordinaire femme d'affaires dirigeant plein de gens.
d Une artiste du maquillage . . . qui connaît toutes les stars . . .

7 Tes parents t'ont envoyée chez Mamie pour lui donner un coup de main . . .
a Tu te mets au travail dans son jardin et lui plantes de jolies fleurs qui sentiront tellement bon!
b Tu ranges sa cuisine, grattes énergiquement le plancher et fais les carreaux.
c Tu déplaces tous les meubles dans son salon afin de le rendre plus pratique et plus agréable.
d Tu sors toutes ses vieilles robes des années trente . . . afin de vérifier si elles ne t'iraient pas!

8 Une fille de ton âge emménage dans ton immeuble. Comment t'y prends-tu pour te lier d'amitié avec elle?
a Tu déposes un petit bouquet de fleurs et un mot devant sa porte pour lui souhaiter la bienvenue.
b Tu vas lui proposer de lui faire visiter le voisinage dès qu'elle sera installée.
c Tu sonnes et tu lui demandes si tu peux lui être utile.
d Tu lui proposes de l'emmener à la discothèque du coin à la première occasion.

9 Quel serait ton boy friend idéal?
a Un jeune militaire qui t'écrirait de jolies lettres d'amour.
b Un garçon sympa aimant le plein air et sachant bricoler.
c Le plus intelligent que tu puisses rencontrer.
d Un maître-nageur musclé au regard de braise.

RÉPONSES

Majorité de A:
Tu es délicieusement romanesque et même un peu vieux-jeu. La vie trépidante des grandes villes n'est pas faite pour toi, tu préfères le calme. Tu apprécies les bonnes manières, les petites attentions. Il te faut un petit ami légèrement plus vieux que toi, quelqu'un sur qui l'on puisse compter, et qui soit foncièrement gentil.

Majorité de B:
Tu es un véritable rayon de soleil. Tu aimes le sport, la vie en plein air. Tu as le don de te faire des amis, aussi bien boys que girls d'ailleurs. Le garçon que tu choisiras devra avoir à peu près le même caractère que le tien, et les mêmes goûts.

Majorité de C:
Tu as terriblement confiance en toi, au point d'être même un peu trop autoritaire . . . si on te laisse faire. Mais tu as aussi beaucoup de qualités. Avec toi on ne s'ennuie jamais, tu es bourrée d'idées, tu t'intéresses à beaucoup de choses. Tu es toujours prête à rendre service aux uns et aux autres. Quant aux garçons, s'ils sont moins brillants que toi, ils t'ennuient vite.

Majorité de D;
Boys, Boys, Boys . . . on a l'impression que tu ne penses qu'à cela . . . Ton physique et tes fringues mis à part! Mais dans la vie, il y a tout de même autre chose que l'amour, alors profites-en aussi car les autres apprécient ta compagnie. Tu crois tout savoir sur le sexe opposé, mais n'oublie pas qu'il n'y a pas que le physique qui compte. Tu as besoin d'un garçon bien solide qui t'aidera à redescendre sur terre!

un coup de poing *a punch*
un beau gosse *a good-looking man*
bousculée *jostling*
boîte *disco*
l'assistance *the people there*
le souffle coupé *breath taken away*
s'est écroulé *crumbled*
niaise *silly*
maniéré *affected*
me crispaient *got on my nerves*
sottises *stupid remarks*
causait *chattered on*
saoûlée *reeling*
amertume *bitterness*
fringues *clothes*
branchée *fashionable*
une ville qui bouge *a town with a lot of life*
lit à baldaquin *fourposter bed*
de braise *smouldering*

1
Les filles
Faites ce test pour decouvrir si vous êtes 'in' ou 'out'.
Les garçons
Si vous êtes dans une école mixte, choisissez une fille dans votre classe et essayez de deviner les réponses qu'elle aura choisies. Ensuite, vous pourrez comparez celles que vous avez choisies pour elle avec celles qu'elle a choisies pour elle-même. Si vous êtes dans une école de garçons, choisissez une fille que vous connaissez et essayez de deviner ses réponses. Quand vous la verrez vous pourrez lui faire faire le test elle-même.

2
Créez votre propre test: inventez d'autres réponses aux questions de 'Girls'. (Et d'autres questions aussi si vous voulez.)

CE SOIR-LÀ, MME BERTILLON SURPREND SON MARI QUI EST EN TRAIN DE TÉLÉPHONER . . .

Entendu. Je te rejoins à la gare. À toute à l'heure.
Jean, avec qui parlais-tu?

C'était Monsieur Lecoq. J'ai d'ailleurs rendez-vous avec lui maintenant.
À la gare?

Oui . . . enfin . . . c'est à dire qu'il doit me remettre des dessins qu'il a faits de mon étalage – c'est du matériel publicitaire pour le magasin, et j'ai besoin de le faire photocopier, tu vois.

DEUX HEURES PLUS TARD, IL RENTRE.

Tu as l'air fatigué. Et tes photocopies?
La machine ne fonctionnait pas. Je les ferai demain. Et en plus M. Lecoq n'était pas satisfait de ses dessins. Il va les refaire.

LE LENDEMAIN, ALORS QUE MME BERTILLON SE RETROUVE SEULE À LA MAISON, LE TÉLÉPHONE SONNE.

Allô? Annette Bertillon à l'appareil. Ah bonjour M. Lecoq. Non, mon mari n'est pas là. C'est au sujet des dessins publicitaires?
M. LECOQ:
De quels dessins s'agit-il? Je ne suis pas au courant.

ELLE PÂLIT BRUSQUEMENT.

Les dessins que vous deviez lui remettre.

IL ESSAIE MALADROITEMENT DE RATTRAPER LA SITUATION . . .

M. LECOQ:
Ah oui, c'est à dire que j'avais oublié. Oui, je voudrais lui parler justement de ces dessins . . .

ELLE RACCROCHE, EN PROIE À MILLE INQUIÉTUDES.

CE SOIR-LÀ, SON MARI RENTRE DE NOUVEAU TARD ET FATIGUÉ.

Alors c'est à cette heure-ci que tu rentres?
Je suis désolé. J'ai mis deux heures à rédiger le matériel publicitaire . . .

Tu es sûr que tu n'as pas plutôt été retenu par les charmes de Mme Lafayette? Je savais que tu aimais les femmes grossières, mais pas à ce point-là . . .
Mais écoute, Annette, sois raisonnable.

ELLE SORT EN CLAQUANT LA PORTE.

ELLE ERRE DANS LA RUE . . .
Jean n'a pas cessé de me mentir. J'avais une telle confiance en lui. Il a changé depuis quelque temps. Comment puis-je le croire maintenant?

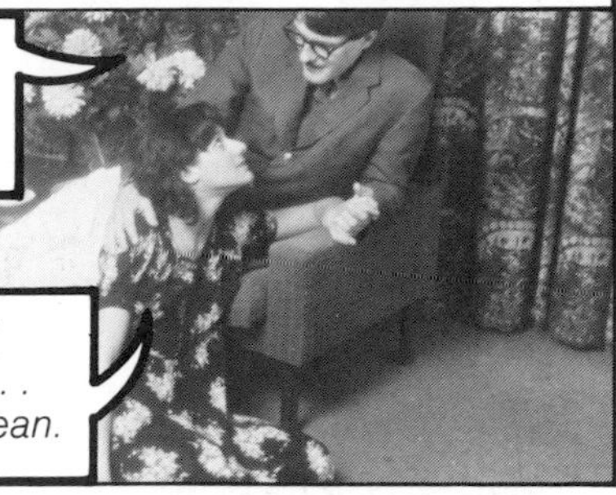
ELLE SE SOUVIENT, NON SANS UNE CERTAINE AMERTUME, DE L'ÉPOQUE DE LEURS FIANÇAILLES . . .
Nous habiterons une jolie maison au bord du lac.
Je vais avoir un vrai foyer, des enfants . . . c'est merveilleux, Jean.

MAIS LE PARFAIT BONHEUR N'A PAS DURÉ LONGTEMPS. QUELQUES SEMAINES APRÈS LE MARIAGE, ALORS QU'ELLE DISAIT EN PLAISANTANT QUE SON ATELIER LUI MANQUAIT, JEAN FRONÇA LES SOURCILS.
Tu as l'intention de reprendre la peinture alors que tu as une maison à tenir? Un Bertillon ne pourrait jamais consentir à voir sa femme abandonner son foyer.

ET POURTANT ELLE AVAIT FAIT DE BRILLANTES ÉTUDES À L'ÉCOLE DES BEAUX ARTS . . .
Félicitations! Vous avez beaucoup de talent. Vous commencez une belle carrière.

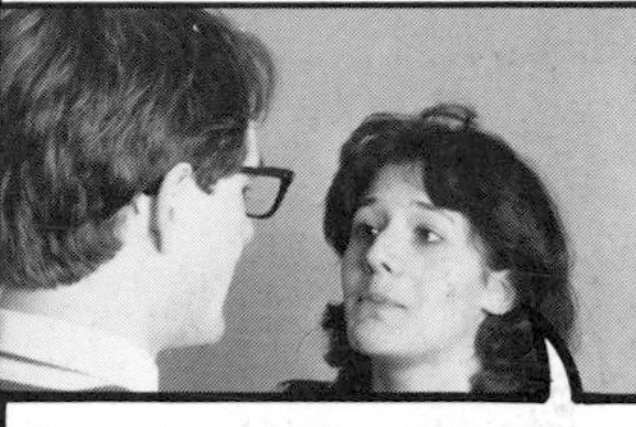
PAR TOUS LES MOYENS ELLE ESSAYA DE PERSUADER JEAN DE LA LAISSER REPRENDRE LA PEINTURE.
Tu sais à quel point mon métier est important pour moi.

MAIS C'EST UN HOMME TRÈS DUR. APRÈS LA NAISSANCE DES ENFANTS IL EST DEVENU ENCORE PLUS SÉVÈRE ET ELLE A DÛ RENONCER À TOUT JAMAIS À SES RÊVES D'UNE CARRIÈRE DANS LA PEINTURE.
Une jeune mère doit rester à son foyer.

VINGT ANS PLUS TARD, APRÈS DES ANNÉES DE CRISES, DE DISPUTES ET DE LUTTES IL A ENFIN CÉDÉ.
Il est trop tard pour reprendre la peinture. J'ai perdu l'habitude. Je vais monter une boutique de mode.
Je te connais. Tu en auras vite assez de travailler. Mais vas-y. On verra bien.

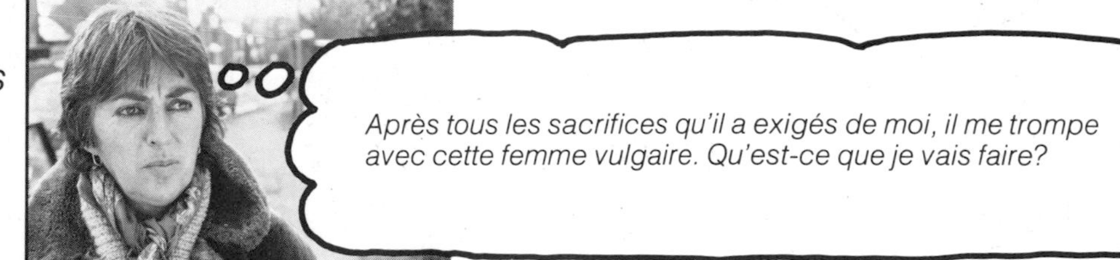
UNE LUEUR DE COLÈRE APPARAÎT DANS SES YEUX:
Après tous les sacrifices qu'il a exigés de moi, il me trompe avec cette femme vulgaire. Qu'est-ce que je vais faire?

LE COMMERCE

Acheter aux 3 Suisses

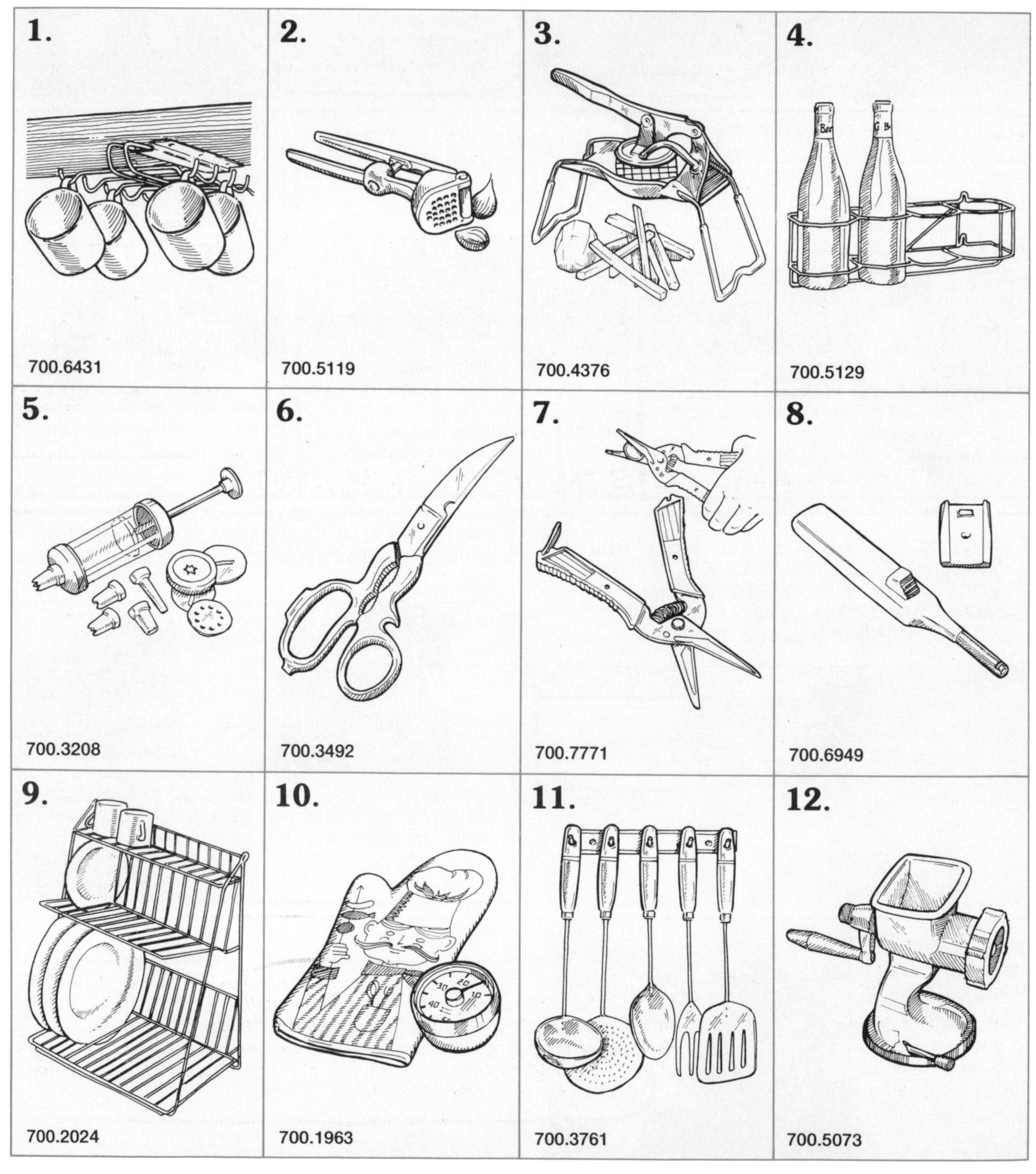

Trouvez les détails ci-dessous qui correspondent à chaque produit en face.

Le presse-ail A
En fonte d'aluminium **20,00 F**

Le coupe-frites B
Avec accessoires pour raper, trancher, presser. En acier. Pieds plastifiés. ....**75,00 F**

Le hachoir à viande C
Avec une ventouse de fixation. En alliage d'aluminium moulé.
Hauteur 17,5 cm. **99,50 F**

Le décorateur de pâtisserie D
En matière plastique. Livré avec 6 douilles............**28,00 F**

Le porte-tasses E
télescopiques. Capacité 12 tasses. En acier cadmié. Se fixe sous les rayons dans les placards. Long minimum: 28 cm. ....**19,00 F**

L'égouttoir 3 étages F
En fil d'acier plastifié. À poser ou à pendre. Plateau amovible en plastique. hauteur 44 cm, largeur 35 cm, profondeur 25 cm. Repliable. **87,50 F**

La penderie de cuisine G
5 ustensiles en acier chromé: louche, pelle, cuillère graduée, écumoire et fourchette. Support mural en bois. ....**56,50 F**

Le gant spécial four H
Une longueur adaptée pour éviter toute brûlure ou éclaboussure sur les bras. En 100% coton.................**22,00 F**
Le minuteur 5 heures 65,00 F

Le lot de 2 range-bouteilles I
En fil d'acier plastifié ils se fixeront aisément derrière une porte.
Contenance 4 bouteilles chacun.
Larg. 40 cm, haut. 12 cm, prof. 10 cm...........................**47,50 F**

Le Snips J
Il coupe tout sauf les doigts. Il remplace les ciseaux, les pinces, les couteaux, les sécateurs. Très utile pour les travaux ménagers (découpe les volailles, coupe les tissus, etc . . .), le bricolage (coupe le fil de fer, le plastique, etc . . .) et les jeux d'enfants. Sans aucun danger. En acier inoxydable. ....**35,50 F**

L'allume-gaz K
garanti 5 ans.
Sans fil, ni pile, ni pierre. Fonctionne par production d'étincelles.
Convient pour tous types de gazinières.
Livré avec support pour fixation murale..................**39,00 F**

Les ciseaux multi-usages L
En acier chromé Nogent.
Longueur 21 cm.
A lame dentelée
B encoche coupe-tiges
C casse-noix
D décapsuleur
E tournevis – ouvre-pot
F marteau
Prix **32,00 F**

ANALYSE DE VOCABULAIRE

Trouvez dans la colonne à droite les explications équivalentes aux mots dans la colonne à gauche.

1 amovible;
2 téléscopiques;
3 acier;
4 raper;
5 presser;
6 une ventouse;
7 une éclaboussure;
8 une lame;
9 un marteau;
10 une écumoire;
11 une louche;
12 une étincelle.

a réduire en petits morceaux;
b ustensile de cuisine avec un disque percé de trous;
c goutte d'un liquide sale;
d mobile;
e alliage de fer et de carbone;
f petit feu qui se détache d'un objet qui brûle;
g instrument pour frapper sur un objet;
h dont les éléments s'enveloppent dans un tube;
i une grande cuiller avec laquelle on sert du potage;
j fer d'un instrument à couper;
k dispositif qui se fixe par vide partiel sur une surface plane;
l serrer pour extraire un liquide.

acier cadmié *cadmium-coated steel*
amovible *detachable*
râper *to grate*
trancher *to slice*
une ventouse *sucker*
alliage *alloy*
moulé *moulded*
une brûlure *burn*
une éclaboussure *splash*
fonte d'aluminium *cast aluminium*
une lame dentelée *serrated blade*
une encoche coupe-tiges *notch for cutting stalks*
un tournevis *screwdriver*
le fil de fer *iron wire*
acier inoxydable *stainless steel*

BON DE COMMANDE N°1 3 SUISSES

à envoyer aux 3 Suisses, Service Commandes - 59076 ROUBAIX Cédex 2

Mr / Mme / Mlle

Nom Prénom

Adresse

Code Postal Bureau distributeur

mode de paiement choisi (mettre une croix)

1 - paiement joint à ma commande
☐ Chèque bancaire .... F
(daté, signé, non raturé à l'ordre de 3 Suisses-France)

☐ **2 - sur mon compte privilégié 3 Suisses Cetelem**
N° de mon compte . . . .

☐ **3 - Paiement contre-remboursement à la livraison**

Nom de l'article et du coloris	n° de référence	taille, modèle stature n° de coloris pour le fil à tricoter	quantité métrage ou nombre de lots	prix de l'unité	montant	
					francs	cent.
exemple : jupe maille bleu	*142.3751*	*40*	*1*	*119,50*	*119*	*50*
				MONTANT TOTAL		

acheter aux 3 Suisses, c'est vraiment facile!

1 vous choisissez sur votre catalogue

En face de chaque article et chaque coloris, figure un n° de référence (7 chiffres), qui est un peu «le nom» de l'article aux 3 Suisses. C'est donc lui que vous devez nous indiquer pour désigner l'article de votre choix.

Une lettre à la poste

● s'il vous manque un renseignement, écrivez à: 3 Suisses – 59076 ROUBAIX Cédex 2.
Vous remplissez votre bon de commande en suivant l'exemple ci-dessus. Surtout, inscrivez clairement vos nom, adresse, n° de cliente, si vous le connaissez, et, éventuellement, votre numéro de téléphone.
Adressez votre bon de commande, sous enveloppe, à: 3 Suisses – Service Commandes – 59076 ROUBAIX Cédex 2.

2 vous choisissez votre mode de paiement

● à la commande (par correspondance uniquement).
● à la livraison.
● en fin de mois ou en petites mensualités, avec votre carte d'achats privilégiés 3 Suisses.
● **paiement à la commande:**
attention: n'envoyez jamais de timbres-poste, d'argent en espèces, de mandat-carte 1418.
● **paiement à la livraison:**
vous réglez directement (en espèces ou par chèque) au facteur ou au livreur.
● **paiement avec la carte d'achats privilégiés:**
vous indiquez simplement votre numéro personnel dans la case prévue à cet effet sur votre bon de commande.

3 vous recevez votre colis

Vous recevez votre colis chez vous, à l'adresse que vous aurez indiquée sur votre bon de commande.

LE BON DE COMMANDE

1
Imaginez que vous voulez effectuer un achat par correspondance. Vous avez choisi sur le catalogue, mais vous ne savez pas exactement ce qu'il faut faire pour bien remplir le bon de commande:
Par exemple:
a est-qu'on peut payer en timbres-poste?
b si on désire deux articles identiques, où faut-il préciser la quantité?
c combien faut-il payer en frais d'envoi?
d est-ce qu'on peut payer à la livraison?
e pour s'assurer de la taille exacte, où faut-il la préciser?

2
Imaginez que vous habitez une adresse en France et que vous voulez commander quelques-uns des produits sur ce catalogue. Choisissez parmi ceux aux pages 170 et 171. Recopiez le bon de commande ou employez celui fourni par votre professeur. Remplissez les détails nécessaires, en choisissant parmi les noms et adresses proposés par votre professeur.

un coloris *shade or colour*
la livraison *delivery*
une mensualité *monthly instalment*
éventuellement *if appropriate*
un mandat-carte *money order*
en espèces *in cash*
le livreur *delivery person*
la case *space, box*
prévue à cet effet *intended for this*
une grande surface *superstore*
une case *square (on the board)*
un pion *counter*
portés sur la liste choisie *mentioned on the selected list*
renvoyant à un texte *which refers you to an instruction*
cocher *to tick*

3
Voici quelques problèmes posés par le manque de tel ou tel ustensile. Choisissez parmi les ustensiles qui figurent dans les pages 170 et 171 ce qu'il faut acheter pour résoudre chaque problème.
Par exemple:
Où dois-je mettre toutes ces assiettes, pour qu'elles sèchent?
Il faut acheter un égouttoir.

a Mais, comment mettre la crème sur ce gâteau?
b Je n'arrive jamais à trouver ma pelle quand j'en ai besoin.
c Pourquoi est-ce que tu mets toujours les bouteilles dans le couloir?
d Aïe! Ça brûle! Et regarde la manche de ma chemise! C'est tout sali!
e Ce soir on n'a qu'un buffet froid, car j'ai perdu les allumettes. Je ne peux pas allumer le gaz.
f Maman, comment pourrai-je découper ce jeu?
g On n'a jamais de pommes frites, car je suis très maladroit. Je ne peux jamais les couper.
h Encore une tasse cassée! Mais on n'a pas assez de place!

LE JEU DES GRANDES SURFACES

Les préparatifs du jeu (pour 2 à 6 joueurs)
1 Faire une liste pour chaque joueur. Chaque liste comporte les noms de quatre rayons différents, chacun avec le numéro d'une case qui correspond avec le rayon. Sur le parcours la correspondance entre case et rayon est indiquée par une flèche.
Exemple d'une liste:

Camping/loisirs/jouets	9
Droguerie	28
Boucherie	40
Surgelés	58

On ne doit pas mentionner un rayon deux fois sur la même liste.
2 Trouver ou préparer un pion pour chaque joueur, et un dé.

La règle du jeu
1 On commence par jeter le dé. Le joueur qui obtient le chiffre le plus élevé choisit une liste.
2 Il faut décider avant de jouer si on va faire un parcours ou plusieurs.
3 Le jeu consiste à parcourir tout le magasin en s'arrêtant aux rayons portés sur la liste choisie, et en se conformant aux indications des textes *'Attention! Apprentissage à la consommation'* (voir page 000), quand on tombe sur une case renvoyant à un texte. Si on tombe sur une case précisée sur la liste, il faut cocher le rayon sur la liste.
4 Le joueur qui a coché les quatre rayons qui figurent sur la liste et qui a réussi le premier à dépasser la case 65 a gagné. Si on a décidé de faire un seul parcours, si aucun joueur n'a coché quatre rayons, le gagnant est celui qui a coché le plus grand nombre et qui a dépassé la case 65 avant les autres avec le même nombre ou moins. Si on a décidé de faire plusieurs parcours, le jeu continue jusqu'à ce que le premier joueur qui ait coché les quatre rayons dépasse la case 65.

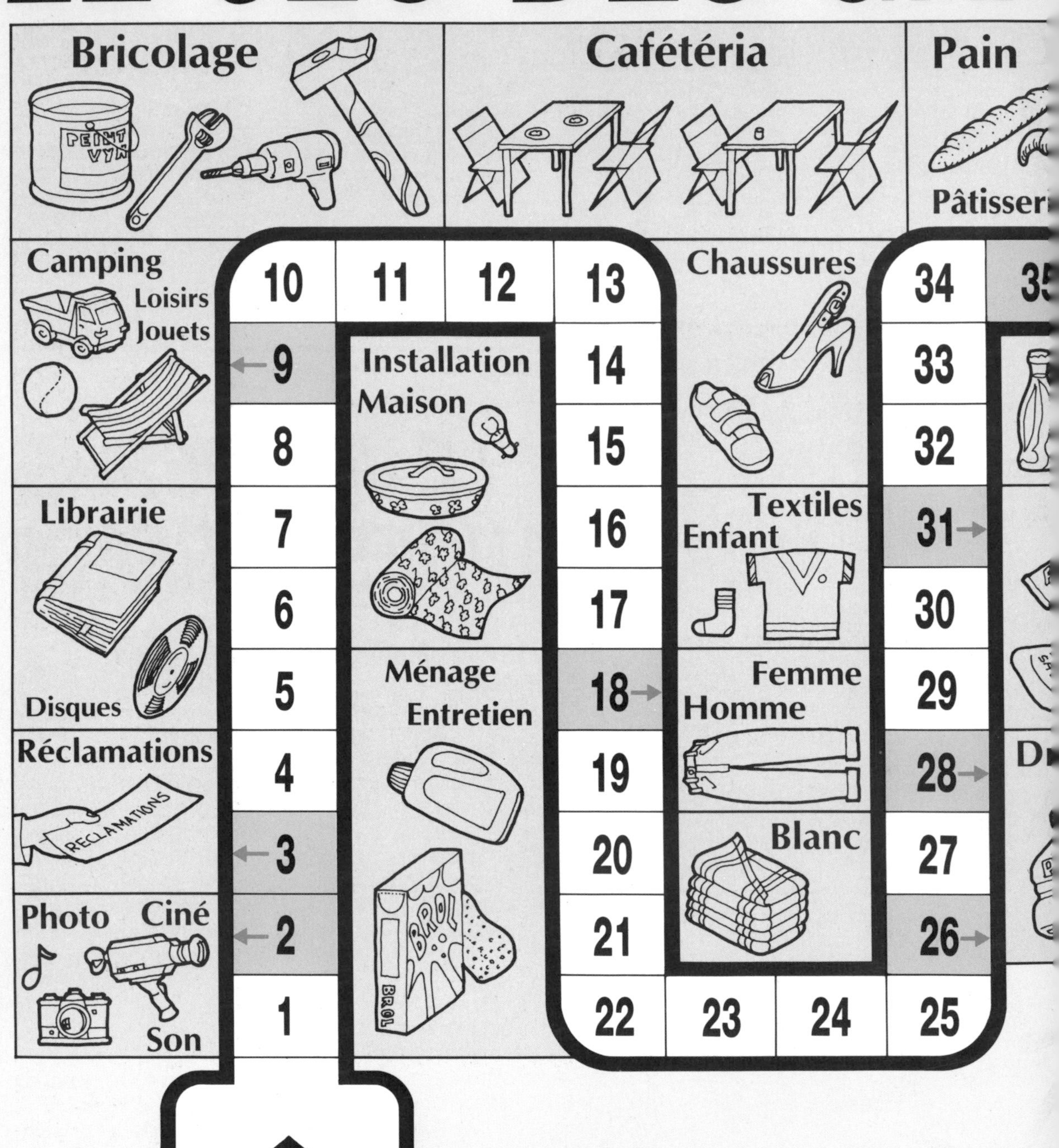
LE JEU DES GRA
Bricolage
PEINT VYN
Cafétéria
Pain
Pâtisseri
Camping
Loisirs
Jouets
10
11
12
13
Chaussures
34
35
9
Installation
Maison
14
33
8
15
32
Librairie
7
16
Textiles
Enfant
31
6
17
30
Disques
5
Ménage
Entretien
18
Femme
Homme
29
Réclamations
RECLAMATIONS
4
19
28
3
20
Blanc
27
Photo
Ciné
2
BROL
21
26
Son
1
22
23
24
25
ENTREE

NDES SURFACES

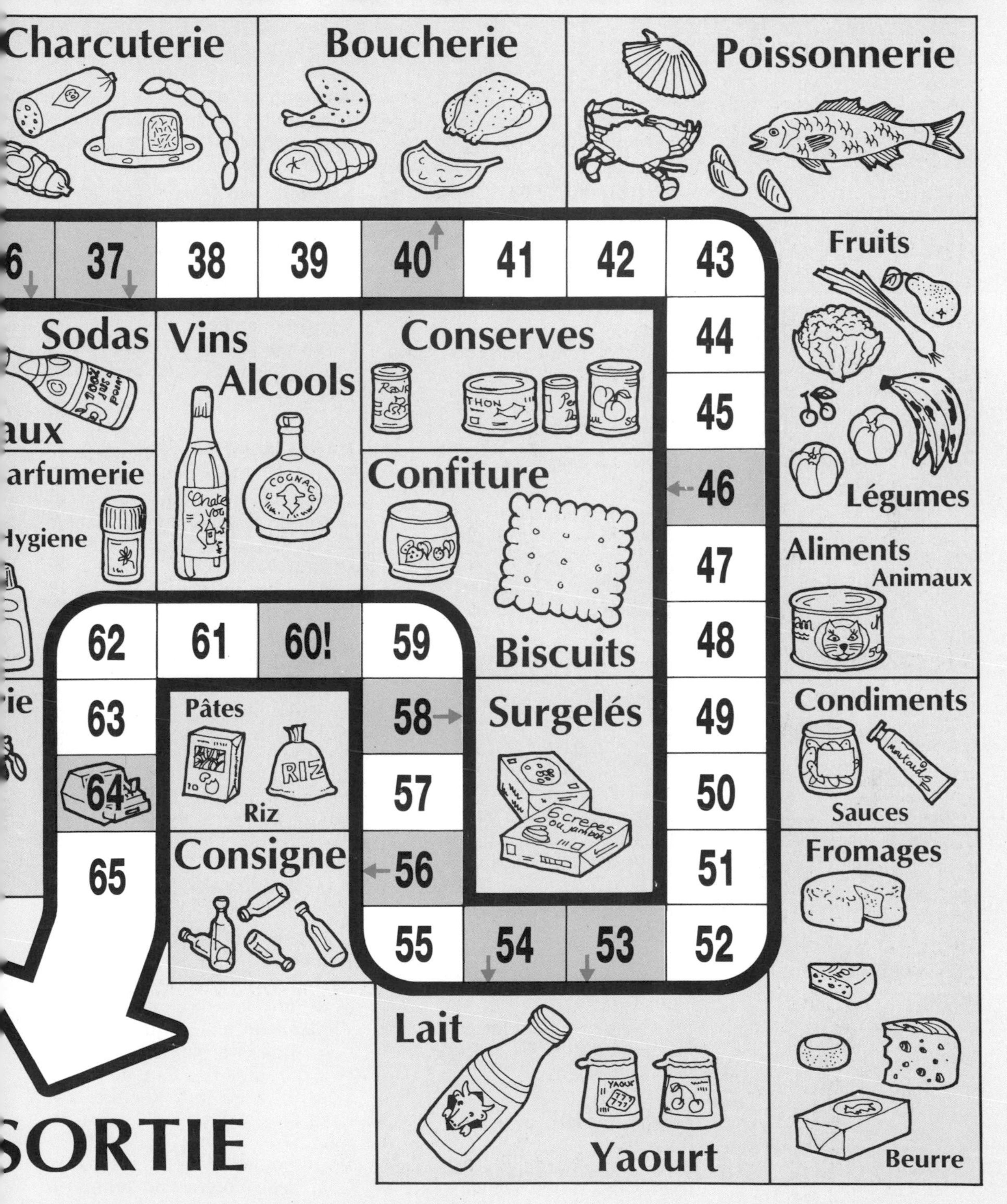

ATTENTION!

APPRENTISSAGE À LA CONSOMMATION

PHOTO-CINÉ-SON

Case 2
À l'occasion de l'anniversaire du magasin on vend un lot de deux pellicules photos en promotion. L'affaire vous tente, mais vous n'achetez pas. C'est bien. Avancez à la case où vous devez effectuer votre prochain achat.

RÉCLAMATIONS

Case 3
Vous vous rendez aux Réclamations car le tee-shirt que vous avez acheté lors d'une visite précédente est trop petit, et vous voulez le changer. On vous demande le ticket de caisse pour procéder à l'échange. Vous l'avez perdu. Vous ne pouvez avoir satisfaction. Retournez à la Case 1.

CAMPING-LOISIRS-JOUETS

Case 9
Vous avez économisé pour vous offrir un jeu. Vous prenez votre temps pour faire cet achat et examinez soigneusement le rayon. Vous ne trouvez pas ce que vous cherchez car il n'y a pas assez de choix. Vous irez dans un autre magasin. Vous avez raison. Allez directement sur la case où vous avez un achat à effectuer.

TEXTILES – HOMME-FEMME

Case 18
Vous voulez acheter un blue-jean. Vous choisissez celui qui vous plaît sans comparer les prix et lire les étiquettes. Vous avez tort. Retournez à la Case 7.

DROGUERIE

Case 26
Bien que ne figurant pas sur votre liste, vous vous souvenez que vous devez rapporter un baril de lessive. Vous choisissez celui qui contient un gadget publicitaire sans vérifier le prix, la quantité et sans comparer avec les autres marques. Reculez à la Case 20.

Case 28
Bien que ne figurant pas sur votre liste, vous vous souvenez que vous devez rapporter un baril de lessive. Vous constatez les différences de prix et d'emballage. Vous demandez conseil et vérifiez le prix par kilo. C'est bien. Allez à la case où vous avez un achat à faire.

PARFUMERIE-HYGIÈNE

Case 31
Vous vous laissez tenter par un flacon de shampooing en promotion sans vérifier sa composition, sa destination et s'il y en a de moins cher en rayon. Vous avez tort. Reculez à la Case 30.

PAIN-PÂTISSERIE

Case 35
Vous apercevez un lot de 20 croissants où le croissant vaut moins cher qu'à l'unité. Vous vous dites que votre mère pourra les congéler, et que vous lui faites faire une affaire. Vous achetez le lot. Avancez à la Case 38.

EAUX-SODAS

Case 36
Vous achetez un jus de fruits placé en tête de gondole bien que ne figurant pas sur votre liste. Il y en avait un autre de composition similaire de même qualité, aussi bon, sous une marque différente et à prix plus bas dans le rayon. Vous avez eu tort. Reculez à la Case 34.

Case 37
Vous voulez acheter du Coca-Cola. Vous prenez le temps de constater que c'est moins cher en

boîte de métal qu'en pack de petites bouteilles de verre. Le plus intéressant est la grande bouteille familiale. Vous l'achetez. C'est bien. Rendez-vous sur la case où vous avez un achat à effectuer.

BOUCHERIE

Case 40

Vous devez rapporter un poulet. Vous prenez le temps de constater que suivant la disposition dans les gondoles les prix sont différents. C'est bien. Avancez à la Case 44.

CONFITURE-BISCUITS

Case 46

Vous avez faim et bien que ne figurant pas sur votre liste vous achetez un paquet de biscuits au chocolat. Il a un Gencod, c'est-à-dire une étiquette lue par ordinateur, mais vous ne savez pas son prix. Vous avez tort. Reculez à la Case 41.

LAIT-YAOURT

Case 53

Bien que ne figurant pas sur votre liste, vous voulez acheter des yaourts. Vous croyez bien faire en prenant le lot de 16 et vous oubliez de vérifier la date limite d'utilisation. Vous n'aurez certainement pas le temps de tous les manger avant la date de péremption et il faudra en jeter. Vous avez eu tort. Revenez à la Case 45.

Case 54

Pour ne pas aller demain matin acheter le lait frais chez votre crémier, vous voulez rapporter deux litres de lait frais. Vous n'en trouvez pas, car ils se trouvent en bout de rayon, au niveau du sol. Vous prenez un pack de 6 litres de lait UHT bien visible qu'on vous incite ainsi à acheter parce qu'il se conserve mieux en magasin. Il n'a pas la même saveur. Vous avez eu tort. Revenez à la Case 45.

CONSIGNE

Case 56

Bien que ne figurant pas sur votre liste, vous vous souvenez que vous devez rapporter un litre de jus d'orange. Vous choisissez une bouteille en verre consignée. C'est bien. Avancez à la Case 65.

SURGELÉS

Case 58

Vous voulez acheter des tartes surgelées. Vous constatez que l'emballage est gonflé et comporte du givre. Vous n'achetez pas. Vous avez raison. Allez à la Case 59.

Case 60

Vous n'avez pas mis vos surgelés dans un sac d'emballage spécial. Ils risquent de s'abîmer au cours du trajet. Revenez à la Case 55.

CAISSE

Case 64

Vous ne résistez pas aux bonbons et chewing gum placés près des caisses. Vous en achetez. Revenez à la Case 57.

une pellicule *film*
les étiquettes *labels*
bien que *although*
un baril *large tub*
l'emballage *packaging*
constater *to establish*
intéressant *economical*
les gondoles *display cabinet*
la date de péremption *'sell-by' date*
une bouteille en verre consignée *bottle returnable for deposit*
gonflé *swollen*
le givre *frost*
s'abîmer *to be damaged*

au-delà de *beyond*
contrôlées *inspected*
remises en état *reconditioned*
une facture *invoice*
le litige *legal proceedings*
amiable *amicable*
une bonne affaire *bargain*
une remise *reduction*

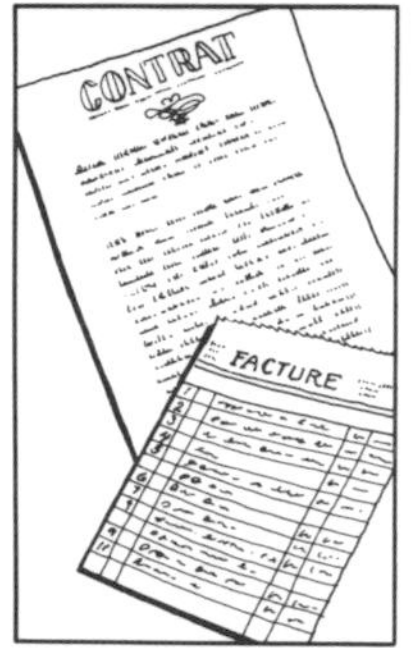

HUIT RAISONS D'ACHETER UNE VOITURE D'OCCASION CHEZ UN PROFESSIONNEL

1 Son avenir est lié à la satisfaction de sa clientèle. Il la recherche.
2 La qualité de son diagnostic lui permet d'apprécier une voiture au-delà de son apparence.
3 Les voitures qu'il propose sont rigoureusement contrôlées et remises en état.
4 Il pourra reprendre la vôtre usagée et lui donner sa destination logique (remise en état ou destruction).
5 Il vous proposera un financement adapté à vos ressources.
6 Il vous remettra un contrat et une facture détaillée.
7 Pour tout véhicule non garanti il s'assurera du bon fonctionnement des organes de sécurité.
8 Enfin si litige il y a! vous aurez un recours rapide et amiable.

1
Vous avez huit raisons proposées par les vendeurs de voitures d'occasion et huit images; chaque image correspond à une raison. Mais quelle image correspond à la première raison? ou à la deuxième? Lisez attentivement toutes les raisons avant de mettre les lettres des images avec les numéros des raisons correspondantes.

2
Écrivez encore une fois les raisons, en employant des phrases plus simples. Retenez le temps du verbe.
Par exemple:
1 Le vendeur veut satisfaire ses clients.

3
Rédigez une lettre semblable à celle ci-dessous, au vendeur d'une voiture qui ne marche pas. Vous allez mentionner le problème exact, et vous demanderez un remboursement total du prix, ou un remplacement.

4
Rédigez la lettre écrite par la dame de la page 179 après son retour de vacances au fabricant des produits Snobisme.

Monsieur le 5 octobre

Je vous écris pour demander satisfaction. J'ai acheté une Peugeot 504 de votre garage le 22 septembre dernier. Vous m'avez dit qu'elle serait une bonne affaire. Mais j'ai dû déjà payer des centaines de francs pour faire réparer cette voiture. Le garagiste m'a dit aujourd'hui que je devrai remplacer le radiateur qui ne fonctionne pas.

Comment pouvez-vous dire que les voitures que vous proposez sont rigoureusement contrôlées et remises en état? Je vous demande de payer un nouveau radiateur, ou de me donner une remise sur le prix que je vous ai payé.

Agréez, Monsieur, l'expression de mes sentiments distingués.

Écrivez l'histoire de la dame qui est toujours à la mode. Malheureusement, les produits qu'on achète ne sont pas toujours parfaits, et. . . . .

COMPAREZ NOS PRIX.

BOUCHERIE

Escalope de veau le Kg	52,80 F
Rosbeef 1ere Catégorie le Kg	59,95 F
Faux filet le Kg	66,90 F
Pot au feu, plat de côtes le Kg	19,00 F
Rognons de porc frais le Kg	21,90 F
Escalopes de dinde le Kg	36,40 F

CHARCUTERIE

Pâté de foie le Kg	11,40 F
Pâté de campagne le Kg	12,60 F
Saucisson à l'ail 1er Prix le Kg	23,10 F
Jambon 1er Choix DD le Kg	39,80 F

FROMAGE A LA COUPE

Emmental 1er Choix le Kg	34,20 F
Saint Albray 50% MG le Kg	40,40 F

CREMERIE

Camembert 45% MG 1er Prix	9,90 F
Beurre doux 250 g 1er Prix	8,80 F
Yaourts natures × 12 Jean Jacques	10,20 F
Yaourts aromatisés × 12 Jean Jacques	12,25 F
Yaourts natures × 16 Jean Jacques	11,40 F
Yaourts sucrés × 6 Nova	6,10 F
Liégeois, café, chocolat, caramel × 3 Nova	4,95 F
Fromage frais 30% × 12 Nova	4,40 F
Crème fraîche Elle & Vire 50 cl	7,95 F

SURGELES

Pizza Marguerita IGLO 300 g	8,45 F
Crêpes au fromage IGLO × 10	16,90 F
Glace Spéciale MIKO 2 litres	25,75 F
Sorbet citron MIKO 2 litres	22,45 F

EPICERIE

Edition Spéciale Belin	2,85 F
Petit Beurre Lu × 24	3,30 F
Banania 1 Kg	18,80 F
Café Moulu Tradition Légal 4 × 250 g	41,50 F
Maxwell filtre décaféiné 50 g	12,95 F
Maxwell Filtre décaféiné 200 g	46,00 F
Riz long prétraité Charleston 500 g	6,70 F
Mayonnaise tube Lesieur 175 g	6,50 F
Sauces Lesieur 190 g (Béarnaise, Tartare, Mousquetaire, Rocambole)	7,25 F
Huile Arachide Joubert, 1L	9,20 F
Huile Tournesol Joubert 1L	10,20 F

CONSERVES

Choucroute garnie Saurin Bte 4/4	12,95 F
Cassoulet Saurin Bte 4/4	15,95 F
Raviolis sauce Italienne Buitoni Bte 1/2	6,70 F

LIQUIDES

Champagne Brut Jacquart 75 cl	78,50 F
Vin de Pays du Gard rouge CMR 75 cl	8,10 F
Vin des Corbières rouge CMR 75 cl	9,95 F
Vin du Pays de l'Hérault rouge CMR 75 cl	8,85 F
Côtes du Rhône A.C. 3 × 75 cl	28,50 F
Muscadet S & M S/Lie 75 cl	12,30 F
Bière bock Valstar vis. 100 cl + cons. 0,90	4,30 F
Bière Heineken 6 × 25 cl	15,50 F
Banga Orange 100 cl + cons. 0,90	6,25 F
Eau de source Montjoie 6 × 150 cl	8,50 F

LAVAGE

Persavon grand format 2 × 400 g	10,30 F
Bonux main E 3 750 g	11,85 F
Lessive Derby Valisette 5 Kg	37,50 F
Bonus machine E 15 5 Kg	52,95 F
Omo maxi baril 8 Kg	79,70 F
Palmolive vaisselle 500 ml	8,98 F
Calgonit lave vaisselle 3 Kg	38,50 F

PARFUMERIE

Shampooing Moelle Garnier 375 ml (Anti pelliculaire, Cheveux normaux, cheveux gras, cheveux secs)	10,55 F
Laque invisible de Garnier 320 g (Normale, Forte, Aérelle)	18,90 F

BAZAR

Barbecue convertible	49,65 F
Glacière 35 L	70,10 F
Table camping 80 × 60	69,90 F
Lot 4 boîtes hermétiques	29,90 F
Bouteille isotherme 1L	41,15 F
Cassettes enregistrement originaux MFP	55,55 F
Disques 33 T variétés MFP	59,80 F

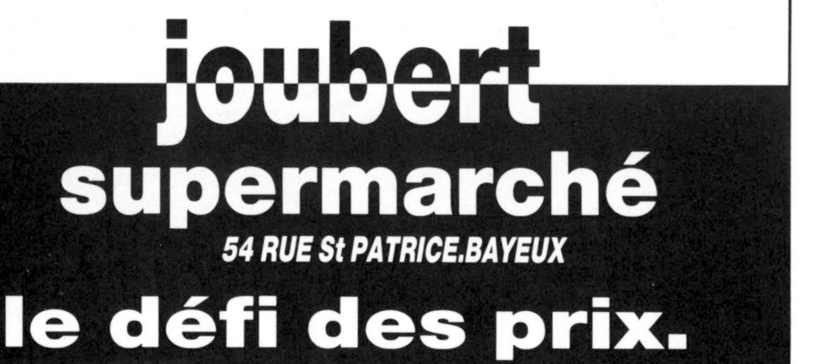

joubert
supermarché
54 RUE St PATRICE.BAYEUX
le défi des prix.

Vous devez regarder les prix dans deux supermarchés à Bayeux.

a Faites la comparaison des prix en trouvant les produits en vente dans les deux supermarchés. Lequel a les prix plus chers? en charcuterie? en fromage à la coupe?

b Recopiez ces listes d'achats de clients dans votre cahier. Trouvez les produits les moins chers qui sont dans les supermarchés et notez dans quel établissement vous les achetez. Combien est-ce que vous payez chez Joubert? Combien à Intermarché? Quel est le montant total? Quels produits sur les listes des clients ne figurent pas dans la publicité?

Liste A
escalopes de dinde (vers 2 kg)
16 yaourts nature
pot de mayonnaise
2 litres de glace fraise
50 g café filtre décaféiné
boîte de champignons
Camembert (pas cher)
escargots

Liste B
1 kg pâté de campagne
500 g Saint Albray
biscuits confiture
2 paquets de chips
bière Heineken
3 Bordeaux rouge
eau d'Evian
500 g quiche
biscottes

Chassez l'intrus!

Vous êtes employé dans un supermarché. Vous avez un rayon à remplir, mais chaque fois que vous commencez, vous constatez que quelqu'un a mis un produit d'un autre rayon dans votre chariot. Trouvez l'intrus, et chassez-le au bon rayon!
(*Par exemple*: dinde, filet, *mayonnaise*, veau, bœuf. Votre rayon = boucherie; rayon de l'intrus = épicerie.)

a maillot de bain, sandale, chaussettes, crevettes;
b pizza, pâté, jambon, glace, saucisson;
c haricots, yaourt, sardines, thon, champignons;
d biscottes, œufs, yaourt, fromage blanc, margarine;
e Côtes du Rhône, Pays du Gard, Bordeaux, Persavon, Muscadet;
f glace vanille, crevettes, œufs, glace fraise, langue de bœuf;
g barbecue, table camping, lessive, fauteuil, cassettes.

INTERMARCHE

Les Mousquetaires de la Distribution

Route d'Esquay — SAINT-VIGOR-LE-GRAND

S'EST AGRANDI

Le Mousquetaire vous y accueillera

BOUCHERIE

Côtes de bœuf	49,80 F
Côtes de veau, le kg	42,40 F

CHARCUTERIE

Jambonneaux panés	48,00 F
Jambon supérieur 5 achetés 6e gratuit	
Saucisson à l'ail PP pièce de 1 kg	26,70 F
Pâté forestier (spécialité), le kg	43,00 F
Pizza extra, le kg	44,80 F
Quiche extra, le kg	44,80 F

VOLAILLES

Poulet classe A, PAC, le kg	25,40 F
ANIMATION PRODUIT DE DINDE	
Steack de viande	47,90 F
Dinde PAC	32,00 F
Brochettes de dinde	48,20 F
Rôti cuit	48,00 F
Rôti de dinde filet	55,70 F

SURGELES

Glace vanille, Sirocco, 2 litres	19,50 F
Glace fraise, Sirocco, 2 litres	19,50 F
Crevettes petite taille, le kg	28,10 F
Langue de boeuf blanche boucherie, le kg	26,90 F

BISCUITERIE

Confiture abricot, Delvert, le kg	7,70 F
Biscottes Mie dorée, 100 tranches	8,70 F
16 fourrés chocolat, lot de 3 paquets	10,55 F
Gaufrettes Reine Berry, lot de 4 paquets	8,75 F

RAYON VELO

Prix coûtant sur:

Vélo femme, cadre berceau, 3v.	916,75 F
Vélo homme demi-course, 10 v.	970,00 F

RAYON TEXTILE

Maillot de bain fillette, fantaisie	31,30 F
Maillot de bain garçon, uni	22,00 F
Chaussettes de tennis, la paire, homme-femme	9,65 F
Sandale PVC, dessus bride, verni, 36–41	55,90 F

CREMERIE LS

Camembert, 1er prix	7,15 F
Emmenthal rapé, 70 g × 3	9,20 F
Margarine Astra, 500 g	8,45 F
Container œufs, 6065 × 12	5,95 F
Crème fraîche, Pointe de Saire, 50 cl	8,25 F
Yaourt nature, Stenval, × 16	10,95 F
Yaourt aromatisé, × 16	13,35 F
Fromage blanc, 20%, 1 kg	9,65 F

COUPE

Emmenthal français, le kg	36,95 F
Chèvre lingot, le kg	39,65 F
St-Albray, le kg	42,35 F

PATISSERIE INDUSTRIELLE

Croissants, × 10	9,90 F
Sachet Madeleine, 1 kg	15,70 F

EPICERIE

Macédoine de légumes, Daucy, la boîte 4/4	5,25 F
Haricots très fins, Bon, la boîte 4/4	5,60 F
Champignons Hôtel, 4/4	12,40 F
Sardines huile parmentier, lot de 3, × 1/6	9,15 F
Thon Petit Navire, lot de 2, × 1/4	15,55 F

RAYON CAMPING

Table de camping Durola, 80 × 60	98,00 F
Glacière, 32 l	75,00 F
Sacs de couchage maille	74,30 F
Valises fibrite, 50 cm	59,40 F
60 cm	68,60 F
70 cm	81,50 F

Animation, jeux, tombola et distribution de bons d'achat

L'apprenti consommateur

Imaginez que vous avez des achats à faire. Vous vous rendez à l'un ou l'autre de ces supermarchés. Vous avez 100 francs avec vous, et vous voulez acheter tout ce qu'il faut pour préparer un dîner pour votre famille (mère, père et deux jeunes de 15 et 13 ans). Vous allez essayer d'éviter tout produit où il y a trop de sucre ou de matière grasse. Qu'est-ce que vous achetez? Combien est-ce que vous devez payer? Faites une comparaison avec votre partenaire qui fait la même chose.

La caissière si intelligente

Vous êtes caissière, mais une caissière si intelligente! Puisque vous trouver le travail ennuyeux, vous vous amusez à imaginer le mode de vie des clients, selon leurs achats.

(*Par exemple*: Un monsieur qui achète trente-cinq litres de bière aime bien boire, ou il va peut-être inviter ses amis à une surprise-partie!)

Que pensez-vous de ces clients?

a Une famille qui achète trois fauteuils camping, une table camping, des boîtes hermétiques et une bouteille isotherme.

b Une vieille dame qui achète un demi-kilo de pot-au-feu, un petit Camembert et une boîte de macédoine de légumes.

c Une dame qui achète trois kilos de crevettes, plusieurs côtes de bœuf, cinq kilos d'escalope de veau, un maxi-baril d'Omo, six litres d'huile arachide et cinquante crêpes au fromage.

d Une jeune fille qui achète l'eau de source, des yaourts nature, deux disques 33 tours, un shampooing anti-pelliculaire et une laque invisible.

Achetez en gros!

Choisissez deux produits qui sont moins chers si vous achetez en gros. Faites une liste des avantages et des inconvénients d'un tel achat. (*Exemples*: place à la maison, fraîcheur, date de péremption, prix choc, nombre de consommateurs à la famille, congélateur, produit préféré, etc.) Après avoir fait votre liste, décidez avec un partenaire s'il vaut mieux acheter ce produit en gros ou non. Donnez des raisons. (*Par exemple*: Oui: si on achetait des yaourts en gros, on pourrait avoir un grand choix à tous les repas. Non: si on achetait des yaourts en gros, on ne les mangerait pas avant la date de péremption.)

VRAI OU FAUX?

a Le magasin est ouvert tous les jours sans interruption.
b Le magasin est près des parkings.
c Il y a des parkings gratuits.
d On ne vend que des produits de ski.
e Le ski alpin est mieux desservi que le ski de fond.
f Le nouveau magasin se trouve dans la rue de Latran.
g Vous devez payer 303 francs le catalogue.
h Pour acheter, il faut aller au magasin.
i Les prix dans ce magasin sont très chers.
j Le seul modèle de skis est Salomon.

1
Complétez ces phrases en trouvant la réponse dans la publicité.
a Il y a 303 pages illustrées dans . . .
b Vous trouverez 78 . . .
c Pour téléphoner, composez le . . .
d Pour garer la voiture, vous avez le choix de . . .
e Le magasin est fermé le lundi de . . .
f Le magasin est ouvert pendant onze heures sans interruption le . . .
g Si vous ne pouvez venir en personne . . .
h Vous trouverez les prix . . .
i Le magasin se trouve . . .
j Un choix inégalé est mis . . .

2
Examinez très bien la publicité pendant 5 minutes et faites ce jeu-test de mémoire.

Sans regarder la publicité, repondez à ces questions:
a Quel jour de la semaine, le magasin se ferme-t-il pour le déjeuner?
b Combien de mètres carrés a le nouveau magasin?
c Le numéro de téléphone est le 329.32.12, le 329.23.12, ou le 329.12.32?
d Il y a combien de modèles différents de chaussures de ski alpin?
e Il y a 38 modèles de plus de skis alpins que de skis de fond. Mais combien en tout?
f Dans l'image, dans quel sens le vieux campeur marche-t-il?

1
Cherchez dans cette liste les phrases qui ne figurent pas dans la conversation.
a Vous avez mis des piles, Monsieur?
b Vous l'avez achetée ici?
c Vous ne voulez pas en acheter une autre?
d Vous voulez patienter?
e Vous voulez quelle couleur?
f Félicitations!
g Je suis vraiment désolée!

3
Trouvez:
a la somme que le monsieur doit payer;
b son problème;
c la suggestion de la caissière;
d le nom des fleurs qu'elle préfère;
e si le monsieur est marié ou célibataire;
f le prix des fleurs.

compétente *qualified*
au sein de *within*

2
Finissez les phrases en choisissant la bonne réponse dans la liste de droite.

a Je crois que cette robe-là
b Savez-vous ouvrir les yeux
c On passe des heures
d C'est parce qu'elle
e Mais maintenant ça va être

1 à les mettre les unes sur les autres.
2 de ma faute si la pile est par terre!
3 était malgré tout très stable.
4 était très grande.
5 quand vous êtes dans un grand magasin.

4
Voici les tickets de caisse de plusieurs achats. Quel ticket correspond à l'achat de la dame?

a
3×
28·00
Total 84·00
Rendu 90·00
Monnaie 6·00
MERCI
002/622/983.

b
38·00
2·00
Total 40·00
Espèces 40·00
MERCI
634 * 12 * 82

c
12×
2800
Total 33600
Espèces 40000
monnaie 6400
MERCI
* * * * *
001–432–131

d
*40FOO
*28FOO
2
*38FOO
*76FOO
*182FOO
323*130*26

CET APRÈS-MIDI-LÀ, HACÈNE S'ARRÊTE DEVANT UNE BOUTIQUE DE MODE. IL A DÉCIDÉ DE FAIRE UN CADEAU À MARIE-CLAUDE.

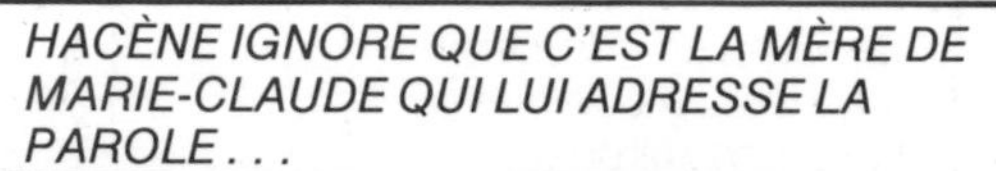

HACÈNE IGNORE QUE C'EST LA MÈRE DE MARIE-CLAUDE QUI LUI ADRESSE LA PAROLE . . .

Bonjour Monsieur. En quoi puis-je vous être utile?
Je voudrais acheter quelque chose pour une amie.

Oui. Elle fait quelle taille, votre amie?
Elle est assez mince . . . elle doit faire du trente-six. Tiens – ce petit ensemble-là lui irait très bien. Mais je trouve la couleur un peu terne.

J'ai la même chose en rouge.
Ah oui – cela conviendrait très bien à Marie-Claude. Elle est brune, vous voyez. Bon, je la prends. Je peux vous faire un chèque?
IL POSE LE MANUEL D'INFORMATIQUE SUR LE COMPTOIR . . .

Bien sûr, Monsieur. Mais j'ai déjà vu ce manuel quelque part. Votre amie s'appelle Marie-Claude . . . Vous êtes amoureux de ma fille, n'est-ce pas?
Vous êtes Mme Bertillon? Mais je suis heureux de faire votre connaissance. Je . . .

MME BERTILLON LUI COUPE LA PAROLE:
Vous êtes en train de gâcher sa vie.
Mais je ne pense qu'à la rendre heureuse.

Il s'agit de son avenir. C'est à cause de vous qu'elle veut abandonner ses études de haute couture.
Mais c'est l'informatique qui l'intéresse.

Ça, c'est le caprice d'une jeune fille. Non, Monsieur. Vous avez tort. Elle n'abandonnera pas. Elle deviendra une brillante couturière. Ce métier lui donnera toutes les satisfactions que moi je n'ai pas connues.
Mais c'est à elle de décider de son avenir.

Elle épousera Jean-Paul dans trois mois, comme prévu. Avec lui elle restera sur le bon chemin.
Je me battrai contre sa famille, contre le monde entier s'il le faut.

QUELQUES HEURES PLUS TARD, MME BERTILLON SE REND À LA TEINTURERIE.

Bonjour, Madame. Qu'est-ce que je peux faire pour vous aujourd'hui?
Je vous apporte la veste de mon mari.

Attendez voir, Madame. Je crois qu'il y a quelque chose dans la poche.
Ah bon? Faites voir.

Qu'est-ce que c'est que ça? Mais c'est un ticket de consigne. Il a donc déposé quelque chose à la gare.

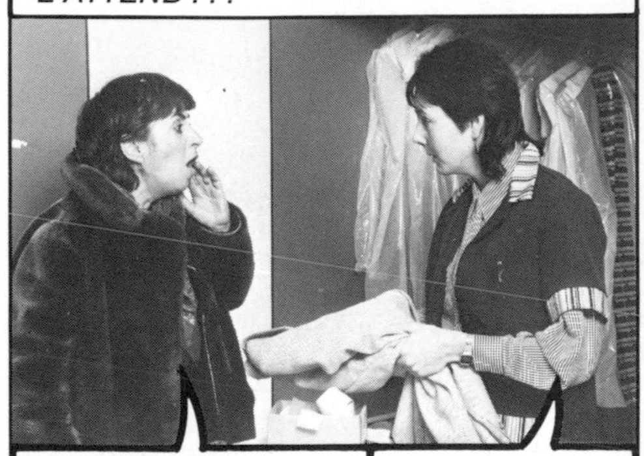
MAIS UNE DEUXIÈME RÉVÉLATION L'ATTEND . . .
Mais ce sont des billets d'hôtel, je ne comprends pas. Mon mari ne m'a jamais parlé de ça.
Il s'agit sûrement d'un voyage d'affaires, Madame.

Ça y est! J'y suis. Il a projeté d'emmener sa nouvelle employée passer un weekend à Paris.
Quand voulez-vous passer reprendre la veste, Madame?
Il pourra venir la chercher lui-même. Moi j'en ai assez.

ELLE PREND RENDEZ-VOUS AVEC MARIE-CLAUDE Á LA BOUTIQUE.
Regarde-moi ça, ce que ton père trame derrière notre dos.
Ah voilà pourquoi Papa était à la gare l'autre jour. Je vais y aller.
MARIE-CLAUDE REGARDE LE TICKET DE CONSIGNE . . .

À LA GARE . . .
Quoi? Un survêtement et des chaussures de sport? Voilâ donc le secret de Papa. Mais ça n'explique pas les tickets d'hôtel . . .
À SUIVRE.

ORIENTATIONS

LA MODE DES ANNÉES 50 ET DES ANNÉES 60, CONNAISSEZ-VOUS?

Regardez nos deux images de la mode de vos parents. Combien des éléments suivants est-ce que vous savez identifier? Demandez à vos parents aussi!

ANNÉES 50

1■ Le juke-box Wurlitzer. Un élément mythique du rock des Années 50. Tous les mauvais garçons se réunissaient autour. **2■** Popsy Pin-Ups. «Sponge my back . . . and I'll stick by you!». Les camionneurs les collaient à leurs vitres, et Marilyn les accompagnait pendant 2,000 kilomètres. **3■** Un cardigan d'époque. Notez les perles. **4■** Un sac à main en plexiglas. L'avant-garde en 1956. **5■** La *pencil skirt*, serrée à la façon d'un tube de stylo (d'où son nom) et discrètement fendue derrière. **6■** Veste de football. **7■** La banane. Elle a survécu jusqu'à nos jours. **8■** Jerry Lee Lewis, «*la grande boule de feu*», proclame la pochette de ce 45 tours d'époque. **9■** The Big Bopper, qui chantait *Chantilly Lace*. Il a disparu avec Buddy Holly et Ritchie Valens dans un accident d'avion en 1959. **10■** Les mini-bouteilles de coca-cola (design: Raymond Loewy). **11■** Sun Records. Le label de Memphis où Sam Phillips enregistrait des musiciens noirs. Elvis Presley s'y est arrêté en 1954. **12■** Elvis. *Heartbreak Hotel* date de 1956. **13■** James Dean et Natalie Wood dans *La Fureur de Vivre (Rebel Without A Cause)*. Encore un mythe. **14■** Little Richard et Chuck Berry. Ils ont conforté l'Amérique profonde dans l'idée que le rock'n'roll était fondamentalement une musique de nègres. **15■** Marlon Brando en motard dans *L'Équipée Sauvage*. Notez la casquette de travers, souvent imitée, jamais égalée. **16■** *Cheer Up:* «Une boisson délicieuse, contient du lithium et de la vitamine B1». C'est ce qu'on a tenté de faire boire aux jeunes Américains.

ANNÉES 60

1■Une coiffure typique: le chignon bouffant, la frange rideau et de longues mèches sur les épaules. Modèle: les Ronettes. **2■** Bottes. Le début de leur popularité. Elles ont connu leur apogée au milieu des Années 70. **3■** Mini-robe aux motifs op-art. Vite supplantée par l'orientalisme Carnaby Street fin 1968. **4■** Sac en plastique transparent. On en faisait aussi des cirés. **5■** Coiffure dandy: frange et pattes. Tout le secret réside dans les deux mèches qui rebiquent. **6■** Veste à rayures façon Carnaby Street. Les Kinks et les Troggs l'ont largement promue. **7■** *Salut les Copains.* La longue saga de Johnny et Sylvie. De gauche à droite en partant du bas: Johnny avec Chouchou, la mascotte yéyé de *SLC*; Sylvie dans l'expectative; première rencontre sur la plage surprise par l'objectif. En haut, à droite: l'idole sous les drapeaux, et à gauche, enfin, un heureux mariage . . . **8■** La leçon de twist par Michel Chasty. Qu'a-t-il pu devenir? **9■** Françoise Hardy. Elle a mis le parapluie en vogue. **10■** B.B.: un poster «sexy» pour l'époque. **11■** L'électrophone: il rendait l'âme après avoir trop chauffé pendant les surprise-parties, ou parce que quelqu'un donnait par mégarde un coup de pied dedans. **12■** Les Chaussettes Noires avec Eddy Mitchell. Qu'a-t-il bien pu devenir? **13■** Les 45 tours de l'époque (les E-P), jetés en vrac. On les usait jusqu'à la corde. **14■** Les Beatles. Les filles préféraient Paul parce qu'il était plus mignon, les garçons John parce qu'il était plus malin. **14■** Les Kinks et les Rolling Stones. Les sauvages anglais.

se réunissaient autour *gathered round it*
collaient *stuck*
vitres *windows*
d'époque *from that period*
serrée *tight*
fendue *split*
la banane *quiff*
survécu *survived*
proclame *states*
pochette *sleeve*
disparu *died*
enregistrait *recorded*
conforté *reassured*
l'Amérique profonde *middle America*
en motard *as a police motorcyclist*
la casquette de travers *the cap worn sideways*
a tenté de *they tried to*
le chignon bouffant *beehive*
la frange rideau *curtain fringe*
mèches *strands*
leur apogée *their greatest success*
supplanté *replaced*
des cirés *in PVC*
pattes *sideburns*
rebiquent *turn up*
à rayures *striped*
dans l'expectative *waiting*
sous les drapeaux *doing military service*
qu'a-t-il pu devenir? *what became of him?*
l'électrophone *record player*
il rendait l'âme *it gave up the ghost*
chauffé *got hot*
par mégarde *by accident/carelessly*
jetés en vrac *chucked in a heap/any old how*
usait jusqu'à la corde *wore them flat*
plus mignon *sweeter/cuter*
plus malin *smarter*

Solution à la page 197.

ANNEES
50
JAMES
DEAN
the bad boy from a good family
REBEL
WITHOUT
A
CAUSE
NATALIE WOOD
Elvis Presley
A DELIGHTFUL BEVERAGE
Drink
CHEER
UP
CONTAINS LITHIUM AND VITAMIN B.

ANNEES
60
THE KINKS
copains
Sylvie Vartan

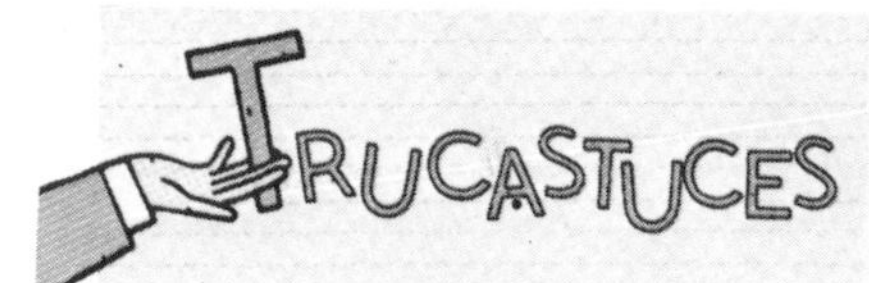

POUR
RIRE ●
JOUER ●
SAVOIR ●

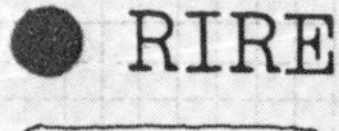

● RIRE

Où es-tu né ?
Dans une clinique !
Tu étais déjà malade ?

● FLEUR MAGIQUE

Plie un carré de papier comme sur le dessin et pose-le sur l'eau. Il va s'ouvrir tout seul !

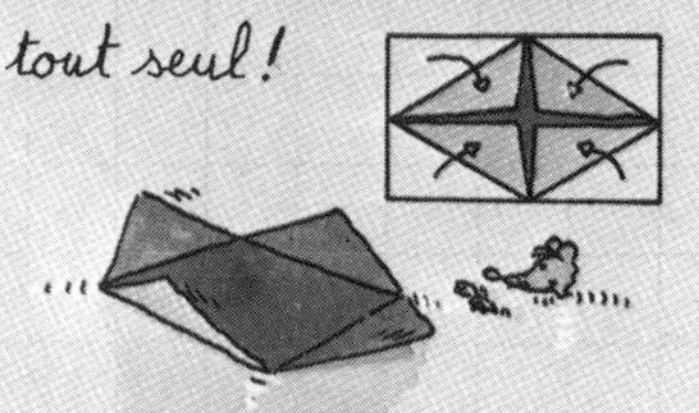

● DEVINE

A l'automne, pourquoi les oiseaux volent-ils vers le sud ?

Réponse : Ils volent parce qu'ils mettraient trop de temps à pied !

● ANTI-SOURIS

Quand tu ranges tes vieux livres dans un grenier, mets des feuilles de menthe pour que les souris ne les grignotent pas.

● MOTEUR

Pour imiter le bruit d'un cyclomoteur, fixe un bout de carton à ton vélo à l'aide d'une pince à linge.

● ANTI-FOUDRE

Pour éviter que la foudre tombe sur ta tente, plante une pomme de terre en haut des piquets.

● SAVONS

Comment fais-tu pour maigrir ?
Je prends un bain tous les jours !

● URTICAIRE

Si les fraises te donnent de l'urticaire, manges-en une avant le repas.

un grenier *an attic*
grignotent *nibble*
éviter *avoid*
la foudre *lightning*
l'urticaire *allergic reaction*
veille *makes sure*
décrispez-vous *relax*
allongés *stretched out/lying*
un éleveur breton *a farmer from Britanny*
la peste porcine *swine fever*
épouse *can marry*
sa veuve *his widow*
met *takes*
se rendre *get to*
en empruntant *by taking*
itinéraire *route*
à la même allure *at the same speed*
réveil *alarm*
un briquet *a lighter*
une bougie *a candle*
un réchaud *a heater*
un ravin *a ravine*
rescapés *the survivors*
tirer *draw*
Moise *Moses*
son arche *his ark*
toucher *draw*
vendeur *salesman*
des pièces *coins*
saufs *surviving*
pondre *lay*
sacré *blasted*
frottant *rubbing*
prévoir *have ready*
un cercueil *a coffin*

JEU Recherchez dans cette image dix paires de mots homonymes (ex: pain, pin). Bonne chance!

Réponses: porc/port, phare/fard, maire/mer, seau/sceau, colle/col, mûres/mur, grue/gru, glace/glace, ver/verre, pin/pain.

JEU Recherchez dans cette image, 13 choses qui commencent par «cou». Bonne chance!

Réponses: cours de tennis; coupé (voiture); couvreur; couverture, course; coureurs; couette; couloir; coupable; couronne; coupe, courrier, cou, coude, couple.

TEST
Êtes-vous vraiment intelligent?

Prenez, si vous le pouvez, un partenaire qui vous pose les questions du test et veille à ce que vous respectiez la règle de base: répondre dans les dix secondes et sans papier ni crayon. Décrispez-vous et allez-y dans la joie et la bonne humeur . . .

1 – Un gros et un petit crocodiles sont allongés au soleil. Le petit est le fils du gros mais le gros n'est pas son père. Qui est-il?

2 – Un éleveur breton possède 25 porcs. Atteints de la peste porcine, ils meurent tous sauf 8. Combien lui reste-t-il de porcs?

3 – Combien y a-t-il de mois comptant au moins 28 jours sachant que certains en font 30 ou 31?

4 – Multipliez 56 par 1/2 et ajoutez 10. Combien cela fait-il?

5 – Que s'est-il passé le 25 décembre 1940?

6 – En Arabie Saoudite où la bigamie est tolérée est-il possible qu'un homme épouse la sœur de sa veuve?

7 – Le petit Claude met une heure et demie pour se rendre tous les matins à l'école. Le soir, en empruntant exactement le même itinéraire, à la même allure, il ne met que 90 minutes. Comment est-ce possible?

8 – Un dimanche, vous mettez votre réveil à sonner à 10 heures; vous vous couchez à 9 heures. Combien de temps pouvez-vous dormir?

9 – Vous pénétrez dans une maison avec un briquet à la main. Il fait nuit noire, il n'y a pas d'électricite dans la maison mais, à proximité, vous distinguez une bougie, un réchaud et une lampe à petrole. Qu'allumez-vous en premier?

10 – Le 14 juillet existe-t-il en Norvège?

11 – Un car français, avec 20 passagers français et 19 passagers suisses, tombe dans un ravin situé juste sur la frontière franco-suisse. Où enterre-t-on les rescapés?

12 – Dans un jeu de 52 cartes, il y a 26 cartes rouges et 26 cartes noires. Combien de cartes devez-vous tirer pour en avoir deux de la même couleur?

13 – Combien d'animaux de chaque espèce Moïse a-t-il emmené dans son arche?

SOLUTIONS

1 – Pour faire un petit crocodile, il faut être deux: si ce n'est le père, c'est donc la mère.

2 – Il en reste 8, bien saufs (et pas 17 sous prétexte que 25 – 8 . . .).

3 – Sauf erreur, il y a 12 mois ayant au moins 28 jours dont celui de février.

4 – 38, et sans virgule ni décimale S.V.P.

5 – Bien sûr les Allemands avaient de belles bottes mais, ce jour-là c'était Noël.

6 – En fait, c'est assez difficile de mettre la bague au doigt d'un cadavre . . .

7 – Flash special: dans une heure et demie il y a 90 minutes, c'est vrai, je les ai toutes comptées.

8 – 9 heures c'est le matin, mais 10 heures aussi. Vous dormez donc une heure: c'est court mais il fallait y penser avant . . .

9 – Avant toute chose, vous allumez ce sacré briquet que vous avez à la main parce que sinon vous pouvez toujours essayer d'allumer la bougie en la frottant contre la lampe à pétrole.

10 – Ils n'ont pas pris la Bastille, mais le 14 juillet existe aussi pour les Norvégiens, comme pour les Suédois d'ailleurs.

11 – Faites bien attention de les enterrer profondément parce qu'un rescapé, souvent, ça remue encore . . .

12 – 3 cartes. Soit 2 rouges et 1 noire, soit 2 noires et 1 rouge, soit 3 rouges, soit 3 noires: dans tous les cas vous avez 2 cartes de la même couleur.

13 – Moïse n'était pas né mais Noé, lui, il était là et c'est lui qui avait fait le coup de l'arche . . .

ÊTES-VOUS COOL?

COOL OU PAS COOL? ÇA DÉPEND DES JOURS! PENSEZ À CES JOURS OÙ TOUT VA DE TRAVERS, OÙ ON FERAIT MIEUX DE RESTER COUCHÉ... COCHEZ VOTRE RÉPONSE À CES DIX QUESTIONS.

1 Justement, la semaine commence mal : trois jours au lit avec une grippe carabinée...

A Vous ragez car il fait beau, et les autres doivent s'amuser comme des fous !

B Bof ! Sous les couvertures, vous rêvez d'îles ensoleillées.

C Vous en profitez pour faire des devoirs en retard et lire une bonne B.D.

2 Vous attendez d'une minute à l'autre le coup de fil d'un camarade de classe...

A Puisque vous êtes près du téléphone, vous mettez à jour le carnet d'adresses.

B Toutes les 2 minutes, vous croyez entendre sonner et vous vous précipitez au salon.

C Vous continuez à regarder tranquillement la télévision.

3 Vous lui aviez dit : «Rendez-vous à midi pile à la fontaine du square», et toujours personne en vue...

A Vous patientez en jouant avec votre jeu électronique.

B Vous comptez jusqu'à 100 et, pas de pitié, vous partez seul.

C Puisque vous avez une minute, vous sonnez chez Luc qui habite en face.

4 Feu rouge, feu vert. Et votre autobus n'avance toujours pas, un véritable escargot !

A Tant pis, à la prochaine station vous descendez, vous finirez le trajet à pied !

B Vous regardez par les vitres les conducteurs gesticuler, klaxonner.

C Vous ne vous apercevez de rien tant la lecture de votre bouquin vous passionne !

5 Au supermarché, les caissières tapent à une vitesse folle, mais la file des caddies est toujours aussi longue !

A Vous vous amusez à regarder les clients vider leurs caddies.

B Vous n'avez que trois produits : vous demandez qu'on vous laisse passer.

C Vous calculez d'avance, en gros, le prix que vous aurez à payer.

6 «Occupé», le loquet est mis. Deux minutes déjà que vous attendez devant la porte close des toilettes...

A Vous tapez sur la porte : «Dépêchez-vous un peu, SVP !»

B Vous n'êtes pas pressé, ça fait autant de minutes de cours en moins !

C Puisque les lavabos sont vides, vous vous lavez les mains soigneusement.

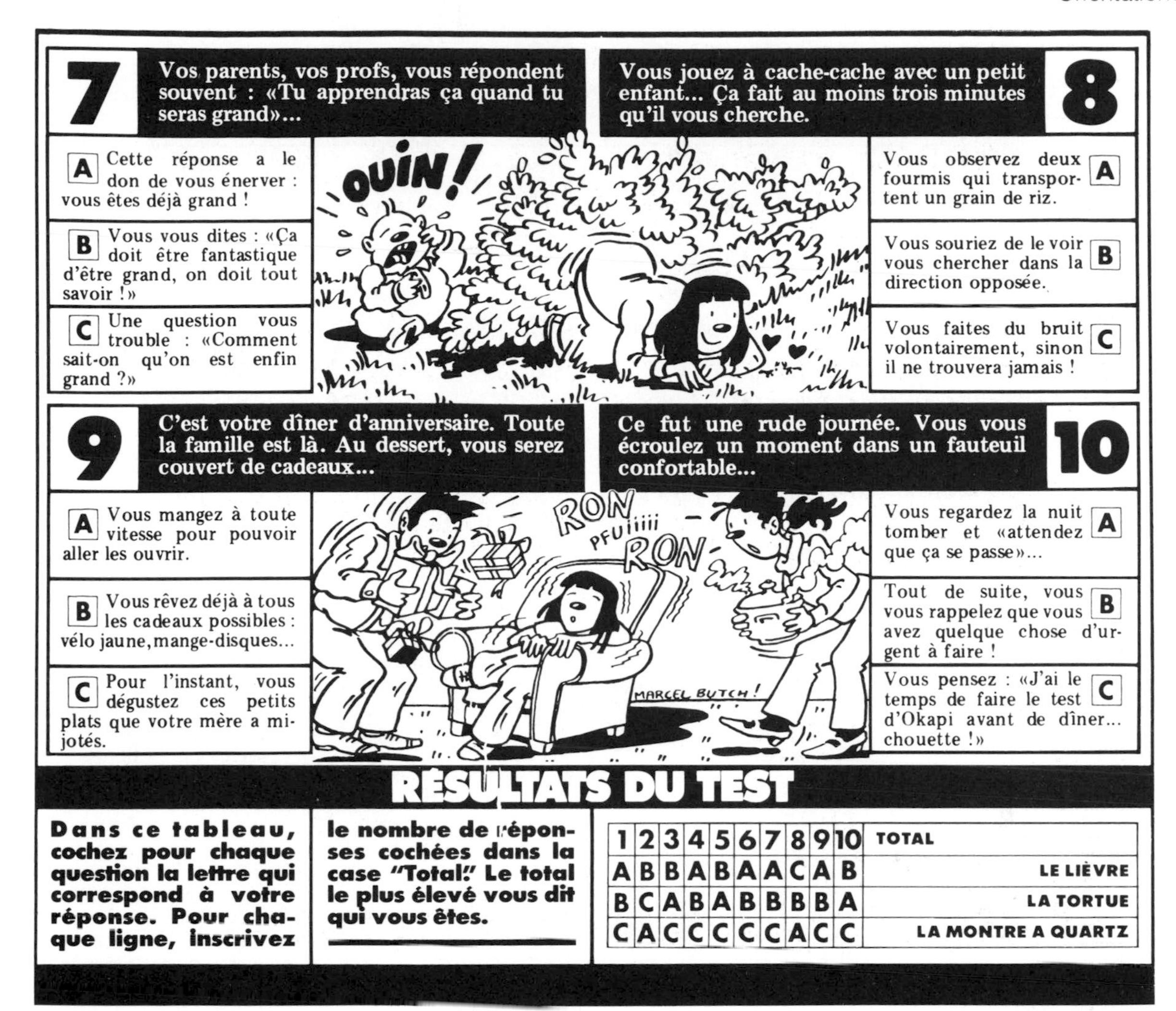

7 Vos parents, vos profs, vous répondent souvent : «Tu apprendras ça quand tu seras grand»...

A Cette réponse a le don de vous énerver : vous êtes déjà grand !

B Vous vous dites : «Ça doit être fantastique d'être grand, on doit tout savoir !»

C Une question vous trouble : «Comment sait-on qu'on est enfin grand ?»

8 Vous jouez à cache-cache avec un petit enfant... Ça fait au moins trois minutes qu'il vous cherche.

A Vous observez deux fourmis qui transportent un grain de riz.

B Vous souriez de le voir vous chercher dans la direction opposée.

C Vous faites du bruit volontairement, sinon il ne trouvera jamais !

9 C'est votre dîner d'anniversaire. Toute la famille est là. Au dessert, vous serez couvert de cadeaux...

A Vous mangez à toute vitesse pour pouvoir aller les ouvrir.

B Vous rêvez déjà à tous les cadeaux possibles : vélo jaune, mange-disques...

C Pour l'instant, vous dégustez ces petits plats que votre mère a mijotés.

10 Ce fut une rude journée. Vous vous écroulez un moment dans un fauteuil confortable...

A Vous regardez la nuit tomber et «attendez que ça se passe»...

B Tout de suite, vous vous rappelez que vous avez quelque chose d'urgent à faire !

C Vous pensez : «J'ai le temps de faire le test d'Okapi avant de dîner... chouette !»

RÉSULTATS DU TEST

Dans ce tableau, cochez pour chaque question la lettre qui correspond à votre réponse. Pour chaque ligne, inscrivez le nombre de réponses cochées dans la case "Total." Le total le plus élevé vous dit qui vous êtes.

1	2	3	4	5	6	7	8	9	10	TOTAL
A	B	B	A	B	A	A	C	A	B	LE LIÈVRE
B	C	A	B	A	B	B	B	B	A	LA TORTUE
C	A	C	C	C	C	C	A	C	C	LA MONTRE A QUARTZ

LE LIÈVRE

Vous êtes incapable de rester plus d'une minute au même endroit. Le temps coule goutte à goutte, et vous, vous vivez à 100 à l'heure, tantôt ici, déjà là-bas. Pas de temps à perdre! Les journées sont trop courtes pour traîner en route. Votre impatience vous donne des ailes. Dès qu'un temps mort barre votre chemin, vous réagissez, vous ne supportez pas l'immobilisme et les attentes inutiles. Le temps est suffisamment précieux pour ne pas le gaspiller bêtement. Insaisissable, bondissant, vous courez après le temps perdu: une course contre la montre! Mais cette fois, vous avez retenu la leçon de la fable: plus question de vous endormir en route!

LA TORTUE

Du calme! Pas de quoi s'énerver ... Un petit contretemps dans les projets? Et alors! La vie suit son cours, n'est-ce pas? De toute façon, rien ne sert de courir, on n'y gagne rien. Vous vagabondez tranquillement, profitant de chaque imprévu pour flâner, faire une pause, savourer cette attente. Quand on vous blâme pour votre lenteur, vous répliquez: regardez donc les fleuves! Ils commencent petits ruisseaux, font des méandres lents dans les prairies ensoleillées, et finissent par se jeter dans la mer. Le but est atteint, non? Un peu plus tôt, un peu plus tard, quelle importance?...

LA MONTRE À QUARTZ

Précis, régulier, votre temps est compté. Les autres croient que le temps perdu ne se rattrape jamais, mais vous savez qu'il est possible de gagner du temps en s'organisant! Ni fonceur, ni flâneur, vous utilisez chaque instant avec efficacité et astuce. «Il y a un temps pour tout, et une minute est une minute!» c'est votre devise. Il y a toujours quelque chose d'utile à faire. Même si un imprévu bouscule votre emploi du temps, vous trouvez moyen de vous rattraper. Vous jonglez avec les tranches horaires. En avance, en retard, vous savez où vous en êtes, et vous vous arrangez toujours pour arriver à l'heure pile!

de travers *wrong*
cochez *tick*
justement *as expected*
une grippe carabinée *very bad flu*
rager *to be furious*
une B.D. *comic book*
mettre à jour *to bring up to date*
pile *exactly*
patienter *to wait patiently*
le trajet *journey*
le bouquin *book*
la caissière *person on check-out*
les caddies *trollies*
le loquet *catch*
soigneusement *carefully*
énerver *to irritate*
cache-cache *hide and seek*
la fourmi *ant*
le mange-disques *slot-in record player*
déguster *to taste*
mijoter *to prepare lovingly, simmer*
rude *harsh, tough*

JEUX — TEST — JEUX

QUI DES DEUX CONNAIT MIEUX L'AUTRE?

Allez chercher votre meilleur copain et faites ensemble ce test, pour savoir lequel des deux connaît mieux l'autre.

1

Petit, vous étiez plutôt ...

A. Affectueux mais autoritaire.
B. Tendre et câlin.
C. Tendre mais secret.
D. Plutôt fier et batailleur.
E. Réservé et peu démonstratif.

2

Et lui, croyez-vous qu'il était ...

A. Affectueux mais autoritaire.
B. Tendre et câlin.
C. Tendre mais secret.
D. Plutôt fier et batailleur.
E. Réservé et peu démonstratif.

3

A quels animaux trouvez-vous qu'il ressemble? (deux choix)

A Un koala.	E. Un cheval.
B. Un cocker.	F. Un hamster.
C. Une gazelle.	G. Un écureuil.
D. Une panthère.	H. Une sauterelle.

4

Et vous, qui seriez-vous plutôt? (deux choix)

A. Un kaola.	E. Un cheval.
B. Un cocker.	F. Un hamster.
C. Une gazelle.	G. Un écureuil.
D. Une panthère.	H. Une sauterelle.

5

Les deux odeurs qui viennent le plus agréablement chatouiller vos narines sont ...

A. L'herbe coupée.	D. L'essence.
B. Les livres neufs.	E. Le mimosa.
C. Le cuir.	F. Les herbes de Provence.
	G. Une allumette qu'on craque.

6

Et pour lui, lesquelles auraient sa préférence, selon vous? (deux choix)

A. L'herbe coupée.	D. L'essence.
B. Les livres neufs.	E. Le mimosa.
C. Le cuir.	F. Les herbes de Provence.
	G. Une allumette qu'on craque.

7

On vient vous raconter quelque chose de pas très joli au sujet de votre ami ...

A. Je n'ose pas trop lui en parler.
B. C'est faux! J'oublie aussitôt.
C. Je préfère aller lui en parler.

RÉPONSES AU TEST

Comptez vos points chacun séparément en suivant les indications ci-dessous. Vous devez mettre en correspondance certaines de vos questions avec celles de votre ami:

– Votre question 2 et sa question 1.

Si vous avez coché la même rubrique que lui, bravo! Vous obtenez trois points. Sinon, tant pis, cela fait zéro point.

– Votre question 3 et sa question 4.

Les deux mêmes réponses: six points. Une sur les deux: trois points. Sinon, zéro point.

– Votre question 6 et sa question 5.

Deux réponses identiques: six points pour vous. Une sur les deux: trois points. Sinon, zéro point.

– Pour la question 7, c'est tout simple.

a un point; b trois points; c deux points.

Il ne vous reste plus qu'à additionner le tout . . . et vous n'aurez plus rien à vous cacher!

Vous obtenez plus de dix points et votre ami moins de dix:

Vous connaissez presque tout de lui, et à son insu, semble-t-il. Même si ce n'est pas lui qui vous confie tous ses secrets, vous êtes assez intuitif pour deviner tout seul. Apparemment, ce n'est pas le cas de votre ami. Mais peut-être vous cachez-vous trop bien et aimerait-il en connaître plus sur vous?

Vous obtenez moins de dix points et votre ami plus de dix:

Vous avez encore pas mal de choses à apprendre à son sujet, surtout qu'en ce domaine, votre ami a quelques coudées d'avance sur vous. Qu'attendez-vous pour exercer un peu plus vos qualités de perspicacité? Il y a sûrement des trésors que vous n'avez pas encore su découvrir au fond de son labyrinthe secret . . . Bonne promenade!

Vous obtenez moins de dix points tous les deux:

Il vous reste encore beaucoup à découvrir sur vos personnalités respectives. Peut-être ne vous connaissez-vous pas depuis très longtemps? Alors bonne chance sur cette route pleine de surprises en perspective! Sinon, il serait peut-être temps de s'y mettre, ne croyez-vous pas? Et bonne chance aussi!

Vous obtenez plus de dix points tous les deux:

Tous nos compliments! Vous vous connaissez tous les deux presque sur le bout des doigts et vous avez bien mis à profit vos années d'amitié. Ou alors, vous avez chacun un don de perception «extralucide» qui vous permet de vous deviner l'un l'autre sans avoir pour autant forcément essuyé ensemble les bancs de la maternelle.

Auren Amitis

L'AVENIR C'EST QUOI POUR VOUS?

GRAND QUESTIONNAIRE

1 Quand vous rêvez de l'avenir, de quelle couleur est-il?

2 Au fond, pour vous, l'avenir est ...

- ☐ Presque déjà commencé.
- ☐ Vraiment pour plus tard.

3 Pour vous, l'avenir existe ...

- ☐ Autant que le passé.
- ☐ Moins que le passé.
- ☐ Plus que le passé

4 Pour vous, l'avenir existe ...

- ☐ Autant que le présent.
- ☐ Moins que le présent.
- ☐ Plus que le présent.

5 Quand vous songez à l'avenir, que ressentez-vous en premier lieu?

- ☐ De l'impatience?
- ☐ De la confiance?
- ☐ De la peur?
- ☐ De l'enthousiasme?
- ☐ De l'inquiétude?
- ☐ Du chagrin?
- ☐ De l'admiration?

Pourquoi? ____

6 La mort fait-elle partie de l'avenir?

7 Qu'est-ce qui va le plus changer dans les années qui viennent?

- ☐ La médecine?
- ☐ Les sciences et les techniques?
- ☐ Les arts?
- ☐ Les relations entre riches et pauvres?
- ☐ Les façons de penser?
- ☐ Les relations entre les hommes et les femmes?
- ☐ Les façons de vivre dans la vie de tous les jours?

Autres réponses: ____

8 D'après vous, la vie dans l'avenir. sera-t-elle ...

- ☐ Plus gaie?
- ☐ Plus sauvage?
- ☐ Plus lourde?
- ☐ Plus rurale?
- ☐ Plus libre?
- ☐ Plus agitée?
- ☐ Plus fraîche?
- ☐ Plus éteinte?
- ☐ Plus souterraine?
- ☐ Plus riche?
- ☐ Plus paisible?

Autres réponses : ____

9 Quelles langues vous semblent plus utiles pour l'avenir?

Classez-les par ordre d'importance en les numérotant de 1 à 14

☐ Allemand.	☐ Français.
☐ Anglais.	☐ Italien.
☐ Arabe.	☐ Japonais.
☐ Chinois.	☐ Latin ou grec.
☐ Espagnol	☐ Russe.
☐ Esperanto.	☐ Portugais.
☐ Swahili.	☐ Urdu.

10 Quelles sont, à votre avis, les trois meilleures façons de préparer l'avenir?

☐ Ne pas y penser.	☐ Prier.
☐ Changer le présent.	☐ Faire des économies.
☐ Lire des romans de science-fiction.	☐ Voyager.
☐ Voir des films futuristes.	☐ Faire du sport.
	☐ Réfléchir.
☐ Etudier l'histoire.	☐ Apprendre un métier.

Pourquoi? ____

11 Voici plusieurs opinions. Avec laquelle êtes-vous le plus d'accord?

- ☐ L'avenir s'arrêtera quand je mourrai.
- ☐ L'avenir s'arrêtera quand l'espèce humaine disparaîtra.
- ☐ L'avenir s'arrêtera quand le système. solaire explosera.
- ☐ L'avenir s'arrêtera à la fin du monde.
- ☐ L'avenir s'arrêtera au Jugement Dernier.
- ☐ L'avenir ne s'arrêtera jamais parce qu'il y a la Vie Éternelle.
- ☐ L'avenir ne s'arrêtera jamais, car l'univers ne finira pas.

câlin *cuddly*
chatouiller *tickle*
coché *ticked*
rubrique *heading*
à son insu *without him knowing*
ressentez-vous *do you feel*
l'inquiétude *worry*
coudées *lengths*

L'inspecteur Limier n'en croit pas ses yeux! On lui avait bien signalé qu'il se passait «des choses bizarres» au marché de Saint-Glé, mais la réalité dépasse ce qu'on lui avait raconté. Comme vous pouvez le constater, cette scène comporte en effet 10 **anomalies énormes** qui sont signalées par un chiffre.

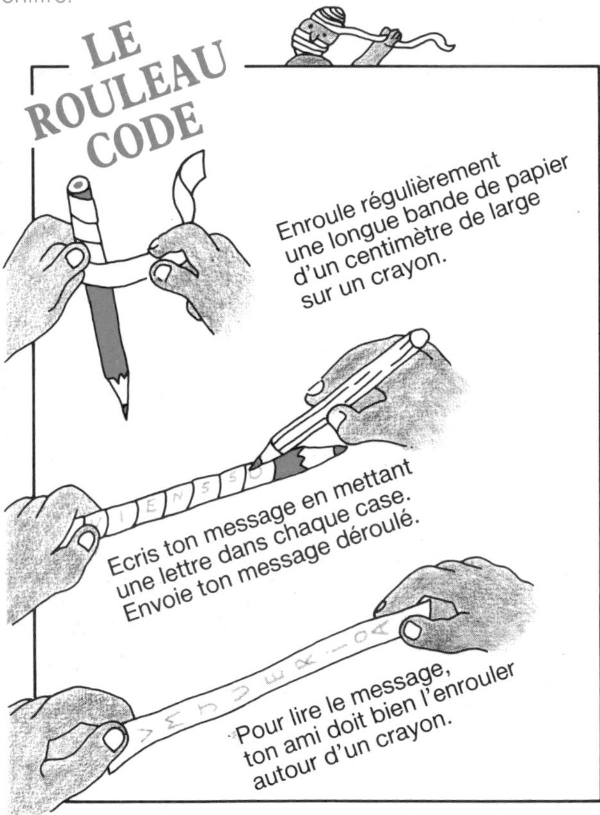

LE ROULEAU CODE
Enroule régulièrement une longue bande de papier d'un centimètre de large sur un crayon.
Ecris ton message en mettant une lettre dans chaque case. Envoie ton message déroulé.
Pour lire le message, ton ami doit bien l'enrouler autour d'un crayon.

SPECIAL 1ER AVRIL

merveilleux à un guichet!

ENTREE INTERDITE

à coller sur ton école!

TOILETTES

à coller n'importe où sauf sur la porte des toilettes!

à coller sur une grosse boîte d'allumettes!

VOUS ÊTES FILMÉ

à coller à l'intérieur des toilettes!

EN PANNE

à coller sur quelque chose d'utile!

AVIS

EN RAISON
DES LENDEMAINS
DE WEEK~ENDS
L'ETABLISSEMENT
SERA FERME
TOUS LES LUNDIS.

à afficher dans ton école!

CET ASCENSEUR
EST INTERDIT
AUX PERSONNES
DE PLUS DE 30 KG

à coller dans un ascenseur, bien sûr!

interdit aux plus de 13 ans

à coller

Dispense

L'élève. . . . .

de la classe de. . . . .

est dispensé de cours de. . . . .

en raison des migraines que lui

procure ce cours

Le Directeur

à remplir en cas de besoin!

à présenter partout où c'est payant!

sur un pot de confitures maison, bien sûr!

SILHOUETTES, JE TE TROUVERAI

Ces 6 silhouettes marquées de A à F ont été rigoureusement calquées sur des photos prises au moment où les personnages effectuaient un geste bien précis.
À vous de dire quel geste effectue chaque personnage, en choisissant, pour chaque silhouette, la seule proposition exacte.

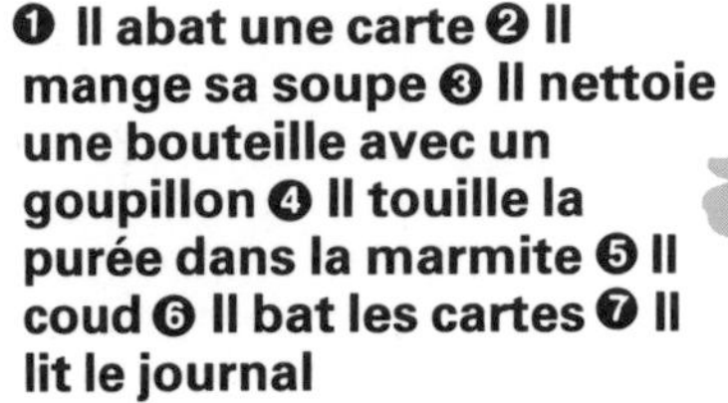

❶ Il abat une carte ❷ Il mange sa soupe ❸ Il nettoie une bouteille avec un goupillon ❹ Il touille la purée dans la marmite ❺ Il coud ❻ Il bat les cartes ❼ Il lit le journal

❶ Il taille une haie ❷ Il joue aux palets ❸ Il actionne le soufflet de la cheminée ❹ Il ouvre la portière de sa voiture ❺ Il fait sauter des châtaignes dans la poêle ❻ Il démarre une voiture à la manivelle

❶ Il repose le combiné du téléphone ❷ Il abat une carte ❸ Il décapsule une bouteille ❹ Il se verse à boire ❺ Il astique un cuivre ❻ Il découpe une miche de pain ❼ Il monte des œufs en neige

❶ Il remonte le seau du puits ❷ Il gonfle une roue de bicyclette ❸ Il bine un massif ❹ Il joue au golf miniature ❺ Il attise le feu ❻ Il dévisse les boulons d'une roue de voiture ❼ Il arrose les fleurs

❶ Il découpe une planche de bois à la scie ❷ Il enfonce un clou ❸ Il coupe du pain ❹ Il repasse ❺ Il encolle du papier à tapisser ❻ Il arrache un clou ❼ Il actionne la manivelle du hachoir à viande.

❶ Il visse un tire-bouchon sur une bouteille ❷ Il soulève un seau d'eau ❸ Il tire du vin au tonneau ❹ Il essore du linge ❺ Il fait la vaisselle ❻ Il cire une chaussure

SOLUTIONS AUX ANNÉES 50 ET 60

abat *putting down*
goupillon *bottle brush*
il touille la purée *he's mashing potato*
la marmite *the pan*
il coud *he's sewing*
il bat les cartes *he's shuffling cards*
une haie *a hedge*
aux palets *at quoits*
le soufflet *the bellows*
des châtaignes *chestnuts*
la poêle *the pan*
à la manivelle *with a starting handle*
le seau *the bucket*
du puits *from the well*
gonfle *blows up*
il bine un massif *he's hoeing a flower bed*
attise *stoking*
dévisse *unscrewing*
les boulons *the nuts*
le combiné *the receiver*
il décapsule *he's opening*
il astique *he's polishing*
une miche *a round loaf*
il monte des œufs en neige *he's beating egg whites*
enfonce un clou *knocks in a nail*
repasse *ironing*
encolle *puts paste on*
papier à tapisser *wallpaper*
arrache *pull out*
hachoir *mincer*
un tire-bouchon *a corkscrew*
il tire *he's drawing*
au tonneau *from the barrel*
il essore *he's wringing*
il cire *he's polishing*

VERDICT

Chacun perdait la caution de 200 dollars préalablement imposée. L'affaire était close.

SOLUTION À *SILHOUETTE, JE TE TROUVERAI:*

A4, B5, C2, D7, E4, F1.

RÉSUMÉ GRAMMATICAL

A NOUNS: gender, plural

B DETERMINERS: *introducing the noun phrase*, articles, demonstrative adjectives, indefinite adjectives, possessive adjectives, numbers

C ADJECTIVES & RELATIVE CLAUSES: *adding more information to the noun phrase*, adjectives, relative clauses

D PRONOUNS: *replacing the noun phrase*, subject pronouns, stressed pronouns, object pronouns, possessive pronouns

E VERBS: use of tenses, formation of tenses, verb tables, negatives, interrogatives

F ADVERBIALS: *adding more information to the verb phrase*, adverbs, prepositions

G BUILDING MORE COMPLEX SENTENCES: conjunctions, linking words

H USEFUL WORDS & PHRASES FOR EXAMINATIONS

A NOUNS

Gender

*Nouns are either **feminine** or **masculine**. When learning a new noun, learn its gender by remembering the appropriate article, e.g.*

le vélo　　**la** bicyclette　　**un** homme

A tiny number of nouns can be masculine or feminine, depending on circumstances, e.g.

un enfant	**une** enfant
un élève	**une** élève

Des gens *can be masculine or feminine.*

Sometimes the ending of the word can show which gender it is. Nouns that end with these groups of letters are always masculine:

-ier, -as, -ement, -et, -in, -is, -illon, -oir

Nouns that end with **-tion** *are always feminine.*

Most nouns that end in **-e** *are feminine, but note these common exceptions:*

le collège, le lycée, le stade, le grade, le hit-parade, le disque, le cimetière, le système, le problème, le squelette, le musée, le vote, le manque, un épisode, le diagramme, le paragraphe.

However, words ending in **-age** *are masculine, with these exceptions:*

la cage, la plage, la rage, une image, la nage, la page.

There is usually no connection between a noun's gender and its meaning (e.g. **une école** *but* **un collège**).

Natural gender

Some nouns, where the gender is clearly dependent on the sex of the person or animal concerned, have masculine and feminine forms, e.g.

un chat	**une** chatte
un fermier	**une** fermière
un directeur	**une** directrice
un ami	**une** amie
un inspecteur	**une** inspectrice

The normal difference between such forms is that the feminine has an extra final **-e**.
Note these special rules:

masc.	*fem.*
-eur	**-euse**
-ien	**-ienne**
-er	**-ère**

(une directr**ice** *and* une inspectr**ice** *are exceptions*).

The most common use of these forms is in reference to professions, e.g.

un vend**eur**	une vend**euse**
un pharmac**ien**	une pharmac**ienne**
un boulang**er**	une boulang**ère**

Plural

Nouns are normally listed in vocabularies and dictionaries in their singular form. To change them into the plural, the article will change, and usually the noun's spelling, too.

The most usual way is to add a final **-s** *to the noun, e.g.*

les vélos　　les bicyclettes　　des hommes

But note these special rules.

If the singular ends in **-s,** *there is no change*
If the singular ends in **-x,** *there is no change*
If the singular ends in **-z,** *there is no change*

un fils	des fils
une voix	des voix
un nez	des nez

If the singular ends in **-au,** *add* **-x**
If the singular ends in **-eu,** *add* **-x**
If the singular ends in **-ou,** *add* **-x**
If the singular ends in **-al,** *change it to* **-aux**

le tableau	les tableaux
un cheveu	des cheveux
un animal	des animaux
un bijou	des bijoux

Exceptions

un après-midi	des après-midi
un clou	des clous
un fou	des fous
un œil	des yeux
un pneu	des pneus
un sou	des sous
un travail	des travaux
un vitrail	des vitraux

Plurals of compound nouns and titles

(un) monsieur	(des) messieurs
Madame	Mesdames
Mademoiselle	Mesdemoiselles
un timbre-poste	des timbres-poste
un grand-père	des grands-pères
une grand-mère	des grands-mères

Such plurals are usually given in full in vocabularies and dictionaries.

Plurals of 'borrowed' words, e.g. from English, do not follow any rule, e.g.

un sandwich	des sandwiches
un match	des matchs
un barman	des barmans

B DETERMINERS

Introducing the noun phrase

Definite articles

	singular	*plural*
Masc.	**le** salon	**les** salons
	l'homme	**les** hommes
Fem.	**la** salle	**les** salles
	l'école	**les** écoles

These words are usually the equivalent of the English 'the', referring to specific items, e.g.

J'ai fait **la** vaisselle.
I've done the washing up.

They can also be used to make generalisations, where an article would not be used in English, e.g.

Le beurre est mauvais pour **la** santé.
Butter is bad for health.

Tous **les** voyageurs doivent montrer leurs papiers.
All passengers must show their papers.

The definite article is used with names of countries, languages and geographical areas, e.g.

la France, **les** Antilles, **l'**Algérie, **le** français

Exception

Parler français, parler anglais, *etc.*

The definite article is used with titles, e.g.

le général de Gaulle, **le** président Nyerere, **le** prince Charles

The definite article is used with days of the week, e.g.

le samedi (*on Saturdays*)
tous **les** samedis (*every Saturday*)

The definitive article is used with people's names when an adjective preceding the name is used, e.g.

la pauvre Marianne
poor Marianne.

The definite article is used with parts of the body, e.g.

Elles a **les** pieds plats.
She has flat feet ***or*** *her feet are flat.*

Ils ont **les** cheveux courts
They have short hair, ***or*** *their hair is short.*

Indefinite articles

	singular	*plural*
Masc.	**un** exercice	**des** exercices
Fem.	**une** gare	**des** gares

These mean 'a, an, one, some, any'. 'Some' and 'any' are often left out in English.

Je vais acheter **un imper**. . . *a mac*
Elle a **un frère**. . . *a (one) brother*
Tu manges **des fruits**. . . *(some) fruit*
As-tu **des timbres**? . . *any stamps?*

The indefinite article is sometimes used in English when no article is used in French, e.g.

Il est professeur *He's a teacher*	*jobs or professions*
Quelle journée! *What a day!*	*exclamations*

Partitive articles

	singular	*plural*
Masc.	**du** pain	**des** biscuits
	de l'argent	**des** impers
Fem.	**de la** glace	**des** glaces
	de l'eau	**des** oranges

Use one of these words when you are thinking of a measurable amount of something:

Elle achète **des gâteaux** . . . *some cakes*
Je prends **de l'eau** . . . *some water*

Leaving out the article after de
After negative expressions, such as **ne . . . pas**, *the partitive article is not used, but* **de (d')** *appears alone.*

Il n'a pas **d'argent**
. . . any money

In front of an adjective which precedes a plural noun, de *or* d' *is used instead of the partitive article.*

de jolis yeux
pretty eyes

Exception

des jeunes gens *is correct.*

Demonstrative adjectives

masc. singular	*fem. singular*	*plural*
ce garçon **cet** ami	**cette** fille	**ces** enfants

The singular form of these adjectives all mean 'this' and 'that'. The form **ces** *means 'these' and 'those'. Like other adjectives, they must agree with the noun they describe, and which always follows them.* **Cet** *is used instead of* **ce** *in front of words beginning with a vowel or silent* **h**, *if the noun is masculine singular, e.g.*

cet enorme jardin
this enormous garden

If you wish to stress the difference between ***this (nearer)*** *and* ***that (farther away)***, *you must add the letters* **-ci** *(**this, these**) or* **-là** *(**that, those**).*
-ci *and* **-là** *are always joined to the noun by a hyphen but never change their spelling.*

ce gâteau-**ci**	cette tarte-**là**	ces pâtisseries-**ci**
(***this*** *cake*)	(***that*** *tart*)	(***these*** *pastries*)

Numbers

Cardinal numbers

1	un, une
2	deux
3	trois
4	quatre
5	cinq
6	six
7	sept
8	huit
9	neuf
10	dix
11	onze
12	douze
13	treize
14	quatorze
15	quinze
16	seize
17	dix-sept
18	dix-huit
19	dix-neuf
20	vingt
21	vingt et un
22	vingt-deux
30	trente
31	trente et un
32	trente-deux
40	quarante
50	cinquante
60	soixante
70	soixante-dix
71	soixante et onze
72	soixante-douze
73	soixante-treize
80	quatre-vingts
81	quatre-vingt-un
82	quatre-vingt-deux
90	quatre-vingt-dix
91	quatre-vingt-onze
99	quatre-vingt-dix-neuf
100	cent
101	cent un
102	cent deux
110	cent dix
120	cent vingt
121	cent vingt et un
122	cent vingt-deux
200	deux cents
201	deux cent un
300	trois cents
400	quatre cents
500	cinq cents
600	six cents
700	sept cents
999	neuf cent quatre-vingt-dix-neuf
1000	mille
1001	mille un
2000	deux mille
1 000 000	un million
1 000 000 000	un milliard
1 000 000 000 000	un billion

Ordinal numbers

1*st*	premier première	1er 1ere
2*nd*	deuxième	2^e^
3*rd*	troisième	3^e^
4*th*	quatrième	4^e^
5*th*	cinquième	5^e^
6*th*	sixième	6^e^
7*th*	septième	7^e^
8*th*	huitième	8^e^
9*th*	neuvième	9^e^
10*th*	dixième	10^e^
11*th*	onzième	11^e^
12*th*	douzième	12^e^
13*th*	treizième	13^e^
14*th*	quatorzième	14^e^
15*th*	quinzième	15^e^
16*th*	seizième	16^e^
17*th*	dix-septième	17^e^
20*th*	vingtième	20^e^
21*st*	vingt-et-unième	21^e^
22*nd*	vingt-deuxième	22^e^
30*th*	trentième	30^e^

Indefinite adjectives

These give valuable but sometimes imprecise information about the words they qualify.

	masc. singular	*plural*	*fem. singular*	*plural*
some	quelque	quelques	quelque	quelques
several	——	plusieurs	——	plusieurs
various	——	divers	——	diverses
each	chaque	——	chaque	——
same / *very*	même	mêmes	même	mêmes
all / *every*	tout (le)	tous (les)	toute (la)	toutes (les)
which / *what*	quel	quels	quelle	quelles
no / *not any*	aucun	aucuns*	aucune	aucunes*

*Used only with nouns that have no singular form (e.g. aucunes funérailles).

Possessive adjectives

Use one of these words to say whom the noun belongs to.
Remember **son père** *means* ***her*** *father as well as* ***his*** *father. Note the use of* **mon, ton, son** *before the words which begin with a vowel, regardless of gender.*

	masc. singular	*fem. singular*	*plural*
my	**mon** cheval	**ma** sœur	**mes** chevaux, **mes** sœurs
	mon ami	**mon** école	**mes** amis, **mes** écoles
your	**ton** frère	**ta** cousine	**tes** frères, **tes** cousines
(tu)	**ton** hôtel	**ton** idée	**tes** hôtels, **tes** idées
his / *her* / *its*	**son** sac	**sa** robe	**ses** sacs, **ses** robes
	son oncle	**son** amie	**ses** oncles, **ses** amies
our	**notre** vélo	**notre** tante	**nos** vélos, **nos** tantes
your (vous)	**votre** chat	**votre** chemise	**vos** chats, **vos** chemises
their	**leur** livre	**leur** bouteille	**leurs** livres, **leurs** bouteilles

With parts of the body, it is more usual to use a definite article, instead of a possessive adjective.

For other ways of showing possession, see pp. 205 and 207.

C ADJECTIVES & RELATIVE CLAUSES

Adding more information to the noun phrase

Adjectives

Agreement: *Adjectives agree with their noun.*

1 *Those ending in* **e** *(with no accent) have two spellings:*

singular	*plural*
rouge	rouges

2 *Most others have four spellings:*

	singular	*plural*
Masc.	noir	noirs
	cassé	cassés
Fem.	noire	noires
	cassée	cassées

Note these special rules.

3 *Adjectives that end with these letters normally follow these patterns*

Ending	*masc. singular*	*plural*	*fem. singular*	*plural*
-il	gentil	gentils	gen**tille**	gentilles
-er	premier	premiers	prem**ière**	premières
-eux	joyeux	joyeux	joy**euse**	joyeuses
-al	principal	princip**aux**	principale	principales
-et	secret	secrets	secr**ète**	secrètes
-f	vif	vifs	v**ive**	vives
-ien	ancien	anciens	anc**ienne**	anciennes

4 *Here are some important irregular adjectives:*

masc. singular	*plural*	*fem. singular*	*plural*
blanc	blancs	blanche	blanches
bon	bons	bonne	bonnes
doux	doux	douce	douces
épais	épais	épaisse	épaisses
faux	faux	fausse	fausses
favori	favoris	favorite	favorites
frais	frais	fraîche	fraîches
gros	gros	grosse	grosses
joyeux	joyeux	joyeuse	joyeuses
long	longs	longue	longues
public	publics	publique	publiques
sec	secs	sèche	sèches
roux	roux	rousse	rousses
grec	grecs	grecque	grecques
beau (**bel** *before vowel*)	beaux	belle	belles
nouveau (**nouvel** *before vowel*)	nouveaux	nouvelle	nouvelles
vieux (**vieil** *before vowel*)	vieux	vieille	vieilles

Comparative and superlative of adjectives
*The comparative (**faster, bigger,** etc.) is formed by putting* **plus** *in front of the adjective;* **que (qu')** *is added after the adjective if you go on to complete the comparison:*

C'est **plus** cher
It is more expensive, dearer

Ma voiture est **plus** grande **que** ton vélo
My car is bigger than your bicycle

Son garage est **aussi** grand **que** ma maison
His garage is as big as my house

*The superlative is used to express the idea of **biggest, fastest, most interesting,** etc. It is formed by putting* **le plus, la plus** *or* **les plus** *in front of the adjective:*

Concorde est l'avion **le plus** rapide
Concorde is the fastest plane

Paris est **la plus** grande ville **de** France
Paris is the biggest town in France

Note that **de (du, de la** *or* **des)** *is used to say **in** or **of** in a superlative.*

Alain est **le plus** jeune **des** enfants
Alan is the youngest of the children

Exception

The comparative and superlative of **bon, bonne** *have special forms:*

	masc. singular	*plural*	*fem. singular*	*plural*
Comparative: (*better*)	meilleur	meilleurs	meilleure	meilleures
Superlative: (*best*)	le meilleur	les meilleurs	la meilleure	les meilleures

Position of adjectives

The normal position is after the noun, e.g.

un arbre vert
des élèves anglais
une chose curieuse

Some adjectives almost always come before the noun. As well as the indefinite adjectives, listed above, the most common are:

beau, bon, grand, gros, haut, jeune, joli, long, mauvais, méchant, nouveau, pauvre, petit, vieux.

If an adjective takes a position other than the normal one, this shows a difference in meaning, or a change in emphasis. Some of these variants are quite common, e.g.

un ancien élève (*former*)
un château ancien (*ancient*)

de braves gens (*good*)
une grand-mère brave (*brave*)

ma chère sœur (*beloved*)
une voiture chère (*expensive*)

la dernière semaine (*last of series*)
la semaine dernière (*latest*)

un grand homme (*great*)
un homme grand (*tall*)

ma pauvre fille (*unhappy*)
un pays pauvre (*impoverished*)

son propre fils (*own*)
des mains propres (*clean*)

un simple paysan (*humble*)
un soldat simple (*unintelligent*)

Adjectives followed by de

bordé de (*lined with*)
une route bordée d'arbres

couvert de (*covered with*)
une voiture couverte de neige

entouré de (*surrounded by*)
des cyclistes entourés de spectateurs

suivi de (*followed by*)
une émission suivie de publicité

Adjectives followed by à

An adjective is often followed by **à** *and an infinitive, when a preceding noun is being described,* e.g.

Ce modèle est très facile à construire.
This model is very easy to make.

Le problème est difficile à comprendre.
The problem is difficult to solve.

Measurements

By using adjectives and **être***:*

La cathédrale de Nôtre-Dame est longue de 130 mètres
La rivière est profonde de 5 mètres

By using adjectives and **avoir***, in which case the adjectives are always masculine singular:*

La cathédrale a 130 mètres de long
La rivière a 5 mètres de profond

By using nouns:

La longueur de la cathédrale est de 130 mètres
La profondeur de la rivière est de 5 mètres

When giving two dimensions, use **sur***:*

Une Citroën Visa a 3,69 mètres de long sur 1,53 mètres de large.

Some expressions of measurement

60 kilomètres à l'heure *60 kilometres per hour*	(60 km/h)
1500 centimètres cubes *1500 cubic centimetres*	(1500 cm^3)
200 mètres carrés *200 square metres*	(200 m^2)
500 grammes *approx. 1 lb*	(500 g)
1 kilo *1 kilogram*	(1 kg)

Relative clauses

Another way of adding information to a noun is by using a relative clause. This is usually introduced by one of the expressions shown below. The relative clause can give more information than an adjective, by the use of a verb and other elements.

Le chien brun m'appartient
The brown dog belongs to me
(*Adjective only – no relative clause*)

Le chien qui est brun m'appartient
The dog which is brown belongs to me
(*Relative clause with* **être**, *but gives no more information*)

Le chien qui mange trop m'appartient
The dog which eats too much belongs to me
(*Relative clause with another verb, gives more information*)

Le chien dont j'ai perdu la laisse m'appartient.
Le chien avec lequel j'ai fait plusieurs promenades m'appartient.
Mais le chien que j'aime ne m'appartient pas.

Qui *is always the subject of the verb which follows it.*
Que *is always the direct object of the verb which follows it.*
Que *is shortened to* **qu'** *in front of a vowel but* **qui** *is never shortened.*
Que *is never omitted although the equivalent word is sometimes left out in English, e.g.*

Nous habitons une ville qui se trouve à 25 km d'ici.
We live in a town 25 km from here.

Quel est le disque que tu cherches?
Which is the record you are looking for?

C'est bien ce paquet qu'il a reçu?
Is that really the parcel that he received?

Dont *is used to mean 'whose' or 'of which' when joining phrases. It replaces a phrase beginning with* **de**, *e.g.*

C'est une amie dont la mère est docteur.
She's a friend whose mother is a doctor.

It can also be used to mean 'among which, including' when making lists, e.g.

Un coca, deux limonades, deux cafés, dont un crème.
One Coke, two lemonades, two coffees, including one white.

Où *(where) is used as a relative pronoun of place, e.g.*
Voici la maison où habite ma mère.
Here's the house my mother lives in.

It can replace a phrase beginning 'dans, sur, devant', *etc.*

If a preposition introduces a relative pronoun, these forms are used:

When the pronoun refers to a person, use **qui, à qui, avec qui, par qui,** *etc.*

La fille avec qui il sort.
The girl he is going out with.

When the pronoun refers to things, use **où** *or* **dont** *when appropriate, or the correct part of* **lequel**:

masc. plural	*masc. singular*
lequel	lesquels
fem. singular	*fem. plural*
laquelle	lesquelles

e.g. avec lequel, avec lesquels, avec laquelle, avec lesquelles.
Note particularly how **à** *and* **de** *affect* **lequel**:

masc. singular	*masc. plural*
auquel	auxquels
duquel	desquels

fem. singular	*fem. plural*
à laquelle	auxquelles
de laquelle	desquelles

duquel, *etc. are most often used with phrases ending in* **de** *such as:*

au bout duquel
(au bout de)

au sujet desquelles, *etc.*
(au sujet de)

These are less complicated than they look, and are simply a combination of **le, la** *and* **les** *with the correct part of* **quel, quels, quelle, quelles**.

Note that if a tense with an auxiliary verb follows a relative object pronoun, the past participle may change its pronunciation and/or spelling. For more details see page 210.

D PRONOUNS

Replacing the noun phrase

Weak and strong forms

These are also called unstressed and stressed forms. The strong forms are sometimes referred to as disjunctive or emphatic pronouns.

Weak or unstressed subject pronouns

These always go with their verb. Look at the verb tables on pages 212–223.

The **weak subject pronouns** *are:*
je, tu, il, elle, on, nous, vous, ils, elles.

On *can refer to a singular or plural subject, but always uses the 3rd person singular verb form.*
It refers:
(*a*) *to people unknown to the speaker:*

On répare l'autoroute.
They're repairing the motorway.

(*b*) *to everyone in general:*

On roule à droite en France.
In France, people drive on the right.

(c) *to replace* nous *in informal conversations:*

On va au cinéma?
Shall we go to the cinema?

Strong or stressed pronouns

Strong pronouns can go anywhere in the sentence.

***Strong pronouns:* moi, toi, lui, elle, nous, vous, eux, elles.**

Use them after **c'est** *and* **ce sont**:
C'est **moi**. Ce sont **nous**.

Use them to strengthen the weak pronouns like **je, tu,** *etc.*

Moi, je suis intelligent. ***I'm*** *intelligent.*
Eux, ils ne vont pas. ***They*** *aren't going.*

Use them after prepositions:
avec **elle**, après **toi**, pour **eux**.

Use them in one-word answers:
Moi! Vous?

Use them to show possession after **à**:
C'est **à elle** – *it's hers*

Pronouns ending in -même(s)

These are the strong pronouns used for even greater emphasis, e.g.

moi-même
myself

eux-mêmes
themselves

Note also soi-même
oneself

Object pronouns

me *means* ***me*** *or* ***to me***:
Il **me** déteste.
He hates me.

Elle **me** donne un livre.
She gives a book to me.

Similarly with **te (***you, to you***), nous (***us, to us***),** *and* **vous (***you, to you***).**
le, la (l') *and* **les** *mean* ***him, her, it, them:***
Je **le** touche.
I touch it.

Nous **les** achetons.
We buy them.

lui *and* **leur** *are the words for* ***to him/her***, *and* ***to them***:

Elle **leur** répond en anglais.
She replies to them in English.
Je **lui** montre mes photos.
I show her my photos.

y *means* ***to/at it (there).***

J'y vais. *I'm going there.*

en *means* ***of it/them.***
J'en ai trois. *I have three of them.*

Y *always replaces an expression introduced by* **à**.
En *always replaces an expression introduced by* **de**.
In tenses with auxiliary verbs (e.g. perfect, pluperfect), the spelling and pronunciation of the past participle may change if a direct object pronoun is used. For details, *see page 210.*

Position of object pronouns
Except in positive commands, object pronouns appear immediately before the verb they depend on.

Je **le** crains.
I fear him.

Je ne **le** crains pas
I don't fear him.

Je **l'**achète.
I am buying it.

Je vais **l'**acheter.
I am going to buy it.

J'ai le droit de **vous** voir.
I am allowed to see you.

But, in tenses with auxiliary verbs (e.g. perfect, pluperfect), the pronoun comes before the auxiliary, e.g.

Je **l'**ai vu.
I saw him.

Je ne **l'**ai pas vu.
I didn't see him.

What is the difference between direct and indirect objects?
J'ai pris mon déjeuner.
I've had my lunch.

Nous avons vu ce film.
We've seen this film.

Les enfants vont regarder la télévision.
The children are going to watch television.

Il faut protéger les animaux.
We should protect animals.

All the underlined expressions above are direct objects. They are introduced without any preposition. The following underlined expressions are indirect objects, each introduced by the preposition **à**.

Il a donné son dernier gâteau à sa petite amie.
He gave his last cake to his girlfriend.

Qui a expliqué le problème aux enfants?
Who explained the problem to the children?

Je vais dire «Bonjour» à mes parents.
I'm going to say 'Hello' to my parents.

These sentences, if the underlined noun phrases were replaced by pronouns would be:

Je l'ai pris.
I've had it.

Nous l'avons vu.
We've seen it.

Des enfants vont la regarder.
The children are going to watch it.

Il faut les protéger.
We should protect them.

Il lui a donné son dernier gâteau.
He gave her his last cake.

Qui leur a expliqué le problème?
Who explained the problem to them?

Je vais leur dire «Bonjour».
I'm going to say 'Hello' to them.

Note that in English, some verbs in these situations are normally followed by a preposition, although their French equivalents are not, e.g.

Regarder le ciel.
*To look **at** the sky.*

Écouter la radio.
*To listen **to** the radio.*

The same can apply in reverse.

So a direct object in one language can be indirect in the other.

Summary table of personal pronouns

Subject	*Direct Object*	*Indirect Object*	*Strong*	*Reflexive*
je (j')	me (m')	me (m')	moi	me (m')
tu	te (t')	te (t')	toi	te (t')
il	le (l')	lui	lui	se (s')
elle	la (l')	lui	elle	se (s')
nous	nous	nous	nous	nous
vous	vous	vous	vous	vous
ils	les	leur	eux	se (s')
elles	les	leur	elles	se (s')

Order of object pronouns
If you wish to use two pronouns in one sentence, use the following table to find the correct order:

me				
te	le	lui		
se	la		y	en
nous	les	leur		
vous				

Je **lui en** donne trois.
I give him three of them.

Il **me les** vend.
He sells them to me.

If you want to use **ne . . . pas** *with pronouns, note the position:*

Tu **ne** les lui prends **pas**.
You are not taking them from him.

Pronoun objects in commands
In positive commands, the pronouns come after the verb:

Ramasse-**les**!
Pick them up!

In negative commands, the word order is:

Ne **les** ramasse pas!
Don't pick them up!

Me *and* **te** *become* **moi** *and* **toi** *in positive commands:*

Donne-le-**moi**!
Give it to me!

Assieds-**toi**!
Sit down!

Demonstrative pronouns

Ce, c' *are used with* **être** *as subject pronouns.*

C'est Philippe
It's Philippe. This is Philippe.

Ce sont les enfants.
It's the children. These are the children.

Ceci *(this) and* **cela** *(that) replace inanimate things and ideas. They can be either subject or object in a sentence.* Cela *is more frequently used than* ceci. Ça *is often used in speech instead of* cela.

Où ça?
Where's that?

C'est comme ça.
It's like that.

Celui, celle, ceux, celles *mean 'the one, the ones', although they are often used in places where in English the phrase would be omitted. The form used depends on the number and gender of the noun being replaced, e.g.*

J'aime ma chambre. Je préfère **la chambre** de mon frère.

J'aime ma chambre mais je préfère **celle** de mon frère.
I like my bedroom, but I prefer my brother's.

By adding **-ci** *or* **là**, *we give information about position.*

celui-ci	*this (one)*	celui-là	*that (one)*
celle-ci	*this (one)*	celle-là	*that (one)*
ceux-ci	*these (ones)*	ceux-là	*those (ones)*
celles-ci	*these (ones)*	celles-là	*these (ones)*

Il n'aime pas **celle-ci**, mais il adore **celle-là**.
He doesn't like ***this one****, but he loves* ***that one****.*

Possessive pronouns

Note the definite article must be used in each case. The form used depends on the gender and number of the thing which is owned, not the owner.

Ce sont mes enfants. Ce sont **les miens**. *These are* ***mine****.*
Où est ta chaise? Celle-ci est **la mienne**! *This one's* ***mine****!*

An alternative to possessive pronouns is to use **à** *with the appropriate strong pronoun.* *See page 205 above.*

	masc. singular	*plural*	*fem. singular*	*fem. plural*
mine	le mien	les miens	la mienne	les miennes
yours	le tien	les tiens	la tienne	les tiennes
his/hers	le sien	les siens	la sienne	les siennes
ours	le nôtre	les nôtres	la nôtre	les nôtres
yours	le vôtre	les vôtres	la vôtre	les vôtres
theirs	le leur	les leurs	la leur	les leurs

E VERBS

Use of tenses

Present infinitive

The present infinitive is the form by which a verb is known and listed in dictionaries and vocabularies. The meaning of the infinitive is equivalent to the English 'to do, to go, to eat', etc., e.g.

boire	*to drink*
partir	*to leave*

Past infinitive

It means 'to have done, to have gone, to have eaten', etc., e.g.

avoir bu	*to have drunk*
être parti	*to have left*

Using the infinitives

The most common use of the infinitive is as the second of two verbs. (In this context the auxiliary verb does not count as a separate verb), e.g.

Je voudrais **voir** la Tour Eiffel.
I should like to see the Eiffel Tower.

Il semble **avoir perdu** son portefeuille.
He seems to have lost his wallet.

Nous avons voulu **voyager**.
We wanted to travel.

The past infinitive is used after **après** *to mean 'after doing something'. In this case the person who perform both actions must be the same, e.g.*

Après avoir acheté son billet, il est monté dans le train.
After buying his ticket, he got on the train.
Having bought his ticket, he got on the train.
When he had bought his ticket, he got on the train.

Après être rentrée, elle a téléphoné à son père.
After going home, she telephoned her father.
When she had got home, she telephoned her father.

Note that there are a number of ways of saying this in English, but only one in French. This construction cannot be used if the actions are performed by different people.

Present tense

This is used to mean what is happening, e.g.

Je joue
I play (habitually, e.g. every Monday)
I am playing (at this very moment)

Note that a variety of English present tenses can be covered by one French present tense.

Future tense

The future tense is used to say what will happen. For events in the immediate future, use **aller** *followed by the infinitive.*

Ils vont arriver demain.
They will arrive tomorrow.

The future tense is used in French where in English a present tense refers to something in the future, e.g.

Quand je **serai** âgée, j'habiterai en Provence.
When I ***am*** *old, I shall live in Provence.*

Je vous dirai quand j'**arriverai** à Paris.
I'll tell you when I ***arrive*** *in Paris.*

Perfect tense (also called the **passé composé**)

(a) *Events in the immediate past can be referred to by using* **venir de** *(see page 227 for more details).*
(b) *For giving information about periods of time which*

have elapsed (see page 227 for an explanation of the constructions to use).

(c) *Most finished events in the recent past need the perfect tense, which is used to show what happened or has happened, e.g.*

J'ai joué.
I played.
I have played.

Note that a variety of past tenses in English can be covered by the perfect tense in French.

Imperfect tense
This is another past tense. It is used to say that something was occurring, or used to occur repeatedly, or for describing the ways things were in the past.

It is particularly useful for events that in the situation being described have not been finished, e.g.

Tu parlais avec tes amis.
You were speaking to your friends.

Elles finissaient leur conversation.
They were ending their conversation.

Vous alliez par le train.
You used to go by train.

Il faisait beau.
It was fine.

Pluperfect tense
This tense tells what had happened, further back in a story or account than the events related by the perfect tense. It is the equivalent of the English 'had done, had gone', etc.

J'avais joué.
I had played.

(The implication is that we shall learn about something else that happened more recently. The pluperfect is very rarely used in isolation from the perfect tense.)

Past historic tense
Another past tense, as its name implies. It is found in novels, written accounts and sometimes in formal speeches, but never used in ordinary conversation. You will need to recognize it, and to realize that its meaning is similar to that of the perfect tense. The tu *and* vous *forms are so rare they need not be remembered.*

Conditional tense
This expresses the idea 'I would do something, if . . .' Notice that the conditional is often used when another part of the sentence contains **si** *and the* ***imperfect*** *tense.*

S'il n'était pas malade, il **pourrait** jouer.
If he wasn't ill, he could play (he would be able to play).

Future perfect tense *(also called future anterior)*
The third name for this tense, the future in the past, seems to make nonsense! In fact it is easier than it sounds. It is used to show that in the future, one event must occur before another, e.g.

Je viendrai au café quand j'aurai fini mes devoirs.
I'll come to the café when I've finished my homework.

Je fermerai mon cahier quand j'aurai fini mes devoirs.
I shall close my book when I have finished my homework.

The action covered by the verb in the future tense takes place when the action covered by the verb in the future perfect tense is complete. There is a clear sequence of events.

Conditional perfect tense
The conditional perfect means 'I would have done, I would have gone, etc.'.

It is usually found in a sentence with **si** *followed by the* **pluperfect** *tense, as in this example:*

Nous serions venus au café si nous avions fini nos devoirs.
We would have come to the café if we had finished our homework.

Commands *(also known as imperatives)*
These are one-word forms, except in the case of reflexive verbs.

There are three command forms: **tu, nous, vous**. *They are the same as the present tense without the pronoun.*

Finis! *Finish!* Vendons! *Let's sell!* Travaillez! *Work!*

With **-ER** *verbs* ***ONLY***, *the* **s** *is dropped from the* **tu** *form:* **Joue** avec moi, Alain!

Reflexive verbs
These are referred to in dictionaries and vocabularies with **se** *or* **s'** *before the infinitive. They have two main uses. Most common is the reflexive verb that refers to something being done to the subject, e.g.*

Je me lave.
I am washing (myself).

The second major use (in the plural) is to refer to what the subjects are doing to each other, e.g.

Ils se battent toujours.
They are always fighting (each other).

Present participle
The equivalent English form is the part of the verb that ends in **-ing**, *e.g. seeing, doing.*
However, in most cases where a present participle is used in English, it forms part of a tense in French, e.g.

Je vais
I am going (Present tense)

J'allais
I was going (Imperfect tense)

En *followed by the present participle means* ***either*** *that the action referred to is taking place at the same time as that of the main verb, e.g.*

En sortant d'ici, vous tournez à gauche.
As you leave here, you turn left.

Il a préparé son dîner, en écoutant la radio.
He prepared his dinner as he listened to the radio.

or *that the action referred to is a means by which the main verb's action is carried out, e.g.*

J'ai appris le swahili en écoutant la radio.
I learnt Swahili by listening to the radio.

En prenant le métro, vous arrivez plus facilement.
If you take the metro, you arrive more conveniently.

Formation of tenses

Present infinitive
It ends in **-ER, -IR, -RE,** *or* **-OIR**.
Most verbs follow a regular pattern of other tenses based on the ending of the infinitive. The patterns for these regular verbs are shown in a table on page 212.

Past infinitive
This consists of the present infinitive of the appropriate auxiliary verb **avoir** *or* **être** *and the past participle. For explanations of the terms 'auxiliary verb' and 'past participle', see next column.*

Present tense
To form the present tense of a regular verb, take the present stem and add the ending appropriate to the subject. See page 212 for models of the regular verbs to learn, and pages 213–223 for tables of irregular verbs.

Future tense
The future tense is formed by the future stem and endings.
The endings are:

je	**ai**	nous	**ons**
tu	**as**	vous	**ez**
il	**a**	ils	**ont**
elle	**a**	elles	**ont**

These endings are used for every verb, without exception. With regular verbs, and with many irregular verbs as well, the future stem is simply the infinitive form of the verb. Verbs ending in **-RE** *drop the final* **-e**, *whether regular or irregular, e.g.*

Je travaillerai bien l'année prochaine.
I shall work well next year.

Tu choisiras ton cadeau toi-même.
You will choose your present yourself.

Elle descendra plus tard.
She will come down later.

Il écrira à son ami.
He will write to his friend.

Nous dormirons bien.
We shall sleep well.

See page 212 for models of regular verbs to learn, and pages 213–223 for tables of irregular verbs. The future stems of those irregular verbs which do not follow the above rule need to be learnt.

Perfect tense
The perfect tense of a French verb has two parts:

Auxiliary verb: *a verb that helps to form the tense, used in the present. This can be either* **avoir** *or* **être**. *The auxiliary verb of most French verbs is* **avoir**.

Past participle: *the part of the verb that tells you what actually happened. Every verb has a past participle. Regular verbs have regular past participles, formed in this way:*

If the verb is an **-ER** *verb, the past participle ends in* **-é**.
If the verb is an **-IR** *verb, the past participle ends in* **-i**.
If the verb is an **-RE** *verb, the past participle ends in* **-u**, *e.g.*

J'ai invité mon copain.
I invited my friend.

Elles ont perdu mon disque.
They lost my record.

See page 212 for models of the regular verbs that take **avoir** *as an auxiliary verb, and pages 213–223 for the tables of irregular verbs.*

Some verbs take **être** *and not* **avoir** *as their auxiliary verb. This group includes all reflexive verbs and the following, which should be memorised.*

aller (*to go*)	venir (*to come*)
arriver (*to arrive*)	partir (*to leave*)
monter (*to go up*)	descendre (*to go down*)
entrer (*to enter*)	sortir (*to go out*)
rentrer (*to come back*)	retourner (*to go back*)
tomber (*to fall*)	rester (*to stay*)
naître (*to be born*)	mourir (*to die*)
revenir (*to come back*)	devenir (*to become*)

The spelling and sometimes the pronunciation of the past participle of a verb using **être** *as auxiliary can change, depending on the number and gender of the verb's subject. If the subject is feminine, add* **-e** *to the past participle. If the subject is plural, add* **-s** *to the past participle if it does not already end in* **-s**, *e.g.*

Elle est tombée.
She has fallen.

Il est tombé.
He has fallen.

Ils sont tombés.
They have fallen.

Elles sont tombées.
They have fallen.

Irregular verbs that take **être** *as an auxiliary have their perfect tenses printed in full on pages 213–223. Remember that the gender of* **je, tu, nous** *and* **vous** *will depend on circumstances, and this applies to the number for* **vous**. *For examples of reflexive verbs in the perfect tense, and further information about them, see page 211.*

The auxiliary verb with other tenses
If the auxiliary verb required in the perfect tense is **avoir**, *it will remain* **avoir** *in the other tenses requiring*

an auxiliary, e.g. **regarder**:

J'ai regardé (*perfect*)
J'avais regardé (*pluperfect*)
J'aurai regardé (*future perfect*) etc.

The same applies to verbs needing **être**.

A small number of verbs can take either **avoir** *or* **être** *as their auxiliary verbs, depending on circumstances. The most common ones are:*

monter (*with* être) *to go up*
monter l'escalier (*with* avoir) *to go upstairs*
monter (*with* avoir) *to put up, e.g. ladder, picture*
descendre (*with* être) *to go down,*
descendre l'escalier (*with* avoir) *to go downstairs*
descendre la rue (*with* avoir) *to go down the street*
descendre le poster (*with* avoir) *to take down the poster*
sortir (*with* être) *to go out*
sortir (*with* avoir) *to take out*

It is important to realise that except for reflexive verbs, a verb which has **être** *as an auxiliary verb cannot have a direct object. A noun which follows it must always be introduced by a preposition, e.g.*

Nous sommes partis **de** Paris.
We left Paris.

Il est entré **à** la gare.
He entered the station.

This applies to their use in any tense, not just the perfect tense.

Agreement of past participle

The past participle of **être** *verbs agrees with the subject of the verb, following the rule described above. The past participle of reflexive verbs follows the rules described on page 211. The past participle of verbs that use* **avoir** *as their auxiliary (i.e. the vast majority) makes no agreement unless the direct object of the verb, if any, comes in front. Such a direct object is called a Preceding Direct Object. It can be a noun or a pronoun. If it is a pronoun, it is most likely to come in front of the verb. It is less likely to do so if it is a noun, e.g.*

J'ai entendu ma mère.
I heard my mother.
(No agreement, because object after verb.)

Je l'ai entendu**e**.
I heard her.
(Agreement, because direct object pronoun before verb.)

Je les ai entendu**s**.
I heard them.

J'ai entendu les enfants.
I heard the children.

Tu as vu les motos que j'ai entendu**es**?
Did you see the motorbikes I heard?
(Agreement because the direct object, 'les motos' is in front of the verb.)

The agreement follows this pattern:
If the Preceding Direct Object is feminine, add **-e** *to the past participle.*
If the Preceding Direct Object is plural, add **-s** *to the past participle, unless it already ends in* **-s**.
The pronunciation of the past participle can be affected if it ends in a consonant in the masculine singular form.

Remember only the past participle agrees. This rule applies to all tenses in which auxiliary verbs and past participles occur.

Imperfect tense

It is one of the easiest tenses to form, as the endings are always regular, following this pattern:

je	**ais**	nous	**ions**
tu	**ais**	vous	**iez**
il	**ait**	ils	**aient**
elle	**ait**	elles	**aient**

Take the **nous** *form of the present tense, take off its* **-ons** *ending, and add the appropriate imperfect ending.*
The only verb that does not follow this pattern is **être**, *and even then the endings are the normal ones. The imperfect tense of* **être** *always begins* **ét-**, *e.g.*

Nous étions jeunes.
We were young.

Il était fatigué.
He was tired.

Pluperfect tense

To form the pluperfect tense, use the imperfect tense of the auxiliary verb with the past participle. All the rules mentioned under the perfect tense heading on page 209 apply (e.g. past participle agreement), e.g.

Il était sorti de sa maison.
He had gone out of his house.

Nous avions fini notre dîner.
We had finished our evening meal.

To save space in the verb tables, the pluperfect tense is not printed except for the regular verbs on page 212. All that needs to be done is to look at the perfect tense in the tables and replace the present tense of the auxiliary verb by its imperfect tense. This applies for any verb.

Past historic tense

For regular verbs, the infinitive ending is replaced by the following endings:

-ER *verbs have the endings:*

je .... **ai**
tu .... **as**
il .... **a**
elle .... **a**
nous .... **âmes**
vous .... **âtes**
ils .... **èrent**
elles .... **èrent**

-IR *and* **-RE** *verbs have the endings:*

je .... **is**
tu .... **is**
il .... **it**
elle .... **it**
nous .... **îmes**
vous .... **îtes**
ils .... **irent**
elles .... **irent**

E.g.

Il regarda la télévision.
He watched the television.

Elles choisirent leur cadeau.
They chose their present.

The past historic of the irregular verbs in the tables on pages 213–223 is given for reference.
When reading French, beware of the similarity of the present and past historic tenses of **-IR** *verbs and others, e.g.*

«Bonjour» dit-il. *Only the context will tell you whether this means, '"Hello" he says' or '"Hello" he said'.*

Conditional tense

It is easy to form. Use the same stem as the future tense, and the endings of the imperfect tense. There are no exceptions at all in this.

Si j'étais riche, **j'achèterais** un yacht.
If I were rich, ***I would buy*** *a yacht.*

Future perfect tense

In order to form the future perfect tense, use the future tense of the appropriate auxiliary verb followed by the past participle. All the normal rules of past participle agreement etc., apply.
To save space in the verb tables, the future perfect tense is not given on pages 212–223. All that needs to be done is to look at the perfect tense in the tables, and replace the present tense of the auxiliary verb by its future tense. This applies for any verb.

Conditional perfect tense

This is very similar to the future perfect in its formation. Use the conditional tense of the appropriate auxiliary verb followed by the past participle. All the normal rules of past participle agreement etc., apply.

Reflexive verbs

Reflexive verbs require, in addition to normal parts of the verb, the inclusion of the appropriate reflexive pronoun each time they are used. They can be regular or irregular. Check the pattern of regular reflexive verbs on page 213, and individual reflexive verbs in the tables on pages 214–223

Special rule of past participle agreement

This rule applies only to reflexive verbs. All reflexive verbs use **être** *as the auxiliary verb in perfect tenses etc. In fact the past participle agreement is made with the reflexive pronoun if it is also the direct object. In most cases it is, e.g.*

Elle s'est lavée.
She got washed.
(She washed herself. **Se** *is the direct object as well as the reflexive pronoun.)*

But if a noun immediately follows the verb, the situation is slightly different, e.g.

Elle s'est lavé les pieds.
She washed her feet.
(Here **les pieds** *is the direct object, and* **se** *is the reflexive pronoun and indirect object.)*

Therefore, if the reflexive verb takes a direct object which follows the verb, and which is not the same as the reflexive pronoun, there is no agreement of the past participle. This applies to all tenses which require an auxiliary verb and past participle. In most cases however, it is just as easy to think of them as normal **être** *verbs.*

Present participle

The present participle in French always ends in **-ant**, *no matter who is being referred to.*
Take the **nous** *form of the present tense, and replace the* **-ons** *by* **-ant**. *This works for all verbs except* **avoir** *and* **être**, *e.g.*

Nous all**ons** . . . all**ant**.
Nous fin**issons** . . . fin**issant**.

For **avoir**, *the present participle is* **ayant**.
For **être**, *the present participle is* **étant**.

Verb tables

Regular verbs

-ER *VERBS*

Infinitive **porter** *Present participle* portant

Present tense	*Imperfect*	*Future*	*Conditional*	*Perfect*	*Pluperfect*	*Past historic*
je porte	je portais	je porterai	je porterais	j'ai porté	j'avais porté	je portai
tu portes	tu portais	tu porteras	tu porterais	tu as porté	tu avais porté	tu portas
il / elle / on porte	il / elle / on portait	il / elle / on portera	il / elle / on porterait	il / elle / on a porté	il / elle / on avait porté	il / elle / on porta
nous portons	nous portions	nous porterons	nous porterions	nous avons porté	nous avions porté	nous portâmes
vous portez	vous portiez	vous porterez	vous porteriez	vous avez porté	vous aviez porté	vous portâtes
ils / elles portent	ils / elles portaient	ils / elles porteront	ils / elles porteraient	ils / elles ont porté	ils / elles avaient porté	ils / elles portèrent

-IR *VERBS*

Infinitive **finir** *Present participle* finissant

Present tense	*Imperfect*	*Future*	*Conditional*	*Perfect*	*Pluperfect*	*Past historic*
je finis	je finissais	je finirai	je finirais	j'ai fini	j'avais fini	je finis
tu finis	tu finissais	tu finiras	tu finirais	tu as fini	tu avais fini	tu finis
il / elle / on finit	il / elle / on finissait	il / elle / on finira	il / elle / on finirait	il / elle / on a fini	il / elle / on avait fini	il / elle / on finit
nous finissons	nous finissions	nous finirons	nous finirions	nous avons fini	nous avions fini	nous finîmes
vous finissez	vous finissiez	vous finirez	vous finiriez	vous avez fini	vous aviez fini	vous finîtes
ils / elles finissent	ils / elles finissaient	ils / elles finiront	ils / elles finiraient	ils / elles ont fini	ils / elles avaient fini	ils / elles finirent

N.B. Some verbs of the **-er** *conjugation, which mainly follow the above pattern, have some irregularities.*

1) *Some verbs ending in* **-eler** *and* **-eter**, *double the* **l** *or* **t** *when the following syllable is mute, e.g.* app**eler**: (*present*) j'app**elle**, tu app**elles**, il app**elle**, nous app**elons**, vous app**elez**, ils app**ellent**; (*future*) j'app**ellerai** *etc.*
2) *Verbs ending in* **-cer** *have a cedilla under the* **c** *before* **a** *or* **o** *to keep the* **c** *soft, e.g.* commen**c**er: nous commen**ç**ons, je commen**ç**ais, il commen**ç**a.
3) *Verbs ending in* **-ger** *have an* **e** *after the* **g** *when the following letter is* **a** *or* **o**, *e.g.* man**ger**: nous mang**eons**, tu mang**eais**, je mang**eai**.
4) *Verbs like* lever, mener, acheter, geler *have a grave accent on the* **e** *when the following syllable is mute, e.g.* je l**è**ve, tu l**è**ves, il l**è**ve, nous l**e**vons, vous l**e**vez, ils l**è**vent, (*future*) je l**è**verai.
5) *The same applies to verbs which have an* **é** *acute like* esp**é**rer, préf**é**rer, prot**é**ger, poss**é**der, *e.g.* (*present*) J'esp**è**re, tu esp**è**res, il esp**è**re, nous esp**é**rons, vous esp**é**rez, ils esp**è**rent. *The future of these verbs is normal, e.g.* j'esp**é**rerai.
6) *Verbs ending in* **-yer** *change the* **y** *to* **i** *when the next letter is* **e** *mute, e.g.* (*present*) j'essa**i**e, tu essa**i**es, il essa**i**e, nous essa**y**ons, vous essa**y**ez, ils essa**i**ent, (*future*) j'essa**i**erai.

-RE *VERBS*

Infinitive **vendre** *Present participle* vendant

Present tense	*Imperfect*	*Future*	*Conditional*	*Perfect*	*Pluperfect*	*Past historic*
je vends	je vendais	je vendrai	je vendrais	j'ai vendu	j'avais vendu	je vendis
tu vends	tu vendais	tu vendras	tu vendrais	tu as vendu	tu avais vendu	tu vendis
il / elle / on } vend	il / elle / on } vendait	il / elle / on } vendra	il / elle / on } vendrait	il / elle / on } a vendu	il / elle / on } avait vendu	il / elle / on } vendit
nous vendons	nous vendions	nous vendrons	nous vendrions	nous avons vendu	nous avions vendu	nous vendîmes
vous vendez	vous vendiez	vous vendrez	vous vendriez	vous avez vendu	vous aviez vendu	vous vendîtes
ils / elles } vendent	ils / elles } vendaient	ils / elles } vendront	ils / elles } vendraient	ils / elles } ont vendu	ils / elles } avaient vendu	ils / elles } vendirent

Reflexive verbs

These verbs can be recognised by the **se (s')** *in front of the infinitive. This table shows how the pronouns are used but the endings on the verbs themselves depend on whether they are* **-ER, -IR** *or* **-RE** *verbs.*

Infinitive **se laver** *Present participle* se lavant

Present tense	*Imperfect*	*Future*	*Conditional*	*Perfect*	*Pluperfect*	*Past historic*
je me lave	je me lavais	je me laverai	je me laverais	je me suis lavé(e)	je m'étais lavé(e)	je me lavai
tu te laves	tu te lavais	tu te laveras	tu te laverais	tu t'es lavé(e)	tu t'étais lavé(e)	tu te lavas
il / elle / on } se lave	il / elle / on } se lavait	il / elle / on } se lavera	il / elle / on } se laverait	il s'est lavé elle s'est lavée on s'est lavé	il / elle / on } s'était lavée	il / elle / on } se lava
nous nous lavons	nous nous lavions	nous nous laverons	nous nous laverions	nous nous sommes lavé(e)s	nous nous étions lavé(e)s	nous nous lavâmes
vous vous lavez	vous vous laviez	vous vous laverez	vous vous laveriez	vous vous êtes lavé(e)(s)	vous vous étiez lavé(e)(s)	vous vous lavâmes
ils se lavent elles se lavent	ils se lavaient elles se lavaient	ils se laveront elles se laveront	ils se laveraient elles se laveraient	ils se sont lavés elles se sont lavées	ils / elles } s'étaient lavés	ils / elles } se lavèrent

Irregular verbs

accueillir *(to welcome) follows the pattern of* **cueillir**.

aller *(to go)*

Present tense	*Imperfect*	*Future*	*Conditional*	*Perfect*	*Past historic*
je vais	j'allais	j'irai	j'irais	je suis allé(e)	j'allai
tu vas (va!)	tu allais	tu iras	tu irais	tu es allé(e)	tu allas
il va	il allait	il ira	il irait	il est allé elle est allée	il alla
nous allons	nous allions	nous irons	nous irions	nous sommes allé(e)s	nous allâmes
vous allez	vous alliez	vous irez	vous iriez	vous êtes allé(e)(s)	vous allâtes
ils vont	ils allaient	ils iront	ils iraient	ils sont allés elles sont allées	ils allèrent

apercevoir *(to notice) follows the pattern of* **recevoir**

appartenir *(to belong) follows the pattern of* **tenir**

apprendre *(to learn) follows the pattern of* **prendre**

s'asseoir *(to sit down)*

Present tense	*Imperfect*	*Future*	*Conditional*	*Perfect*	*Past historic*
je m'assieds	je m'asseyais	je m'assiérai	je m'assiérais	je me suis assis(e)	je m'assis
tu t'assieds	tu t'asseyais	tu t'assiéras	tu t'assiérais	tu t'es assis(e)	tu t'assis
il s'assied	il s'asseyait	il s'assiéra	il s'assiérait	il s'est assis	il s'assit
				elle s'est assise	
nous nous asseyons	nous nous asseyions	nous nous assiérons	nous nous assiérions	nous nous sommes assis(e)s	nous nous assîmes
vous vous asseyez	vous vous asseyiez	vous vous assiérez	vous vous assiériez	vous vous êtes assis(es)	vous vous assîtes
ils s'asseyent	ils s'asseyaient	ils s'assiéront	ils s'assiéraient	ils se sont assis	il s'assirent
				elles se sont assises	

atteindre *(to reach)*

Present tense	*Imperfect*	*Future*	*Conditional*	*Perfect*	*Past historic*
j'atteins	j'atteignais	j'atteindrai	j'atteindrais	j'ai atteint	j'atteignis
tu atteins	tu atteignais	tu atteindras	tu atteindrais	tu as atteint	tu atteignis
il atteint	il atteignait	il atteindra	il atteindrait	il a atteint	il atteignit
nous atteignons	nous atteignions	nous atteindrons	nous atteindrions	nous avons atteint	nous atteignîmes
vous atteignez	vous atteigniez	vous atteindrez	vous atteindriez	vous avez atteint	vous atteignîtes
ils atteignent	ils atteignaient	ils atteindront	ils atteindraient	ils ont atteint	ils atteignirent

avoir *(to have) Present participle* **ayant**

Present tense	*Imperfect*	*Future*	*Conditional*	*Perfect*	*Past historic*
j'ai	j'avais	j'aurai	j'aurais	j'ai eu	je battis
tu as	tu avais	tu auras	tu aurais	tu as eu	tu battis
il a	il avait	il aura	il aurait	il a eu	il battit
nous avons	nous avions	nous aurons	nous aurions	nous avons eu	nous battîmes
vous avez	vous aviez	vous aurez	vous auriez	vous avez eu	vous battîtes
ils ont	ils avaient	ils auront	ils auraient	ils ont eu	ils battirent

battre *(to beat)*

Present tense	*Imperfect*	*Future*	*Conditional*	*Perfect*	*Past historic*
je bats	je battais	je battrai	je battrais	j'ai battu	j'eus
tu bats	tu battais	tu battras	tu battrais	tu as battu	tu eus
il bat	il battait	il battra	il battrait	il a battu	il eut
nous battons	nous battions	nous battrons	nous battrions	nous avons battu	nous eûmes
vous battez	vous battiez	vous battrez	vous battriez	vous avez battu	vous eûtes
ils battent	ils battaient	ils battront	ils battraient	ils ont battu	ils eurent

boire *(to drink)*

Present tense	*Imperfect*	*Future*	*Conditional*	*Perfect*	*Past historic*
je bois	je buvais	je boirai	je boirais	j'ai bu	je bus
tu bois	tu buvais	tu boiras	tu boirais	tu as bu	tu bus
il boit	il buvait	il boira	il boirait	il a bu	il but
nous buvons	nous buvions	nous boirons	nous boirions	nous avons bu	nous bûmes
vous buvez	vous buviez	vous boirez	vous boiriez	vous avez bu	vous bûtes
ils boivent	ils buvaient	ils boiront	ils boiraient	ils ont bu	ils burent

combattre *(to fight) follows the pattern of* **battre**

commettre *(to commit) follows the pattern of* **mettre**

comprendre *(to understand) follows the pattern of* **prendre**

conduire *(to drive) follows the pattern of* **construire**

connaître *(to know)*

Present tense	*Imperfect*	*Future*	*Conditional*	*Perfect*	*Past historic*
je connais	je connaissais	je connaîtrai	je connaîtrais	j'ai connu	je connus
tu connais	tu connaissais	tu connaîtras	tu connaîtrais	tu as connu	tu connus
il connaît	il connaissait	il connaîtra	il connaîtrait	il a connu	il connut
nous connaissons	nous connaissions	nous connaîtrons	nous connaîtrions	nous avons connu	nous connûmes
vous connaissez	vous connaissiez	vous connaîtrez	vous connaîtriez	vous avez connu	vous connûtes
ils connaissent	ils connaissaient	ils connaîtront	ils connaîtraient	ils ont connu	ils connurent

construire *(to build)*

Present tense	*Imperfect*	*Future*	*Conditional*	*Perfect*	*Past historic*
je construis	je construisais	je construirai	je construirais	j'ai construit	je construisis
tu construis	tu construisais	tu construiras	tu construirais	tu as construit	tu construisis
il construit	il construisait	il construira	il construirait	il a construit	il construisit
nous construisons	nous construisions	nous construirons	nous construirions	nous avons construit	nous construisîmes
vous construisez	vous construisiez	vous construirez	vous construiriez	vous avez construit	vous construisîtes
ils construisent	ils construisaient	ils construiront	ils construiraient	ils ont construit	ils construisirent

contenir *(to contain) follows the pattern of* **tenir**

convenir *(to suit) follows the pattern of* **venir**, *but has* **avoir** *in the perfect tense*

coudre *(to sew)*

Present tense	*Imperfect*	*Future*	*Conditional*	*Perfect*	*Past historic*
je couds	je cousais	je coudrai	je coudrais	j'ai cousu	je cousis
tu couds	tu cousais	tu coudras	tu coudrais	tu as cousu	tu cousis
il coud	il cousait	il coudra	il coudrait	il a cousu	il cousit
nous cousons	nous cousions	nous coudrons	nous coudrions	nous avons cousu	nous cousîmes
vous cousez	vous cousiez	vous coudrez	vous coudriez	vous avez cousu	vous cousîtes
ils cousent	ils cousaient	ils coudront	ils coudraient	ils ont cousu	ils cousirent

courir *(to run)*

Present tense	*Imperfect*	*Future*	*Conditional*	*Perfect*	*Past historic*
je cours	je courais	je courrai	je courrais	j'ai couru	je courus
tu cours	tu courais	tu courras	tu courrais	tu as couru	tu courus
il court	il courait	il courra	il courrait	il a couru	il courut
nous courons	nous courions	nous courrons	nous courrions	nous avons couru	nous courûmes
vous courez	vous couriez	vous courrez	vous courriez	vous avez couru	vous courûtes
ils courent	ils couraient	ils courront	ils courraient	ils ont couru	ils coururent

couvrir *(to cover) follows the pattern of* **ouvrir**

craindre *(to fear)*

Present tense	*Imperfect*	*Future*	*Conditional*	*Perfect*	*Past historic*
je crains	je craignais	je craindrai	je craindrais	j'ai craint	je craignis
tu crains	tu craignais	tu craindras	tu craindrais	tu as craint	tu craignis
il craint	il craignait	il craindra	il craindrait	il a craint	il craignit
nous craignons	nous craignions	nous craindrons	nous craindrions	nous avons craint	nous craignîmes
vous craignez	vous craigniez	vous craindrez	vous craindriez	vous avez craint	vous craignîtes
ils craignent	ils craignaient	ils craindront	ils craindraient	ils ont craint	ils craignirent

croire *(to believe)*

Present tense	*Imperfect*	*Future*	*Conditional*	*Perfect*	*Past historic*
je crois	je croyais	je croirai	je croirais	j'ai cru	je crus
tu crois	tu croyais	tu croiras	tu croirais	tu as cru	tu crus
il croit	il croyait	il croira	il croirait	il a cru	il crut
nous croyons	nous croyions	nous croirons	nous croirions	nous avons cru	nous crûmes
vous croyez	vous croyiez	vous croirez	vous croiriez	vous avez cru	vous crûtes
ils croient	ils croyaient	ils croiront	ils croiraient	ils ont cru	ils crurent

cueillir *(to pick, to gather)*

Present tense	*Imperfect*	*Future*	*Conditional*	*Perfect*	*Past historic*
je cueille	je cueillais	je cueillerai	je cueillerais	j'ai cueilli	je cueillis
tu cueilles	tu cueillais	tu cueilleras	tu cueillerais	tu as cueilli	tu cueillis
il cueille	il cueillait	il cueillera	il cueillerait	il a cueilli	il cueillit
nous cueillons	nous cueillions	nous cueillerons	nous cueillerions	nous avons cueilli	nous cueillîmes
vous cueillez	vous cueilliez	vous cueillerez	vous cueilleriez	vous avez cueilli	vous cueillîtes
ils cueillent	ils cueillaient	ils cueilleront	ils cueilleraient	ils ont cueilli	ils cueillirent

cuire *(to cook)*

Present tense	*Imperfect*	*Future*	*Conditional*	*Perfect*	*Past historic*
je cuis	je cuisais	je cuirai	je cuirais	j'ai cuit	je cuisis
tu cuis	tu cuisais	tu cuiras	tu cuirais	tu as cuit	tu cuisis
il cuit	il cuisait	il cuira	il cuirait	il a cuit	il cuisit
nous cuisons	nous cuisions	nous cuirons	nous cuirions	nous avons cuit	nous cuisîmes
vous cuisez	vous cuisiez	vous cuirez	vous cuiriez	vous avez cuit	vous cuisîtes
ils cuisent	ils cuisaient	ils cuiront	ils cuiraient	ils ont cuit	ils cuisirent

découvrir *(to discover) follows the pattern of* **ouvrir**

décrire *(to describe) follows the pattern of* **écrire**

détruire *(to destroy) follows the pattern of* **construire**

devenir *(to become) follows the pattern of* **venir**

devoir *(to have to, 'must')*

Present tense	*Imperfect*	*Future*	*Conditional*	*Perfect*	*Past historic*
je dois	je devais	je devrai	je devrais	j'ai dû	je dus
tu dois	tu devais	tu devras	tu devrais	tu as dû	tu dus
il doit	il devait	il devra	il devrait	il a dû	il dut
nous devons	nous devions	nous devrons	nous devrions	nous avons dû	nous dûmes
vous devez	vous deviez	vous devrez	vous devriez	vous avez dû	vous dûtes
ils doivent	ils devaient	ils devront	ils devraient	ils ont dû	ils durent

dire *(to say, tell)*

Present tense	*Imperfect*	*Future*	*Conditional*	*Perfect*	*Past historic*
je dis	je disais	je dirai	je dirais	j'ai dit	je dis
tu dis	tu disais	tu diras	tu dirais	tu as dit	tu dis
il dit	il disait	il dira	il dirait	il a dit	il dit
nous disons	nous disions	nous dirons	nous dirions	nous avons dit	nous dîmes
vous dites	vous disiez	vous direz	vous diriez	vous avez dit	vous dîtes
ils disent	ils disaient	ils diront	ils diraient	ils ont dit	ils dirent

disparaître *(to disappear) follows the pattern of* **connaître**

dormir *(to sleep)*

Present tense	*Imperfect*	*Future*	*Conditional*	*Perfect*	*Past historic*
je dors	je dormais	je dormirai	je dormirais	j'ai dormi	je dormis
tu dors	tu dormais	tu dormiras	tu dormirais	tu as dormi	tu dormis
il dort	il dormait	il dormira	il dormirait	il a dormi	il dormit
nous dormons	nous dormions	nous dormirons	nous dormirions	nous avons dormi	nous dormîmes
vous dormez	vous dormiez	vous dormirez	vous dormiriez	vous avez dormi	vous dormîtes
ils dorment	ils dormaient	ils dormiront	ils dormiraient	ils ont dormi	ils dormirent

écrire *(to write)*

Present tense	*Imperfect*	*Future*	*Conditional*	*Perfect*	*Past historic*
j'écris	j'écrivais	j'écrirai	j'écrirais	j'ai écrit	j'écrivis
tu écris	tu écrivais	tu écriras	tu écrirais	tu as écrit	tu écrivis
il écrit	il écrivait	il écrira	il écrirait	il a écrit	il écrivit
nous écrivons	nous écrivions	nous écrirons	nous écririons	nous avons écrit	nous écrivîmes
vous écrivez	vous écriviez	vous écrirez	vous écririez	vous avez écrit	vous écrivîtes
ils écrivent	ils écrivaient	ils écriront	ils écriraient	ils ont écrit	ils écrivirent

s'endormir *(to fall asleep) follows the pattern of* **dormir**

entretenir *(to maintain) follows the pattern of* **tenir**

envoyer *(to send)*

Present	*Imperfect*	*Future*	*Conditional*	*Perfect*	*Past historic*
j'envoie	j'envoyais	j'enverrai	j'enverrais	j'ai envoyé	j'envoyai
tu envoies	tu envoyais	tu enverras	tu enverrais	tu as envoyé	tu envoyas
il envoie	il envoyait	il enverra	il enverrait	il a envoyé	il envoya
nous envoyons	nous envoyions	nous enverrons	nous enverrions	nous avons envoyé	nous envoyâmes
vous envoyez	vous envoyiez	vous enverrez	vous enverriez	vous avez envoyé	vous envoyâtes
ils envoient	ils envoyaient	ils enverront	ils enverraient	ils ont envoyé	ils envoyèrent

éteindre *(to extinguish) follows the pattern of* **atteindre**

être *(to be) Present participle* **étant**

Present tense	*Imperfect*	*Future*	*Conditional*	*Perfect*	*Past historic*
je suis	j'étais	je serai	je serais	j'ai été	je fus
tu es	tu étais	tu seras	tu serais	tu as été	tu fus
il est	il était	il sera	il serait	il a été	il fut
nous sommes	nous étions	nous serons	nous serions	nous avons été	nous fûmes
vous êtes	vous étiez	vous serez	vous seriez	vous avez été	vous fûtes
ils sont	ils étaient	ils seront	ils seraient	ils ont été	ils furent

faire *(to do, make)*

Present tense	*Imperfect*	*Future*	*Conditional*	*Perfect*	*Past historic*
je fais	je faisais	je ferai	je ferais	j'ai fait	je fis
tu fais	tu faisais	tu feras	tu ferais	tu as fait	tu fis
il fait	il faisait	il fera	il ferait	il a fait	il fit
nous faisons	nous faisions	nous ferons	nous ferions	nous avons fait	nous fîmes
vous faites	vous faisiez	vous ferez	vous feriez	vous avez fait	vous fîtes
ils font	ils faisaient	ils feront	ils feraient	ils ont fait	ils firent

falloir *(to be necessary)*

Present tense	*Imperfect*	*Future*	*Conditional*	*Perfect*	*Past historic*
il faut	il fallait	il faudra	il faudrait	il a fallu	il fallut

instruire *(to instruct) follows the pattern of* **construire**

interrompre *(to interrupt) follows the pattern of* **rompre**

joindre *(to join) follows the pattern of* **craindre**

lire *(to read)*

Present tense	*Imperfect*	*Future*	*Conditional*	*Perfect*	*Past historic*
je lis	je lisais	je lirai	je lirais	j'ai lu	je lus
tu lis	tu lisais	tu liras	tu lirais	tu as lu	tu lus
il lit	il lisait	il lira	il lirait	il a lu	il lut
nous lisons	nous lisions	nous lirons	nous lirions	nous avons lu	nous lûmes
vous lisez	vous lisiez	vous lirez	vous liriez	vous avez lu	vous lûtes
ils lisent	ils lisaient	ils liront	ils liraient	ils ont lu	ils lurent

mentir *(to lie) follows the pattern of* **dormir**

mettre *(to put)*

Present tense	*Imperfect*	*Future*	*Conditional*	*Perfect*	*Past historic*
je mets	je mettais	je mettrai	je mettrais	j'ai mis	je mis
tu mets	tu mettais	tu mettras	tu mettrais	tu as mis	tu mis
il met	il mettait	il mettra	il mettrait	il a mis	il mit
nous mettons	nous mettions	nous mettrons	nous mettrions	nous avons mis	nous mîmes
vous mettez	vous mettiez	vous mettrez	vous mettriez	vous avez mis	vous mîtes
ils mettent	ils mettaient	ils mettront	ils mettraient	ils ont mis	ils mirent

mourir *(to die)*

Present tense	*Imperfect*	*Future*	*Conditional*	*Perfect*	*Past historic*
je meurs	je mourais	je mourrai	je mourrais	je suis mort(e)	je mourus
tu meurs	tu mourais	tu mourras	tu mourrais	tu es mort(e)	tu mourus
il meurt	il mourait	il mourra	il mourrait	il est mort, elle est morte	il mourut
nous mourons	nous mourions	nous mourrons	nous mourrions	nous sommes mort(e)s	nous mourûmes
vous mourez	vous mouriez	vous mourrez	vous mourriez	vous êtes mort(e)(s)	vous mourûtes
ils meurent	ils mouraient	ils mourront	ils mourraient	ils sont morts elles sont mortes	ils moururent

naître *(to be born)*

Present tense	*Imperfect*	*Future*	*Conditional*	*Perfect*	*Past historic*
				je suis né(e)	je naquis
				tu es né(e)	tu naquis
				il est né elle est née	il naquit
				nous sommes né(e)s	nous naquîmes
				vous êtes né(e)(s)	vous naquîtes
				ils sont nés elles sont nées	ils naquirent

obtenir *(to obtain) follows the pattern of* **tenir**

offrir *(to offer, give as a present) follows the pattern of* **ouvrir**

ouvrir *(to open)*

Present tense	*Imperfect*	*Future*	*Conditional*	*Perfect*	*Past historic*
j'ouvre	j'ouvrais	j'ouvrirai	j'ouvrirais	j'ai ouvert	j'ouvris
tu ouvres	tu ouvrais	tu ouvriras	tu ouvrirais	tu as ouvert	tu ouvris
il ouvre	il ouvrait	il ouvrira	il ouvrirait	il a ouvert	il ouvrit
nous ouvrons	nous ouvrions	nous ouvrirons	nous ouvririons	nous avons ouvert	nous ouvrîmes
vous ouvrez	vous ouvriez	vous ouvrirez	vous ouvririez	vous avez ouvert	vous ouvrîtes
ils ouvrent	ils ouvraient	ils ouvriront	ils ouvriraient	ils ont ouvert	ils ouvrirent

paraître *(to appear) follows the pattern of* **connaître**

partir *(to depart, set off) follows the pattern of* **dormir** *but takes* **être** *in the perfect tense*

peindre *(to paint) follows the pattern of* **atteindre**

plaindre *(to pity) follows the pattern of* **craindre**

plaire *(to please)*

Present tense	*Imperfect*	*Future*	*Conditional*	*Perfect*	*Past historic*
je plais	je plaisais	je plairai	je plairais	j'ai plu	je plus
tu plais	tu plaisais	tu plairas	tu plairais	tu as plu	tu plus
il plaît	il plaisait	il plaira	il plairait	il a plu	il plut
nous plaisons	nous plaisions	nous plairons	nous plairions	nous avons plu	nous plûmes
vous plaisez	vous plaisiez	vous plairez	vous plairiez	vous avez plu	vous plûtes
ils plaisent	ils plaisaient	ils plairont	ils plairaient	ils ont plu	ils plurent

pleuvoir *(to rain)*

Present tense	*Imperfect*	*Future*	*Conditional*	*Perfect*	*Past historic*
il pleut	il pleuvait	il pleuvra	il pleuvrait	il a plu	il plut

pouvoir *(to be able, 'can')*

Present tense	*Imperfect*	*Future*	*Conditional*	*Perfect*	*Past historic*
je peux (puis-je?)	je pouvais	je pourrai	je pourrais	j'ai pu	je pus
tu peux	tu pouvais	tu pourras	tu pourrais	tu as pu	tu pus
il peut	il pouvait	il pourra	il pourrait	il a pu	il put
nous pouvons	nous pouvions	nous pourrons	nous pourrions	nous avons pu	nous pûmes
vous pouvez	vous pouviez	vous pourrez	vous pourriez	vous avez pu	vous pûtes
ils peuvent	ils pouvaient	ils pourront	ils pourraient	ils ont pu	ils purent

prendre *(to take)*

Present tense	*Imperfect*	*Future*	*Conditional*	*Perfect*	*Past historic*
je prends	je prenais	je prendrai	je prendrais	j'ai pris	je pris
tu prends	tu prenais	tu prendras	tu prendrais	tu as pris	tu pris
il prend	il prenait	il prendra	il prendrait	il a pris	il prit
nous prenons	nous prenions	nous prendrons	nous prendrions	nous avons pris	nous prîmes
vous prenez	vous preniez	vous prendrez	vous prendriez	vous avez pris	vous prîtes
ils prennent	ils prenaient	ils prendront	ils prendraient	ils ont pris	ils prirent

prévenir *(to inform) follows the pattern of* **venir** *but takes* **avoir** *in the perfect tense*

produire *(to produce) follows the pattern of* **construire**

promettre *(to promise) follows the pattern of* **mettre**

recevoir *(to receive)*

Present tense	*Imperfect*	*Future*	*Conditional*	*Perfect*	*Past historic*
je reçois	je recevais	je recevrai	je recevrais	j'ai reçu	je reçus
tu reçois	tu recevais	tu recevras	tu recevrais	tu as reçu	tu reçus
il reçoit	il recevait	il recevra	il recevrait	il a reçu	il reçut
nous recevons	nous recevions	nous recevrons	nous recevrions	nous avons reçu	nous reçûmes
vous recevez	vous receviez	vous recevrez	vous recevriez	vous avez reçu	vous reçûtes
ils reçoivent	ils recevaient	ils recevront	ils recevraient	ils ont reçu	ils reçurent

reconnaître *(to recognise) follows the pattern of* **connaître**

réduire *(to reduce) follows the pattern of* **construire**

rejoindre *(to join again, to meet again) follows the pattern of* **craindre**

repartir *(to set off again) follows the pattern of* **partir**

reprendre *(to take back again) follows the pattern of* **prendre**

rire *(to laugh)*

Present tense	*Imperfect*	*Future*	*Conditional*	*Perfect*	*Past historic*
je ris	je riais	je rirai	je rirais	j'ai ri	je ris
tu ris	tu riais	tu riras	tu rirais	tu as ri	tu ris
il rit	il riait	il rira	il rirait	il a ri	il rit
nous rions	nous riions	nous rirons	nous ririons	nous avons ri	nous rîmes
vous riez	vous riiez	vous rirez	vous ririez	vous avez ri	vous rîtes
ils rient	ils riaient	ils riront	ils riraient	ils ont ri	ils rirent

rompre *(to break)*

Present tense	*Imperfect*	*Future*	*Conditional*	*Perfect*	*Past historic*
je romps	je rompais	je romprai	je romprais	j'ai rompu	je rompis
tu romps	tu rompais	tu rompras	tu romprais	tu as rompu	tu rompis
il rompt	il rompait	il rompra	il romprait	il a rompu	il rompit
nous rompons	nous rompions	nous romprons	nous romprions	nous avons rompu	nous rompîmes
vous rompez	vous rompiez	vous romprez	vous rompriez	vous avez rompu	vous rompîtes
ils rompent	ils rompaient	ils rompront	ils rompraient	ils ont rompu	ils rompirent

savoir *(to know, to know how to)*

Present tense	*Imperfect*	*Future*	*Conditional*	*Perfect*	*Past historic*
je sais	je savais	je saurai	je saurais	j'ai su	je sus
tu sais	tu savais	tu sauras	tu saurais	tu as su	tu sus
il sait	il savait	il saura	il saurait	il a su	il sut
nous savons	nous savions	nous saurons	nous saurions	nous avons su	nous sûmes
vous savez	vous saviez	vous saurez	vous sauriez	vous avez su	vous sûtes
ils savent	ils savaient	ils sauront	ils sauraient	ils ont su	ils surent

se sentir *(to feel) follows the pattern of* **dormir**

servir *(to serve) and* **se servir** *(to serve, help onself) follow the pattern of* **dormir**

sortir *(to go out) follows the pattern of* **dormir** *but takes* **être** *in the perfect tense*

souffrir *(to suffer, be ill) follows the pattern of* **ouvrir**

sourire *(to smile) follows the pattern of* **rire**

se souvenir *(to remember) follows the pattern of* **venir**

suivre *(to follow)*

Present tense	*Imperfect*	*Future*	*Conditional*	*Perfect*	*Past historic*
je suis	je suivais	je suivrai	je suivrais	j'ai suivi	je suivis
tu suis	tu suivais	tu suivras	tu suivrais	tu as suivi	tu suivis
il suit	il suivait	il suivra	il suivrait	il a suivi	il suivit
nous suivons	nous suivions	nous suivrons	nous suivrions	nous avons suivi	nous suivîmes
vous suivez	vous suiviez	vous suivrez	vous suivriez	vous avez suivi	vous suivîtes
ils suivent	ils suivaient	ils suivront	ils suivraient	ils ont suivi	ils suivirent

surprendre *(to surprise) follows the pattern of* **prendre**

se taire *(to keep silent)*

Present	*Imperfect*	*Future*	*Conditional*	*Perfect*	*Past historic*
je me tais	je me taisais	je me tairai	je me tairais	je me suis tu(e)	je me tus
tu te tais	tu te taisais	tu te tairas	tu te tairais	tu t'es tu(e)	tu te tus
il se tait	il se taisait	il se taira	il se tairait	il s'est tu	il se tut
nous nous taisons	nous nous taisions	nous nous tairons	nous nous tairions	nous nous sommes tu(e)s	nous nous tûmes
vous vous taisez	vous vous taisiez	vous vous tairez	vous vous tairiez	vous vous êtes tu(e)s	vous vous tûtes
ils se taisent	ils se taisaient	ils se tairont	ils se tairaient	ils se sont tus	ils se turent

tenir *(to hold)*

Present	*Imperfect*	*Future*	*Conditional*	*Perfect*	*Past historic*
je tiens	je tenais	je tiendrai	je tiendrais	j'ai tenu	je tins
tu tiens	tu tenais	tu tiendras	tu tiendrais	tu as tenu	tu tins
il tient	il tenait	il tiendra	il tiendrait	il a tenu	il tint
nous tenons	nous tenions	nous tiendrons	nous tiendrions	nous avons tenu	nous tînmes
vous tenez	vous teniez	vous tiendrez	vous tiendriez	vous avez tenu	vous tîntes
ils tiennent	ils tenaient	ils tiendront	ils tiendraient	ils ont tenu	ils tinrent

vaincre *(to conquer)*

Present tense	*Imperfect*	*Future*	*Conditional*	*Perfect*	*Past historic*
je vaincs	je vainquais	je vaincrai	je vaincrais	j'ai vaincu	je vainquis
tu vaincs	tu vainquais	tu vaincras	tu vaincrais	tu as vaincu	tu vainquis
il vainc	il vainquait	il vaincra	il vaincrait	il a vaincu	il vainquit
nous vainquons	nous vainquions	nous vaincrons	nous vaincrions	nous avons vaincu	nous vainquîmes
vous vainquez	vous vainquiez	vous vaincrez	vous vaincriez	vous avez vaincu	vous vainquîtes
ils vainquent	ils vainquaient	ils vaincront	ils vaincraient	ils ont vaincu	ils vainquirent

valoir *(to be worth) (rarely used except for* **il/ils/elle/elles** *forms)*

Present tense	*Imperfect*	*Future*	*Conditional*	*Perfect*	*Past historic*
je vaux	je valais	je vaudrai	je vaudrais	j'ai valu	je valus
tu vaux	tu valais	tu vaudras	tu vaudrais	tu as valu	tu valus
il vaut	il valait	il vaudra	il vaudrait	il a valu	il valut
nous valons	nous valions	nous vaudrons	nous vaudrions	nous avons valu	nous valûmes
vous valez	vous valiez	vous vaudrez	vous vaudriez	vous avez valu	vous valûtes
ils valent	ils valaient	ils vaudront	ils vaudraient	ils ont valu	ils valurent

venir *(to come)*

Present tense	*Imperfect*	*Future*	*Conditional*	*Perfect*	*Past historic*
je viens	je venais	je viendrai	je viendrais	je suis venu(e)	je vins
tu viens	tu venais	tu viendras	tu viendrais	tu es venu(e)	tu vins
il vient	il venait	il viendra	il viendrait	il est venu, elle est venue	il vint
nous venons	nous venions	nous viendrons	nous viendrions	nous sommes venu(e)s	nous vînmes
vous venez	vous veniez	vous viendrez	vous viendriez	vous êtes venu(e)(s)	vous vîntes
ils viennent	ils venaient	ils viendront	ils viendraient	ils sont venus, elles sont venues	ils vinrent

vivre *(to live)*

Present tense	*Imperfect*	*Future*	*Conditional*	*Perfect*	*Past historic*
je vis	je vivais	je vivrai	je vivrais	j'ai vécu	je vécus
tu vis	tu vivais	tu vivras	tu vivrais	tu as vécu	tu vécus
il vit	il vivait	il vivra	il vivrait	il a vécu	il vécut
nous vivons	nous vivions	nous vivrons	nous vivrions	nous avons vécu	nous vécûmes
vous vivez	vous viviez	vous vivrez	vous vivriez	vous avez vécu	vous vécûtes
ils vivent	ils vivaient	ils vivront	ils vivraient	ils ont vécu	ils vécurent

voir *(to see)*

Present tense	*Imperfect*	*Future*	*Conditional*	*Perfect*	*Past historic*
je vois	je voyais	je verra	je verrais	j'ai vu	je vis
tu vois	tu voyais	tu verras	tu verrais	tu as vu	tu vis
il voit	il voyait	il verra	il verrait	il a vu	il vit
nous voyons	nous voyions	nous verrons	nous verrions	nous avons vu	nous vîmes
vous voyez	vous voyiez	vous verrez	vous verriez	vous avez vu	vous vîtes
ils voient	ils voyaient	ils verront	ils verraient	ils ont vu	ils virent

vouloir *(to want)*

Present tense	*Imperfect*	*Future*	*Conditional*	*Perfect*	*Past historic*
je veux	je voulais	je voudrai	je voudrais	j'ai voulu	je voulus
tu veux	tu voulais	tu voudras	tu voudrais	tu as voulu	tu voulus
il veut	il voulait	il voudra	il voudrait	il a voulu	il voulut
nous voulons	nous voulions	nous voudrons	nous voudrions	nous avons voulu	nous voulûmes
vous voulez	vous vouliez	vous voudrez	vous voudriez	vous avez voulu	vous voulûtes
ils veulent	ils voulaient	ils voudront	ils voudraient	ils ont voulu	ils voulurent

Negatives

Ne . . . pas *not*
Ne . . . personne *nobody*
Ne . . . plus *no more, no longer*
Ne . . . jamais *never*
Ne . . . rien *nothing*
Ne . . . que *only*
Ne . . . nulle part *nowhere*
Ne . . . guère *scarcely*
Ne . . . ni . . . ni *neither . . . nor*

Use **n'** *instead of* **ne** *in front of* **a, e, i, o, u, h, y,** *e.g.*

Elle n'arrive jamais à temps.
She's never on time.

Nous n'habitons pas ici.
We don't live here.

Ne *or* **n'** *is placed before the verb, and the other word comes after the verb.*

Il ne fait rien.
He's doing nothing.

Je ne comprends pas.
I don't understand.

When using **ne . . . ni . . . ni**, *follow this pattern.*

Je ne vois ni Marc ni Sylvie.
I can't see Marc or Sylvie.

In tenses where an auxiliary verb is required, **ne** *is placed before the auxiliary verb.* **Pas, plus, jamais, rien, guère** *are placed between the auxiliary verb and past participle.* **Personne, que, nulle part, ni . . . ni** *come after the past participle.*

Je n'ai jamais fumé.
I've never smoked.

Il n'a rien vu.
He saw nothing.

Elle n'a entendu personne.
She didn't hear anybody.

Nous n'avons vu ni Marc ni Sylvie.
We haven't seen Marc or Sylvie.

With reflexive verbs, the **ne** *should be placed before the reflexive pronoun.*

Ils ne se sont pas lavés.
They haven't washed.

Note that often in spoken French, the **ne** *or* **n'** *is omitted.*

Some negative expressions can begin clauses, sometimes taking the role of subject. They follow this pattern:

Personne ne voudrait du fromage?
Would no-one like any cheese?

Using negative expressions with infinitives
This is the only case when **ne pas, ne jamais,** *etc., come together without another word separating them.*

Il a décidé de ne pas partir.
He decided not to leave.

Elle a réussi à ne plus fumer.
She managed not to smoke again.

Note that in English we often use parts of the verb 'to do' in order to express part of the negative. This should not be translated into French.

Interrogatives

Asking questions
Use one of these three ways:
(a) Vary the tone of your voice, or put a question mark at the end of a written sentence.

(b) Put **Est-ce que (qu')** *in front of the noun or pronoun and the verb. The* **que** *becomes* **qu'** *before* **a, e, i, o, u, h**.

Est-ce que je joue aussi?
Am I playing too?

Est-ce qu'il sait la date?
Does he know the date?

(c) If using a tense which does not require an auxiliary verb, the word order can be changed. Put the verb back-to-front with a hyphen between the two words, e.g.

As-tu 16 ans?
Are you 16?

Serez-vous à Paris ce soir?
Will you be in Paris this evening?

Voudriez-vous du beurre?
Would you like some butter?

An extra **-t** *is needed between the verb and subject if the pronouns* **il, elle** *or* **on** *are used, unless the verb form ends in* **-t** *or* **-d**, *e.g.*

Va-t-on en ville?
Are we going to town?

but

Est-il en ville?
Is he in town?

If using a tense with an auxiliary verb, the word order is changed by reversing the auxiliary verb and leaving the past participle at the end, e.g.

Avez-vous vu Monsieur Grand?
Have you seen Monsieur Grand?

Est-il arrivé?
Has he arrived?

A-t-il fini son déjeuner?
Has he finished his lunch?

If the subject is a noun, and not a pronoun, it stands before the question if the word order is changed, e.g.

Marie-Claude, est-elle revenue?
Has Marie-Claude returned?

Using negatives with interrogatives is quite straightforward. There is relatively little use of the inverted form, so it is best to follow method (a) or (b) above, and insert the appropriate negative expression.

Est-ce qu'il ne sait pas la date?
Doesn't he know the date?

Tu ne joues plus de la guitare?
Don't you play the guitar any more?

Reporting speech
When quoting conversation, the verb that comes between or after the quotation is inverted, in the same way as the question forms change their word order, e.g.:

«Bonjour,» a-t-il dit. «Je viens de voir . . .»
'Good morning,' he said. 'I've just seen . . .'

«Avez-vous perdu votre portefeuille?» a-t-elle demandé.
'Have you lost your wallet?' she asked.

If the subject of the verb is a noun, rather than a pronoun, there is no need for a pronoun to be included. The noun comes after the verb, even if an auxiliary verb is used.

«Bonjour» dit Pierre.	«Bonjour» a dit Pierre.
'Hello' says Pierre.	*'Hello' said Pierre.*

F ADVERBIALS

Adding more information to the verb phrase

Adverbs

Adverbs do not agree, and so there is only one form of each adverb. Most adverbs are formed from adjectives in this way:
Take the feminine singular form of the adjective, and add **-ment**, *e.g.*

heureux . . . heureuse . . . heureusement *fortunately*
dernier . . . dernière . . . dernièrement *lastly*

If the masculine singular form of the adjective ends in **e, i, o,** *or* **u,** *do not change it into the feminine before ending* **-ment**, *e.g.*

rapide . . . rapidement
vrai . . . vraiment

If the masculine singular form of the adjective ends in **-ent** *or* **-ant**, *the adverb ends in* **-emment** *or* **-amment**, *e.g.*

abondant . . . abondamment
patient . . . patiemment

Some adverbs add an acute accent to the **e** *before the* **-ment**, *e.g.*

énorme . . . énormément

Note these irregular adverbs:

bien . . . *well*, mal . . . *badly*, dur . . . *hard*, vite . . . *quickly*, cher . . . *expensively*, fort . . . *loudly*, bas . . . *quietly*, lentement . . . *slowly*, peu . . . *little*, plus . . . *more*, moins . . . *less*, beaucoup . . . *a lot*, mieux . . . *better*.

Comparatives and superlatives are formed in a similar way to the comparatives and superlatives of adjectives, e.g.

rapidement, plus rapidement, le plus rapidement.

but without any agreement for the superlative, which always remains in the le *form.*

Exceptions

Adverb	*Comparative*	*Superlative*
beaucoup (*much, etc.*)	plus (*more*)	le plus (*most*)
bien (*well*)	mieux (*better*)	le mieux (*best*)
mal (*badly*)	pis (*worse*)	le pis (*worst*)
peu (*little*)	moins (*less*)	le moins (*least*)

The position of adverbs is almost always immediately after the verb they are qualifying, e.g.

Il travaille beaucoup.
He works a lot.

Il a travaillé dur.
He worked hard.

Nous sommes arrivés très tôt.
We arrived very early.

If an adverb is commonly connected with a particular verb, it can be placed between the auxiliary verb and the past participle, e.g.

On a beaucoup travaillé.
We have worked a lot.

Only use examples that you have seen or heard in French for this pattern.

Some adverbs of place:

ailleurs . . . *elsewhere*; dedans . . . *inside*; dehors . . . *outside*; derrière . . . *behind*; devant . . . *in front*; là . . . *here, there*; partout . . . *everywhere*.

Some adverbs of time:

alors . . . *then*; aujourd'hui . . . *today*; autrefois . . . *formerly*; avant . . . *before*; aussitôt . . . *immediately*; demain . . . *tomorrow*; désormais . . . *henceforth*; quelquefois . . . *sometimes*; tard . . . *late*.

Some adverbs of degree:

assez . . . *enough, quite*; aussi . . . *also, as*; autant . . . *as much*; beaucoup . . . *much*; davantage . . . *more*; très . . . *very*; trop . . . *too*; tant . . . *so much*; plus . . . *more*; moins . . . *less*.

Prepositions

Distance
Lyon se trouve **à** 470 km de Paris.

Speed
à 80 km **à** l'heure

In, to (masculine) countries and towns
au Canada
à Londres

Location
à la campagne
au bord de la mer
au premier étage

Method of transport
(usually non-motorised)
à bicyclette, **à** cheval, **à** genoux, **à** pied

Time
à l'heure (= *on time*)
à 17 heures environ (= *at about 5 p.m.*)

***Verbs always taking* à**
jouer **au** football (*with all sports*)
obéir **à** quelqu'un
penser **à** quelqu'un ou **à** quelque chose (*to think about*)
plaire **à** quelqu'un
ressembler **à** quelqu'un, ou **à** quelque chose
cacher, emprunter, prendre, voler quelque chose **à** quelqu'un (= *to hide, borrow, etc., something* ***from*** *someone*)

Expressions of quantity
des centaines **de**, des milliers **de**
un kilo **de**, une bouteille **de**
un peu **de**, beaucoup **de**, trop **de**
assez **de**, plus **de**

From all countries and towns
Je suis **de** Marseille.
Il arrive **d'**Allemagne.
Elle vient **du** Canada.

Equivalent of the apostrophe 's'
la voiture **d'**Alain
la voiture **du** jeune homme
la voiture **de l'**étudiant
la voiture **de la** famille
la voiture **des** Dupont-Dupont

***Verbs always taking* de**
s'approcher **de** (*to go up to*)
se servir **de** (*to make use of*)
se souvenir **de** (*to remember*)
jouer **du** violon (*to play the violin*)

De (d') ***is used between*** **quelque chose** ***or*** **rien** ***and an adjective***
Quelque chose **d'**amusant.

In, to (feminine) countries
en Italie

Materials
une maison **en** bois

Methods of transport
(usually motorised)
en avion, **en** bus, **en** car, **en** voiture, **en** taxi

Miscellaneous
en *l'air*
en *route pour*

Time phrases
de jour ***en*** *jour (from day to day)*
en *même temps*
en *automne,* ***en*** *été,* ***en*** *hiver (but* ***au*** *printemps)*
en *1066*
en *avril*
en *10 minutes (= time taken);* ***dans*** *10 minutes (in 10 minutes time)*

(Caused) by
La fenêtre a été cassée **par** Louis.
Il a été tué **par** une balle. (= *by a bullet*)

Miscellaneous
tomber **par** terre (= *to fall to the*)
par terre, **par** mer, **par** la poste
par cœur
par un bel après-midi d'été (= *on*)

Per . . .
une fois **par** semaine, une bouteille **par** jour

Verbs taking* par *and an infinitive
Il a commencé **par** chanter.
Nous avons fini **par** sortir.

Destination
Il est parti **pour** New York.
Voici le train **pour** Lyon.

. . . Enough to . . .
Il est **assez** âgé **pour** nous accompagner.

Too . . . to . . .
Tu es trop jeune pour le faire.

. . . in order to . . .
Il a traversé la rue pour parler avec moi.

Avant de ***followed by an infinitive means before doing something***
Avant de sortir, j'ai fermé les fenêtres.
(The people or person involved in the two actions must be the same.)

Sans ***followed by an infinitive means without doing something***
J'ai sauté **sans hesiter**.

Expressions of time

Dates

Quelle est la date aujourd'hui? *What's the date today?*
C'est le 10 décembre. *It's 10th December.*

Days of the week

lundi, mardi, mercredi, jeudi, vendredi, samedi, dimanche
(Monday is generally taken as the start of the week.)

lundi = *on Monday* le lundi = *on Mondays*
tous les lundis = *every Monday*
C'est quel jour aujourd'hui? *What day is it today?*
C'est mardi. *It's Tuesday.*

Months of the year and seasons

janvier, fevrier, mars, avril, mai, juin, juillet, août, septembre, octobre, novembre, décembre

en janvier, au mois de janvier = *in January*
au printemps = *in spring* en été = *in summer*
en automne = *in autumn* en hiver = *in winter*

Time

Quelle heure est-il? *What time is it?*
Il est onze heures et demie. *It's half past eleven.*
Il est midi/minuit et demi. *It's half past twelve.*
A quelle heure . . .? *At what time . . .?*
A dix heures . . . *At ten o'clock . . .*

a.m. and p.m.

dix heures du matin *10 a.m.*
deux heures de l'après-midi *2 p.m.*
six heures du soir *6 p.m.*

24-hour system

This system of telling the time is very widely used in France, particularly in timetables, radio/TV programmes, cinemas, theatres, etc. It is becoming increasingly common in everyday speech so it is important to be able to recognise and use it.

13 heures – *1 p.m.*
21 heures 30 – *9.30 p.m.*

Other ways of expressing time

To show a period of time elapsing, these expressions need to be known.

Pendant *is used to introduce a period of time spent in the past or present, e.g.*

Il a regardé la télévision **pendant** la soirée entière.
*He watched television **for** the whole evening.*

Pour *is used to show a period of time in the future.*

Nous serons à la campagne **pour** le week-end.
*We shall be in the country **for** the weekend.*

Both these words could be translated as 'during'.

Il y a *expresses the English 'ago'.*

J'ai fini mes devoirs **il y a** trois minutes.
*I finished my homework three minutes **ago**.*

Depuis *with a verb in the correct tense shows the period elapsing before the time presently being referred to.*

With the present tense, it means that the period goes up to the present time, e.g.

J'attends ici **depuis** cinq minutes.
*I have been waiting here **for** five minutes.*

With the imperfect tense, it means that the period goes back to a time in the past, e.g.

J'attendais ici **depuis** cinq minutes.
*I had been waiting here **for** five minutes.*

A similar pattern is by using **ça fait . . . que** *or* **ça faisait . . . que**, *e.g.*

Ça fait cinq minutes **que** j'attends ici.
Ça faisait cinq minutes **que** j'attendais ici.

These mean the same as the examples with **depuis**.

A special use of **venir** *followed by* **de** *is similar. In the present tense, it shows an event which has just taken place.*

Je **viens d'**arriver.
*I **have just** arrived.*

In the imperfect tense, it refers to an event just prior to something in the past.

Je **venais d'**arriver.
*I **had just** arrived.*

G BUILDING MORE COMPLEX SENTENCES

Conjunctions

These are always followed by full verbs, and join two parts of a sentence:

parce que . . . *because*
pendant que . . . *while*
lorsque . . . *when*
comme . . . *as*
si . . . *if*

In addition, some words which are also question words are used as conjunctions when not in the interrogative:

comment . . . *how*
pourquoi . . . *why*
où . . . *where*
d'où . . . *from where*
quand . . . *when*

Linking words

Certain expressions, to be found under headings such as Relative Clauses and Prepositions, are very useful in providing the structure of longer or more complex sentences.

In addition to the uses of **qui** *and* **que** *described on page 203,* **ce qui** *and* **ce que** *can be used as linking expressions. They follow the same pattern as* **qui** *and* **que** *in their connection with the verb that follows them. (***Ce qui** *is always the subject of the following verb, and* **ce que** *or* **ce qu'** *is always the object.)*

Whereas **qui** *and* **que** *must always refer to an identifiable noun,* **ce qui** *and* **ce que** *can refer to a whole phrase or clause, even if a noun is not mentioned, e.g.*

Je vois **ce qui** est dans la cuisine.
I can see ***what*** *is in the kitchen.*

Elle adore **ce que** tu as fait dans la maison.
She loves ***what*** *you have done in the house.*

Il est en retard, **ce qui** est embêtant.
He is late, ***which*** *is annoying.*

Ce que vous voyez ici est du dix-neuvième siècle.
What *you see here is from the nineteenth century.*

H USEFUL WORDS AND PHRASES FOR EXAMINATIONS

***Constructions with* avoir**
avoir raison . . . *to be right*
avoir tort . . . *to be wrong*
avoir faim . . . *to be hungry*
avoir soif . . . *to be thirsty*
avoir chaud . . . *to be hot*
avoir froid . . . *to be cold*
avoir besoin de . . . *to need*
avoir peur de . . . *to be afraid of*
avoir soin de . . . *to take care over*
avoir mal à . . . *to have a pain, etc.*
avoir l'air . . . *to seem*
avoir lieu . . . *to take place*
avoir sommeil . . . *to be tired*
avoir x ans . . . *to be x years old*

***Constructions with* être**
être heureux de . . . *to be pleased to*
être content de . . . *to be pleased to*
être désolé de . . . *to be sorry to*
être ravi de . . . *to be delighted to*

il est possible de
Il est impossible de
Il est facile de
Il est difficile de
Il est important de
Il est nécessaire de
} *followed by infinitive*

Il est certain que *followed by subject and verb*

Il est certain que nous arriverons.
It is certain that we shall arrive.

***Constructions with* faire**
faire les achats . . . *to go shopping*
faire la cuisine . . . *to do the cooking*
faire une excursion . . . *to go for an outing*
faire une faute . . . *to make a mistake*
faire les lits . . . *to make the beds*
faire la vaisselle . . . *to do the washing up*
faire une promenade . . . *to go for a walk*
faire un séjour . . . *to stay*
faire du camping . . . *to go camping*
faire ses études . . . *to study*
faire fortune . . . *to make your fortune*

faire *followed by infinitive (to get something done), e.g.*

Faire réparer la montre.
To have the watch repaired.

Modal verbs
These verbs are rarely used on their own, but are nearly always followed by another infinitive, e.g.

devoir *to have to* — savoir *to know how to*
pouvoir *to be able to* — vouloir *to want to*

Verbs followed by no preposition before another infinitive.
As well as the modal verbs, these are common and should be known:

aller, courir, venir, entendre, sentir, voir, aimer, espérer, penser, oser, préférer.

Verbs followed by* à *before another infinitive:

aider à, apprendre à, avoir à, commencer à, continuer à, inviter à, passer son temps à, réussir à.

Verbs followed by* de *before another infinitive:

cesser de, décider de, se dépêcher de, essayer de, oublier de, persuader de, refuser de, regretter de.

Verbs that need* à *before personal object and* de *before an infinitive:

défendre à quelqu'un de faire quelque chose.
demander à quelqu'un de faire quelque chose.
dire à quelqu'un de faire quelque chose.
permettre à quelqu'un de faire quelque chose.
promettre à quelqu'un de faire quelque chose.

Common question words
Qui? *Who*

Qui est dans la cuisine?
Who is in the kitchen?

Que? (Qu'?) *What*

Que voyez-vous?
What can you see?

A qui? *To whom*

A qui parles-tu?
Who are you speaking to?

De quoi? *About what?*

De quoi avez-vous parlé?
What did you speak about?

À quelle heure? *At what time?*

À quelle heure, le train arrive-t-il?
At what time does the train arrive?

Comment? *How?*

Comment vas-tu?
How are you?

Depuis quand? *For how long?*

Depuis quand était-elle ici?
For how long had she been here?

Combien de? *How much? How many?*

Combien de pommes voudrais-tu?
How many apples would you like?

Quand? *When?*

Quand est-ce que le bus part?
When does the bus leave?

Où? *Where?*

Où êtes-vous?
Where are you?

D'où? *Where from?*

D'où vient cette lettre?
Where is this letter from?

Quel? *Which?*

Quelle musique préférez-vous?
What music do you prefer?

Quel est? *What is?*

Quelle est votre émission préférée?
What is your favourite programme?

Pourquoi? *Why?*

Pourquoi est-il comme ça?
Why is it like that?

Qu'est-ce qui *What (as a subject)*

Qu'est-ce qui se passe?
What's happening?

VOCABULAIRE

à cause de *because of*
à l'extérieur *outside, away*
à part *besides*
à peine *hardly*
à propos *by the way*
à quel point *how much*
à son insu *without him knowing*
à souhait *to perfection*
abandonner *to give up*
abattre une carte *play a card*
abîmé *ruined*
abondamment *a great deal*
un(e) **abonné(e)** *season-ticket holder, subscriber*
un **abonnement** *subscription*
d'**abord** *at first*
aborder *to approach*
aboyer *to bark*
un **abri** *shelter*
un **abricot** *apricot*
une **absence** *absence*
absolument *absolutely*
accaparer *take up, monopolise*
accéder à *to attain*
accepter *to accept*
accès à *access to*
un **accès** *way in, access*
un **accessoire** *accessory, prop*
l'**acclamation** (f) *acclaim*
un **accompagnateur** *tour leader*
une **accompagnatrice** *tour leader*
accomplir *to carry out*
un **accord** *agreement*
d'**accord** *agreed; O.K.*
un **accueil** *welcome*
accueillir* *to welcome*
un **achat** *purchase;* **faire les——s** *to go shopping*
acheter *to buy*
un(e) **acheteur/se** *buyer*
l'**acide** (m) *LSD*
l'**acier** (m) *steel*
acquérir *to acquire*
un **acteur** *actor*
actif (-ve) *active*
une **activité** *activity*
une **actrice** *actress*
actualiser *to bring up to date*
l'**actualité** (f) *current affairs*
les **actualités** (f) *news*
actuel (-elle) *present*
actuellement *currently; at the moment*
s'**adapter à** *to be suited for*
l'**addition** (f) *bill*
un **adhérent** *member*
un **adjectif** *adjective*
un(e) **admirateur/trice** *admirer*
admirer *to admire*
l'**adolescence** (f) *adolescence*
adouci *softened*
une **adresse** *address*
s'**adresser à** *to speak to*
adresser la parole à *to speak to*
un **adversaire** *an opponent*
aérien/ne *etherial, floating*
l'**aéromodélisme** (m) *aeromodelling*
l'**aéronautisme** (m) *flying*
un **aéroport** *airport*
l'**aérospatiale** (f) *the aerospace industry*
une **affaire** *bargain, business transaction*
les **affaires** (f) *'things'*
affamé *starved*
l'**affichage** (m) *sticking up posters*
une **affiche** *poster, notice*
s'**afficher** *to be displayed*
affiné *tapering*
affirmer *to state*
affluer *to flow*
un **affrontement** *confrontation*
afin de *in order to*
africain *African*
l'**Afrique** (f) *Africa*
agacer *to annoy, irritate*
l'**âge, d'un certain . . .** *middle-aged*
l'**âge** (m) *age;* **âgé** *old*
une **agence** *agency*
une **agence de voyages** *travel agency*
un **agenda** *diary*
un **agent de police** *policeman*
une **agglomération** *urban area*
s'**agir de** *to concern*
agir *to act, to take action*
agiter *to wave*
agrandir *to enlarge*
agréable *pleasant*
agréer *to accept*
agrémenté de *adorned with*
un **agriculteur** *a farmer*
aguicheur/se *provocatively flirtatious*
ah bon? *really?*
l'**aide** (f) *help*
aider *to help*
aigre *sour*
une **aiguille** *needle*
les **aiguilles** (f) **à tricoter** *knitting needles*
l'**ail** (m) *garlic*
un **ailier** *winger*
ailleurs *elsewhere*
aimable *kind*
aimer *to like; to love*
aîné *older*
ainsi que *as well as*
ainsi *so, thus*
à l'**aise** (f) *at ease, comfortable*
ajouter *to add*
l'**alcool** (m) *alcohol*
algérien/ne *Algerian*
aligner *to line up*
un **aliment** *a type of food*
alimentaire *(to do with) food*
alimenter *to feed*
une **allée** *pathway; drive*
l'**allemand** (m) *German (language)*
aller* *to go;* **allez!** *come on!* **—— á la pêche** *to go fishing;* **—— à qqn** *to suit s.one;* **un —— simple** *single ticket;* **un —— et retour** *return ticket*
s'en **aller** *to leave, go away*
allonger *to lengthen; to lie*
allumer *to light, to switch on*
une **allumette** *match*
une **allure** *look; speed*
alors *then; well;* **—— que** *whilst*
l'**alpinisme** (m) *mountaineering*
en **alternance avec** *alternating with*
une **amandine** *almond cake*
en **amas** *in crowds*
un(e) **ambassadeur/drice** *ambassador*
une **ambiance** *an atmosphere*
une **ambition** *ambition*
ambulant *travelling*
une **amélioration** *an improvement*
améliorer *to improve*
l'**aménagement** (m) *development*
aménager *to equip*
une **amende** *fine*
amener *to bring*
amer *bitter*
américain *American*
l'**Amérique du Sud** (f) *South America*
l'**amertume** (f) *bitterness*
l'**ami(e)** (m/f) *friend*
amical (-aux) *friendly*
une **amicale** *association*
amicalement *best wishes*
un **amiral** *admiral*
l'**amitié** (f) *friendship*
l'**amour** (m) *love*
amoureux (-euse) *in love*
un(e) **amoureux/se** *man/woman in love*
s'**amuser** *to enjoy oneself*
un **an** *year*
analogue *similar*
une **analyse** *analysis*
un **ananas** *pineapple*
un **ancêtre** *ancestor*
ancien (-ienne) *old, ancient; former*
l'**ancienneté** (f) *length of service*
un **âne** *donkey*
l'**anglais** (m) *English (language)*
l'**Angleterre** (f) *England*
angoissant *worrying*
une **angoisse** *anxiety*
un **animateur** *demonstrator*
l'**animation** *lively atmosphere*
animé *lively*
un **anneau** *a ring*
une **année** *year;* **bonne ——!** *Happy New Year!* **l'—— scolaire** *school year*
un **anniversaire** *birthday*
une **annonce** *advertisement, notice*
annoncer *to declare*
un **annuaire** *directory*
annuel (-elle) *annual*
l'**antagonisme** (m) *antagonism, dislike*
un(e) **antagoniste** *opponent*
une **antenne** *aerial;* **à —— ouverte** *on the airwave*
l'**antipathie** (f) *dislike*
un(e) **antiquaire** *antique dealer*
antique *ancient*
Anvers *Antwerp*
août (m) *August*
apercevoir *to catch sight of*
un **apéritif** *pre-meal drink*
apparaître *appear*
un **appareil** *piece of equipment*
un **appareil photo** *camera;* **à l'appareil** *on the phone; 'speaking'*
apparemment *apparently*
l'**apparence** (f) *appearance*
apparent *apparent, showing*
l'**apparition** (f) *appearance*
un **appartement** *flat*
appartenir *to belong*
un **appel** *call*
appeler *to call;* **s' ——** *to be called*
l'**appellation** *name, classification*
appétissant *appetising*
l'**appétit** (m) *appetite;* **bon ——!** *have a good meal!*
s'**appliquer à** *to apply to*
apporter *to bring*
apprécier *to appreciate, to appraise*
apprendre *to learn*
un **apprentissage** *apprenticeship*
s'**approcher de** *to approach*
approprié *appropriate*
appuyer sur *to press*
appuyer *to support*
d'**après** *according to*
après *after; afterwards*
après-demain (m) *the day after tomorrow*
un **après-midi** *afternoon;* **de l' ——** *p.m. (until 5 p.m.)*
une **aquarelle** *water-colour*
arabe *Arab, Arabic*
arabesque *flourish*
une **arachide** *peanut plant*
un **arbre** *tree*
archiver *to file*
ardent *burning*
l'**argent** (m) *money;* **l' —— de poche** *pocket-money*
une **arme** *weapon*
l'**Armée** (f) **du Salut** *Salvation Army*
une **armoire** *wardrobe; cupboard*
l'**arnachement** *protective clothing*
aromatisé *flavoured*
arracher *to tear up*
arrangé *arranged*
un **arrêt** *stop*
s'**arrêter** *to stop; arrest;* **arrêter de faire qq.ch.** *to stop doing sthg*
l'**arrière** (m) *back*
à l'**arrière-plan** *in the background*
l'**arrivée** (f) *arrival*
arriver à *to manage to*
un **arrondissement** *district (in Paris and in Lyon)*
arroser *to water*
un **artisan** *craftsman*
l'**artisanat** (m) *craft industry*
un(e) **artiste** *artist*
ascendant *rising*
un **ascenseur** *lift*
une **ascension** *climb*
un **aspect** *look, feature*
asperger *to sprinkle*
aspirer *to breathe in*

l'**aspirine** (f) *aspirin*
une **assemblée générale** *annual general meeting*
assez *enough; fairly;* **j'en ai —— (de)** *I've had enough (of)*
assis *seated*
une **assiette** *plate*
assimiler *to assimilate*
l'**assistance** (f) *the people there*
assister à *to be present at*
s'**assombrir** *to become sombre, gloomy*
assorti à *matching*
s'**assouplir** *to get supple*
assumer *to assume, accept*
une **assurance** *insurance*
assuré de *certain of*
s'**assurer (de)** *to make certain (of)*
assurer *to ensure*
astrologique *astrological*
une **astuce** *clever trick*
un **atelier** *workshop*
un(e) **athlète** *athlete*
l'**athlétisme** (m) *athletics*
atmosphérique *atmospheric*
attaché à *attached to*
une **attaque** *attack*
atteindre *to reach, affect*
attendre *to wait (for)*
attention à . . . *mind . . .!* **faire ——** *to pay attention*
attentivement *carefully*
attirer *to attract*
attraper *to catch*
au cours de *during*
au delà de *beyond*
au fait *by the way*
au point de *to the point of*
au revoir *goodbye*
au secours! *help!*
au sein de *within*
au-dessus de *above*
une **auberge de jeunesse** *youth hostel*
aucun *not any*
un **auditeur** *listener*
l'**audition** (f) *hearing*
augmenter *to add to, to increase*
un **augure** *omen*
aujourd'hui *today*
l'**aumône** (f) *charity*
auparavant *earlier*
aussi *also*
aussitôt *immediately;* **—— que possible** *as soon as possible*
autant *as much;* **—— de** *as many*
l'**auto-stop** (m) *hitch-hiking*
automatique *automatic*
l'**automatisme** (m) *automation*
l'**automne** (m) *autumn*
un(e) **automobiliste** *car-driver*
autonome *autonomous, independent*
l'**autonomie** (f) *autonomy*
un **autorail** *railcar*
l'**autorisation** (f) *authorisation*
autoritaire *bossy*
les **autorités** (f) *authorities*
une **autoroute** *motorway*
autour de *around*
autre *other*
d'**autre part** *in another connection*
une **avance** *advance*
à l'**avance** *early*
avancer *to advance*
avant *before;* **—— de faire qq.ch.** *before doing sthg;* **en ——** *first and foremost*
un **avantage** *advantage*
avantageux (-euse) *advantageous*
avare *mean, miserly*
avec *with;* **et —— ça?** *anything else?*
l'**avenir** (m) *future*
une **aventure** *adventure*
une **averse** *shower, downpour*
avertir *to warn*
un **avertissement** *warning*
l'**aviation** (f) *flying*
un **avion** *aeroplane*
l'**aviron** (m) *rowing*
l'**avis** (m) *opinion;* **à ton ——** *in your opinion*
aviser *to warn*
l'**avoine** (f) *oats*
avoir *to have;* **—— à** *to have to;* **—— l'air** *to seem;* **—— x ans** *to be x years old;* **—— besoin de** *to need;* **—— chaud** *to be hot;* **—— conscience de** *to be aware of;* **—— droit à** *to be entitled to;* **—— envie de** *to want to;* **—— faim** *to be hungry;* **—— froid** *to be cold;* **—— hâte de** *to be eager to;* **—— lieu** *to take place;* **—— mal à** *to have a pain in;* **—— peur de** *to be afraid of;* **—— raison** *to be right;* **—— soif** *to be thirsty;* **—— tort** *to be wrong*
avoisinant *neighbouring*
avouer *to confess, to admit*
avril (m) *April*
un **axe** *axis*

le **baby-foot** *table football*
le **bac(calauréat)** *school-leaving exam (usually 18+)*
les **bagages** (m) *luggage*
la **baguette** *long thin loaf*
la **baie** *bay*
se **baigner** *to bathe*
le **bain** *bath*
baissé *facing downwards*
se **baisser** *to bend down*
baisser *to go down*
la **balade** *walk, cycle ride*
balancer *to swing*
la **baleine** *whale*
le/la **Balinais(e)** *Balinese*
la **balle** *ball, bullet*
la **balle de match** *match point*
le **ballon** *ball*
banal *common, trite*
la **banane** *banana*
le **banc** *bench*
la **bande dessinée** *comic strip*
la **bande** *line, tape, group, gang*
le **bandeau** *headband*
la **banlieue** *suburbs*
la **banque** *bank*
la **banque de données** *data bank*
la **banquette** *seat*
la **baraque** *hut*
la **barbe** *beard;* **quelle ——!** *what a bore!*
bas/basse *low*
les **bas à résilles** (m) *fishnet stockings*
en **bas** *below, at the bottom*
le **bas** *bottom*
à **base de** *based on*
la **basilique** *basilica*
batailleur *assertive*
le **bateau** *boat;* **faire du ——** *to go boating*
le **bâtiment** *building*
bâtir *to build*
se **bâtir** *to build oneself*
battre* *to beat*
se **battre** *to fight*
bavard *chatty*
bavarder *to chat*
beau (bel, belle) *beautiful*
un **beau gosse** *a good-looking guy*
beaucoup *a lot*
la **beauté** *beauty*
le **bébé** *baby*
belge *Belgian*
bénéficier *to gain*
bénévole *voluntary*
berbère *Berber*
besoin, avoir —— de *to need*
le **bétail** *cattle*
la **bête** *animal*
bête *stupid*
la **bêtise** *stupidity, stupid remark*
le **béton** *concrete*
le **beuglement** *moo*
le **beurre** *butter*
le **biberon** *baby's bottle*
la **bibliothèque** *bookcase; library*
le **bic** *biro*
la **bicyclette** *bicycle*
bien *well;* **—— entendu** *of course;* **—— portant** *well;* **—— que** *although;* **—— sûr** *of course*
les **biens** (m) *possessions*
bientôt *soon;* **à ——!** *see you soon!*
bienvenu *welcome*
la **bière** *beer*
le **bijou** *jewel*
le **billet** *ticket;* **le —— de banque** *bank-note*
binaire *binary*
la **biologie** *biology*
la **bise** *kiss*
bizarre *strange*
blanc (-che) *white*
la **blague** *joke*
le **blanc** *blank*
le **blé** *wheat*
blessé *injured;* **un ——** *an injured person*
se **blesser** *to injure o.s.*
blesser *to injure, wound*
bleu *blue*
le **bleu de travail** *overalls*
le **bloc-notes** *notepad*
la **blouse** *overall*
le **blouson** *jacket*
la **bobine** *reel*
le **bœuf** *beef, bullock*
bohème *unconventional*
boire *to drink*
le **bois** *wood*
la **boisson** *drink*
la **boîte** *box; tin*
le **bol** *bowl*
la **bombe** *bomb*
le **bon** *coupon, form*
bon marché *cheap*
bon (bonne) *good; right, correct*
le **bonbon** *sweet*
bondir *to leap on*
le **bonheur** *happiness*
la **bonne affaire** *bargain*
bonne continuation *I hope all goes well for you*
la **bonne** *maid*
le **bord** *edge; side;* **à —— (de)** *on board*
la **bosse** *lump, natural gift for*
le **bôtard** *Vienna roll*
la **botte** *boot*
de **bouche à oreille** *word of mouth*
la **bouche** *mouth*
boucher *to block*
la **boucherie** *butcher's shop*
la **boucle** *loop*
la **boucle d'oreille** *earring*
bouger *to move*
la **bougie** *candle*
bouilli *boiled*
la **boulangerie** *bakery*
la **boule** *ball;* **—— de neige** *snowball*
les **boules** (f) *bowls*
le **boulevard** *avenue*
bouleversé *overcome with emotion*
boulot/te *tubby*
le **boulot** *work*
la **boum** *party*
le **boum** *boom, bang*
bourré de *full of, stuffed with*
se **bourrer de** *to stuff oneself with (food)*
bourru *surly, bad-tempered*
la **bourse** *stock exchange*
bousculé *jostling*
bout au . . . de *at the end of*
le **bout** *end;* **au —— de** *at the end of*
la **bouteille** *bottle*
la **boutique** *shop*
le **bouton** *button; spot; key/switch;* **—— d'alarme** *alarm button*
la **boxe** *boxing*
le **bracelet** *bracelet*
la **braise** *embers*
de **braise** *smouldering*
branché *fashionable*
se **brancher** *to be plugged into*
brancher *to plug in*
le **bras** *arm*
la **brasserie** *cafe, pub*
brave *fine, decent*
bref (brève) *short*
le **Brésil** *Brazil*
les **bretelles** (f) *braces*
breton (-onne) *Breton, of Brittany*
le **bricolage** *do-it-yourself*
bricoler *to do odd jobs*
la **bride** *strap*
brillant *shining, brilliant*
briller *to shine*
le **briquet** *lighter*
briser *to break, destroy*
britannique *British*
bronzé *sun-tanned*
la **brosse** *brush;* **la —— à dents** *toothbrush*
la **brouette** *wheelbarrow*
le **brouillard** *fog*
le **bruit** *noise*
brûler *to burn*
la **brûlure** *burn*
la **brume** *fog, mist*
brumeux (-euse) *misty*
brun *brown*
brusque *sudden, rough*
brusquement *suddenly*
brutalement *violently*
bruyant *noisy*
le **buffet** *sideboard*
le **buisson** *bush*
la **bulle** *bubble*
le **bulletin** *report*
le **bureau (de renseignements)** *(information) office*
le **bus** *bus*
le **but** *goal, aim*
le **butin** *booty, swag*
la **buvette** *drinks stall*

ça *that;* **—— alors!** *well I never!* **—— fait . . . en tout** *that makes . . . altogether;* **—— va** *all right;* **—— va mieux?** *feeling better?* **—— y est!** *that's it; there we are, etc.*
la **cacahuète** *peanut*
le **cacao** *cocoa*
le **cachemire** *cashmere*
cacher *to hide*
le **cadeau (-x)** *present*
le **cadre** *frame, context, setting, executive*
le **café** *coffee; café;* **—— soluble** *instant coffee*
le **caféier** *coffee plant*
le **cahier** *exercise-book*
la **caisse** *cash-desk; till*

le **caissier** *cashier*
la **caissière** *cashier*
le **calcul** *sum*
la **calculatrice** *calculator*
calculer *to calculate*
la **cale** *chock*
le **calendrier** *calendar*
calme *peaceful*
se **calmer** *to calm down*
le **calvaire** *difficult journey*
le/la **camarade** *(school) friend*
la **camaraderie** *friendship*
la **camionnette** *van*
le **camionneur** *lorry driver*
la **campagne** *countryside*
le **campeur** *camper*
le **camping** *camp-site*; **faire du ——** *to go camping*
le **canapé** *settee; sofa*
le **canard** *duck*
la **canne** *cane*
la **cantine** *canteen*
le **caoutchouc** *rubber*
la **capitale** *capital*
le **caprice** *whim*
le **car** *coach*
car *for (= because)*
le **caractère** *character*
les **Caraïbes** *the Caribbean*
le **carburant** *fuel oil*
le **carnet** *book (of tickets)*
la **carotte** *carrot*
le **carré** *square*
le **carreau (x)** *tile*
à **carreaux** (m) *check*
le **carrefour** *crossroads*
carrément *frankly*
la **carrière** *career*
le **cartable** *satchel*
la **carte** *birthday card; playing card; map; menu;* **la —— de crédit** *credit-card;* **la —— d'identité** *identity card;* **la —— justificative** *card giving proof of identity;* **la —— postale** *post-card*
le **cas** *case*
la **case** *box (on form); square*
le **casque** *helmet*
casser *to break*
la **casserole** *saucepan*
le **cassis** *blackcurrant*
la **catégorie** *category*
la **cathédrale** *cathedral*
à **cause de** *because of*
causer *to chat*
la **cave** *cellar*
la **caverne** *cave*
ce, cet, cette, ces *this, that, these, those*
en **ce qui concerne . . .** *as regards . . .*
ceci *this*
céder *to yield, to give in*
la **ceinture** *belt*
cela *that*
célèbre *famous*
célibataire *unmarried*
la **cellule** *cell*
celui/celle/ceux/celles *that, the one, the ones*
la **centaine** *hundred*
le **central** *telephone exchange*
la **centrale nucleaire** *nuclear power station*
centraliser *to gather together*
cependant *however*
le **cercle** *circle*
la **céréale** *cereal*
la **cerise** *cherry*
certain *certain*
certainement *certainly*
certes *of course*
le **cerveau** *brain*
cesser *to stop*
c'est-à-dire *that is to say*
à **cet égard** *in this respect*
chacun/chacune *each*
le **chagrin** *grief, sorrow*
la **chaîne** (T.V.) *T.V. channel;* **la —— hi-fi** *stereo unit*
la **chaise** *chair*
la **chaleur** *heat*
chaleureux (-euse) *warm*
la **chambre** *bedroom*
le **champ** *field*
le **champignon** *mushroom*
la **chance, avoir de** *to be lucky*
chanceux (-euse) *lucky*
la **chandelle** *candle*
le **change** *exchange (currency)*
changer de tête *to change one's appearance*
changer *to change*
la **chanson** *song*
le **chant** *song*
chanter *to sing*
le **chanteur** *singer*
la **chanteuse** *singer*
le **chapeau (-x)** *hat*
chaque *each; every*
le **charbon** *coal*
la **charcuterie** *pork-butcher's shop*
charger de *to give responsibility for*
charger *to load*
le **chariot** *cart; trolley*
charmant *charming*
le **charme** *charm*
chasser *to hunt*
le **chat** *cat*
châtain *brown*
le **château (-x)** *large mansion*
le **chaton** *kitten*
chatouiller *to tickle*
la **chatte** *female cat*
chaud *hot;* **avoir ——** *to be hot*
le **chauffage** *heating*
chauffé *heated*
chauffer *to heat*
le **chauffeur** *driver*
la **chaussée** *roadway*
la **chaussette** *sock*
le **chausson** *slipper*
la **chaussure** *shoe*
le **chef** *boss; chief*
le **chemin de fer** *railway*
le **chemin** *path*
la **cheminée** *fireplace; chimney*
la **chemise** *shirt*
le **chèque (de voyages)** *(traveller's) cheque*
cher *dear; expensive*
chercher *to look for*
chétif *puny*
le **cheval (-aux)** *horse;* **monter à ——** *to ride horses*
la **chèvre** *goat*
les **cheveux** (m) *hair*
la **cheville** *ankle*
chez *at the house of*
chic alors! *great! etc.*
chic *fashionable*
le **chien** *dog*
le **chiffre** *number;* **—— porte-bonheur** *lucky number*
la **chimie** *chemistry*
chinois *Chinese*
les **chips** (m) *crisps*
le **choc** *shock*
le **chocolat** *chocolate*
le **choeur** *choir, chorus*
choisir *to choose*
le **choix** *choice*
le **chômage** *unemployment*
la **chorale** *choir*
la **chose** *thing*
le **chou à la crème** *cream puff*
le **chou-fleur** *cauliflower*
la **choucroute garnie** *sauerkraut with sausages*
chrétien (-ienne) *Christian*
la **chute** *fall*
chuter *to fall*
ci-dessous *below*
ci-dessus *above*
le **ciel** *sky*
le **circuit** *lap*
le **circuit touristique** *tourist route*
circulaire *circular*
la **circulation** *traffic*
circuler *to travel (of vehicles)*
les **ciseaux** (m) *scissors*
la **citation** *quote*
citer *to mention, quote*
le **citoyen** *citizen*
le **citron** *lemon*
civilisé *civilised*
clair *clear*
clairement *clearly*
claquer *to slam*
la **classe** *class*
classer *to classify*
classique *classical; normal*
la **clavicule** *shoulder blade*
le **clavier** *keyboard*
la **clé** *key*
la **clef** *key*
le **client** *customer*
la **clientèle** *customers*
climatique *climatic*
climatisé *air-conditioned*
le **clochard** *tramp*
clouté *studded*
le **coccyx** *base of the spine*
cocher *to tick*
la **cochonnerie** *something disgusting*
coder *to encode*
le **cœur** *heart*
le **coffre** *safe*
se **coiffer de** *to wear on one's head*
la **coiffure** *hairstyle*
le **coin** *corner*
le **col** *collar*
la **colère** *anger*
le **colis** *parcel*
le/la **collaborateur/trice** *collaborator*
collaborer *to collaborate*
la **colle** *glue*
collectif (-ive) *joint, shared*
le **collège** *school*
coller *to stick*
le **collier** *collar, necklace*
la **collone vertébrale** *vertebral column*
la **Colombie** *Columbia*
la **colonie** *colony;* **—— de vacances** *summer camp*
coloniser *to colonise*
la **colonne** *column;* **—— vertébrale** *vertebral column*
le **coloris** *shade*
le **combat** *fight*
combatif (-ive) *of a fighting spirit*
combattre *to fight*
combien *how much; how many*
la **combinaison** *combination*
combiner *to combine*
comestible *edible*
le **comité** *committee*
la **commande** *order*
commander *to order*
comme *as; like*
comme si *as if*
commencer (à) *to begin (to)*
comment *how*
le **commentaire** *commentary*
le/la **commerçant(e)** *shopkeeper*
le **commerce** *business, shop*
commettre *to commit, make*
le **commissariat** *police-station*
en **commun** *in common*
la **communauté** *community, commune*
communiquer *to communicate*
commuter *to switch*
la **compagnie** *company, firm*
le **compagnon** *companion*
la **comparaison** *comparison*
comparer *to compare*
le **compartiment** *compartment*
compenser *to make up for*
la **compétition** *competitive sport, a race, a match*
complet (-ète) *full; wholemeal*
le **complet** *suit*
se **compléter** *to complement each other*
compléter *to complete*
le **complice** *accomplice*
le **comportement** *behaviour*
se **comporter** *to behave*
comporter *to include, to incorporate*
se **composer de** *to be broken down into*
composer *to dial*
composter *to punch*
le **composteur** *ticket-cancelling machine*
comprendre* *to understand; to realise; to include*
comprimé *compressed*
le **comprimé** *tablet*
compris *included*
y **compris** *including*
le **compte** *account*
le **compte rendu** *account*
compter *to count*
le **comptoir** *counter*
se **concentrer** *to concentrate*
concevoir *to think up*
se **conclure** *to be concluded*
le **concours** *competition*
le **concurrent** *competitor*
à **condition que** *as long as*
le **conducteur** *driver*
conduire *to drive; to lead*
la **confection** *clothing industry*
la **confiance** *confidence*
se **confier à** *to confide in*
la **confiture** *jam*
se **conformer à** *to keep to*
le **confort** *comfort*
confortable *comfortable*
confus *confused*
le **congé** *time off;* **avoir ——** *to be on holiday*
congéler *to freeze*
la **connaissance** *knowledge;* **faire la —— de** *to meet; to get to know*
connaître* *to know;* **se ——** *to get to know one another*
consacrer *to devote*
se **consacrer** *to devote oneself to*
le **conseil** *piece of advice*
le **conseiller** *adviser*
conseiller *to advise*
le **consentement** *consent*
conserver *to keep*
se **conserver** *to keep*
les **conserves** (f) *tinned food*
considérer *to consider*
la **consigne** *left-luggage office; bottle collection point*
le **consommateur** *consumer*
la **consommation** *consumption*
consommer *to consume*
constamment *constantly*
constater *to declare*

consterné *concerned, upset*
constitué de *made up of*
se **constituer** *to gather for oneself*
le **constructeur** *maker*
construire* *to build*
consulter *to consult*
contemporain *contemporary*
contenir* *to contain*
content (de) *pleased (with)*
le **contenu** *contents*
continuer *to continue*
contraire (à) *opposite*
au **contraire** *on the contrary*
contrairement à *unlike*
le **contrat** *contract*
contre *against*
contredire *to contradict*
le **contrôle** *check, control*
contrôler *to control*
le **contrôleur** *inspector*
convaincre *to convince*
convaincu *determined*
convenir *to suit*
les **coordonnées** (f) *personal particulars*
le **copain (la copine)** *friend*
le **coq** *cock;* **le —— au vin** *chicken in wine*
le **coquillage** *shell*
la **corbeille** *waste-paper basket*
la **corne** *horn*
le **corps** *body*
la **correspondance** *correspondence; connection*
le **correspondant** *correspondent, pen-friend*
correspondant *corresponding*
correspondre à *to agree with*
corriger *to correct*
cosmique *cosmic*
le **costume** *suit*
la **côte** *coast;* **la —— de porc** *pork-chop*
à **côté de** *beside; next to*
la **Côte d'Ivoire** *Ivory Coast*
le **côté** *side; aspect*
le **coton** *cotton*
le **cou** *neck*
la **couche** *layer*
se **coucher** *to go to bed*
le **coude** *elbow*
couler *to flow; to sink*
la **couleur** *colour*
le **couloir** *corridor*
d'un **coup** *suddenly*
le **coup** *blow;* **le —— de feu** *shot;* **le —— de fil** *telephone-call;* **le —— de foudre** *flash of lightning, love at first sight;* **le —— de fusil** *rifle-shot;* **le —— de main** *(helping) hand;* **le —— de poing** *punch;* **le —— de pouce** *nudge, shove;* **le —— de téléphone** *telephone-call*

la **coupe** *cut*
la **coupe de fruits** *fruit cup*
couper *to cut*
le **couple** *couple*
la **cour** *courtyard*
courageux (-euse) *brave*
le **courant** *current;* **dans le —— de** *in the course of*
courir *to run*
le **courrier** *mail*
le **cours** *lesson*
la **course** *run, flight, race*
les **courses** (f) *shopping*
à **court de** *short of*
court *short*
le **court-métrage** *short film*
le **courtier** *agent*
le **couteau (-x)** *knife*
coûter *to cost*
la **couture**, *sewing, fashion*
le/la **couturier/ère** *fashion designer*
la **couverture** *blanket*
le **couvre-feu** *curfew*
couvrir* *to cover*
craindre *to fear*
le **crampon** *stud*
craquant *crisp*
la **cravate** *tie*
le **crayon** *pencil*
créatif *creative*
créer *to create*
la **crème** *cream*
la **crèmerie** *dairy*
le **crémier** *dairyman*
la **crêpe** *pancake*
creuser *to dig*
creux (-euse) *hollow*
crevant *exhausting*
la **crevette** *prawn, shrimp*
crier *to shout*
la **crique** *creek*
la **crise** *crisis*
crisper *to get on one's nerves*
croire *to believe*
croiser *to cross; to meet*
la **croix** *cross*
croustillant *crusty*
cueillir *to pick*
la **cuiller, la cuillère** *spoon*
la **cuillerée** *spoonful*
le **cuir** *leather;* **—— verni** *patent leather*
la **cuisine** *kitchen; cooking*
cuisiner *to cook*
la **cuisinière** *cooker*
la **cuisse** *thigh*
la **cuisson** *cooking*
le **cuivre** *copper*
la **cuivre** *copper saucepan*
le **culte** *worship, place of worship*
le **cultivateur** *grower*
cultiver *to cultivate*
la **culture** *cultivation*
la **culture de rapport** *cash crop*
culturel (-elle) *cultural*
le **culturisme** *body building*

d'ailleurs *moreover*
la **dame** *lady*
dangereux (-euse) *dangerous*
dans *in;* **—— le coup** *in;* **—— l'ordre** *in the right order*
dansant *makes you want to dance*
danser *to dance*
le **danseur/la danseuse** *dancer*
le **dauphin** *heir*
davantage *more*
décaler *to stagger*
découvert *uncovered*
de la part de *on behalf of*
de plus en plus *more and more*
se **désaltérer** *to quench one's thirst*
se **débarrasser de** *to get rid of*
le **débat** *debate*
débordant *overflowing*
déborder *to overflow*
debout *standing up*
se **débrouiller** *to manage (for oneself)*
débrouiller *to sort out*
le **début** *beginning*
en **deça** *below*
le **décapsuleur** *bottle-opener*
décembre (m) *December*
déchiffrer *to decipher*
décider (de) *to decide (to)*
la **décision** *decision*
déclencher *to set off*
décoloré *bleached*
décomposer *to break down*
décontracté *relaxed*
découper *to cut out*
découragé *despondent*
à **découvert** *overdrawn*
la **découverte** *discovery*
découvrir* *to discover*
décrire *to describe*
décrisper *to relax*
là-**dedans** *inside*
défavorable *unfavourable*
défendre *to defend*
la **défense** *defence; tusk*
le **défi** *challenge*
déformer *to deform*
dégoûté *disgusted*
en **dehors de** *outside, beyond*
dehors *outside*
déjà *already*
le **déjeuner** *lunch;* **le petit ——** *breakfast*
déjeuner *to have lunch*
délaisser *to abandon*
délavé *faded*
la **délégation municipale** *local commission*
délicieux (-euse) *delicious*
le **délire** *uproar*
le **déluge** *flood*
demain *tomorrow*
demander pardon à qqn *to ask s.one for forgiveness*
demander *to ask*

la **démarche** *way of walking, swagger*
démarrer *to start*
demeurer *to live, to reside*
demi *half*
la **démission** *resignation*
le **démon** *demon, passion for*
la **dent** *tooth*
la **dentelle** *lace*
le **dentiste** *dentist*
le **dentrifrice** *toothpaste*
dépareillé *non-matching, odd*
le **départ** *departure*
le **département** *area like a county*
dépasser *to overtake, surpass*
se **dépêcher** *to hurry*
dépendre de *to depend on*
dépenser *to spend*
déplacer *to move*
se **déplacer** *to move around, to travel*
le **dépliant** *folder, pamphlet*
se **déployer** *to spread out*
déposer *to leave, put down*
depuis *since*
le **député** *member of parliament*
déranger *to disturb*
se **dérégler** *to go wrong*
dernier (-ère) *last*
se **dérouler** *to take place*
derrière *behind*
dès *as soon as; no later than; first thing*
désagrèable *unpleasant*
le **désarroi** *feeling of helplessness, confusion*
désastreux (-euse) *disastrous*
le **désavantage** *disadvantage*
descendre *to go down; to come down*
désert *deserted*
désespéré *in despair*
désigner *to designate*
le **désir** *desire*
désirer *to want*
désolé *very sorry*
le **désordre** *the wrong order, chaos*
désormais *from now on*
le **dessert** *sweet*
desservir *to serve*
le **dessin** *art; drawing*
le **dessinateur**/la **dessinatrice** *designer*
dessiner *to draw*
le **dessus** *top*
destiné à *intended to, meant to*
destiner *to be meant for*
le **détachage** *stain removing*
le/la **détaillant(e)** *retailer*
détaillé *detailed*
détendre *to relax*
détenir *to hold, have in one's possession*
la **détente** *relaxation*
détester *to hate*

détruire *to destroy*
en **deux temps trois mouvements** *in a flash*
le **devant** *front*
devant *in front of*
le **développement** *development*
développer *to develop*
devenir* *to become*
deviner *to guess*
la **devise** *motto*
devoir* *to have to, 'must'*
d'habitude *usually*
le **dialogue** *dialogue*
dicter *to dictate*
le **dictionnaire** *dictionary*
difficile *difficult*
difficilement *with difficulty*
la **difficulté** *difficulty*
digérer *to digest*
digne *worthy*
dimanche (m) *Sunday*
diminué *diminished, decreasing*
la **dinde** *turkey*
le **dîner** *dinner*
dîner *to have dinner*
le **diplôme** *diploma, qualification*
dire* *to say*
se **dire** *to say of oneself*
en **direct** *live*
directement *directly*
le/la **directeur/trice** *manager, headteacher*
diriger *to control*
se **diriger vers** *to go towards*
discourir *to hold forth*
le **discours** *speech*
discuter de *to discuss*
disparaître *to disappear, die*
disponible *available*
disposer de *to have the use of*
à la **disposition** *available to*
la **disposition** *the setting out*
disputer *to argue*
se **disputer** *to quarrel*
le **disque** *record; parking-disc*
la **disquette** *floppy disk*
disséminer *to spread*
dissimuler *to conceal*
dissuader *to dissuade*
la **distraction** *pastime*
distrait *inattentive, absent-minded*
le **distributeur** *issuing machine*
divers (-erses) *different*
le **divertissement** *amusement*
divorcé *divorced*
la **dizaine** *about ten*
le **docteur** *Doctor (title)*
le **document** *document*
le **documentaliste** *information officer*
la **documentation** *written information*
le **doigt** *finger*
le **domicile** *place of residence*
dominer *to dominate*

le **don** *gift*
donc *so; therefore*
la **donnée** *data, information*
donner *to give;* —— **le jour à** *to give birth to;* —— **sur** *to look out onto*
dont *of which; including*
doré *gilded*
dormir* *to sleep*
le **dortoir** *dormitory*
le **dos** *back*
la **dose** *dose, quantity*
le **dossier** *file*
le **doute** *doubt*
doucement *gently; gradually*
la **douceur** *softness, gentleness*
la **douche** *shower*
doué *able; bright*
la **douleur** *pain*
s'en **douter** *to think as much*
doux/douce *soft, gentle*
le **drame** *drama*
le **drapeau** *flag*
la **droguerie** *household goods shop*
le **droit** *right*
à **droite** *on the right*
drôle *amusing*
drôlement *amazingly*
dû *owing*
dupliquer *to duplicate*
dur *hard, tough*
durant *during*
la **durée** *duration*
durer *to last*

l'**eau** (f) **de toilette** *toilet water*
l'**eau (-x)** (f) *water*
un **éblouissement** *dazzle*
un **écart** *gap*
un **échange** *exchange*
échanger *to exchange*
une **écharpe** *scarf*
un **échauffement** *warm up*
une **échelle** *ladder, scale*
écœuré *sickened*
une **école** *school;* **une** —— **des beaux arts** *arts school;* **une** —— **maternelle** *infants' school;* **une** —— **primaire** *primary school*
un **écolier** *pupil*
l'**écologie** (f) *ecology*
les **économies** (f), *savings;* **faire des** —— *to save up*
économique *economic, cheap*
économiser *to save up*
l'**Ecosse** (f) *Scotland*
à l'**écoute** *on call*
écouter *to listen to*
un **écran** *screen*
écraser *to crash*
écrémé *skimmed*
s'**écrier** *to exclaim*
écrire* *to write*
l'**écriture** (f) *handwriting*
s'**écrouler** *to collapse*
une **écumoire** *slotted spoon*

un **écureuil** *squirrel*
effectivement *certainly*
effectuer *to carry out;* —— **un achat** *to make a purchase*
en **effet** *in fact; indeed*
un **effet** *effect*
efficace *effective*
effrangé *fringed*
effrayé *frightened*
également *equally*
égaler *to equal*
une **église** *church*
égoïste *selfish*
un **égouttoir** *draining rack*
un **élan** *burst, glow, outburst*
s'**élargir** *to broaden*
l'**élastomère** (m) *synthetic rubber*
les **élections** (f) *election*
un(e) **électricien/ne** *electrician*
l'**électricité** (f) *electricity*
électrique *electrical*
élégant *elegant*
un(e) **élève** *pupil*
élevé *raised, high*
élever *to bring up*
s'**élever** *to rise*
un **éleveur** *farmer*
élimé *threadbare, worn*
élire *to elect*
elle-même *herself*
éloigné *far off*
s'**éloigner** *to go away*
l'**émail, les émaux** (m) *enamel*
l'**emballage** (m) *wrapping*
embarquer *to cart off*
s'**embarquer** *to embark*
l'**embarras** (m) **du choix, avoir** —— *to be spoilt for choice*
embêtant *annoying*
un **embouteillage** *traffic-jam*
embrasser *to kiss*
une **émission** *broadcast*
emmener *to take*
émotif/ve *emotive, emotional*
s'**emparer de** *to seize*
empêcher *to prevent*
un **emplacement** *place*
l'**emploi** (m) *job, employment*
un **emploi du temps** *timetable*
un(e) **employé(e)** *shop assistant, clerk etc.*
employer *to use*
emporter *to carry away*
emprunter *to borrow, to take (a direction)*
ému *moved*
en *in; of it; of them;* —— **ce moment** *at the moment;* ——**fait** *in fact;* —— **fonction de** *according to*
encadré *framed*
encaisser l'argent *to work the till*
encore *yet, still;* —— **une fois** *once again;* —— **un . . .** *another . . .*

s'**endormir*** *to fall asleep*
un **endroit** *place*
l'**endurance** (f) *stamina*
l'**énergie** (f) *energy*
énergique *energetic*
énerver *to get on someone's nerves*
s'**énerver** *to get worked up*
un(e) **enfant** *child*
enfermer *to shut in*
s'**enfermer** *to shut oneself in*
enfiler *to put on*
enfin *at last*
enfler *to swell*
s'**enfoncer** *to sink into*
un **engagement** *obligation*
s'**engager** *to commit oneself*
engager *to engage*
un **engrais** *fertilizer*
enjamber *to step over*
enlacer *to put one's arms round*
enlever *to take off/out*
un **ennui** *difficulty, inconvenience*
s'**ennuyer** *to be bored, to be worried*
ennuyer *to bore*
ennuyeux (-euse) *boring*
énorme *enormous*
énormément *enormously; extremely*
une **enquête** *enquiry*
enraciné *rooted*
enregistrer *to register*
un **enregistreur** *a recorder*
enrobé *wrapped up, covered*
un **ensemble** *a set; outfit*
ensemble *together*
ensuite *next*
s'**entendre avec** *to get on with*
entendre *to hear*
une **entente** *understanding*
enterrer *to bury*
l'**enthousiasme** (m) *enthusiasm*
entier (-ère) *entire;*
entièrement *entirely*
une **entorse** *sprain*
entrain (m) *go*
entraîner *to drag along; to lead to, to entail*
entre *between, among*
l'**entrée** (f) *entrance*
une **entreprise** *firm*
entrer dans *to enter; to go in*
s'**entretenir avec** *to have a conversation with*
entretenir* *to maintain; to service*
l'**entretien** (m) *maintenance; interview, conversation*
envahir *to invade, fill*
une **enveloppe** *envelope*
enveloppé *well-covered*
envers *towards*
une **envie** *desire*
environ *about*
l'**environnement** (m) *environment*
un **envoi** *despatch*
un **envol** *flight, taking off*

s'**envoler** *to fly away*
envoyer *to send*
épais *thick, fat*
une **épargne** *saving*
épargner *to save*
épatant *great, ace*
une **épaule** *shoulder*
épaulé *with padded shoulders*
une **épaulière** *shoulder pad*
une **épice** *spice*
une **épicerie** *grocer's shop*
une **épingle** *pin*
éplucher *to peel*
l'**époque** (f) *time; era;* **à l'** —— *at that time*
une **épouse** *wife*
épouser *to marry*
un **époux** *husband*
les **époux** *married couple*
une **épreuve** *event; test*
éprouver *to feel*
épuisant *exhausting*
l'**épuisement** (m) *exhaustion*
l'**Équateur** *Ecuador*
équilibré *balanced*
une **équipe** *team*
équiper *to equip*
un **équipment** *equipment*
l'**équitation** (f) *horse-riding*
l'**ère** (f) *age*
errer *to wander*
une **erreur** *mistake*
l'**escalade** (f) *climbing*
un **escalier** *stairs;* **un** —— **roulant** *escalator*
un **escargot** *snail*
l'**esclavage** (m) *slavery*
l'**escrime** (f) *fencing*
ésotérique *esoteric*
un **espace** (m) *space*
un **Espagnol** *Spaniard*
une **espèce** *species*
en **espèces** *in cash*
l'**espérance** (f) **de vie** *life expectancy*
espérer *to hope (for)*
un **espoir** *hope*
l'**esprit** (m) *mind, spirit;* —— **d'équipe** *team spirit*
esquisser un geste *to make a slight gesture*
un **essai** *test*
essayer (de) *to try (to)*
l'**essence** (f) *petrol*
l'**essentiel** (m) *the main thing*
essuyer *to wipe; to dust*
est *east*
estimer *to consider, believe; to estimate*
un **estomac** *stomach;*
établir *to establish*
un **établissement** *establishment*
un **étage** *floor; level*
un **étalage** *display*
une **étape** *a stage*
un **état** *state*
les **États-Unis** (m) *United States*
l'**été** (m) *summer*
éteindre *to put out*
une **étincelle** *spark*
étiqueter *to label*
une **étiquette** *label*

une **étoffe** *material*
une **étoile** *star*
étonnant *amazing*
étonné *suprised*
l'**étonnement** (m) *amazement*
étouffer *to suffocate*
étrange *strange, unknown*
l'**étranger** (m) *abroad;* **un** —— *foreigner*
être* *to be;* ——**au courant** *to know about something;* ——**bien dans sa peau** *to feel good, at ease*
étroit *narrow*
à l'**étude** (f) *being studied*
les **études** (f) *studies*
un **étudiant** *student*
une **étudiante** *student*
étudier *to study*
un **événement** *event; happening*
éventuellement *possibly*
évidemment *obviously*
évident *obvious*
éviter *to avoid*
évoluer *to develop*
l'**évolution** (f) *evolution, development*
exactement *exactly*
un **examen** *examination*
excentrique *eccentric*
excessif/ve *excessive*
exclusivement *exclusively*
s'**excuser** *to apologise*
excuser *to excuse*
un **exemple** *example*
par **exemple** *for example*
exercer *to exercise*
exiger *to demand*
exister *to exist*
l'**expansion** (f) *expansion*
une **expérience** *experiment*
une **explication** *explanation*
expliquer *to explain*
exploiter *to exploit*
l'**exportation** (f) *export*
exposer *to discuss*
une **exposition** *exhibition*
une **expression** *turn of phrase*
exprimer *to express*
s'**exprimer** *to express oneself*
à l'**extérieur** (m) *outside*
extraire *to extract*
un **extrait** *extract*
extraordinaire *extraordinary*
extrêmement *highly*
extrémiste *extremist*

le **fabricant** *maker*
la **fabrique** *factory*
fabriquer *to manufacture*
face à *opposite*
en **face de** *opposite*
de **face** *in the face*
se **fâcher** *to be angry*
facile *easy*
facilement *easily*

faciliter *to simplify*
la **façon** *manner, way*
le **facteur** *postman*
la **facture** *bill, invoice*
facultatif *voluntary*
faible (en) *weak (at)*
faim, avoir —— *to be hungry*
la **faim** *hunger*
faire *to do; to make;* **—— acte de candidature** *to become a candidate;* **—— l'affaire** *to be just what is needed;* **—— les courses** *go shopping;* **—— des économies** *to save up;* **—— qq.ch.** *to have something done;* **—— peau neuve** *to turn over a new leaf;* **—— place à** *to give way to;* **—— plaisir à** *to please;* **—— preuve de** *to show, to give evidence of;* **—— la queue** *to queue;* **—— la route** *to travel, go on the road;* **—— semblant de** *to seem to;* **—— signe** *to signal;* **—— le tour de** *to go round;* **—— usage de** *to use;* **—— venir** *to send for;* **—— de la voile** *to go sailing;* **ne t'en fais pas!** *don't worry!*
le **fait** *fact*
en **fait** *in fact*
falloir *to be necessary*
familial *family, of the family*
familier (-ère) *familiar*
la **famille** *family*
fantaisie *fancy*
fantastique *fantastic*
la **farce** *joke*
le **fard** *make up base*
le **fatalisme** *fatalism*
fatigant *tiring*
fatigué *tired*
la **faute** *fault;* **—— d'orthographic** *spelling mistake*
le **fauteuil** *armchair*
faux/fausse *false, untrue*
en **faveur de** *in aid of*
favori (-te) *favourite*
félicitations! (f) *congratulations!*
se **féliciter de** *to be pleased with*
féminin *feminine*
féminiser *to make more feminine*
féministe *feminist*
la **femme** *woman; wife;* **—— politique** *politician*
fendre *to split*
la **fenêtre** *window*
le **fer** *iron*
férié, un jour *feast-day, public holiday*
fermé *closed;* **—— à clef** *locked*
la **ferme** *farm*
fermer *to close*
la **fermeture** *closure*
le **fermier** *farmer*
féroce *fierce*
ferroviaire *rail*
le **fervent** *fan*
la **fête** *feast-day, public holiday*
le **feu** *fire;* **les —— x** *traffic-lights*
la **feuille** *leaf, sheet*
le **feutre** *felt tip pen*
février (m) *February*
les **fiançailles** (f) *engagement*
la **fibre** *fibre*
la **ficelle** *piece of string; stick of French bread*
la **fiche** *form*
le **fichier** *index*
le **fichu** *scarf*
fidèle *faithful*
fier (-ère) *proud*
la **fièvre** *fever, fever pitch*
figurer *to appear, to be included*
se **figurer** *to imagine*
le **fil** *thread, wire*
la **fille** *daughter; girl*
le **film noir** *thriller*
le **fils** *son*
la **filtration** *filtering*
le **filtre** *filter*
en **fin de compte** *all things considered*
la **fin** *end;* **en —— d'après-midi** *towards the end of the afternoon*
fin *thin*
finalement *in the end*
financier (-ière) *financial*
finir *to finish;* **—— par faire qq.ch.** *to finish by doing sthg*
fiscal *tax*
fixé *decided*
fixe *fixed*
fixer *to fix*
le **flacon** *bottle*
la **flanelle** *flannel*
la **flèche** *arrow*
fléchir *to bend*
la **fleur** *flower*
fleuri *flowing*
le **fleuve** *river*
la **flexion** *bending*
flipper *to feel down*
le **flirt** *flirtation; boy friend*
flottant *flowing*
FM *Fréquence de Modulation (VHF)*
le **foie** *liver*
la **fois** *time;* **encore une ——** *once again;* **à la ——** *at the same time;* **chaque ——** *each time*
la **folie** *madness*
foncé *dark*
foncièrement *fundamentally*
la **fonction** *responsibility; the purpose of*
fonctionner *to work (of equipment)*
au **fond de** *at the back of; at the far end of*
à **fond** *to the bottom, completely*
le **fonds** *fund*
la **fontaine** *fountain*
le/la **footballeur/se** *football player*
la **force** *strength*
forcément *inevitably*
la **forêt** *forest*
le **forfait** *fee*
formal (-elle) *formal*
la **formation** *training*
la **forme** *figure, fitness*
former *to form; to train*
formidable *great (etc.)*
la **formule** *formula; a phrase*
fort *strong; strongly; heavily (of rain);*
fortifier *strengthen, fortify*
fou (fol, folle) *mad*
la **foudre** *lightening*
fougueux *fiery*
la **foule** *crowd*
le **four** *oven*
la **fourchette** *fork*
fournir *to provide*
la **fourrure** *fur*
le **foyer** *centre, lounge, room*
les **frais** (m) *expenses, charges*
frais (fraîche) *fresh, cool*
la **fraise** *strawberry*
la **framboise** *raspberry*
le/la **Français; Française** *Frenchman; Frenchwoman*
franc (-nche) *definite*
français *French*
franchir *to cross*
frapper *to knock*
frauder *to defraud*
le **frein** *brake*
le **freinage** *braking*
fréquenter *to spend a lot of time at*
le **frère** *brother*
le **frigo** *fridge*
la **fringale** *big appetite*
les **fringues** (f) *clothes*
la **frite** *chip*
froid *cold*
frôler *to touch*
le **fromage** *cheese*
froncer les sourcils *to frown*
le **front** *forehead*
frotter *to rub*
les **fruits de mer** (m) *seafood*
le **fuel** *heating oil*
fuir *to flee, to escape*
fumer *to smoke*
la **fumette** *soft drugs*
le **fumeur** *smoker*
le **funiculaire** *funicular railway*
furieux (-euse) *furious*
la **fusée** *rocket*

gâcher *to ruin*
le/la **gagnant(e)** *winner*
gagnant *winning*
gagner *to earn*
gai *happy*
la **gaieté** *happiness*
le **galet** *pebble*
la **gamme** *range*
le **gant** *glove*
le **garagiste** *garage employee*
garantir *to guarantee*
le **garçon** *boy; waiter*
garder *to keep*
le **gardien** *warden*
la **gare** *railway station;* **la —— routière** *coach station;* **la —— maritime** *port station*
garer *to park*
garnir *to decorate food*
un **gars** *a bloke*
le **gâteau** *cake*
à **gauche** *on the left*
le **gaz** *gas*
géant *giant*
geler *to freeze*
le **gendarme** *policeman*
la **gendarmerie** *police-station*
gêner *to embarrass*
en **général** *in general*
général (-aux) *general*
génial! *fantastic, great! etc.*
le **genou** *the knee*
le **genre** *type, sort*
les **gens** (m) *people*
gentil (-ille) *nice, kind*
la **géographie** *geography*
le **gérant/la gérante** *manager*
gérer *to manage*
le **geste** *gesture*
le **gîte** *rented cottage*
la **glace** *ice-cream; ice*
la **gorge** *throat*
le/la **gosse** *kid*
gourmand *greedy*
le **goût** *taste*
le **goûter** *tea-time snack*
la **goutte** *drop*
grâce à *thanks to*
gracieusement *free of charge*
le **grain** *bean, grain*
la **graisse** *fat*
grand *big*
grand'chose *very much*
la **grand-mère** *grandmother*
le **grand-père** *grandfather*
la **grande surface** *department store*
la **grandeur** *size*
les **grands-parents** *grandparents*
gratter *to scratch, scrub*
gratuit *free; no charge*
la **gratuité** *free place*
grave *serious;* **——ment** *seriously*
grec/grecque *Greek*
le **grenier** *attic*
une **griffe** *claw*
griffer *to claw*
grignoter *to nibble, claw back*
la **grille** *grid, gate*
grillé *grilled*
grimper *to climb*
gringalet *puny*
la **grippe** *influenza*
gris *grey*
grogner *to grumble*
gros (-se) *big; fat;* **grosses bises** *love from;* **de grosse cylindrée** *high-powered;* **en gros** *in bulk*
la **groseille** *redcurrant*
grosses bises *love from*
grossier/ère *vulgar*
grossir *to get fat*
le **grossiste** *wholesaler*
la **grotte** *cave*
le **groupe** *group*
la **grue** *crane (bird or lifting gear)*
la **guérison** *cure*
la **guerre** *war*
guetter *to spy on*
le **guichet** *serving-point (at counter); booking-office*
guidé *guided*
guider *to guide*
le **guidon** *handle bars*
la **guitare** *guitar*

habile *skilful*
l'**habilité** (f) *skill*
s'**habiller** *to get dressed*
en **habit** *uniformed*
un **habitant** *inhabitant*
habiter *to live*
les **habits** (m) *clothes*
une **habitude** *habit*
d'**habitude** *usually*
un **habitué** *regular*
habituel (-elle) *usual*
habituellement *regularly*
le **hachoir** *mincer*
la **haie** *a hurdle*
le **haïk** *veil*
halte à *stop*
l'**haltérophilie** *weight lifting*
un **hameau** *hamlet*
la **hanche** *hip*
le **handicapé** *handicapped person, disabled*
la **hantise** *dread*
un **haricot** *bean*
l'**harmonie** (f) *harmony*
le **hasard** *chance*
la **hâte** *haste*
hausser *to lift, to shrug*
haut *high*
haut les mains! *hands up!*
la **haute couture** *high fashion*
la **hauteur** *height*
en **hauteur** *vertically*
héberger *to accommodate*
hein? *doesn't it?*
hélas *alas*
hésiter *to hesitate*
une **heure** *hour, time;* **à l'——** *per hour;* **en ——s creuses** *at off-peak periods;* **en ——s de pointes** *at peak periods;* **à quelle —— ?** *at what time?*
heureusement *fortunately*
heureux (-euse) *happy*
se **heurter à** *to come up against*
un **hibou** *owl*

hier *yesterday*
se **hisser** *to be hoisted*
l'**histoire** (f) *story; history*
historique *historic*
l'**hiver** (m) *winter*
le **hockey sur gazon** *hockey*
le **hockey sur glace** *ice hockey*
l'**hommage** (m) *homage, tribute*
un **homme** *man;* **l' —— d'affaires** *businessman*
un **homme politique** *politician*
la **honte** *disgrace; shame*
honteux *shameful*
un **hôpital (-aux)** *hospital*
un **horaire** *timetable*
l'**horizon** (m) *horizon*
une **horloge** *big clock*
hors du commun *out of the ordinary*
les **hors-d'œuvre** *starter (at meal)*
l'**hôtel de ville** *town hall*
une **hôtesse** *hostess*
l'**huile** *oil*
humain *human*
l'**humanité** (f) *humanity*
hurler *to yell*
la **hutte** *hut*
un **hypermarché** *hypermarket*

ici *here*
une **idée** *idea*
identifier *to identify*
identique *identical*
idiot *idiotic*
une **idole** *idol*
ignorer *not to know*
il faut *it is necessary, you need*
il vaut mieux *it is better*
il y a *ago*
une **île** *island*
illimité *unlimited*
illuminé *lit up*
illustrer *to illustrate*
imaginaire *imaginary*
imaginer *to imagine*
s'**imaginer** *to imagine oneself*
un(e) **imbécile** *imbecile, idiot*
immense *huge*
un **immeuble** *block of flats*
un(e) **immigré(e)** *immigrant*
impair *odd*
impeccable *perfect, great*
n'**importe où** *anywhere;* **—— quel/le** *any;* **—— quoi** *anything*
importer *to import*
imposant *impressive*
les **impôts** (m) *taxes*
s'**imprégner de** *to soak oneself in*
impressionner *to impress*
imprévu *unforeseen*
une **imprimante** *a printer*
imprimé *printed*
inattendu *unexpected*
inaugurer *to inaugurate, to open*
un(e) **incapable** *incompetent person*
un **incendie** *fire*
inciter *to encourage*
une **inclinaison** *angle, slope*
inconnu *unknown*
un **inconvénient** *disadvantage*
incorporer *to include, incorporate*
incroyable *unbelievable*
inculper *to find guilty*
l'**Inde** (f) *India*
l'**indépendance** (f) *independence*
indépendant *independent*
une **indication** *clue*
indien (-ienne) *Indian*
indigne *unworthy*
indiquer *to point to*
indispensable *essential*
un **individu** *individual*
individuel (-elle) *private*
industrialisé *industrialised*
une **industrie** *industry*
industriel (-elle) *industrial*
inégalé *unrivalled*
inférieur *worse, lower, poorer*
infiniment *very much*
un **infirmier/une infirmière** *nurse*
un(e) **informaticien/ne** *computer scientist*
une **information** *piece of information*
les **informations** *news*
l'**informatique** (m) *information technology*
informer *to tell, inform*
en **infraction** *committing an offence*
un **ingénieur** *engineer*
ingrat *disagreeable*
l'**initié(e)** *initiate*
initier *to introduce*
innovateur *innovatory*
inquiet (-ète) *anxious*
s'**inquiéter** *to be anxious*
inquiéter *to worry*
l'**inquiétude** (f) *anxiety*
insaturé *unsaturated*
l'**inscription** (f) *inscription; registration*
s'**inscrire** *to enrol, enter*
inscrit *written, printed*
l'**insistance** (f) *insistence*
insister *to insist*
l'**insomnie** (f) *insomnia*
une **insonorisation** *sound-proofing*
inspirer *to inspire*
l'**instabilité** (f) *instability*
s'**installer** *to settle oneself*
insupportable *unbearable*
intégralement *completely*
intégrer *to integrate*
l'**intendant** (m) *bursar, finance officer*
interdire *to forbid*
interdit *forbidden*
intéressant *economical; interesting*
s'**intéresser à** *to be interested in*
intéresser *to interest*
l'**intérêt** (m) *interest;* **on n'a pas l' —— à . . .** *one is better off not . . .*
l'**intérieur** (m) *inside*
un **intermédiaire** *go-between*
interminable *unending, long*
interpeller *to shout at, call out to*
interpréter *to interpret*
interrompre *to interrupt, break off*
une **intervention** *a comment, speech*
interviewer *to interview*
intime *private*
s'**intituler** *to be called*
introduire *to insert; to introduce*
un **intrus** *intruder;* **chassez l'——** *hunt the odd one out!*
inutile *useless*
invaincu *unbeaten*
inventer *to invent*
à l'**inverse** *conversely*
investir *to invest*
inviter *to invite*
un **isolant** *insulator*
l'**isolation** (f) *insulation*
isoler *to be isolated, to insulate*
s'**isoler** *to isolate o.s.*
italien/ne *Italian*
un **Italien/une Italienne** Italian
un **itinéraire** *route*
l'**ivoire** (m) *ivory*

jamaïquain/ne Jamaican
la **Jamaïque** *Jamaica*
jamais, ne . . . —— *never*
la **jambe** *leg*
le **jambon** *ham*
janvier (m) *January*
japonais *Japanese*
le **jardin** *garden*
le **jardinier** *gardener*
jaune *yellow*
en **jean** *denim*
le **jean** *pair of jeans*
j'en ai pour *it will take me*
le **jet** *throw*
à **jet d'encre** *ink spray*
jeter *to throw*
le **jeu(-x)** *game, pack of cards;* **en ——** *at stake;* **le —— à XIII** *Rugby League;* **le —— de rôle** *role-play*
jeudi (m) *Thursday*
jeune *young*
la **jeunesse** *youth, young people*
le **job** *summer job*
la **joie** *joy*
joli (e) *pretty*
la **joue** *cheek*
jouer *to play;* **—— au football** *to play football;* **—— du piano** *to play the piano*
le **jouet** *toy*
le **joueur** *player*
le **jour** *day;* **le —— férié** *bank holiday;* **de nos ——s** *nowadays*
le **journal (-aux)** *newspaper; diary*
journalier (-ière) *daily*
le/la **journaliste** *journalist*
la **journée** *day's activity*
joyeux (-euse) *happy*
le **juge** *judge*
juger *to judge*
juif, juive *Jewish*
juillet (m) *July*
juin (m) *June*
jumeaux, jumelles *twin*
le **jumelage** *twinning*
la **jupe** *skirt*
le **jupon** *petticoat*
le **jury** *judging panel, jury*
le **jus d'orange** *orange juice*
jusqu'à *right to, until*
juste *juste, correct; fair*
justement *precisely*
justifier *to justify*
j'y suis *I've got it*

le **Kampouchéa** *Kampuchea*
la **kermesse** *bazaar, fair*
le **khôl** *khol*

là *there;* **là-bas** *over there*
là-dessus *thereupon*
labourer *to plough up*
le **lac** *lake*
laid *ugly*
la **laine** *wool*
laisser *to allow; to leave;***——(qqn) faire** *to let s.one get away with it*
le **lait** *milk*
la **lame** *blade*
la **lampe** *lamp*
lancer *to launch*
se **lancer** *to throw oneself*
le **langage** *language*
la **langue** *language; tongue*
le **laquais** *lackey*
large *wide*
largement *widely*
en **largeur** *across*
la **largeur** *width*
la **larme** *tear*
la **lassitude** *weariness*
latéral *sideways*
le **lavabo** *wash-basin*
le **lavage** *washing*
le **lave-vaisselle** *dish-washer*
laver *to wash;* **se ——** *to wash oneself*
lécher *to lick*
le **lèche-vitrine** *window-shopping*
la **leçon** *lesson*
le **lecteur/la lectrice** *reader;* **le —— de cassettes** *cassette player;* **le —— de disquettes** *disk drive*
la **lecture** *reading*
la **légende** *caption*
leger/ère *light*
légèrement *slightly*
la **légion** *legion*
les **légumes** (m) *vegetables*
le **lendemain** *the following day;* **le —— matin** *the following morning*
lentement *slowly*
la **lentille** *lentil*
léopard *leopardskin*
la **lessive** *washing powder*
la **lettre** *letter*
le **lever de rideau** *curtain raiser*
se **lever** *to get up*
se **libérer** *to become free*
libérer *to free*
la **liberté** *freedom*
la **librairie-papeterie** *book shop and stationer's*
libre *free*
licencié *laid off*
le **lien** *link*
lier *to bind;* **—— connaissance avec** *to strike up acquaintance with*
le **lieu** *place;* **avoir ——** *to take place*
la **ligne** *line*
se **limiter à** *to limit oneself to*
la **limonade** *lemonade*
le **linge** *linen*
le **liquide** *liquid*
lire* *to read*
le **lit** *bed;* **un —— à baldaquin** *four poster bed*
la **livraison** *delivery, service*
le **livre** *book;* **le —— de poche** *paperback book*
livrer *to deliver*
le **livret** *booklet*
le **local** *premises*
la **location** *hire*
le **logement** *home, housing*
loger *to live*
la **logeuse** *landlady*
le **logiciel** *software*
logique *natural, logical*
la **loi** *law*
loin *far away*
lointain *distant*
le **loisir** *leisure*
le **long de** *along; all through*
long (-ue) *long;* **à la longue** *eventually*
longtemps *a long time*
la **longueur** *length*
lors de *on the occasion of*
lorsque *when*
le **losange** *diamond shape*
le **lot** *lotto, lottery*
le **lotissement** *housing estate*
la **louche** *ladle*
louer *to hire, rent*
louper *to miss*
lourd *heavy; sultry*

le **loyer** *rent*
la **lueur** *gleam*
la **lumière** *light*
lumineux (-euse) *luminous, lit*
lundi (m) *Monday*
la **lune** *moon*
les **lunettes** (f) *spectacles*
la **lutte** *struggle; wrestling*
de **luxe** *luxury*
luxueux/se *luxurious*
le **lycée** *upper school*
lyonnais *of Lyon*

la **machine** *machine;* **la —— à écrire** *typewriter;* **la —— à laver** *washing-machine*
le **magasin** *shop; store;* **le —— d'alimentation** *foodshop*
magnétique *magnetic*
le **magnétophone** *tape-recorder*
le **magnétoscope** *video recorder*
magnifique *magnificent*
mai (m) *May*
maigre *thin*
maigrir *to get thin*
le **maillot** *jersey;* **le —— de bain** *bathing-costume*
la **main** *hand;* **la —— courante** *moving handrail*
maintenant *now*
maintenir *to keep*
le **maire** *mayor*
la **mairie** *town hall*
mais *but;* **—— non!** *of course not!*
le **maïs** *maize*
la **maison** *house; firm*
le **maître-nageur** *lifeguard*
maîtriser *to control*
se **maîtriser** *to gain control of oneself*
mal *badly;* **avoir —— à** *to have a pain in;* **faire —— à** *to hurt*
malade *sick; ill;* **les malades** *sick people*
la **maladie** *illness, disease*
maladroit *clumsy*
maladroitement *clumsily*
malgré *in spite of*
le **malheur** *misfortune*
malheureux (-euse) *unfortunate, unhappy*
malin *clever*
malingre *puny*
Mamie *Granny*
le **mammifère** *mammal*
la **manche** *sleeve; round*
le **mandat** *postal order*
manger *to eat*
le **maniement** *operation*
manier *to handle*
maniéré *affected*
les **manières** (f) *manners*
la **manifestation** *demonstration*
se **manifester** *to be shown*
le **mannequin** *model*
le **manque** *lack*
manquer *to be missing*
le **manteau** *coat*
le **manuel** *text book*
le **maquillage** *make-up*
se **maquiller** *to make oneself up*
maquiller *to make up*
le **marchand/la marchande** *merchant*
la **marchandise** *commodity*
le **marché** *market;* **—— aux paces** *fleamarket*
la **marche** *step*
marcher *to walk; to work (of equipment)*
mardi (m) *Tuesday*
la **marée** *tide*
la **marge** *margin*
le **mari** *husband*
le **mariage** *marriage*
marié *married*
la **mariée** *bride*
se **marier avec** *to marry, to harmonise with*
le **marin** *sailor*
maritime *connected with the sea*
marocain *Moroccan*
la **marque** *make, brand*
marquer *to show; mark*
marrant, c'est —— *it's fun*
marron *brown*
mars (m) *March*
le **marteau** *hammer*
masculin *masculine*
masculiniser *to make more masculine*
le **matériel** *equipment, installations;* **le —— de camping,** *camping equipment*
les **mathématiques** (f) *maths*
la **matière** *substance, fabric; subject (in school);* **la —— grasse** *food containing fat*
le **matin** *morning;* **du ——** *a.m.*
matinal *morning*
la **matinée** *morning's activity*
mauvais *bad;* **le —— numéro** *wrong number*
maximal *maximum*
mécanique *mechanical*
méchant *naughty*
la **mèche** *streak, lock of hair, wick*
le **mécontentement** *discontent*
le **médecin** *doctor*
la **médecine** *medicine*
la **méditation transcendentale** *transcendental meditation*
le **meeting** *political rally*
meilleur *better, best*
le **mélange** *mixture*
mélanger *to mix*
le **membre** *member*
même *same; even*
mémoire, le jeu de —— *Kim's game*
la **mémoire** *memory*
la **menace** *threat*
menacer *to threaten*
le **ménage** *household; housework*
ménager (-ère) *household*
mener *to lead, take;* **—— quelque chose à bien** *to see something through*
mensuel (-elle) *monthly*
le **mensuel** *monthly magazine*
les **mensurations** (f) *measurements*
la **menthe** *mint*
mentir *to lie*
menu *thin*
mépriser *to despise*
la **mer** *sea*
la **merci** *mercy*
mercredi (m) *Wednesday*
la **mère** *mother*
le **mérite** *merit*
merveilleux (-euse) *wonderful*
le **message** *message*
la **messe** *mass*
sur **mesure** *made to measure*
la **mesure** *measurement*
le **métal** *metal*
métallique *metallic*
météorologique *meteorological*
la **méthode** *method*
le **métier** *job; profession*
le **métro** *underground railway*
la **métropole** *mainland France*
le/la **metteur/metteuse en scene** *film/television director*
mettre *to put;* **se —— d'accord** *to agree;* **—— de côté** *to put on one side;* **—— en marche** *to get going;* **—— en œuvre** *to put into effect;* **se —— en route** *to set off;* **—— le feu à** *to set fire to*
meubler *to furnish*
les **meubles** (m) *furniture*
le **mi-temps** *half time*
le **micro** *microphone*
le **micro-ordinateur** *micro-computer*
midi (m) *midday*
le **Midi** *the south of France*
le **mieux** *the best thing*
c'est encore —— *it's even better;* **tant ——** *so much the better*
mignon (-onne) *sweet; nice*
le **mil** *millet*
au **milieu de** *in the middle of*
le **milieu** *environment; substance*
militaire *military*
le **militaire** *soldier*
le **millier** *thousand*
mince *slim*
minoritaire *minority*
minuit (m) *midnight*
le **miroir** *mirror*
mis à part *not counting*
la **mission** *task*
mixte *mixed*
moche *bad*
la **mode** *fashion*
le **mode** *method*
le **modèle** *model, design*
modeste *modest, not very well-off*
modifier *to modify*
modique *modest, reasonable*
à **moins de** *unless*
moins *less; minus;* **au ——** *at least;* **—— de** *less than*
le **moins possible** *as little as possible*
le **mois** *month*
Moïse *Moses*
la **moitié** *half*
le **moka** *coffee cream cake*
le/la **môme** *brat*
le **monde** *world;* **tout le ——** *everybody;* **du ——** *people*
mondial *in the world*
le **moniteur** *instructor*
la **monnaie** *change*
Monsieur *Dear Sir*
Monsieur *Mr;* **un monsieur** *gentleman*
la **montagne** *mountain (s)*
le **montant** *total*
la **montée** *incline, hill*
monter *to get on; to go up; to set up;* **—— à cheval** *to ride horses*
la **montgolfière** *hot air ballooning*
la **montre** *watch*
montrer *to show, point to*
se **montrer** *to turn out to be*
se **moquer (de)** *to make fun (of)*
le **morceau (-x)** *lump; block; bit*
mordre *to bite*
morne *gloomy*
la **morosité** *sullenness*
mort *dead*
la **mort** *death*
le **mot** *word*
le **motard** *police motorcyclist*
le **moteur** *engine*
le **motif** *design, pattern; the motive*
motiver *to motivate*
la **moto** *motor-bike*
le **motonautisme** *speedboat racing*
mou/molle *soft*
moucheté *flecked*
moulu *ground*
mourir* *to die*
la **mousse** *foam*
la **moustache** *moustache*
le **moustique** *mosquito*
le **mouvement** *exercise*
moyen *average*
le **moyen** *means*
la **moyenne** *average*
en **moyenne** *on average*
la **multinationale** *multi-national company*
municipal *of the town*
se **munir de** *to provide oneself with*
le **mur** *wall*
la **mûre** *blackberry*
musclé *muscular*
le **musée** *museum*
la **musique d'ambiance** *background music*
la **musique** *music*
musulman *Muslim*
la **myrtille** *bilberry*
le **mystère** *mystery*
mystérieux (-euse) *mysterious*

le **nabot** *dwarf*
la **nage-papillon** *butterfly stroke*
nager *to swim*
la **naissance** *birth*
naître* *to be born; to come into being*
la **nappe** *tablecloth*
la **natation** *swimming*
la **natte** *plait*
nature *natural, unflavoured*
naturel/le *natural*
naturellement *of course*
nautique *nautical, water-sports*
le **nautisme** *water sports*
ne . . . guère *hardly, scarcely;* **ne . . . jamais** *never;* **ne . . . ni . . . ni** *neither . . . nor;* **ne . . . pas** *not;* **ne . . . pas du tout** *not at all;* **ne . . . personne** *nobody;* **ne . . . plus** *no more; no longer;* **ne . . . que** *only;* **ne . . . rien** *nothing*
né *born*
néanmoins *nevertheless*
nécessaire *necessary*
la **nécessité** *necessity*
négatif/ve *negative*
négligé *neglected*
négocier *to negotiate*
nègre *black*
la **neige** *snow*
neiger *to snow*
le **nerf** *nerve*
nettoyer *to clean*
neuf (-ve) *new*
le **nez** *nose*
niais *silly*
nier *to deny*
le **niveau (-x)** *level*
la **noce** *wedding*
Noël (m) *Christmas*
le **nogman** *type of spice*
noir *black*
la **noix** *nut; walnut*
le **nom** *surname, name*
le **nombre** *number*
nombreux (-euse) *numerous*
nommer *to name, appoint*
non *no;* **non-fumeur** *non-smoker*
nonchalant *casual*
nord *north*

le **nord-ouest** *north-west*
de **nos jours** *nowadays*
noter *to note*
les **nouilles** (f) *noodles*
se **nourrir** *to feed oneself, live on*
la **nourriture** *food*
de **nouveau** *again*
nouveau (nouvel, nouvelle) *new*
la **nouveauté** *novelty*
la **nouvelle** *piece of news*
novembre (m) *November*
le **nuage** *cloud*
le **nucléaire** *nuclear power*
la **nuit** *night;* **faire —** *to be dark*
nul *no good*
numériquement *numerically*
le **numéro** *number*
numéroter *to number*
nuptial *(to do with) wedding*
la **nuque** *nape of neck*
nutritif(-ve) *nourishing, nutritional*

obéir *to obey*
un **objectif** *a lense*
objectif *objective*
un **objet** *objects;* **les — s trouvés** *lost property*
obligatoire *compulsory*
obligé de *forced to*
oblitérer *to cancel*
obséder *to obsess*
obtenir* *to obtain*
une **occasion** *opportunity*
d'**occasion** *second-hand*
occidental *western*
s'**occuper de** *to look after; to take care of*
occuper *to occupy, take up*
octobre (m) *October*
une **odeur** *smell*
un **œil** (des **yeux**) *eye*
un **œuf** *egg;* **un — à la coque** *boiled egg*
offenser *to offend*
un **offre** *offer*
offrir *to offer; to give as a present*
un **oignon** *onion*
un **oiseau (-x)** *bird*
l'**ombre** (f) **à paupière** *eye shadow*
une **ombre** *shade, shadow*
on *one; we; people in general*
une **onde** *radio-wave*
opposé *opposite*
s'**opposer à** *to oppose*
un **orage** *storm*
l'**orchestre** (m) *stalls (in cinema)*
ordinaire *ordinary*
un **ordinateur** *computer*
une **ordonnance** *prescription*
l'**ordre** (m) *order; nature;* **— pratique** *practical nature*
une **oreille** *ear*
un **organe** *part, component*
un **organigramme** *a flow diagram*
un **organisme** *organism*
l'**orge** (f) *barley*
une **orgie** *orgy*
l'**origine** (f) *beginning, origin*
l'**ornithologie** (f) *ornithology*
oser *to dare*
ou *or*
où *where*
oublier *to forget*
l'**ouest** (m) *west*
un **ours** *bear*
un **outil** *tool*
l'**outillage** (m) *tools*
outre *apart from*
ouvert *open*
une **ouverture** *opening*
un **ouvrage** *work*
l'**ouvrier/ère** *factory worker*
ouvrir* *to open*

la **page** *page*
le **paiement** *payment*
la **paille** *straw*
le **pain** *bread*
pair *even*
la **paire** *pair;* **une — de baffes** *slap*
paisible *peaceful*
la **paix** *peace*
le **palais** *palace; palate, taste*
pâlir *to turn pale*
le **palmarès** *prize list, record of achievement*
le **palmier** *palm tree*
le **panier** *basket*
le **panneau (-x)** *notice*
le **pantalon** *trousers*
le **papier** *paper*
Pâques *Easter*
le **paquet** *packet*
par *by;* **— deux** *in pairs;* **— exemple** *for example;* **— ici** *this way;* **— l'intermédiaire de** *through;* **— mois** *every month;* **— rapport à** *as opposed to;* **— la suite** *afterwards*
le **paradis** *heaven*
le **paragraphe** *paragraph*
paraître* *to appear*
le **parapluie** *umbrella*
parce que *because*
parcourir *to go through*
le **parcours** *journey;* **le — de santé** *fitness circuit*
pardonner *to forgive*
les **parents** (m) *parents; relatives*
paresseux *lazy*
parfait *perfect*
parfois *sometimes*
le **parfum** *flavour (of ice-cream); perfume*
parfumé *perfumed, flavoured*
le **Paris-Brest** *cream cake with marzipan*
parisien (-enne) *Parisian*
parlementer *to negotiate*
parler *to speak, talk*
parmi *among*
la **parole** *word, speech*
partager *to share*
le/la **partenaire** *partner*
le **parti** *(political) party*
le **participant** *competitor*
participer *to take part*
la **particularité** *special feature*
particulier (-ère) *private*
en **particulier** *in particular*
le **particulier** *individual*
partie (faire — de) *be a member of*
la **partie** *game; part*
partir *to set out, depart*
à **partir de** *as from*
partout *everywhere;* **un peu —** *more or less everywhere*
parvenir *to succeed, arrive*
pas cher *cheap;* **pas encore** *not yet;* **pas tellement** *not particularly;* **pas grand'chose** *not much*
le **pas** *step*
de **passage** *travelling through*
le **passager** *passenger*
le **passant** *passer-by*
le **passe-temps** *hobby; pastime*
le **passeport** *passport*
passer *to pass;* **— à la télévision** *to be on T.V.;* **— du temps** *to spend time;* **— un disque** *to play a record;* **se —** *to happen;* **se — de** *to do without;* **— toutes les × minutes** *to run every × minutes;* **— un examen** *to take an exam*
la **passionaria** *prima donna*
passionnant *exciting*
passionné de *keen on*
se **passionner pour** *to be keen on*
la **pâte à tarte** *pastry*
le **pâté** *paté*
patenté *official*
les **pâtes** (f) *pasta*
patienter *to hold on (phone)*
le **patinage** *skating*
la **pâtisserie-confiserie** *confectioner's shop*
le **pâtissier** *pastry-cook*
la **patrie** *homeland*
le/la **patron/ne** *boss*
la **patrouille** *patrol*
la **patte** *animal's foot*
à **patte d'éléphant** *flared*
la **paupière** *eyelid*
la **pause-café** *coffee break*
pauvre *poor*
le **pavillon** *detached house*
payer *to pay*
le **pays** *country*
le **Pays de Galles** *Wales*
le **pays en voie de développement** *developing country*
le **paysage** *countryside*
le **paysan/la paysanne** *peasant*
la **peau** *skin*
la **pêche** *fishing; peach*
pêcher *to fish*
le **pêcheur** *fisherman*
les **pédalages** (m) *cycling exercises*
pédestre *on foot*
le **peigne** *comb*
la **peine** *punishment, sentence*
peint *painted*
le **peintre** *painter*
la **peinture** *painting*
la **pelle** *shovel, scoop, fish-slice*
la **pellicule** *camera film*
les **pellicules** (f) *dandruff*
la **pelote** *ball*
le **peloton** *squad, detachment*
se **pencher** *to bend over*
pendant *during; for;* **— que** *whilst*
la **penderie** *wardrobe*
pendre *to hang*
la **pendule** *clock*
pénétrer *to enter*
pénible *tedious*
péniblement *painfully, with difficulty*
penser *to think*
la **pension** *boarding-house*
le/la **pensionnaire** *boarder*
la **pente** *gradient*
percé de *pierced with*
la **percussion** *blow*
perdre *to lose*
le **père** *father;* **le Père Noël** *Father Christmas;* **le — aubergiste** *youth hostel warden*
le **perfectionnement** *improvement*
perfectionner *to improve*
perforer *to punch holes in*
la **période** *period*
le **périphérique** *ring-road*
la **permanence** *public opening hours*
permettre* *to permit*
la **perruque** *wig*
le **personnage** *person, character, personality*
personnalisé *personalised, individual*
la **personne** *person*
personnel/personnelle *personal*
le **personnel** *staff*
personnellement *personally*
persuader qqn de *to persuade someone to*
péruvien/ne *Peruvian*
pesant *heavy*
peser *to weigh*
petit à petit *gradually*
le **petit ami** *boyfriend*
petit *small;* **le — enfant** *grandchild*
le/la **petit(e)-bourgeois(e)** *lower middle-class person*
le **pétrole** *crude oil*
un **peu** *a little;* **un petit —** *just a little*
peu à peu *gradually*
à **peu près** *almost*
le **peuple** *people*
peur, avoir — *to be afraid*
peut-être *perhaps*
le **phare** *lighthouse*
la **pharmacie** *chemist's*
le **pharmacien** *chemist*
le **phénomène** *phenomenon*
la **photo** *photograph*
photocopier *to photocopy*
le **photographe** *photographer*
la **phrase** *phrase, sentence*
physique *physical*
la **physique** *physics*
le **physique** *appearance*
la **pièce** *coin; room; patch*
le **pied** *foot;* **à —** *on foot*
piéger *to trap*
la **pierre** *stone*
le **piéton** *pedestrian*
la **pile** *battery*
le **pilote** *pilot, rider*
le **pionnier** *pioneer*
le **pipeau** *reed pipe*
le **piquet** *tent pole*
la **piqûre** *sting, bite*
pire *worse*
la **piscine** *swimming-pool*
la **piste** *runway; trail*
le **pistolet** *pistol*
pittoresque *picturesque*
le **placage** *tackle*
le **placard** *cupboard*
la **place** *seat (in cinema); square; room*
placer *to put, place*
la **plage** *beach*
se **plaindre** *to complain*
plaisanter *to joke;*
plaisir, avec — *gladly*
le **plaisir** *pleasure*
plan *even, flat*
planant *high (as an effect of drugs)*
la **planche à voile** *sailboard*
le **plancher** *floor*
le **plancton** *plankton*
la **planète** *planet*
la **plante** *plant*
le **plastique** *plastic*
plat *flat*
le **plat** *dish;* **le — cuisiné** *cooked dish;* **le — du jour** *dish of the day*
le **plateau** *dish, tray*
le **plateau** *tray*
plein *full;* **faire le —** *to fill up with petrol;* **en — centre de** *in the very middle of;* **le — tarif** *full price*
pleurer *to cry*

en **pleurs** *weeping*
pleuvoir *to rain*
plier *to fold*
la **plongée** *diving*
se **plonger dans** *to dive into*
la **pluie** *rain*
la **plupart de** *most of*
pluriel *plural*
plus *more;* —— **tard** *later;* **ne . . . plus** *no more, no longer;* **de** —— **en** —— *more and more;* **en** —— **de** *as well as*
plusieurs *several*
plutôt (que) *rather (than), quite*
le **pneu** *tyre*
la **poche** *pocket*
la **pochette** *record sleeve*
le **poids** *weight*
la **poignée** *a handle*
le **poil** *hair, fur*
le **poing** *fist*
le **point de départ** *starting point*
le **point de repère** *landmark*
la **poire** *pear*
le **poisson** *fish*
la **poitrine** *chest*
poli *polite*
la **politique** *policy, politics*
polyvalent *multi-purpose*
la **pomme** *apple;* **la** —— **de terre** *potato*
la **pompe** *(petrol) pump*
les **pompiers** (m) *firemen*
le **pompiste** *petrol-pump attendant*
le **pont** *bridge*
le **porc** *pork*
la **porte** *door; gate (at airport)*
le **porte-clefs** *key ring*
le **porte-monnaie** *purse*
à **portée de main** *within reach*
à la **portée de** *within the reach of*
le **portefeuille** *wallet*
porter *to carry; to wear*
le **porteur** *porter*
la **portière** *door (of train or car)*
la **pose** *installation*
poser *to put;* —— **une question** *to ask a question*
positif/ve *positive*
posséder *to own*
le **poste** *position, stopping place*
la **Poste** *Post Office*
le **postier** *postal employee*
potable *suitable for drinking*
le **potage** *soup*
le **poteau** *post*
la **poterie** *pottery*
le **pouce** *thumb*
la **poule** *hen*
le **poulet** *chicken*
pour *for, in order to;* —— **faire un peu** *. . . to look a bit . . .*
pourquoi *why*
pourri *rotten, decayed*
poursuivre *to follow, to pursue*
se **poursuivre** *to continue*
pourtant *however*
pourvu que *as long as*
pousser *to grow, to push;* —— **un cri** *to make a noise*
la **poussière** *dust*
le **poussin** *chick*
pouvoir* *to be able*
pratique *practical, convenient, useful*
pratiquer *to practise*
le **précédent** *precedent*
précédent *preceding*
précieux (-ieuse) *valuable*
précipitamment *in a rush*
se **précipiter** *to rush*
précis *exact*
préciser *to specify*
la **précision** *fact*
préféré *favourite*
préférer *to prefer*
premier (-ère) *first*
en **premier lieu** *in the first place*
prendre *to take;* —— **un bain de soleil** *to sunbathe;* —— **la fuite** *to take flight;* —— **garde (à)** *to take care (of);* —— **quelque chose en main** *to take charge of something*
le **prénom** *first name*
se **préoccuper de** *to be concerned about*
préoccuper *to preoccupy*
les **préparatifs** (m) *preparations*
préparer *to prepare*
prépondérant *dominating*
près de *near;* **de près** *from nearby*
prescrire *to prescribe*
à **présent** *now*
présenter *to present;* **se** —— *to introduce, present o.s.*
préserver *to preserve*
le **président** *president*
presque *almost*
pressé *in a hurry*
la **presse** *press*
se **presser** *to hurry*
la **pression** *pressure*
prêt *ready*
le **prêt-à-porter** *ready-to-wear*
prétentieux/se *pretentious*
prêter *to lend*
la **preuve** *proof*
prévenir* *to inform*
la **prévision** *forecast*
prévoir *to forecast, to foresee*
prévu *arranged, fixed up*
prié de *requested to*
prier *to beg*
prière de ne pas . . . *please do not . . .*
la **prière** *prayer*
la **prime de licenciement** *redundancy payment*
principal (-aux) *main*
en **principe** *in theory*
le **printemps** *spring*
prioritairement *first of all*
la **priorité** *priority, right of way*
la **prise** *plug*
le/la **prisonnier(ère)** *prisoner*
privé *private*
se **priver de** *to deprive oneself of*
le **prix** *prize; price*
le **problème** *problem*
procéder *to proceed*
prochain *next*
proche *near*
proclamer *to announce*
le **producteur** *producer*
produire *to produce*
se **produire** *to take place*
le **produit** *produce;* **le** —— **de beauté** *cosmetic*
le **professeur** *teacher*
profiter de *to take advantage of*
profond *deep*
profondément *deeply*
la **profondeur** *depth*
progrès (faire des ——**)** *to make progress*
en **proie à** *a prey to*
la **proie** *prey*
le **projet** *project*
projeter *to plan*
la **prolongation** *extra time*
la **promenade** *walk; outing*
se **promener** *to go for a walk/cycle ride*
la **promesse** *promise*
la **promotion** *special offer; positive discrimination*
promouvoir *to promote*
la **propagande** *propaganda*
les **propos** (m) *words (in a speech)*
à **propos** *by the way*
proposer *to suggest*
propre *clean; own*
le **propriétaire** *owner*
la **propriété** *property*
la **protection** *protective clothing*
la **protéine** *protein*
la **prouesse** *skill*
en **provenance de** *coming from*
la **provenance** *source, origin*
la **province** *the provinces*
provoquer *to stimulate*
à **proximité de** *near*
prudence! *be careful!*
prudent *sensible*
le **pseudonyme** *assumed name*
psychédélique *psychedelic*
publicitaire *advertising*
la **publicité** *advertising, advertisement*
publier *to publish*
la **puce** *chip; flea*
puis *then*
puisque *since*
la **puissance** *power;* **la** —— **de feu** *fire power*
puissant *powerful*
punir *to punish*

le **quai** *platform*
la **qualité** *(good) quality*
quand *when;* —— **même** *all the same*
quant à *as for*
la **quantité** *amount*
le **quart d'heure** *quarter of an hour*
quart *quarter*
le **quartier** *district;* **le** —— **latin** *Latin quarter of Paris*
que *that;* —— **je suis content!** *how happy I am!*
quel (-lle) *what? which? what a . . .!*
quelque chose *something;* —— **de difficile** *something difficult*
quelque part *somewhere*
quelque soit *whatever*
quelquefois *sometimes*
quelques *a few*
quelques-un(e)s *some*
quelqu'un *somebody*
qu'est-ce que c'est? *what is it?*
qu'est-ce qui se passe? *what's happening?*
la **queue** *tail*
qui *who, which*
la **quinzaine** *fortnight*
quitter *to leave*
quoi que ce soit *anything*
quoi que *whatever*
quoi *what*
le **quotidien** *daily (paper)*
quotidien (-ienne) *daily*

raccrocher *to hang up (phone)*
la **race** *race, breed*
raconter *to tell (a story)*
le **radiateur** *radiator*
radicalement *radically*
le **radis** *radish*
se **rafraîchir** *to cool*
raison (à) *reason (for);* **avoir** —— *to be right;* **en** —— **de** *because of;* **la** —— **d'être** *the reason for existing*
raisonnable *reasonable*
rajouter *to add*
ramasser *to pick up*
ramener *to bring back*
la **randonnée** *walking*
le **rang** *rank*
ranger *to tidy away/up*
raper *to grate*
rapide *rapid*
par **rapport à** *in relation to*
le **rapport** *report; relationship*
se **rapporter à** *to have something to do with*
rapporter *to bring back*
rapprocher *to bring together*
ras *close-cropped*
se **raser** *to have a shave*
le **rasoir** *razor*
rassembler *to gather*
rassurant *reassuring*
rassurer *to reassure*
rater *to miss (bus etc.)*
rattraper *to retrieve*
ravager *to damage*
ravi *delighted*
le **rayon** *ray; shelf; section of store*
rayonnant *radiant*
la **rayure** *stripe*
à **rayures** *striped*
la **razzia** *raid*
la **réaction** *reaction*
réagir *to react*
réaliser *to fulfil, achieve*
se **réaliser** *to fulfil oneself*
se **réapprovisionner** *to restock*
rebel/le *rebellious*
le **rébus** *riddle*
récemment *recently*
le **recensement** *census*
récent *recent*
recevoir* *to receive*
le **réchaud** *heater*
se **réchauffer** *to get warm*
rechercher *to seek*
réciproquement *vice-versa*
le **récit** *story*
réclamer *to claim, to call for*
récolter *to harvest*
recommander *to re-order*
recommencer *to begin again*
le **réconfort** *comfort*
reconnaître* *to recognise*
reconstituer *to remake, put back*
se **reconvertir** *to change jobs*
recopier *to copy out*
la **récréation** *break*
rectifier *to put right*
reculer *to move back*
récupérer *to recover*
le **recyclage** *recycling*
la **rédaction** *essay*
redevenir *to become again*
rediffuser *to send out*
rèdiger *to draft, to write out*
redoutable *fearsome*
redouté *feared*
redouter *to fear*
se **redresser** *stand up*
la **réduction** *reduction*
réduire *to reduce*
réémettre *to receive and send out*
refaire *do again*
se **référer à** *to refer to*
refermer *to close again*
réfléchir *to think*
la **réflection** *remark*

le **réflexe** *reflex*
refroidir *to cool*
le **refroidissement** *cooling*
refuser (de) *to refuse (to)*
le **regard** *eyes, expression*
regarder *to look at*
la **régate** *regatta*
le **régime** *government; regime*
réglable *adjustable*
la **règle** *rule; ruler*
le **règlement** *rule, regulation*
régler *to settle up*
régner *to reign*
regrossir *to get fat again*
regrouper *to bring together*
se **regrouper** *to unite, get together*
régulier/ère *regular*
les **reins** (m) *kidneys*
rejeter *to reject*
rejoindre *to join; to meet*
le **relais** *relay station, staging post*
la **relation** *relationship*
reléguer *to relegate*
relever *to pick out*
relier *to link, to connect*
se **remarier** *to remarry*
remarquable *remarkable*
la **remarque** *remark*
remarquer *to notice*
le **remboursement** *refund*
rembourser *to refund, reimburse*
remédier *to make better, to get over*
le **remerciement** *thanks*
remercier *to thank*
remettre *to provide, to put back;* **—— en état** *to repair, to recondition;* **—— les pieds** *to set foot*
la **remise** *reduction, discount*
remonter *to go up again, to improve*
le **remplacement** *replacement*
remplacer *to replace*
remplir *to fill*
la **rencontre** *meeting*
rencontrer *to meet;* **se ——** *to meet each other*
le **rendez-vous** *meeting*
rendre *to make, to provide, to give;* **—— service à** *to help*
se **rendre** *to go;* **se —— compte de** *to realise*
renfermer *to contain, to enclose*
renforcer *to reinforce*
renifler *to sniff*
renouveler *to renew, to start again*
le **renseignement** *enquiry, information*
renseigner *to inform;* **se ——** *to find out, get informed*
la **rentrée des classes** *return to school*
rentrer *to go back; to go home*
se **renverser** *to tip over*
renverser *to turn over, to reverse*
réordonner *to reorder*
la **réparation** *repair*
réparer *to repair*
reparler *to speak about*
le **repas** *meal*
répéter *to repeat*
replier *to fold*
répondre *to reply*
la **réponse** *answer*
reporter *to refer*
le **repos** *rest*
se **reposer** *to rest*
reprendre* *to take again;* **—— des forces** *to get stronger*
le/la **représentant(e)** *representative*
la **représentation graphique** *drawing*
représenter *to represent*
la **répression** *repression*
réprimer *to stifle*
reprocher *to reproach, blame*
reproduire *to reproduce*
repu *full*
le **RER (Réseau Express Régional)** *express métro system*
le **réseau (-x)** *network*
la **réserve** *reservation*
réserver *to reserve*
résider *to live*
se **résigner à** *to resign oneself to*
résister *to resist*
résoudre *to solve*
respirer *to breathe*
la **responsabilité** *responsibility*
le **responsable** *official*
ressentir *to feel*
ressortir *to take out again*
restaurer *to restore*
du **reste** *besides*
rester *to remain, stay*
le **résultat** *result*
le **résumé** *summary*
rétablir *to put back together*
le **retard** *delay;* **en ——** *late*
retenir *to retain, to keep*
retentir *to sound*
retenu *reserved*
le **retour** *return; journey back;* **bon ——!** *safe journey home!* **de ——** *back*
retourner *to go back*
le **retraité** *retired person*
rétro *retro*
les **retrouvailles** (f) *finding again*
retrouver *to meet, to find again*
se **retrouver** *to meet*
la **réunion** *meeting*
se **réunir** *to gather, meet*
réussir à *to succeed in*
la **réussite** *success*
en **revanche** *on the other hand*
le **rêve** *dream*
le **réveil(le-matin)** *alarm-clock*
se **réveiller** *to wake up*
la **révélation** *revelation*
révéler *to reveal*
la **revendication** *grievance, claim, demand*
revendre *to sell back*
revenir* *to come back;* **elle n'en revient pas** *she can't get over it*
le **revenu** *income*
rêver *to dream*
revoir* *to see again*
révolté *rebellious*
la **révolution** *revolution*
la **revue** *magazine*
le **rhum** *rum*
riche *rich*
la **richesse** *wealth*
le **rideau** *curtain*
ridicule *ridiculous*
n'a **rien à voir avec** *has nothing to do with*
rigoureux *rigorous*
ringard *out*
rire *to laugh*
le **risque** *risk*
risquer *to risk*
la **rivière** *river*
le **riz** *rice*
la **robe de chambre** *dressing gown*
la **robe** *dress*
le **robinet** *tap*
le **rocher** *rock*
le **rognon** *kidney*
le **roi** *king*
le **rôle** *role*
romain *Roman*
le **roman** *novel*
romanesque *romantic*
le **rond-point** *roundabout*
ronéoter *to duplicate*
rose *pink*
la **roue (de secours)** *(spare) wheel;* **la —— à engrenage** *a cog wheel*
rouge *red;* **le —— à lèvres** *lip-stick*
rougir *to blush*
rouler *to travel*
roumain *Rumanian*
le **routard** *person who lives on the road*
la **route (nationale)/(principale)** *(main) road;* **en ——** *on the way;* **bonne ——!** *have a safe journey*
routière, la gare —— *coach/bus station*
roux/rousse *red (haired)*
le **royaume** *kingdom*
la **rubrique** *section*
la **rue** *street;* **la grand'rue** *main street*
le **ruisseau (-x)** *stream*
rural *country*
rustique *rural*
le **rythme** *rhythm*

sablonneux *sandy*
le **sac** *bag;* **le —— à dos** *rucksack;* **le —— de couchage** *sleeping bag*
la **sacoche** *postman's bag*
sacré *blessed*
sacrifié *sacrificed*
sage *well-behaved*
il **s'agit de** *it is about*
saillant *prominent*
sain *healthy*
saisir *to seize*
la **saison** *season*
la **salade** *lettuce/salad*
le **salaire** *wages*
sale *dirty*
salé *salted*
sali *dirty*
la **salle** *room;* **la —— à manger** *dining-room;* **la —— d'attente** *waiting-room;* **la —— de bains** *bathroom;* **la —— des fêtes** *exhibition rooms;* **la —— de récréation** *games-room;* **la —— de séjour** *living-room;* **la —— des pas perdus** *station entrance-hall*
le **salon** *sitting-room*
samedi (m) *Saturday*
la **sandale** *sandal*
le **sang** *blood*
sanitaire *medical*
sans *without*
la **santé** *health*
saoûlé *intoxicated*
satisfaire (à) *to give satisfaction (to)*
satisfaisant *satisfactory*
satisfait *satisfied*
la **sauce** *sauce, gravy*
la **saucisse** *sausage*
le **saucisson** *sausage*
sauf *except; safe*
sauf que *except that*
le **saut à la perche** *pole vault*
au **saut du lit** *on first getting up*
sauter *to jump*
la **sauterelle** *grass hopper*
sauvage *savage, wild*
sauver *to save;* **se ——** *to escape, run away*
le **sauvetage** *lifesaving*
la **saveur** *taste*
savoir* *to know; to know how*
le **savon** *soap*
la **savonnette** *bar of soap*
savoureux *tasty*
le **sceau** *seal*
le **schéma** *diagram*
la **scie** *saw*
les **sciences** (f) *science*
scientifique *scientific*
scolaire *relating to schools*
Scorpion *Scorpio*
se passer de *to do without*
la **séance** *performance*
le **seau** *bucket*
sec *dry, abrupt*
sécher *to dry*
la **(classe de) seconde** *fourth year*
la **seconde** *second*
le **secours** *help;* **au ——!** *help!*
secret/secrete *secret*
le/la **secrétaire** *secretary*
le **secteur** *area*
la **sécurité** *safety, safety system*
séduisant *attractive*
le **sein** *the midst, the heart*
le **séjour** *stay*
le **sel** *salt*
sélectionner *to pick*
selon *according to*
selon le cas *as the case may be*
la **semaine** *week*
semblable *similar*
sembler *to seem*
la **semelle** *sole*
sénégalais *Senegalese*
en **sens contraire** *the other way round*
le **sens** *sense, direction*
la **sensibilisation** *awareness*
le **sentier** *path*
le **sentiment** *feeling*
sentir *to feel, to smell*
se **sentir** *to feel*
séparément *separately*
se **séparer** *to be apart (from each other)*
septembre (m) *September*
sérieux (-se) *serious*
un **serre** *greenhouse*
serrer *to squeeze, be tight;* **—— la main** *to shake hands*
le **serveur** *waiter*
servir *to serve;* **—— à** *to be used for;* **se ——** *to serve o.s.;* **se —— de** *to use*
seul *alone;* **—— ement** *only*
d'un **seul coup** *suddenly*
sévère *severe*
le **sexe** *sex*
le **shampooing** *shampoo*
le **short** *shorts*
si *yes; if*
si . . . que *as . . . as*
sicilien/ne *Sicilian*
le **siècle** *century*
le **siège** *seat*
le **sien/la sienne** *his, hers, its*
un **signal sonore** *a sound*
signaler *to report*
le **signe** *sign*
signer *to sign*
signifier *to mean*
silencieux (-euse) *silent*
la **silhouette** *outline*
simplement *just, simply*
simuler *to pretend, simulate*
simultanément *simultaneously*
singulier *strange, singular*
singulièrement *especially*
sinon *except, if not, otherwise*
la **situation** *(professional) position*
situé *situated*

le **ski (nautique)** *(water) skiing*
le **ski de fond** *cross-country ski-ing*
skier *to ski*
le **slip** *underpants, swimming trunks*
le **smoking** *dinner jacket*
snob *snobbish, posh*
la **société** *company, society*
soi-même *oneself*
la **soie** *silk*
soif, avoir —— *to be thirsty*
soigner *to look after*
soigneusement *carefully*
le **soin** *care*
le **soir** *evening;* **hier ——** *yesterday evening;* **du ——** *p.m. (after 5 p.m.)*
la **soirée** *evening('s activity)*
soit *that is to say*
soit . . . soit *either . . . or*
le **soja** *soya*
le **sol** *soil*
le **soldat** *soldier*
le **soleil** *sun*
solide *solid*
solliciter *to ask*
la **sollicitude** *concern*
sombre *dark*
le **sommaire** *summary*
la **somme** *sum of money*
le **sommeil** *sleep*
le **sommet** *summit, top*
son, sa, ses *his, her, its*
le **son** *sound*
le **sondage** *(opinion-) poll*
songer *to dream, to consider*
sonore *audible*
le **sorgho** *sorghum*
sortant *outgoing*
la **sortie** *exit; outing*
sortir* *to go out*
s'en **sortir** *to get out of a mess*
la **sottise** *stupid remark*
le **sou** *'penny';* **pres de ses ——s** *tight-fisted*
le **souci** *concern*
la **soucoupe** *saucer*
soudain *suddenly*
les **soudanais** *the Sudanese*
se **souder** *join to*
le **souffle** *breath*
souffler *to blow*
souffrir* *to suffer*
souhaité *advised*
souhaiter *to wish*
souligner *to underline, to emphasise*
soumis à *subject to, ruled by*
la **soupe** *soup*
la **souplesse** *suppleness*
sourire *to smile*
la **souris** *mouse*
sous *under*
sous-développé *under-developed*
sous-marin *underwater*
la **souscription** *subscription*
soutenir *to maintain*
souterrain *underground*
le **soutien** *support*
se **souvenir de** *to remember*
le **souvenir** *memory*
souvent *often*
spacieux (-euse) *spacious*
spécialisé *specialised*
spécialiser *to specialise*
le/la **spécialiste** *specialist*
le **spectacle** *sight, show, entertainment*
spectaculaire *spectacular*
le **spectateur** *spectator*
la **spéléologie** *potholing*
le **sport collectif** *team sport*
sportif (-ve) *sporty*
le **spot** *advertisement*
le **stage** *training course*
le **standard** *required standard; telephone switchboard*
le/la **standardiste** *telephone-operator*
la **star** *star (in show business)*
la **station** *resort*
stationner *to park*
le **steak haché** *mince*
stressé *under stress*
studieux (-ieuse) *studious*
style (m) *in the style of*
stylé *classically designed*
le/la **styliste** *designer*
subitement *suddenly*
submergé de *overwhelmed with*
subsister *to survive*
la **subvention** *subsidy*
se **succéder** *to follow on*
le **succès** *success*
la **sucette** *lollipop*
le **sucre** *sugar*
sucré *sweetened*
sud *south*
suffisamment *enough*
suffisant *sufficient*
suggérer *to suggest*
Suisse *Swiss*
la **suite** *series*
suivant *following*
le **suivi** *follow-up*
suivre *to follow*
le **sujet** *subject;* **au —— de** *about*
superbe *superb*
supérieur *higher, better*
le **supermarché** *supermarket*
le **supplément** *extra charge; extra income*
supplémentaire *extra*
la **supplice** *torture*
le **support** *input system*
supporter *to put up with, to tolerate*
supprimer *cross out*
la **sœur** *sister*
sûr *sure*
la **sûreté** *safety*
surexcité *overexcited*
surgelé *deep-frozen*
surgir *to appear suddenly*
surmonter *overcome*
le **surnom** *nickname*
surprendre* *to surprise*
la **surprise** *surprise;* **la ——-partie** *party*
surtout *above all*
surveiller *to supervise*
le **survêtement** *track-suit*
survivre *to survive*
la **sveltesse** *slimness*
le **symbole** *symbol*
sympathique *friendly*
le **syndicat d'initiative** *tourist office*
le **synthétique** *synthetic*
le **système** *system*

le **tabac** *tobacco*
le **tableau** *table, diagram;* **le —— noir** *blackboard*
le **tablier** *apron*
la **tache** *spot, stain, patch*
la **tâche** *task, job*
le **taffétas** *taffeta*
la **taille** *size; waist;* **avoir une grande ——** *to be tall*
tailler *to prune*
le **tailleur** *(woman's) suit*
se **taire** *to be quiet*
le **talon** *heel*
les **talons aiguilles** *stiletto heels*
tandis que *whereas*
tant de *so much*
tant que *as much as*
la **tante** *aunt*
la **Tanzanie** *Tanzania*
tanzanien/ne *tanzanian*
taper *to hit, to kick; to tap; to type*
le **tapis** *carpet*
tard *late;* **plus ——** *later*
tarder *to delay*
tardivement *belatedly*
le **tarif** *rate*
tarifaire *rate*
la **tarte** *tart*
le **tas** *heap*
la **tasse** *cup*
le **taureau (-x)** *bull*
le **technicien** *technician*
la **technique** *skill*
technique *technical*
teinté *tinted*
la **teinturerie** *dry cleaner's*
tel/le que *just as*
le **télégramme** *telegram*
le **télépherique** *ski-lift*
le **téléspectateur** *viewer*
le **téléviseur** *TV set*
tellement ——! *so ——!*
témoigner *to witness*
la **température** *temperature*
la **tempête** *storm*
temporaire *temporary*
le **temps** *weather; time; tense (of verb);* **à —— partiel** *part-time;* **—— libre** *free time, leisure time*
la **tendinite** *inflammation of the tendon*
tendre *affectionate*
tendre *to offer; to stretch*
tendu *stretched*
tenez *look, here you are*
tenir *to hold, keep, have received;* **—— compagnie à qqn** *to keep s.one company;* **—— compte de** *to take into account;* **—— tête à** *to stand up to*
la **tentation** *temptation*
la **tente** *tent*
tenter *to tempt; to attempt*
la **tenue** *outfit*
le **terme** *expression*
le **terminal domestique** *home terminal (of computer)*
se **terminer** *to finish*
terne *dull, drab*
le **terrain** *pitch; land*
la **terre** *earth, ground*
le **territoire** *area, territory*
terrorisé *terrified*
la **tête** *head*
le **texte** *text*
le **thé** *tea*
thermique *heat*
le **thon** *tuna*
le **thorax** *chest*
le **ticket** *till-receipt;* **le —— de quai** *platform ticket*
tiens *gosh*
le **tiercé** *choosing three things*
le **Tiers-Monde** *Third World*
le **timbre** *stamp*
le **tir à l'arc** *archery*
le **tir** *shooting*
tirer *to draw, to select; to fire; to pull; to let off (fireworks)*
tissé *woven*
le **tissue** *material*
le **titre** *heading, title*
les **toilettes** (f) *toilets*
la **tomate** *tomato*
tomber *to fall*
le **ton** *tone*
le **tonnerre** *thunder*
le **torse** *torso*
tort, avoir —— *to be wrong*
tôt *early*
totalement *completely*
la **totalité** *whole*
les **touaregs** (m) *the Tuaregs*
la **touche** *key (of computer)*
toucher *to touch, to get; to be injured; to receive;* **—— un chèque** *to cash a cheque*
toujours *always, still*
la **toupie** *spinning top*
à **tour de rôle** *in turn*
la **tour** *tower*
le **tourment** *torment*
tourmenté *tormented*
le **tourne-disques** *record-player*
la **tournée** *tour*
tourner *to turn*
le **tournesol** *sunflower*
le **tournevis** *screwdriver*
le **tournoi** *tournament*
tout, toute, tous, toutes *all;* **—— aussi** *just as;* **—— à coup** *suddenly;* **—— les deux** *both;* **—— droit** *straight;* **—— en** *while, at the same as;* **—— à fait** *quite, absolutely;* **—— à l'heure** *just now, in a little while;* **—— de même** *even so;* **—— le monde** *everybody;* **toutes les quatres heures** *every four hours;* **—— de suite** *at once;* **en ——** *in all*
toutefois *nevertheless*
tracer *to trace, draw*
le **tract** *political pamphlet, broadsheet*
traditionnel/traditionnelle *traditional*
traduire *to translate*
le **trafic** *traffic*
en **train de** *in the process of*
le **trait d'union** *hyphen*
le **traité** *treaty*
le **traitement** *treatment*
le **trajet** *journey*
tramer *to hatch, weave*
la **tranche** *slice*
trancher *to slice*
tranquille *peaceful*
le **transfert** *transfer*
transformer *to transform*
transmettre *to send*
la **transmission** *sending*
traquer *to search for, to track down*
le **travail** *work*
travailler *to work*
travailleur/se *hard-working*
à **travers** *across, through*
la **traversée** *crossing*
traverser *to cross*
trépidant *hectic, thrilling*
très *very*
triangulaire *triangular*
le **tribunal** *court*
tricher *to cheat*
tricoter *to knit*
trier *to sort*
tripler *to triple*
triste *sad*
la **tristesse** *sadness*
la **trompe** *trunk (of an elephant)*
tromper *to deceive*
se **tromper** *to make a mistake*
un **tronc** *trunk (of a tree)*
trop *too*
le **trou** *hole*
troublé *disturbed*
un **troupeau** *a herd*
trouver *to find;* **se ——** *to be situated*
le **truc** *thing*
le **tumulte** *uproar*
tunisien/ne *Tunisian*
tutoyer *to address someone as "tu"*
le **type** *chap, bloke*

typique *typical*

uni *plain (coloured)*
unique *only*
uniquement *only*
à l'**unité** (f) *by single item*
une **université** *university*
urbain *urban*
d'**urgence** *urgently*
usagé *used*
un **usager** *user*
usé *worn*
un **ustensile** *utensil*
l'**usure** (m) *wearing down*
utile *useful*
un **utilisateur** *user*
l'**utilisation** (f) *use*
utiliser *to make use of*

les **vacances** (f) *holidays*
le **vacarme** *loud noise*
la **vache** *cow*
vaincre *to defeat*
la **vaisselle** *crockery;* **faire la** —— *to do the washing-up*
valable *valid*
la **valeur** *value*
valider *to validate*
la **valise** *suitcase*
la **vallée** *valley*
valoir *to be worth(while)*
la **vanille** *vanilla*
la **vapeur** *steam*
varier *to vary*
la **variété** *variety*
les **variétés** (f) *light entertainment*
vaste *wide*
le **veau** *calf, veal*
la **vedette** *star* (m or f)
le **véhicule** *vehicle*
veiller *to watch*
le **vélo** *bike*
le **velours** *velvet*
le **vendeur** *salesman, shop assistant*
la **vendeuse** *saleswoman*
vendre *to sell*
vendredi (m) *Friday*
venir* *to come;* —— **de faire qq.ch.** *to have just done something*
le **vent** *wind*
la **vente** *sale*
le **ventre** *stomach, belly*
le **ver** *worm*
le **verger** *orchard*
vérifier *to check*
véritable *real*
la **vérité** *truth*
le **verre** *glass*
le **verrou** *bolt*
vers *about, towards*
vert *green*
la **veste** *jacket*
le **vestiaire** *changing room*
le **vestibule** *hall*
le **veston** *jacket*
les **vêtements** (m) *clothes*
le **vétéran** *veteran*
le **veuf/la veuve** *widow(er)*
la **viande** *meat*
vide *empty*
le **vidéo-clip** *pop video*
la **vie** *life*
Vierge *Virgo*
vieux (vieil, vieille) *old*
vieux-jeu *old-fashioned*
vif/ve *intense, vivid*
vigoureux/se *sturdy*
en **vigueur** *in force*
la **ville** *town*
le **vin** *wine*
le **vinaigre** *vinegar*
la **virgule** *comma*
vis-à-vis *regarding*
le **visage** *face*
viser *to aim at*
visiblement *clearly*
visiter *to visit*
le **visiteur** *visitor*
visuel *visual*
la **vitamine** *vitamin*
vite *quickly*
vitesse *gear, speed;* **à toute** —— *at top speed*
la **vitre** *pane of glass*
la **vitrine** *shop-window*
vivre* *to live*
en **vogue** *in fashion*
la **voie** *track, platform; way, path;* **la** —— **ferrée** *railway*
la **voile, faire de** —— *to go sailing*
le **voile** *veil*
le **voilier** *sailing boat*
voir* *to see;* **viens/venez** ——! *come and see!* **se** —— *to meet*
voire *even, indeed*
voisin *neighbouring;* **le** —— *neighbour*
la **voiture** *car;* **la** —— **-restaurant** *dining-car*
la **voix** *voice; vote*
le **vol à voile** *hang gliding*
le **vol** *flight*
la **volaille** *poultry*
le **volant** *steering-wheel*
voler *to steal*
le **volet** *shutter*
le **voleur** *thief*
la **volonté** *will*
volontiers *gladly*
le/la **vôtre** *yours*
vouloir* *to want (to);* —— **en venir à . . .**, *to be getting at . . .*
voûtée *arched, rounded*
le **voyage** *journey*
voyager *to travel*
le **voyageur** *traveller*
voyons! *come along now!*
vrai *true* —— **ment** *really*
la **vue** *view*
vulgaire *vulgar*

le **wagon** *railway carriage*

y *there, to it*
le **yaourt** *yoghurt*
les **yeux** (m) *eyes*

NOTES

NOTES

NOTES

NOTES

gommer gômer